BASTEI
LÜBBE

Über den Autor:

Dr. med. Kenneth Kamler leitet als Medizinischer Direktor und Spezialist für Hände-Mikrochirurgie das Hand Treatment Center in New Hyde Park, New York. Als Expeditionsarzt hat er zahlreiche Extremexpeditionen begleitet. 2005-2006 Vizepräsident für »Research and Education« des berühmten »Explorers Club« in New York, dessen Ehrenvorsitzender Sir Edmund Hillary ist. Zudem war Kamler Berater der NASA für Weltraummedizin. In US-amerikanischen Talkshows und Presseberichten wurden er und seine Arbeit häufig vorgestellt. 2002 wurde er vom Magazin »New York« zum »best doctor« ausgezeichnet.

Kenneth Kamler

Überleben in den Todeszonen

Meine Grenzerfahrungen als Expeditionsarzt

Übersetzung aus dem Amerikanischen von Andrea Kamphuis

BASTEI LÜBBE

BASTEI LÜBBE TASCHENBUCH
Band 60565

1. Auflage: Mai 2006

Vollständige Taschenbuchausgabe

Bastei Lübbe Taschenbuch in der Verlagsgruppe Lübbe

Originaltitel: Surviving the Extremes

»Surviving the Extremes« was negotiated through Literary Agency Thomas Schlück GmbH, 30827 Garbsen, on behalf of St. Martin's Press, L.L.C.

Textredaktion: Ulrike Schöber, Dortmund
Umschlaggestaltung: Marianne Geuer nach einem Entwurf von Atelier Versen, Bad Aibling
Titelbilder: Galen Rowell und Jeffrey L. Rotman/CORBIS
Satz: Kremerdruck GmbH, Lindlar
Druck und Verarbeitung: Ebner & Spiegel, Ulm
Printed in Germany
ISBN-13: 978-3-404-60565-1 (ab 1.1.2007)
ISBN-10: 3-404-60565-9

Sie finden uns im Internet
unter www.luebbe.de

Der Preis dieses Bandes versteht sich einschließlich
der gesetzlichen Mehrwertsteuer

Für meine Eltern, Ethel und Willie
(»Burro und Potoff«).
Sie haben nie
einen extremen Lebensraum betreten,
aber durch ihr Vorbild
habe ich erfahren, was Willenskraft
und positives Denken bewirken können
und was Hingabe und Mut bedeuten.

Inhalt

Wenn der Gesang aufhört, wird mein Patient sterben. Da war ich mir sicher. So sicher, wie man in einem eisigen Zelt auf dem höchsten Berg der Erde und bei der Hälfte der normalen Atemluft nur sein konnte. Pasang hätte schon vor Stunden sterben müssen. Er lag in einem Schlafsack auf einer improvisierten Bahre – einem Haufen Steine, die wir so gleichmäßig wie möglich zu einer Plattform aufgestapelt hatten. Die Hohlräume zwischen den Steinen waren zum Teil voll gefrorenem Urin, denn Pasang war inkontinent geworden, bevor ich einen Katheter in seine Blase einführen konnte. Die Propangaslampe, die das Zelt beleuchtete, warf einen ungesunden gelben Schimmer auf sein aufgedunsenes Gesicht mit den großen blauen Flecken. Seine Augen waren zugeschwollen. Ich hatte schon gesündere Patienten in guten Intensivstationen schneller sterben sehen.

Um die steinerne Plattform hatten sich Sherpas versammelt, Bergmenschen wie Pasang, die für ihn beteten. Obwohl sie mit weit offenen Augen in seine Richtung blickten, nahmen sie ihn anscheinend nicht wahr. Ihre Lippen bewegten sich zu einem monotonen Sprechgesang, der tief aus ihrem Inneren aufstieg – so als gäben sie sich diesen Klängen nur hin, anstatt sie hervorzubringen. Draußen war noch mehr Gesang zu hören, ein körperloser Chor aus den anderen Zelten des Camps, in denen weitere Sherpas Krankenwache hielten. In der tiefen Stille der Nacht war die Wirkung des Gesangs gewaltig, urtümlich und betäubend: ein körperlich empfundenes, tiefes Schwingen, das aus dem Berg selbst aufzusteigen schien.

Pasang war beim Überqueren einer Aluminiumleiter, die waagerecht über einer Gletscherspalte lag, ausgerutscht, 24 Meter tief gestürzt und – mit dem Kopf voran – in dem sich verjüngenden Hohlraum stecken geblieben. Ein Team aus spanischen und nepalesischen Bergsteigern hatte ihm so rasch wie möglich ein Seil um die Hüfte gebunden und ihn wieder an die Oberfläche gehievt. Dennoch hatte er eine knappe halbe Stunde kopfüber zwischen den Eiswänden gesteckt. Die Bergsteiger funkten mich im Basislager an, um mir von dem Unfall zu berichten und meinen Rat einzuholen, aber im Gegensprechverkehr sind Diagnosen und Behandlungsanweisungen schwierig. Der vorläufige Bericht erreichte mich in Form abgehackter Sätze, die aufgeregte Bergsteiger mit starkem Akzent in schwache Funkgeräte riefen. Ich hatte nicht viele Anhaltspunkte und wusste nicht genau, worauf ich mich vorbereiten musste.

Mit dem Funkgerät in der Hand trat ich aus meinem Zelt in die Minusgrade hinaus. Auf halber Höhe des enormen, 600 Meter hohen erstarrten Wasserfalls aus Eis und Schnee, der das majestätische und Ehrfurcht gebietende Eingangstor zum Mount Everest bildet, entdeckte ich eine Ansammlung beweglicher schwarzer Punkte vor dem eisig weißen Hintergrund. Trotz der atmosphärischen Störungen verstand ich, dass Pasang aus der Nase blutete, aber bei Bewusstsein war und sogar laufen konnte. Sie wollten ihn zu mir ins Basislager bringen. Die fernen Punkte setzten sich in Marsch und zeichneten langsam die Konturen jeder der riesigen Eisformationen auf dem Hang nach, die sie während ihres Abstiegs überwinden mussten. Dann hielten sie an. Das Funkgerät knisterte wieder. Pasang war ins Stolpern geraten und dann zusammengebrochen. Jetzt war er bewusstlos. Sie versuchten, ihn auf eine Aluminiumleiter zu schnallen. Ihn auf dieser improvisierten Bahre zu mir zu schaffen würde lange dauern und mühsam werden: Schwierige Abseilaktionen und gewaltige Kraftakte waren da nötig. Es würden etliche Stunden vergehen, bis sie bei mir wären. Viel Zeit, über die Behandlung nachzudenken. Was ich von Pasang wusste, war allerdings dürftig und meine Diagnose deshalb unsicher.

Ein solcher Sturz, bei dem man mit dem Kopf aufschlägt und dann bewusstlos wird, endet meistens mit dem Tod – selbst wenn er sich zufällig in einer der gut ausgestatteten Unfallstationen ereignet hätte, in denen ich in New York City gearbeitet hatte. Ich aber war im Basislager auf dem Mount Everest, 5352 Meter über dem Meeresspiegel, und zwischen mir und dem nächsten Krankenhaus lag einer der abgeschiedensten und unwirtlichsten Landstriche, die man auf Erden finden kann. Eine Evakuierung auf dem Luftweg hing einmal vom Wetter ab, das normalerweise miserabel war. Dann vom Zustand des Hubschraubers, der oft mangels Ersatzteilen nicht abheben konnte. Und drittens vom Piloten, der häufig unterwegs war. Wenn Pasang es bis ins Basislager schaffte, würde ich alles Menschenmögliche tun, um ihn am Leben zu halten, bis er ausgeflogen werden konnte. Ob ich seine Überlebenschancen verbessern konnte, war jedoch völlig unsicher. Schwere Kopfverletzungen fürchtete ich von allen Unfällen am meisten, weil ich bei ihnen am wenigsten tun konnte.

Das Gehirn ist höchst empfindlich. Nicht umsonst ist dieses lebenswichtigste Organ von einem soliden Panzer umhüllt. Der Schädel schützt das Gehirn ganz hervorragend gegen alle möglichen Erschütterungen und hält mit etwas Glück sogar dem Schlag einer Bärentatze stand. Aber einem 24-Meter-Kopfsturz in eine Gletscherspalte ist selbst der dickste Schädel nicht gewachsen. Pasang hatte höchstwahrscheinlich einen Schädelbruch erlitten. Das Nasenbluten rührte vermutlich von diesem Knochenbruch her. In solchen Fällen ist aber nicht der Bruch selbst das Schlimmste. Solange die Bruchstücke nicht nach innen getrieben werden, fängt der brechende Knochen den Stoß auf, und das Gehirn bleibt heil. Bei vielen tödlichen Schädelverletzungen findet man nicht einmal Knochenbrüche. Pasang hatte wohl einen Bruch erlitten, aber seine Symptome deuteten auf eine Verletzung hin, die noch kniffliger und gefährlicher war.

Schädel haben Nachteile. Selbst wenn der Knochen durch einen Schlag auf den Kopf nicht bricht, können die Blutgefäße zerreißen, die sich um das Gehirn winden. Das ausströmende Blut kann durch den undurchlässigen Schädel nicht nach außen entweichen und sammelt sich im Inneren. Da die feste äußere Hirnhaut, die an der Innenseite des Schädels anliegt, nicht nachgibt, presst das Blut das viel weichere Hirngewebe zusammen und bildet einen Bluterguss unter der äußeren Hirnhaut. Üblicherweise zeigt sich in diesem Fall eine vorübergehende Erholung unmittelbar nach dem Aufprall – ganz wie bei Pasang, der zunächst noch selbst hatte laufen können. Unterdessen strömt weiter Blut in die beengte Schädelhöhle, bis der Druck erst Koordinationsschwierigkeiten und dann Bewusstlosigkeit auslöst, genau wie bei Pasang. Wenn das Gehirn weiter zusammengequetscht wird, kommen schließlich die lebenserhaltenden Hirnfunktionen zum Erliegen, auch wenn nur relativ wenig Blut aus den Adern austritt – und der Patient stirbt. Wie Pasang?

Pasang kam lebend bei mir an, wenn man das so nennen will, und jetzt sah ich ihm beim Sterben zu. Der gnadenlose Druck im Gehirn wirkte sich bereits auf die elementarsten Regelkreise aus, die die Atmung und den Herzschlag steuern. Wenn sich die Atemfrequenz und der Puls verlangsamen, gelangt weniger Sauerstoff ins Gehirn. Das unterversorgte Gewebe schwillt an und nimmt noch mehr Raum ein, was wiederum den Druck erhöht. Pasangs Körper stand kurz vor einem Systemzusammenbruch, der bei einer solchen Entgleisung der körpereigenen Regelkreisläufe unausweichlich ist.

Pasang glitt ins Jenseits hinüber, aber der hypnotische Gesang, der uns beide einhüllte, versetzte mich in eine seltsam ruhige und friedliche Stimmung. Ich fühlte mich, wie sich ein Ertrinkender fühlen muss, wenn sein Körper im kalten Wasser schließlich leicht und warm zu werden scheint. Mechanisch, ja fast verträumt, führte ich Pasang durch eine Atemmaske Sauerstoff zu und durch eine intravenöse Infusion Flüssigkeit. Ich war mir nicht einmal bewusst, dass ich den Infusionsbeutel gewechselt hatte, bis ich den neuen über ihm hängen sah.

Meine Bemühungen schienen nicht viel zu fruchten. Mit den Fingerspitzen ertastete ich an seinem Handgelenk einen flachen, unregelmäßigen Puls, der nicht mit dem Rhythmus des Gesangs harmonierte. Ich war mir sicher, dass der monotone Klang an die Ohren meines Patienten drang, und fragte mich, welche Auswirkungen er wohl auf sein Gehirn haben mochte. Hatten die Sherpas im Laufe der Jahrhunderte womöglich durch natürliche Auslese, Ausprobieren und glückliche Zufälle eine Methode entdeckt, die Tonhöhe ihres Gesangs an die natürliche Frequenz anzupassen, die durch die Schwingung ihrer Hirnwellen erzeugt wird? Dann wären sie in der Lage, einen Resonanzeffekt zu erzielen, bei dem sich die Eigenschwingung eines Objekts durch eine Frequenz von außen verstärkt, bis der Effekt viel größer ist als der Auslöserreiz. Die beiden aufeinander abgestimmten Schwingungen (Gesang und Gehirnwellen) würden sich zu einer größeren Schwingung aufschaukeln – wie zwei kleine Wellen, die sich treffen und zu einer großen werden. Der Effekt könnte sogar stark genug sein, um einen Systemzusammenbruch zu verhindern.

Ich habe gelernt, solche Möglichkeiten nicht vorschnell auszuschließen. Während meines Medizinstudiums hat mir niemand die richtige Mischung aus Sauerstoff, physiologischer Kochsalzlösung und tibetischen Gesängen beigebracht, mit der man auf einem fünf Kilometer hohen Gletscher bei Temperaturen unter null einen Bluterguss unter der äußeren Hirnhaut behandeln sollte. Auch bei meiner Arbeit in New York, wo ich mich auf die Mikrochirurgie der Hand spezialisiert habe, werde ich nicht so häufig mit diesem Problem konfrontiert. Ich habe diese Lehre aus eigenen Erfahrungen und denen meiner Kollegen gezogen, die – ebenso wie ich – unter allen möglichen und unmöglichen Umständen Patienten behandeln mussten: im Urwald, in der Wüste, unter Wasser, auf Berggipfeln und im Weltraum – überall dort, wo der menschliche Körper extremen und unbarmherzigen Umweltbedingungen ausgeliefert ist.

Die ersten Eroberer, die in hölzernen Booten das Meer überquerten oder zu Fuß in Wüsten und Urwälder vordrangen, haben vor Jahrtausenden dieselbe uralte, rätselhafte Vorrichtung mit sich geführt wie heute die Tiefseetaucher und Hochgebirgskletterer. Als »Apollo 11« auf dem Mond landete, war diese mitgeführte Apparatur mit Abstand die komplizierteste und zugleich die zuverlässigste an Bord. Im ganzen Universum hat man noch kein System entdeckt, das komplexer wäre als der menschliche Körper.

Dieses System wird in zwei Standardausführungen geliefert und ist milliardenfach in aller Welt zu finden. Zwar gibt es von einigen Teilen regionale Varianten, damit die Maschine in jedem Klima und

Gelände die volle Leistung erbringen kann, aber die grundlegende Bauart ist seit einer halben Ewigkeit unverändert. Dennoch kann sich niemand damit brüsten, zu verstehen, wie sie funktioniert, am wenigsten wohl Ärzte wie ich, die sie nicht nur reibungslos laufen, sondern auch in die Brüche gehen sehen.

Menschen sind zäh und zugleich zerbrechlich. Sie haben die Erde bevölkert, indem sie sich an unterschiedliche Lebensräume angepasst haben, aber sie gedeihen nur an Land, bei Temperaturen zwischen dem Gefrierpunkt und etwa 38 °C und – von Ausnahmen abgesehen – bis zu anderthalb Kilometer über Normalnull. Diese physiologischen, also von unserem Organismus gezogenen Grenzen pferchen uns auf weniger als einem Fünftel der Erdoberfläche zusammen. Jenseits dessen ist die Umwelt zu extrem für einen Organismus, der täglich Nahrung und Wasser braucht, nur wenige Minuten ohne Sauerstoff auskommt und ständig auf Wärme angewiesen ist. Die wenigen Millionen Menschen, die am Rande unserer Lebensräume ausharren, leben dort nicht unbeschwert, sondern verlangen ihrer Physiologie ständig das Äußerste ab. Wie Pasang leben sie im Grenzbereich der bewohnbaren Welt, in Gegenden wie dem Himalaya, dem Amazonas-Becken, der Arktis oder der Sahara, wo das Leben möglich, aber beschwerlich ist. Die Grenzen dieses Reichs verlaufen dort, wo die Abwehrsysteme des menschlichen Körpers mit den Attacken der Umwelt nicht mehr fertig werden.

Kein Tier, das bei Sinnen ist, bringt sich in Gefahr, indem es freiwillig irgendwohin geht, wo es nicht hingehört. Menschen hingegen werden durch ihren Geist gesteuert, dessen emotionales und spirituelles Streben stärker sein kann als der Überlebensinstinkt. Menschen hatten schon immer einen unersättlichen Erkundungsdrang. Auf der Grundlage des angesammelten Erfahrungswissens zahlloser Generationen haben wir die nötige Technologie entwickelt, um jene Grenzen zu überwinden, innerhalb derer wir über Hunderttausende von Jahren gefangen waren. Diese Kombination aus Wanderlust und Technik hat in uns den tollkühnen Glauben geweckt, wir könnten es mit den extremsten Umweltbedingungen der Erde aufnehmen und dort nicht nur überleben, sondern uns sogar an sie anpassen. Der menschliche Körper ist jedoch viel empfindlicher, als wir gerne annehmen. Wenn unsere Schutzmechanismen zusammenbrechen, sterben wir schnell.

Ich habe als Arzt viele wissenschaftliche Expeditionen in die entlegensten Gegenden der Welt begleitet. Meine Patienten sind Menschen, die sich in äußerst lebensfeindliche Milieus vorwagen. Ich praktiziere in Umgebungen und Situationen, in denen das Leben nicht gedeiht, und behandle oft Fälle, die ich nie zuvor gesehen habe und mir manchmal nicht einmal hätte vorstellen können. Schon unter normalen Umständen ist die Funktionsweise des menschlichen Körpers ein Rätsel – doch wenn er einer unwirtlichen Umwelt ausgeliefert ist, kann sie vollends unbegreiflich werden. Es ist nicht leicht, etwas zu reparieren, von dem man nicht weiß, wie es funktioniert, und doch hatte ich bei diesen Expeditionen die Aufgabe, den Attacken der feindseligen Umwelt auf die menschliche Physiologie effektiv entgegenzuwirken. Immer wenn an diesen extremen Orten etwas schief geht – wenn ein Bergsteiger ein Lungenödem entwickelt, ein Taucher die Dekompressionskrankheit bekommt, wenn sich ein Forscher mitten im Dschungel eine Verletzung zuzieht oder jemand kopfüber in eine Gletscherspalte stürzt –, richten sich alle Blicke auf mich. In solchen Fällen kann man nicht nach Schema F vorgehen, und mir stehen nur die Hilfsmittel zur Verfügung, die ich selbst mitbringe. Oft gibt es keinen sicheren Arbeitsplatz, ja nicht einmal einen Ort, an dem ich ungestört nachdenken kann, und man muss unverzüglich handeln. So habe ich mir aus der Arbeit selbst ein paar Regeln abgeleitet, zum Beispiel, dass ich auf mich allein gestellt bin – mit Hilfe von außen kann ich meist nicht rechnen. Manchmal scheint jedoch von innen Hilfe zu kommen: aus dem tief verankerten Überlebenswillen des Patienten.

Warum praktiziere ich an Orten, an die ich nicht gehöre – an die oft genug niemand gehört? Weil ich meinen kindlichen Entdeckerdrang nie verloren habe. Mit acht habe ich in unserem Haus ein Buch mit dem Titel »Annapurna« entdeckt: ein seltsames Wort, wie mir schien.

Ich hatte keine Vorstellung, worum es darin gehen mochte, und so kletterte ich am Buchregal meines Vaters hinauf und zog den Band heraus. Er entpuppte sich als der klassische Bericht von der Erstbesteigung des ersten bezwungenen Achttausenders der Erde. Das Buch eröffnete mir eine Welt, von der ich bis dahin nichts geahnt hatte und die von unserer Wohnung in der Bronx unvorstellbar weit entfernt lag. Der Wunsch, verborgene Welten zu erkunden, ließ mich von da an nie wieder los.

Wenn man in New York aufwächst, ist es nicht leicht, auf Berge zu steigen, aber ich entdeckte, dass ich mit einem Mikroskop unermessliche, mysteriöse Welten durchwandern konnte, ohne überhaupt mein Zimmer zu verlassen. So fing ich an, den unbekanntesten Flecken dieser Erde zu erforschen: den menschlichen Körper. Ich wurde Arzt, dann Facharzt für orthopädische Chirurgie und schließlich Spezialist für Mikrochirurgie, war also auf dem besten Weg, ein ganz normales Mitglied der Medizinergemeinde zu werden. Aber an den Abenteurerträumen, die »Annapurna« in mir ausgelöst hatte, habe ich immer festgehalten. Ich lernte wandern, Kanu fahren, segeln und tauchen, um selbst an exotische Orte gelangen zu können. Und eines Tages rief ich dann eine Kletterschule in New Hampshire an und meldete mich zum Unterricht an. Als man mir einen umherziehenden ehemaligen Green Beret aus North Dakota als Lehrer zuwies, also einen Ex-Angehörigen der US-amerikanischen Spezialeinheit für Guerillabekämpfung, nahm ich zunächst an, dass wir nichts gemein hätten. Er entpuppte sich als intelligente, empfindsame Seele – und er teilte meine Begeisterung für Abenteuer, auch wenn er schon viel mehr davon erlebt hatte als ich. Wir verstanden uns auf Anhieb.

Sechs Monate später fragte er mich, ob ich mich seiner Gruppe anschließen wollte, um in Peru Berge zu besteigen. Er sagte, er fühle sich in meiner Gesellschaft wohl und halte es für gut, einen Arzt dabeizuhaben. Diese Gelegenheit, meine medizinische Ausbildung mit meiner Abenteuerlust zu kombinieren, sprach mich sofort an. Ich war neugierig auf die Belastungen, die der menschliche Körper im Allgemeinen – und meiner im Besonderen – aushalten kann.

Einem allein stehenden Mann ohne feste Stelle wie meinem Green-Beret-Freund mag es leicht fallen, daheim seine Zelte abzubrechen und einen Monat nach Peru zu gehen – ich hingegen war ein Chirurg, der einer Frau und einem Krankenhaus verpflichtet war. Meine Frau wusste um meine lebenslange Faszination für das Klettern und unterstützte mich, obwohl es ihr zugegebenermaßen lieber gewesen wäre, wenn ich dieses Fernweh nicht in mir gespürt hätte. Einen Monat Urlaub zu nehmen hieß, meinen ganzen Dienstplan umzukrempeln, damit alle meine Patienten versorgt wären. Als Oberarzt konnte ich das zwar arrangieren, aber ich wusste nicht, wie meine Kollegen auf mein Verschwinden reagieren würden. Diese Klettertour lag mir jedoch so sehr am Herzen, dass ich sogar in Kauf nahm, nach meiner Rückkehr entlassen zu werden. Die Chirurgie war, wie ich mir einschärfte, mein Beruf und nicht mein Leben. Ich wollte nicht zum Gefangenen meiner Profession werden.

Je größer der Berg, desto besser will seine Besteigung geplant sein. Die Berge, die unser Team in Peru angehen wollte, sind etwa 6000 Meter hoch. Die Vorbereitungen wurden nach Neigung und Fähigkeiten unter den Teamkollegen aufgeteilt; mir fiel die Verantwortung für den ganzen »Arztkram« zu. Die anderen verstanden darunter vor allem die Zusammenstellung einer Liste mit allen Medikamenten etc., die wir benötigen würden. Was ihnen weniger klar, mir aber umso klarer war: Ich würde mich auch mit der Anwendung dieser Mittel vertraut machen müssen, die zum Teil gegen Erkrankungen eingesetzt werden, die ich noch nie zu Gesicht bekommen, geschweige denn behandelt hatte. Von der Angst getrieben, ich könnte mir nicht zu helfen wissen, während ein Kamerad im Sterben lag, beschloss ich, mich auf alle Eventualitäten gefasst zu machen. Ich listete jedes erdenkliche Gesundheitsproblem auf, das einen im Hochgebirge ereilen kann, vom Scheitel bis zur Sohle: von Schädelbruch bis Fußpilz. Ich las etwas über jedes Problem und notierte jedes Medikament oder Gerät, das ich zur Behandlung brauchen könnte. Was ich nicht selbst mitbrächte, stünde mir nicht zur Verfügung und wäre wohl auch nicht zu beschaffen. Ich notierte mir die Behandlungsmethoden sogar auf kleinen quadratischen Spickzetteln, die ich immer in meiner Tasche behalten wollte, falls ich im Ernstfall eine Gedächtnisblockade hätte. Kurzum, ich ging gründlich vorbereitet und halbwegs zuversichtlich nach Peru und hoffte dennoch auf ein unfallfreies Abenteuer. Ich wollte ungern auf die Probe gestellt werden.

Mit diesem Gedanken im Hinterkopf saß ich in meiner Klettermontur auf der offenen Ladefläche eines Trucks und sah die peruanische Landschaft an mir vorüberziehen. Wir fuhren über einen hohen Gebirgspass zum Taqurahu, dem 5800 Meter hohen Gipfel, auf den wir steigen wollten. Uns kam ein weiterer Truck entgegen, noch klappriger als unserer, die Ladefläche voller indianischer Dorfbewohner, die zum Markt wollten. Entsetzt sahen wir zu, wie der Wagen auf der Böschung in Schräglage geriet und sich dann überschlug. Menschen und Tiere wurden herausgeschleudert, und der Truck purzelte den Abhang hinab.

Meine Feuerprobe war ein ausgewachsenes Verkehrsunglück. Es war wie ein Albtraum. Ich zwang mich, äußerlich ruhig zu bleiben, denn wenn der Arzt nervös wirkt, drehen alle durch. Die zwei Minuten, die unser Wagen bis zur Unfallstelle benötigte, reichten aus, um mich auch innerlich zu sammeln, indem ich mich ganz auf die mutmaßlichen Verletzungen konzentrierte. Im Geist ging ich die Behandlungsschritte durch. Ich erinnerte mich an die Notizen in meiner Brusttasche.

Über den ganzen Abhang bis hinunter zu der Schlucht, wo der Truck auf der Seite lag, waren Menschen, Vieh und Gepäckstücke verstreut. Oben blieb ich kurz stehen, um den ersten, Furcht erregenden Eindruck abzuschütteln und einen analytischen Überblick zu gewinnen: Wer schrie vor Schmerz, wer stöhnte nur, wer blutete? Keiner schien im Sterben zu liegen. Ich zerlegte die chaotische Szene in eine Reihe von Problemen, die ich abarbeiten konnte. Allmählich wurde mir klar, dass ich zwar weit oben in den Anden war, dass sich die Verletzungen der Menschen aber nicht sonderlich von denen unterschieden, die einem in einer beliebigen Unfallstation unterkommen. Ich injizierte einem kleinen Mädchen ein Betäubungsmittel und richtete dann seinen gebrochenen Unterarm. Mein Green-Beret-Kletterlehrer war ein einfallsreicher Assistent; er schiente den Arm mit einer Holzlatte, die er von dem verunglückten Lastwagen abbrach. Ich gab einem Bauern, der drauf und dran war, ohnmächtig zu werden, eine Infusion. Außerdem diagnostizierte ich eine Gehirnerschütterung, eine Unterleibsquetschung und etliche weitere, leichtere Verletzungen. Sobald mir bewusst wurde, dass es keinen Patienten gab, den ich nicht behandeln konnte, kehrte mein Selbstvertrauen – das ich ein Weilchen nur vorgetäuscht hatte – zurück. Obwohl meine Patienten nur Quechua (Ketschua) beherrschten, gab es dank der kosmopolitischen Arzt-Patienten-Sprache keine Kommunikationsprobleme. Die kleinen Behandlungsnotizen blieben ungelesen in meiner Brusttasche stecken, aber die Gewissheit, dass es sie gab, mag mir unterbewusst geholfen haben. Als ich die letzte Schnittwunde gesäubert und genäht hatte, kam einer meiner Patienten mit einer Ziege zurück, die immer noch benommen war und aus dem Hals blutete. Beschwingt vom glimpflichen Ausgang des Ganzen, flickte ich auch noch die Ziege zusammen.

Unserer Karte zufolge gab es eine Tagesreise von hier eine »clinica«, also entluden wir unseren Truck und ließen die Dorfleute aufsteigen. Einer meiner Teamkollegen begleitete mich; die anderen schlugen einfach vor Ort ein Lager auf und warteten auf unsere Rückkehr. Wir wollten unsere Patienten nur schnell dort einliefern und schnurstracks zum Berg zurückkehren. Die »clinica« entpuppte sich jedoch als Schlackenstein-Verschlag ohne jede medizinische Ausstattung, und der Arzt schien mit allem überfordert, was über die Verteilung von Antibabypillen hinausging. Obwohl die Patienten stabil waren, flehte er mich an, zu bleiben, bis der Krankentransporter aus Lima eintraf. Da ich noch genau wusste, welche Ängste ein Arzt durchsteht, der sich medizinisch überfordert fühlt, hatte ich Mitleid mit meinem Kollegen und blieb über Nacht.

Die peruanischen Zeitungen und das Radio berichteten über die Rettung, und ich erlangte eine gewisse lokale Berühmtheit. Wir schafften es schließlich doch noch, den Taqurahu zu besteigen, aber auf dem Gipfel zu stehen berauschte mich nicht annähernd so sehr wie die erfolgreiche Behandlung der Unfallopfer. Ich war froh, mich bei beiden Herausforderungen bewährt zu haben, aber wenn ich ehrlich war, hatte mich die erste viel stärker befriedigt. Zwar interessierten mich die Extremgebiete der Erde nach wie vor, aber unter Extrembedingungen medizinische Erfolge zu erzielen hatte sich als der höhere Gipfel erwiesen.

Als ich nach New York zurückkehrte, stellte ich erleichtert fest, dass meine Vorgesetzten im Krankenhaus offenbar bewunderten, was ich getan hatte – auch wenn sie es offiziell nicht zugeben konnten. Meine lange Abwesenheit wurde nur nominell gerügt. Auch wenn die Konsequenzen ernster gewesen wären, hätte das nichts an meiner Überzeugung geändert, das Richtige getan zu haben. Ich war entschlossen, die Tür zu dieser anderen Welt sogar noch weiter aufzustoßen.

Meine Heldentat in Peru war auch dem Explorers Club in New York zu Ohren gekommen, und so wurde ich bald nach meiner Rückkehr eingeladen, mich dieser altehrwürdigen Gruppe erfahrener Forschungsreisender anzuschließen. Man forderte mich auf, zum ersten Treffen eine gute Idee mitzubringen. Da ich ahnte, dass die Mitglieder über einen einzigartigen und reichhaltigen expeditionsmedizinischen Erfahrungsschatz verfügen mussten, schlug ich vor, dass jemand diese Informationen sammeln, systematisieren und zusammenfassen solle, um das Wissen über Medizin in Extremgebieten zugänglich zu machen. Die Idee wurde für gut befunden – und wie das bei solchen Sitzungen so häufig passiert, übertrug man mir auch gleich einstimmig die Aufgabe, sie in die Tat umzusetzen.

Zunächst erschien es mir anmaßend, mich – einen Spezialisten für Mikrochirurgie – nach und nach zum Experten für Extremmedizin aufbauen zu wollen. Ich kam mir wie ein blutiger Anfänger vor. Als ich mich jedoch in die Fachzeitschriften vertiefte, merkte ich, wie wenig Artikel es zu diesem Thema überhaupt gab – und längst nicht alle waren es wert, kopiert und ausgeschlachtet zu werden. Die ohnehin spärlichen Empfehlungen waren oft vage, unpraktikabel oder widersprüchlich. Mir ging auf, dass kein Arzt eine derart heterogene und von Zufällen bestimmte Ansammlung abgelegener Leiden wirklich in den Griff bekommen könnte. Dennoch galt ich in unserem Club schon bald als der »Wahrer und Mehrer« eines medizinischen Wissensschatzes.

Meine Kollegen vom Explorers Club waren sehr darauf erpicht, mir von ihren Erfahrungen zu berichten, und so hatte ich rasch eine Sammlung praktischer Ratschläge zur Behandlung von Gesundheitsproblemen an Orten und in Umgebungen zusammengestellt, an die ich früher keinen Gedanken verschwendet hatte. Vielleicht war ich wirklich in einer besonderen Lage, die mich zum Experten für Extremmedizin prädestinierte. Immer öfter suchten mich nun Forscher auf, die demnächst irgendeinen Teil der Welt bereisen wollten und sich Empfehlungen erhofften – oft luden sie mich gleich ein, mich ihren Expeditionen anzuschließen. Einem Menschen wie mir, der vor einem Jahr noch nicht einmal einen »echten« Forschungsreisenden gekannt hatte, kam jede dieser Einladungen zu verlockend vor, um sie auszuschlagen. Aber ich hatte der Klinik mittlerweile den Rücken gekehrt und mich privat niedergelassen. Ich wusste von keinem Arzt, der regelmäßig zwischen den Sphären der Entdeckungsreisen und der Medizin hin und her pendelte, und dafür gab es gute Gründe. Eine Praxis zu etablieren ist mit Risiken und Investitionen verbunden. Ich hatte vor, immer wieder für längere Zeit zu verreisen. Damit konnte ich den Ärzten, die ihre Patienten an mich überwiesen, keine Kontinuität mehr bieten, und natürlich würde mein Einkommen sinken. Die Auswirkungen auf meine Praxis waren unabsehbar, aber von Forschungsreisenden erwartet man ja gerade, dass sie Risiken eingehen und sich dem Unbekannten stellen. Die Erfahrungen würden mich mehr bereichern, als alle materiellen Güter es könnten.

So wurde ich ein medizinischer Forschungsreisender, der sich in die extremsten Lebensräume der Erde begab, um sich immer wieder auf die Probe stellen zu lassen. Ich paddelte in einem Einbaum durch den Amazonas. Mitten in der arktischen Tundra zerbrach ich mir den

Kopf, wie ich die Wanderroute dieses Eisbären erfassen konnte, der gerade mit seiner tödlichen Tatze gegen das stahlverstärkte Fenster meines Buggys hämmerte. Beim Tauchen vor den Galapagos-Inseln musste ich meine Notizen zur Erfassung der Fischarten unterbrechen, weil eine Schule von Hammerhaien über meinem Kopf mir das Licht raubte. Auf dem antarktischen Plateau fand ich in einem Schneegestöber, das so dicht war, dass ich nicht einmal meine Füße sah, nur dank der Rufe des Fahrers zum Schneemobil zurück.

Wo auch immer, wie auch immer: Stets war ich als Arzt dabei, von dem erwartet wurde, dass er jedwede Verletzung kurierte und jede »Schmach« wieder gutmachte, die die feindselige Natur meinen Mitreisenden zufügte: von der Frostbeule bis zum Schlangenbiss. Wenn ich nicht wusste, was zu tun war, musste ich improvisieren oder mich an der örtlichen Volksmedizin orientieren. Ich nahm meine Expeditionsarbeit sehr ernst, und nach einigen Jahren wusste ich kaum noch, welche meiner beiden Welten eigentlich die »andere« war. Dr. Kamlers Abenteuergeschichten machten in Medizinerkreisen stets rasch die Runde, wobei sie oft mit fantastischen Details ausgeschmückt und dramatisch zugespitzt wurden. In der »normalen« medizinischen Welt, aus der ich gekommen war, empfand ich mich zunehmend als Außenseiter. Manchmal kam mir meine New Yorker Praxis fremdartiger vor als alle anderen Lebensräume. Außerdem geschah etwas Merkwürdiges: Ärzte, die durch hohe Hypotheken und laufende Kosten an ihre Praxen gefesselt waren, suchten mich auf, um in meinen Berichten zumindest eine Ersatzbefriedigung zu finden. Sie verstanden, warum ich das alles tat. Sie teilten meine Neugier auf das, was dem menschlichen Körper an den Grenzen der Medizin passiert, und sehnten sich ebenfalls nach Abenteuern an Orten, die möglichst weit von ihren Wartezimmern entfernt lagen.

Viele der unwirtlichsten und am wenigsten erforschten Gegenden der Erde – wenn wir uns auf das Festland beschränken – sind bergig. Die meisten der Expeditionen, die mich am stärksten fasziniert haben, führten uns in zerklüftete Gebirge, sodass man Kletterfertigkeit durchaus als Basisqualifikation für einen Arzt bezeichnen muss, der Extremmedizin betreiben will. Ich habe Gipfel in den Alpen, den Anden und der Antarktis bezwungen und bin dabei in die verschworene Gemeinschaft der Hochalpinisten hineingewachsen. Ganz gleich, an welches Ende der Welt es mich verschlug: Immer wieder traf ich dieselben Leute.

Vor etlichen Jahren kam mir zu Ohren, dass eine von der Zeitschrift »National Geographic« unterstützte Expedition vorbereitet wurde, die mit einem Laserteleskop die Tektonik des Mount Everest erfassen und seine genaue Höhe bestimmen sollte. Das Bergsteigen würde schwierig werden, aber das Forschungsvorhaben war wichtig, und die Herausforderung, diese Expedition medizinisch zu versorgen, erschien mir ebenso riesig wie der Berg selbst. Dem Expeditionsleiter kam mein Anruf, wie er mir später verriet, wie eine göttliche Intervention vor: Er hatte ein klares wissenschaftliches Ziel, genug Geldmittel und eine Reihe exzellenter Bergsteiger – aber noch keinen Expeditionsarzt. Ich würde der Einzige im Team sein, mit dem er selbst noch nicht geklettert war, und meine Bergerfahrung war nach seinen Kriterien ziemlich bescheiden, aber er wollte mich dennoch dabeihaben. Er war schon auf dem Everest gewesen und klärte mich auf, wie schnell auf derart hohen Bergen selbst in einem routinierten Team etwas schief gehen kann. Er sollte Recht behalten. Nur einen Tag nachdem wir das Basislager erreicht hatten – meine Ausstattung war zum größten Teil noch nicht einmal ausgepackt –, stürzte Pasang in die Gletscherspalte. Und wieder behandelte ich inmitten einer feindseligen, gnadenlosen Umgebung – und wieder entdeckte ich, dass der menschliche Körper Ungeheures leisten kann, wenn es ums Überleben geht.

Diese Erfahrung bildet den Kern des vorliegenden Buches. Wir begeben uns auf eine Reise in die entlegensten und gefährlichsten Regionen der Erde – und weiter, hinein in die Körper und die Köpfe der Menschen, die dort leben: Menschen, für die diese Umwelt ganz alltäglich und zugleich sehr bedrohlich ist. Manche dieser Geschichten habe ich selbst erlebt, andere gehen auf die Erfahrungen anderer zurück: Bergsteiger, Taucher, Segler, Forscher, Astronauten, aber auch ganz normale Menschen, die es in außergewöhnliche Situationen verschlagen hat. In diese Berichte habe ich Beobachtungen und Reflexionen über die Evolutionsbiologie, Physiologie und Psychologie eingeflochten, denn erst sie liefern die Mittel zum Überleben: langfristig durch die Anpassung an den chronischen Stress, den die Umwelt ausübt, und kurzfristig durch die unmittelbare Reaktion auf den Angriff einer Naturgewalt. Wir werden die Grenzen der menschlichen Leistungsfähigkeit überschreiten und dabei erfahren, wie der Körper unter normalen Belastungen funktioniert, wie er auf Hochtouren läuft, wenn er in eine lebensfeindliche Umwelt gerät, und was passiert, wenn er schließlich zusammenbricht, weil er den extremen Naturkräften nicht mehr standhalten kann, für die er einfach nicht ausgelegt ist.

Die bewährte Methode des Umgangs mit extremen Umwelten ist, diese zu meiden. Von einigen unglücklichen Wanderern abgesehen, ist die menschliche Art in den letzten hunderttausend Jahren damit ganz gut gefahren. Die Menschen, die an den Rändern eines Niemandslandes leben, haben sich durch die natürliche Auslese an ihre besonderen Lebensräume angepasst und es vermieden, noch tiefer in diese Region einzudringen, die ihnen weder Unterschlupf noch Nahrung bieten konnte. Und es gab auch kaum Möglichkeiten, weiter vorzudringen. Die Tiefsee, trockene Wüsten, offene Meere, dichte Urwälder, hohe Berge und der Weltraum waren allesamt weitgehend unzugänglich, sodass es gar keine Gelegenheit gab, sich an noch extremere Umstände anzupassen. Die Menschen jedoch, die über viele Generationen einer unbarmherzigen Umwelt ausgesetzt waren, haben sich erstaunlich gut angepasst. Wenn die eigenen Vorfahren diesen Prozess jedoch nicht durchlaufen haben, sind solche entlegenen Gegenden tödlich.

Da niemand bereit oder imstande war, in sie vorzudringen, sind lebensfeindliche Gegenden lange weiße Flecken auf der Landkarte geblieben. Der technische Fortschritt hat sie jedoch plötzlich zugänglich gemacht. Darüber hinaus haben die Besonderheiten der modernen

Zivilisation diese Orte für Entdecker, Wissenschaftler und Abenteurer immer reizvoller werden lassen. Die Spielregeln haben sich im Handumdrehen geändert, aber das Ziel des Spiels – Überleben – ist noch dasselbe. Zum Beispiel »versteht« der Körper Tigerbisse, aber Stickstoffblasen »versteht« er nicht. Die Regeln zum Umgang mit Tigern sind bekannt, weil wir uns Jahrtausende mit ihnen herumgeschlagen haben. Durch Versuch und Irrtum hat die natürliche Auslese die Menschen mit einer komplexen und zielgenauen, über zahllose Generationen verfeinerten Abfolge von physiologischen Reaktionen ausgestattet, die verhindern sollen, dass man von einem Tiger verspeist wird. Zunächst erkennt der Geist, dass ein Tier, das sich schnell nähert, gefährlich ist; dann schickt er ein Signal an den Körper, das eine Flucht auslöst. Falls die Flucht misslingt, geht der Körper in Abwehrhaltung. Und wenn er verletzt wird, steht eine Reihe von Immunzellen und körpereigenen chemischen Stoffen parat, die den Schaden begrenzen und die Heilung fördern können. Die Bemühungen mögen oft genug scheitern, aber immerhin ist der Körper auf diese Gefahr gefasst und hat Werkzeuge entwickelt, um sie zu bekämpfen.

Aber was unternimmt dieses ausgeklügelte Verteidigungssystem, wenn sich im Blut Stickstoffblasen bilden? Tiefseetauchen ist eine recht junge Erscheinung, und wer in die Tiefsee vordringt, tut das alles andere als allmählich. Die Caissonkrankheit, die Entstehung von Stickstoffblasen in den Adern des Tauchers, stellt den Körper vor ein Rätsel. Da er diese Gefahr nicht kennt und keine Zeit hatte, sich an sie anzupassen, reagiert er ebenso chaotisch und fehlgesteuert, wie die Erdbevölkerung auf eine Invasion von Marsmenschen reagieren würde. Ebenso unangemessen reagiert der Körper auf andere unbekannte Gegner: den niedrigen Luftdruck auf einem Berg im Himalaya oder den hohen Wasserdruck in der Tiefsee, das ständige Licht im Polarsommer oder das Dauerdunkel und die extreme Kälte des Polarwinters, die erbarmungslose Hitze in der afrikanischen Wüste, die Schwerelosigkeit im Weltraum. Und doch haben die Menschen, die in solchen Extremen (oder nahebei) leben – Amazonas-Indianer, Sherpas, Eskimos, Beduinen und Südseeperlentaucher –, wie wir sehen werden, jeweils spezifische Anpassungen an den Umweltstress entwickelt, dem sie tagtäglich ausgesetzt sind. Die Evolution hat diese Menschen so geformt, dass sie in einer ganzen Reihe von Grenzgebieten überleben können, aber sogar ihre besonderen Schutzvorrichtungen versagen rasch, wenn sie sich über diese Grenzen hinauswagen.

Pasang konnte eigentlich nicht überleben, aber er hat es geschafft. Im Laufe der Nacht stabilisierte sich sein schwacher Puls, sein Gesicht schwoll ab, und er schlug die Augen auf. Als die Sonne aufging, endete der Gesang, und der Zauberbann war gebrochen. Obwohl ich mich fühlte, als hätte ich die Szene aus der Ferne beobachtet, war ich sicher, die Wirkung einer Heilkraft miterlebt zu haben, die jenseits der Medizin angesiedelt war. Der Gesang hatte in Pasang eine Energie freigesetzt, einen starken Lebenswillen, und dieser hatte verhindert, dass er stirbt. Eine spirituelle Kraft hatte einen spürbaren Effekt hervorgerufen, etwas, das ein gläubiger Mensch als Wunder bezeichnen würde. Meine medizinische Ausbildung hätte mich dazu anhalten sollen, mir seine Genesung durch Nervenimpulse und chemische Reaktionen plausibel zu machen. Aber wenn er hoch oben auf einem Berg im Himalaya mit einem so eindeutigen Beweis konfrontiert wird, ist selbst ein Skeptiker vom Unerklärbaren überzeugt. Für Pasangs Überleben gab es keine bekannte medizinische Erklärung. Da ging mir auf, dass mir in der Extremmedizin wohl noch öfter Phänomene unterkommen und helfen dürften, die ich womöglich nie verstehen würde.

Ein Rettungshubschrauber war unterwegs, und wir mussten den Patienten auf den Transport vorbereiten. Ich beschäftigte mich mit den Einzelheiten einer Evakuierung, die ich letzte Nacht noch für sinnlos gehalten hatte. Pasang, der zwar nur wenig von seiner Umgebung mitbekam, aber immerhin bei Bewusstsein war, beschwerte sich, als wir seine Arme an die Tragbahre banden – ein gutes Zeichen, auch wenn es, wie man mir verriet, ein tibetischer Fluch war, den er uns entgegenschleuderte.

Jedes Mal, wenn ich an den Everest zurückkehrte, rief ich mir dieses machtvolle Ereignis ins Gedächtnis. Das Forschungsprojekt, an dem ich mich beteiligte, wurde ausgedehnt und umfasste neben den Laserexperimenten auch das Ausbringen von GPS-Sendern, deren Signale von Satelliten empfangen werden sollten. Insgesamt waren wir fünfmal am Everest. Mit jeder neuen Expedition wurde ich vertrauter mit dem Berg, aber nie verlor ich den Respekt vor ihm. Obwohl wir wissenschaftliche Apparate auf dem Gipfel installierten, hatte keiner von uns je das Gefühl, dass wir den Everest »erobert« hatten – oder dass dies überhaupt möglich wäre. Ständig wurden wir daran erinnert, wie gefährlich dieser Berg ist und wie zerbrechlich jene sind, die es wagen ihn zu besteigen.

Als ich 1995 gerade einen steilen Überhang hinaufkletterte, rutschte direkt über mir ein Sherpa auf dem glatten Eis ab. Entsetzt musste ich mit ansehen, wie er an mir vorbeifiel und gut 900 Meter tief in den Tod stürzte. Im nächsten Jahr war ich erneut auf dem Weg zum Gipfel, als ein heimtückischer zweitägiger Sturm acht meiner Kletterfreunde das Leben kostete. Ich war der einzige Arzt auf dem Berg und tat, was ich konnte, um den Überlebenden zu helfen, aber mein Team war außerstande, jene zu retten, die verloren gegangen waren und im Schnee erfrieren mussten. Sie waren für uns ebenso unerreichbar, als hätte der Weltraum sie verschluckt. Diese Analogie regte die NASA dazu an, einen Teil ihrer Weltraumtechnologie zur Rettung von Menschen einzusetzen, die sich in der Wildnis verirrt haben.

Im Jahr nach diesem Sturm erhielt ich einen Anruf aus einem kommerziellen Raumfahrtzentrum der NASA, das ein Programm zur Erprobung medizinischer Messgeräte unter extremsten irdischen Bedingungen finanzierte. Wenn ihre Apparate erst einmal auf dem Everest funktionierten, würden sie auch in jeder anderen Umgebung – nicht nur auf der Erde – bestehen. Sie waren auf der Suche nach einem erfahrenen Arzt, der ihr »Leitender Höhenmediziner« werden sollte, und waren dabei auf meinen Namen gestoßen. Das war schon wieder so ein Angebot, das ich einfach nicht ausschlagen konnte. Der

Mount Everest ist die ultimative Herausforderung für einen Bergsteiger, und die ausgeklügeltste medizinische Ausrüstung der Welt in das entlegenste Einsatzgebiet der Welt zu schaffen war die ultimative Herausforderung für einen Extremmediziner. Ich nahm das Angebot an – um meiner selbst willen und eingedenk all der Freunde, die ich in den Bergen verloren hatte.

Ich kehrte zum Everest zurück – nicht trotz, sondern wegen der Tragödie von 1996 und der anderen Katastrophen, die ich dort erlebt hatte. Ich arbeitete mit Naturwissenschaftlern und Ingenieuren vom Massachusetts Institute of Technology, von der Yale University und vom Verteidigungsministerium zusammen, um Computersimulationen und Behandlungsprotokolle zu entwickeln, die wir auf dem Mount Everest erproben würden. Wir modifizierten die kabellosen Körpersensoren, die die NASA für Astronauten in einer Raumstation oder auf dem Mars konstruiert hatte, sodass sie von Bergsteigern oder anderen Forschungsreisenden in Extremgebieten getragen werden konnten. Die Sensoren übermittelten uns im Basislager ständig den Puls, die Atmungsrate, die Körpertemperatur und weitere Vitalfunktionen sowie den exakten Aufenthaltsort der Versuchspersonen. So waren wir rund um die Uhr auf dem Laufenden, ob und wo jemand gerettet werden musste.

Sobald ein kranker oder verletzter Bergsteiger in unser Behandlungszelt eingeliefert wurde, ergänzten wir diese Daten um Herzgeräusche, Atemgeräusche, EKG, Sonogramme, mikroskopische Präparate und Videoaufnahmen des Patienten. Dann wurde die digitalisierte Information per Satelliten-Liveschaltung an Fernsehapparate in Yale und im Walter-Reed-Hospital übertragen, sodass die dortigen medizinischen Sachverständigen uns in Echtzeit Behandlungsempfehlungen funken konnten.

Es kamen sogar ausländische Kletterer in unser Basislager, um ihre chronischen Erkrankungen behandeln zu lassen: Unsere Hochgebirgsausrüstung war weit besser als alles, was sie zu Hause erwarten konnten. Hätte uns während jenes schicksalhaften Sturms so ein Telemedizinsystem zur Verfügung gestanden, dann hätten wir vielleicht ein paar von den Menschen retten können, deren Leichen heute immer noch irgendwo auf dem Berg liegen.

Mir ist bewusst, wie weit ich gekommen bin, seit ich damals kleine Spickzettel zur Behandlung in die Brusttasche meiner Jacke gesteckt habe. Ich bin in einigen der abgelegensten Gebieten der Erde gewesen und habe das seltene Privileg genossen, die einzige Form der Medizin zu praktizieren, in der man moderne Medikamente mit Heilpflanzen, Satellitensignale mit uralten Gesängen und Naturwissenschaft mit Spiritualität kombiniert.

Urwald – Die härteste Kampfzone der Welt

Der schwarze, sternenübersäte See spiegelte den Nachthimmel so vollkommen wider, dass nur mein Paddel die Konstellationen kurzfristig in Unordnung brachte. Sterne über mir, Sterne unter mir: Fast hätte ich mir einbilden können, durch das Weltall zu rudern – wären da nicht diese glasigen Augen gewesen, die wie zwei Periskope die Wasseroberfläche durchstießen und im Strahl meiner Taschenlampe wie Rubine aufleuchteten. Die Augen blinzelten nicht und blieben regungslos, aber mein störendes Licht rief knapp unter der Oberfläche ein hohles Grunzen hervor. Viele weitere rote Edelsteine waren paarweise zwischen die Sterne gestreut. Immer, wenn wir an einem Paar vorüberpaddelten, stieg aus der Tiefe dieser Warnlaut auf. In der schwülen Stille hallte das Grunzen über den See, von der Dunkelheit verstärkt. Ich konnte meinen Vordermann am Bug des Kanus kaum ausmachen, und wir sagten kein Wort. Jeder blieb für sich allein. Stunden verstrichen, vielleicht auch nur Minuten.

Mir fiel auf, dass über und hinter mir allmählich ein Licht aufschien. Über dem ausgefransten Horizont ging eine orangefarbene Scheibe auf. Ich wusste zwar, dass es der Mond war, aber es kam mir vor, als erlebte ich einen Sonnenaufgang auf einem fremden Planeten. Die Sterne verblassten, der Himmel und das Wasser verwandelten sich in Silber. Am Seeufer tauchte ein unregelmäßiger schwarzer Saum auf: die Silhouette der Baumwipfel, die im ruhigen Wasser reflektiert wurden. In dieser eigentümlich beleuchteten Welt voll unvertrauter Geräusche und seltsamer Kreaturen war ich ein Fremder.

Ich war in den Amazonas eingedrungen, einen Ort, der mehr Pflanzen und Tiere beheimatet als jede andere Region der Erde und daher der Schauplatz der erbarmungslosesten und furchterregendsten Überlebenskämpfe der Welt ist. Ich war hierher gekommen, um einen der Gewinner dieses Konkurrenzkampfes kennen zu lernen, ein prähistorisches Relikt, das so gut an diese Umwelt angepasst ist, dass es seit einer halben Million Jahre im Wesentlichen unverändert in diesen Wäldern lebt. Ich hingegen war erst eine Woche hier. Flugzeuge und Boote hatten mich aus New York hierher verfrachtet, aus einer Welt, die viel unnatürlicher ist als der Dschungel und dennoch mein natürlicher Lebensraum ist. Meine lebenslange Anpassung an die wichtigsten Elemente jener Welt, an Straßen, elektrischen Strom, Werbung und Luftverschmutzung, zählte hier nichts. Andere meiner erworbenen Fähigkeiten hingegen, vor allem auf dem Gebiet der Medizin und Chirurgie, behalten überall ihren Wert, sogar und gerade hier, im oberen Amazonas-Becken in Ecuador, auf einem See, der drei Tage Kanufahrt von der nächsten Stadt entfernt liegt und nur in der Regenzeit erreichbar ist, wenn das Wasser in dem flachen Kanal, der hierher führt, hoch genug steht.

Dieser unberührte See ist ein ideales Forschungsgebiet für ein Team von Biologen, die den Geheimnissen und Überlebensstrategien von Pflanzen und Tieren auf den Grund gehen wollen, die nirgends sonst auf diesem Planeten gedeihen. Zugleich bietet er genau diesen Pflanzen und Tieren ideale Bedingungen, um von den Biologen zu leben, die ihretwegen hergekommen sind. Hier gibt es keine Gnade für Wesen, deren Körper und Instinkte nicht durch die natürliche Auslese und die Erfahrung eines ganzen Lebens im Urwald gedrillt worden sind. Die Biologen waren sich bewusst, dass sie, abgelenkt durch ihre Arbeit, leichte Beute sein würden. Ich durfte an dieser Expedition teilnehmen, weil sie einen Arzt brauchten, der zumindest versuchen würde, die Schäden – von Juckreiz bis Herzstillstand – zu beheben, die durch die Gifte, Stachel, Dornen, Krallen und Zähne verursacht werden konnten, von denen sie umgeben waren. Ich hatte mich sehr um meine Aufnahme in dieses Team bemüht, denn es reizte mich, in einer exotischen Umgebung ebenso exotische Krankheiten zu behandeln. Außerdem wollte ich die Gelegenheit ergreifen, in dieses wirre Netz des Lebens einzutauchen, das so eng geknüpft war, dass ich seine Komplexität in einem Monat nur ansatzweise würde erahnen können.

In diesen Dschungel ist eine gut angepasste Lebensform eingeflochten, von der zwei Exemplare in dieser sternenklaren Nacht mit mir im Kanu saßen und sich nun wie Scherenschnitte vor dem Hintergrund des mondbeschienenen Wassers abzeichneten. Ganz vorne kauerte Berullio, der Erbauer und stolze Besitzer unseres Einbaums, des größten in der ganzen Gegend. Hinter ihm saß sein Schwiegervater Antonio im Bug und lenkte das Boot. Im Heck paddelten zwei auswärtige Angehörige derselben Art: der Expeditionsleiter, ein Collegeprofessor aus Connecticut, und ich selbst, der Expeditionsarzt. Antonio und Berullio sind Cofan-Indios, Nachfahren eines der vielen kleinen Völker, die sich im Laufe von Jahrtausenden harter natürlicher Auslese an den Amazonas angepasst haben und über einen ebenso alten Schatz an Erfahrungen und Wissen über diesen Lebensraum verfügen.

Wieder wurde die Stille des Sees von einem Grunzlaut durchbrochen. Diesmal hatte jedoch Antonio ihn ausgestoßen. Sofort antwortete ihm ein tieferes, lauteres Grunzen in der Nähe des Ufers. Berullio gab uns Zeichen: Wir sollten darauf zupaddeln. Antonio und unser Ziel setzten ihren Dialog fort, während wir uns über den dunklen See leise heranpirschten. Wir bogen in eine Bucht ein. Plötzlich entdeckten wir überall rote Augenpaare: Manche funkelten uns vom Ufer her an, wo sie zwischen den Baumstämmen und aus dem Grasdickicht hervorlugten, andere glühten auf länglichen, schwarzen Schatten, die sich rings um das Boot im silbrigen Wasser bewegten. Jetzt hörten wir mehr Antwortlaute. Berullio und Antonio konzentrierten sich weiter auf ein einziges Augenpaar, das weiter auseinander stand als alle anderen. Es war, als hätte jemand zwei rote Lampen auf einen dicken schwarzen Stamm montiert. Der Abstand der Augen wächst proportional mit der Länge des Tiers, und sogar mir war klar, dass dieses Exemplar riesig sein musste.

Das Boot glitt direkt auf das Ufer zu, der Collegeprofessor und ich paddelten vorsichtig im Heck, und Antonio nahm mit seinem Paddel am Bug feine Kurskorrekturen vor. Er schaltete sein Licht aus. Wir taten es ihm nach. Nur Berullios Lampe, die an einem Band um seinen Kopf befestigt war, blieb an. Jede weitere Lichtquelle hätte ihn bei dem, was er vorhatte, nur abgelenkt.

Die Uferbäume türmten sich immer höher über uns auf und streckten ihre Arme weit über das Wasser, bis wir in ihren Schatten eintauchten. Berullios Stirnlampe strahlte die verschlungenen Äste und die darauf wuchernden Hängepflanzen an. Der Strahl wurde vom Wasser reflektiert, und im tanzenden Lichtkegel tauchten unterhalb des dichten Blätterdachs Teppiche aus Wasserhyazinthen und Elefantengras auf. Berullio kauerte sich noch tiefer in die Spitze des Bugs und beugte sich dann vorsichtig links über den Rand. In seiner Linken hielt er ein Lasso, das durch einen hohlen Bambusstab gefädelt war, den er mit der Rechten umklammerte. Wir bewegten das Kanu jetzt ganz langsam – kaum merklich. Die Augen lagen direkt vor uns. Antonio tauchte sein Paddel ins Wasser. Das Kanu drehte sich, die Augen wanderten nach links und waren schon fast auf der Höhe des Bugs. Ich konnte einen schwarzen Kopf ausmachen, der wie eine Insel im silbrigen Wasser lag. Mit einer unmerklichen Handbewegung versenkte Berullio völlig lautlos den unteren Teil der Schlinge. Er platzierte sie direkt vor einem weiteren Objekt, das aus dem Wasser ragte und zwei große Löcher hatte: Mir ging plötzlich auf, dass es sich um die Nasenlöcher handelte, die unter der Oberfläche mit dem Rest des Kopfes verbunden waren, der noch etwa sechzig Zentimeter entfernt lag.

Berullio hielt das Seil ganz still und wartete, bis der Schwung des Bootes die Schlinge langsam unter den Kiefer des Tieres schob. Dann zog er das Lasso abrupt nach oben, griff mit der Linken nach dem Bambusstab und zerrte mit der rechten Hand ruckartig an den losen Enden des Seils, um die Schlinge zuzuziehen. Aber das Seil verfing sich in einer Wasserhyazinthe und schlug gegen den Kopf, anstatt darüber zu gleiten. Das Tier, bis dahin völlig regungslos und sich der Gefahr nicht bewusst, riss auf einmal den Kopf zurück, hob seinen Körper vorne aus dem Wasser und versetzte dem Kanu einen heftigen Tritt, sodass es zur Seite schlingerte. Ich klammerte mich am Boot fest und merkte, wie mir Wasser über die Knöchel lief. Berullios Hand verfing sich im Seil. Das Ungeheuer riss den Kiefer auf, als es – wie

Berullio – freizukommen versuchte. Der Lichtfleck von Berullios Stirnlampe tanzte hektisch über das Tier und offenbarte uns kurz die Reihen scharfer, weißer Zähne, die das lange, rosige Maul säumten. Mein Herz pochte. Ich wusste nicht, was zu tun war, und es ging alles viel zu schnell. Nach einer Sekunde gab es einen lauten Klatscher: Das Tier tauchte unter und zog Berullios Arm mit. Ein paar Luftblasen stiegen an die Oberfläche, und dann zog Berullio ruhig seine Hand aus dem Wasser, in der er das leere Lasso hielt. Ich war unendlich erleichtert: kein zerfetzter Arm, nicht einmal ein Kratzer.

Das Krokodil war entkommen. Antonio schloss aus dem Augenabstand (etwa zehn Zentimeter), dass das Tier ungefähr fünf Meter lang war. Das erschien mir nicht zu hoch gegriffen. Ich hatte ja selbst gesehen, dass allein der Kopf zwischen Nase und Augen sechzig Zentimeter maß. Die verschiedenen Krokodilarten haben unterschiedliche Augenfarben; während unserer dreitägigen Kanufahrt auf dem Fluss hatte ich bislang nur grüne und orange Augen gesehen. Dieser See war voller roter Punkte: die Farbe der Mohrenkaiman-Augen. Sie sind im Grunde farblos; das Rot entsteht, wenn das Licht unserer Lampen von den roten Blutgefäßen im Inneren zurückgeworfen wird. Der Mohrenkaiman ist ein Furcht erregendes, aber auffällig schönes Tier mit einer weichen Lederhaut, schwarz mit gelbweißen Streifen.

»Ich hätte es erschießen sollen«, meinte Antonio reumütig. »Eine gute Haut und eine Menge Fleisch.«

Er begriff nicht ganz, warum ihn diese Gringos baten, die Tiere zu fangen und ins Lager zu bringen, wo sie weiter nichts mit ihnen anstellten, als sie zu wiegen und zu vermessen, ihre Zähne zu zählen und ihnen mit Nagellack Zahlen auf die Köpfe zu malen. Das Schlimmste war, dass wir ihn nach vollbrachter Tat aufforderten, sie ins Wasser zurückzuwerfen, aus dem er sie mühsam herausgefischt hatte: Was für eine Verschwendung. Aber die Bezahlung war gut, und im Urwald war schwer an Geld heranzukommen – vor allem, seit die Wilderei scharf geahndet wurde.

»Mohrenkaiman-Häute haben früher viel eingebracht«, erzählte uns Antonio. »Nicht wie die anderen Krokodile: Die haben kleine

Knochen in der Haut. Auf dem Markt will die niemand. Aber aus dieser Art kann man schönes Leder machen.«

Plötzlich wurde mir klar, warum wir auf der dreitägigen Flussfahrt nur die orangefarbenen und grünen Augen der anderen Krokodilarten gesehen hatten und den roten Augen erst auf diesem nahezu unerreichbaren See begegnet waren.

»Gibt wohl nicht mehr so viele Mohrenkaimane«, sagte ich zu Antonio.

»Nein, schwer zu finden heute«, stimmte er zu.

Ich fragte mich, ob Antonio die Wilderei wirklich aufgegeben hatte oder ob er nach dem Ende unserer Expedition postwendend hierher zurückkehren würde. Ich sorgte mich auch um das Schicksal der anderen Krokodilarten: Man hatte ein neues Gerbverfahren entwickelt, bei dem die Knöchelchen in der Haut aufgelöst wurden. Früher oder später würden die örtlichen Indios davon erfahren.

Wir setzten unsere Jagd auf dem See fort, wählten ein weiteres (bei weitem nicht so großes) Augenpaar aus und glitten still darauf zu. Diesmal konnte Berullio die Schlinge um den Kopf des Geschöpfes schieben. Antonio sprang auf und wand ein weiteres Seil um die Schnauze. Dann schoben sie ihre Unterarme ins Wasser, unter den Bauch des Tiers, und hoben es ins Kanu. Ich spürte seine Kraft, als es an Bord kam. Obwohl ich in ausreichender Entfernung am Heck saß, hatte ich das sichere Gefühl, dass eine Naturgewalt in meine Privatsphäre eingedrungen war.

Das Krokodil war nicht sonderlich kooperativ, also wurde es weiter zusammengeschnürt: Die Vorderbeine wurden an die Hinterbeine gebunden und dann an den Schwanz, damit es nicht mehr um sich schlagen konnte – ein Amazonas-Rodeo. Sobald das Tier ruhig gestellt war, warfen die beiden es in die Mitte des Bootes, hinter sich und vor uns. Der Furcht erregende und majestätische Herrscher des Sees war in ein Mitleid erweckendes Paket am Boden eines Kanus verwandelt worden. Ich starrte es an. Antonio stieß einen Zischlaut aus, um meine Aufmerksamkeit auf sich zu lenken, und wies mit dem Kopf zu einer Seite, in die Richtung, in die wir paddeln sollten.

Von dem einen Dutzend Augenpaaren, die wir in dieser Nacht ansteuerten, fingen Antonio und Berullio sechs. Keines der Tiere war länger als zwei Meter, aber im Laufe der Nacht wuchs der Stapel ziemlich an. Unser Boot war sehr groß – etwa 7,50 Meter lang und in der Mitte 1,20 Meter breit –, aber es war und blieb ein Einbaum, aus einem ausgehöhlten Stamm gefertigt. Es hatte keinen Kiel und neigte zum Kentern. In den Seitenwänden entdeckte ich zahlreiche Risse. Man hatte mir gesagt, dass das Boot fünf Jahre alt war.

»Wie lange halten diese Kanus, Berullio?«

»Etwa fünf Jahre.«

Jedes Mal, wenn wir einen weiteren unfreiwilligen Passagier an Bord nahmen, klammerten der Professor und ich uns an die Seitenwände des Kanus, um es zu stabilisieren, während es schlingerte und tiefer ins Wasser sank. Als die Wasseroberfläche nur noch eine Handbreit unter dem Rand lag, verwandelten sich die Risse in Lecks. Ein größeres konnte ich stopfen, indem ich eine Plastiktüte um einen Stift wickelte und diesen Pflock in das Loch trieb. Aber es tröpfelte weiterhin Wasser ins Boot, und der Schwall, der mit jedem sich heftig wehrenden Kaiman aus dem See an Bord kam, tat ein Übriges. Die Lache am Boden war gut für unsere Gefangenen, aber schlecht für meine Füße; meine durchnässten Schuhe standen seit Stunden unter Wasser. Schließlich hatte ich genug. Mit einer Sorglosigkeit, die mir noch vor einer Woche unvorstellbar gewesen wäre, zog ich die Schuhe aus und legte meine nackten Füße auf eines der Krokodile.

Kurz vor der Morgendämmerung fiel die Temperatur am See stark ab. Schon bevor es zu nieseln anfing, war mir in der Feuchtigkeit kalt geworden, und dem Professor und mir wurde es trotz unserer Ponchos allmählich ziemlich ungemütlich. Die Indios vor uns trugen keine Regensachen, aber ihr Enthusiasmus schien ungebrochen. Weiterhin schwenkten sie ihre Lichtkegel übers Wasser. Die Kaimane waren jedoch immer schwerer ausfindig zu machen. Antonio erklärte, dass die Tiere wegen der lästigen Regentropfen die Augen schlossen. Als der Regen stärker wurde, gingen die roten Lichter alle aus. Wir steuerten das Kanu auf unser Lager zu.

Am Äquator wird es schlagartig hell. Als wir zurückpaddelten, hörte der Regen auf, und der Himmel durchlief eine rasche Farbsequenz: von Silbern nach Braunrot, Violett, Rosa, Orange und dann Blau. Ein riesiger Feuerball erhob sich theatralisch über die Baumkronen. Ich fühlte mich schon etwas trockener, sehnte mich aber nach einem Kleiderwechsel, Frühstück und einem ausgedehnten Vormittagsschlaf. Heute Nacht war unser Team knapp an seinem ersten Krokodilbiss vorbeigeschrammt, aber seit ich gesehen hatte, wie geschickt Berullio seinen Arm befreit hatte, war mir etwas wohler zumute. In mir keimte die Hoffnung auf, dass ich diese Expedition hinter mich bringen könnte, ohne große offene Wunden zu verarzten.

Als wir im ersten Tageslicht nah am Ufer entlangpaddelten, verwandelte sich die ausgefranste Silhouette am Rand des Sees in ein verschlungenes Dickicht, in eine über 40 Meter hohe, zerzauste Wand in allen nur vorstellbaren Grünschattierungen. Aus der Ferne waren kaum einzelne Bäume zu unterscheiden, abgesehen von den Kapokbäumen, deren Stämme das Blätterdach durchstießen und noch einmal 30 Meter aufragten, bevor sich ihre riesigen Kronen entfalteten. Wie sie sich da dunkelgrün vom blauen Himmel abzeichneten, erinnerten sie mich an gigantische Brokkoliköpfe.

Als wir näher kamen, erkannte ich die Einzelheiten des Ufers, aber nirgendwo entdeckte ich ein Stück trockenen Boden. Der See ging in ein Wirrwarr aus Pflanzen über, deren Stängel aus dem flachen Wasser ragten und hängende, große Blätter trugen: so genannte Elefantenohren. Dazwischen waren zarte, violette Blüten eingesprengt, die auf flachen, schwimmenden Blättern wuchsen: die Wasserhyazinthen, die Berullio beinahe seinen Arm gekostet hätten. Dahinter ragten die ersten Baumreihen auf, die direkt im Wasser wurzelten, und von ihnen führte ein Abhang aus verrottenden Pflanzenteilen zum höher gelegenen Land hinauf. Der Bewuchs war zu dicht, um im Dunkeln noch irgendetwas zu erkennen.

So unwahrscheinlich es mir auch vorkam: Aus dem Blätterlabyrinth tauchte ein kleiner Junge auf. Er schwenkte seinen rechten Arm und hielt seine linke Hand hoch, die nach vorne und zur Seite baumelte: eine Haltung, die wir Chirurgen als »verletzte Pfote« bezeichnen. Eine Hand kann nur dann einen solchen Winkel mit dem Unterarm einnehmen, wenn sie schwer beschädigt ist. Der Junge brauchte Hilfe. Als wäre mein Piepser losgegangen, verwandelte ich mich vom schläfrigen Urwaldtouristen in einen einsatzbereiten Arzt.

Der Junge kam an die Kante des schlammigen Abhangs und rief Berullio etwas zu. Er konnte über den Schlick nicht ohne weiteres herunterkommen, und unser Kanu konnte nicht näher ans Ufer heran. Nach einer kurzen, aufgeregten Diskussion, von der ich nichts verstand, verschwand der Junge wieder in der Vegetation. Das einzige Wort, das ich aufgeschnappt hatte, war »doctoro«.

Antonio führte seine Rechte mit einer Hackbewegung gegen sein linkes Handgelenk. »Machete«, sagte er.

»Wann?«, wollte ich wissen.

»Heute Morgen«, erwiderte er. »Wir treffen ihn im Dorf.«

Da er für unser Gepäck zuständig war, wusste Antonio, dass meine medizinische Ausrüstung – wie der größte Teil unserer Kisten – noch nicht zum See transportiert worden war, sondern noch im Dorf lagerte. Der Rest des Teams würde heute Morgen dort sein, um Verpflegung in die Boote zu laden. Dort würde ich den verletzten Jungen am besten behandeln können.

Antonio hatte diese Entscheidung gefällt, ohne den Doctoro auch nur zu fragen. Ich hätte beleidigt sein können, aber wozu? Das hier war der Dschungel, und Antonio trug hier die Verantwortung.

Bevor der Junge aufgetaucht war, waren wir auf dem Weg zu unserem Lagerplatz am See gewesen. Das Dorf lag am Fluss. Wir änderten die Richtung und paddelten auf die Mündung zu. Antonio und Berullio unterhielten sich, sie scherzten miteinander und zeigten alles in allem keine übertriebene Eile. Das war nur eine weitere Kraftprobe des Urwalds. Die Starken würden überleben, die Schwachen nicht. Wir paddelten im selben Tempo weiter wie zuvor.

Wir lenkten das Kanu aus dem See in die Strömung des Flusses. Um untergetauchte Stämme herum und zwischen verflochtenen Zweigen hindurch paddelten wir flussaufwärts an einen breiten, modderigen

Uferabschnitt. Oberhalb der Landestelle führte eine Schlammbank zu einer Lichtung hinauf, auf der ich nicht mehr als die Dächer zweier Hütten ausmachen konnte. Die anderen Kanus unserer Expedition waren bereits eingetroffen und wurden mit Lebensmitteln beladen, um bald zum Forschungscamp am See aufzubrechen. Ein Dutzend Kinder sprang am Ufer herum und genoss die ganze Aufregung.

Ich trat aus dem Kanu in den weichen Schlamm und sank bis zum Knöchel ein. Ich machte einen zweiten Schritt, und der Schlamm stieg bis zur Oberkante meines Stiefels. Der Gedanke an einen dritten Schritt war selbst für die Indios, die vom Ufer aus zusahen, zu viel. Sie bedeuteten mir zu warten, schleppten ein Kanu über den Strand und schoben das eine Ende auf mich zu. Ich stieg in das Kanu, marschierte ans andere Ende und trat dort in den festeren, grauen Matsch. Der Doctoro hatte seinen Auftritt gehabt.

Mein Patient wartete schon. Er kam am Ufer direkt auf mich zu und hielt schweigend seinen linken Arm hoch, damit ich ihn untersuchen konnte. Auf mich wirkte er wie neun, was hieß, dass er vielleicht sieben war. Am Amazonas reifen Kinder schnell. Ich sprach kein Wort Cofan, und er sprach nichts anderes als diese lokale Sprache, aber ein freundliches Lächeln und eine zuversichtliche Miene bedürfen keiner Übersetzung. Dennoch wusste ich nicht, ob er mich verstanden hatte, denn seine weit aufgerissenen Augen waren zu dunkel, um darin zu lesen, und sein Gesicht blieb ausdruckslos. Ich ergriff seine verletzte Hand.

Das Handgelenk war mit Schlamm und getrocknetem Blut verkrustet, und die Hand hing nach vorne. Ich wollte einen Blick auf den Schnitt werfen, aber mir war klar, dass die Blutung wieder einsetzen würde, sobald ich den Dreck entfernte. Als wir dort standen, inmitten einer Ansammlung von Erwachsenen und Kindern jeden Alters, entdeckte ich im Sand ein anscheinend sauberes Tuch und ging hin, um es aufzuheben. Alle Blicke folgten mir. Die Zuschauer waren viel stärker von dem weißen Arzt fasziniert als von der Wunde, die er behandelte. Schnitte hatten sie alle schon gesehen. Ich fing an, die Wunde abzuwischen. Der Junge sah genau hin und blieb sogar noch regungslos, als der Pfropf aus Dreck in einem Stück loskam und ein Schwall Blut austrat. Beim zweiten Schwall erkannte ich, dass der Schnitt sehr tief ging und unterhalb des Daumenballens direkt in die Handwurzel hineinlief. Ich benutzte den Lumpen als Kompresse, und zwar dort, wo der Dreckpfropf gesessen hatte. Aus der Heftigkeit der Blutung und der Haltung des Handgelenks und des Daumens ersah ich, dass eine Arterie und einige Sehnen durchtrennt worden waren. Wahrscheinlich waren auch die Nerven, die dazwischen verliefen, zerschnitten.

»Wie ist das passiert?«, fragte ich Sebastian, unseren Führer, der Cofan, Englisch und Spanisch sprach und oft alle drei Sprachen einsetzen musste, um unsere Gruppe zusammenzuhalten.

»Er war heute früh im Kanu seines Vaters unterwegs, um einen Kanal zu reinigen. Der Wasserstand ist niedrig, und das Kanu hat sich in irgendwelchen Wasserpflanzen verfangen. Er hat unter sich gelangt und die Stängel mit der linken Hand gepackt, um sie mit der Machete in der Rechten abzuhacken. Er hat daneben gehauen.«

Auch wenn die Geschichten meiner Patienten in New York meist völlig anders lauten, war mir diese Art von Verletzung durchaus vertraut. Erst vor wenigen Monaten hatte ich einen ganz ähnlichen Fall behandelt. Ein Teenager hatte sich ins rechte Handgelenk geschnitten, und ich hatte zunächst auf einen Selbstmordversuch getippt. Aber sein Psychiater hatte mir erklärt, dass der Junge Rechtshänder war, und wenn er sich hätte umbringen wollen, dann hätte er seine Rechte benutzt, um das linke Handgelenk zu durchtrennen. Tatsächlich hatte der Junge seine rechte Hand abzutrennen versucht, um sich für seine Selbstbefriedigung zu bestrafen. Ich verbrachte viele Stunden im OP, wo ich ein Mikroskop benutzte, um die Hand so zusammenzuflicken, dass er wieder masturbieren konnte. Solche Begebenheiten können sich nur in einem modernen, hoch entwickelten Land zutragen, an einem Ort, der von hier aus unerreichbar war. Dieser Gedanke verdeutlichte mir vielleicht stärker als alles andere, wie weit ich gereist war.

»Er braucht eine richtige Operation«, erklärte ich Sebastian, »aber ich glaube, das bekommen wir hier hin. Wenn nicht, dann wird er mit dieser Hand auf Dauer nicht mehr viel anfangen können.«

»Natürlich«, sagte Sebastian. »Was brauchen Sie?«

Wir standen immer noch auf dem grauen Uferschlamm, und die Morgensonne gewann an Kraft. Ich schlug vor, auf die kleine Lichtung hinaufzugehen, wo wir einen sichereren Stand haben und auch etwas Schatten finden würden. Sebastian redete mit Berullio, der ein leeres Ölfass auftrieb und es neben ein weiteres stellte, das bereits dort stand. Dann schleppte er ein Holzbrett heran, das er auf die Fässer legte, sodass ich einen schmalen Operationstisch hatte. Die Fässer steckten tief in der feuchten Erde und das Brett war eben, aber es lag nur sechzig Zentimeter über dem Boden.

Der Junge setzte sich rittlings auf das Brett, beugte sich vor und streckte den Arm darauf aus, aber die Arbeitsfläche war für mich zu niedrig. Bill Jahoda, der Collegeprofessor, der unsere Expedition leitete, erkannte das Problem sofort. Er setzte sich auf die andere Seite des Bretts und legte sich den Arm des Jungen auf die Beine. Dadurch wurde das Handgelenk noch einmal 30 Zentimeter angehoben. Wir befanden uns am Rand der Lichtung, wo der Abhang zum Fluss noch so steil war, dass ich, wenn ich mich vor den Tisch in den Schlamm kniete, etwa die richtige Arbeitshöhe erreichte. Das war etwas anderes als der Drei-Achsen-Kippstuhl mit den gepolsterten Armlehnen, an den ich im Krankenhaus gewöhnt war, aber der Aufbau erschien mir durchaus praktikabel.

Inzwischen hatte sich eine Menge von etwa dreißig Leuten um uns versammelt – mehr als die gesamte Dorfbevölkerung. Sebastian versuchte, sie zu zerstreuen, indem er ankündigte, dass unsere Crew unten bei den Booten Orangen verteilte. Die Erwachsenen gingen, aber die kleinen Kinder blieben alle, um zuzusehen. Sie scherten sich nicht um Sebastians Worte.

Ich bewahrte mein Operationsbesteck und den größten Teil meiner medizinischen Ausrüstung in einer großen Kiste für Angelzeug auf, die – in einen wasserfesten Plastiksack gehüllt – in einem der Kanus stand. Ein Mitarbeiter ging sie holen, ein anderer griff sich zwei Eimer, um sie mit Regenwasser aus einem offenen Fass hinter einer der Hütten zu füllen. Sie breiteten den Plastiksack auf dem Schlamm aus und stellten die Kiste und die beiden Eimer darauf, als bereiteten sie ein Picknick vor. Ich öffnete meine Medizintruhe und ordnete mein Werkzeug und Material in der Reihenfolge an, in der ich es vermutlich brauchen würde: Gaze-Bäusche, Wundhaken, Gefäßklemmen, Kauter, Skalpell, Zange, Schere, Nadelhalter. Diese Aufgabe übernimmt normalerweise meine Instrumentierschwester, daher hielt ich kurz inne, um jede Eventualität durchzuspielen und sicherzustellen, dass ich alles Nötige griffbereit hatte. Zumindest meine nächste Umgebung sah jetzt halbwegs vertraut aus: Ich war im OP – wenn auch bis zu den Knien im Matsch.

Ich zog sterile Handschuhe an und pinselte den Arm und die Hand mit Betadinlösung ein – und auch einen Teil der Hand und der Hose von Bill, der den Arm des Jungen unbeirrbar quer über seinen Beinen festhielt. Dann breitete ich unter der Hand, auf Bills Schoß, ein steriles Tuch aus, das ich seitlich unter seiner Hose feststeckte, damit es nicht wegrutschte.

Empfindungen in der Hand und dem Unterarm werden in drei Hauptnerven ans Gehirn geleitet, von denen zwei in der Gegend der Wunde verliefen. Für eine Betäubung würde ich beide blockieren müssen, und zwar mit Lidocain, demselben Mittel, das Zahnärzte einsetzen, wenn sie einen Zahn aufbohren müssen. Genau mit diesen Injektionen hätte ich eine solche Operation in einem normalen Operationssaal eröffnet, aber hier erschienen sie mir fast überflüssig. Eine derart schwere Verletzung sollte heftige Schmerzen auslösen, aber der Junge ließ nichts dergleichen erkennen. Tatsächlich hatte er bis jetzt keinen Laut von sich gegeben. Er kam mir ruhiger vor als ich selbst.

Jeder Arzt hat schon Patienten mit schweren Verwundungen gesehen, die keinen Schmerz spürten. Schmerz ist ein Alarmsignal, das unser Bewusstsein auf eine körperliche Beeinträchtigung hinweist, damit Gegenmaßnahmen eingeleitet werden können, um den Missstand zu beheben. Bei massiven Schäden ist das Problem offensichtlich – ein Alarm wird überflüssig. Eine Flut von Schmerzimpulsen, proportional zur Schwere der Verletzung, wäre nicht zweckdienlich, sondern würde den Signalen in die Quere kommen, die das Gehirn aussendet, um eine wohlgeordnete und effektive Reaktion zu bewirken. Je dramatischer die Situation, desto wichtiger ist es, dass die Schmerzsignale unterdrückt werden. Das ist ein universeller Überlebensmechanismus, der umso häufiger und stärker aktiviert wird, je extremer die Umwelt ist.

Während ich Lidocain in eine Spritze aufzog, wies ich Sebastian an, dem Jungen zu erklären, dass die Spritze etwas wehtun, er danach aber keinen Schmerz mehr verspüren würde. Diese Worte kamen mir wie eine überflüssige Routine vor: Dieser Junge war der stoischste Patient, den ich je gesehen hatte. Berullio hockte sich hinter den Jungen und hielt seine Schulter. Als die Nadel seine Haut durchstieß, schrie der Junge auf und brach in Tränen aus. Ich war verblüfft. Die Verletzung mit der Machete hatte nur umsichtige, vernünftige, zielgerichtete Reaktionen ausgelöst, aber ein kleiner Nadelstich ließ ihn hysterisch werden. Ich hätte damit rechnen müssen: Vom Standpunkt des Überlebens aus war das eine sinnvolle Reaktion. Die Situation war unter Kontrolle. Der Junge konnte sich den Luxus Schmerz jetzt wieder leisten, und es handelte sich um eine Verletzung, bei der Alarmsignale angemessen sind. Die Injektion fühlte sich genauso an wie das Eindringen eines Dorns, eines Stachels oder eines Splitters – wie eine dieser kleinen Wunden, die zu einer anhaltenden Blutung, einer Vergiftung oder Infektion führen können, wenn man sie ignoriert. Solange er im Überlebensmodus war, wäre Weinen nicht hilfreich gewesen, aber jetzt befand sich der Junge in einer geschützten Umgebung. Er war von Menschen umringt, die ihm Hilfe und Trost bieten konnten, wenn er sie wissen ließ, dass er das brauchte. Ich fühlte mich an meine Tochter erinnert: Einmal war sie zu Hause beim Spielen über einen Stuhl gestolpert. Ich war dabei, aber meine Frau nicht. Meine Tochter stand ohne einen Mucks auf und spielte weiter. Als meine Frau kurz darauf nach Hause kam, lief ihr die Kleine vor Schmerz heulend in die Arme. Unbewusst hatte sie sich ausgerechnet, dass es sinnlos wäre, bei mir Trost zu suchen, während es sich durchaus lohnen könnte, bei Mami eine Reaktion auszulösen.

Es dauerte ein paar Minuten, bis die Nervenblockade wirksam wurde. Ich hatte die Injektion in den Unterarm gesetzt, »stromaufwärts« der Wunde, und das Lidocain strömte langsam durch die Nerven in die Hand. Während wir warteten, tröstete Berullio den Jungen, wischte ihm die Tränen weg und half ihm, sich die Nase zu putzen. Schlagartig ging mir auf, dass das Berullios Sohn war, eine Tatsache, die allen außer mir bekannt gewesen war. Er hieß Hermanigildo. Antonio war sein Großvater. Ich hatte mich so auf meinen Job konzentriert, dass mir sämtliche sozialen Zusammenhänge um mich herum entgangen waren. Die Vater-Sohn-Interaktion vor meinen Augen hätte sich in jeder anderen Kultur ganz ähnlich abgespielt, aber umso bemerkenswerter kam mir im Rückblick Berullios Verhalten heute früh im Kanu vor. Jetzt war er durch und durch liebender Vater, aber vorhin, als ihr Sprössling allein und unerreichbar am Ufer gestanden hatte, hatten Antonio und er keinerlei Aufregung oder besondere Sorge gezeigt. Vielleicht hatten sie gespürt, dass Mitleid in dieser Situation nichts gebracht hätte und möglicherweise sogar kontraproduktiv gewesen wäre.

Ich berührte Hermanigildos Fingerspitzen und fragte ihn, ob er das spürte. Er schüttelte den Kopf, also konnte ich anfangen. Bill hielt seinen Arm eine Minute hoch, damit so viel Blut wie möglich hinausströmen konnte, bevor ich den Stauschlauch anlegte: eine simple, aber hocheffiziente Technik, die auch in modernen Krankenhäusern noch eingesetzt wird, um den Blutfluss komplett zu stoppen. Ohne sie käme eine Handoperation dem Versuch gleich, eine Armbanduhr am Boden eines Tintenfasses zu reparieren.

Erst danach entfernte ich den Lappen, den ich am Ufer um die zerfetzte Arterie des Jungen gebunden hatte. Ich wusch das Innere der Wunde mit Betadin, Peroxid und Regenwasser aus. Sobald all das Blut und der Dschungeldreck entfernt waren, verschaffte ich mir einen Überblick über den Schaden. Der Schnitt verlief an der Außenseite des Unterarms direkt oberhalb des Handgelenks und Daumenballens, über ein Drittel der Gelenkbreite. Er war glatt, die Machete musste sehr scharf gewesen sein. Ich konnte nicht hineinsehen, da die Wundränder nicht auseinander klafften; also nahm ich ein langes Holzstäbchen mit Watte an den Enden, rammte die Kunststoffbasis einer Kanüle über ein Ende und bog die Nadel zu einem Haken. Zwei von diesen Geräten dienten mir als Wundhaken: Ich stach die Nadeln durch die Wundränder, zog sie auseinander und reichte Bill die Enden der Stäbchen: Jetzt war er nicht nur mein Operationstisch, sondern auch noch meine Instrumentierschwester.

Mit einer Zange und einer Schere untersuchte ich die Wunde, aber ihren Boden sah ich immer noch nicht. Der Schnitt ging zu tief, und unsere kleine Lichtung schützte uns zwar vor der Hitze der Sonne, bot aber keine guten Lichtverhältnisse. Die Bäume bildeten weit über uns ein dichtes, verworrenes Blätterdach, das sowohl das Sonnenlicht als auch den Wind abfing. Nur schmale Lichtbündel, die zudem mit jeder Bewegung des Laubs hin und her wanderten, drangen bis zum Boden vor. Als ich so im Schlamm kniete, in diesem weichen Dämmerlicht und der regungslosen Luft weit unter der gewölbten, grünen Decke, hatte ich das Gefühl, dass die Szenerie viel mehr von einer Freiluftkathedrale hatte als von einem Operationssaal.

»Ich brauche eine Taschenlampe«, sagte ich, ohne direkt jemanden anzusprechen. Zwei Leute unseres Teams liefen zu den Kanus und kamen mit zwei starken Leuchten zurück. »Versucht, die Strahlen links und rechts an meinem Kopf vorbeizulenken, sodass sie möglichst senkrecht auf die Haut treffen«, bat ich, ohne den Blick von der Wunde zu lösen. Sie bekamen das wunderbar hin. Der Boden der Wunde lag im Licht, und nach kurzer Suche entdeckte ich vier durchtrennte Sehnen und einen zerschnittenen Nerv. Auch die Radialarterie und einige Venen waren durchtrennt worden, und in der Speiche war eine Delle: Der Knochen hatte die Wucht des Schlags aufgefangen. Eine Machete ist ein Furcht einflößendes Instrument, vor allem, wenn man bedenkt, dass der Wasserwiderstand den Schlag schon gebremst hatte.

Ich schätzte ab, wie lange ich für die Ausbesserung aller Teile benötigen würde. »Haltet ihr das zwei Stunden durch?«, fragte ich meine Beleuchter und meinen Operationstisch. Alle drei meinten, ich bräuchte mir um sie keine Sorgen zu machen.

Zwei Stunden würden nicht ausreichen, um alles in Ordnung zu bringen, aber mehr Zeit durfte ich mir nicht nehmen. Zwar hätten meine drei Assistenten durchaus noch länger durchgehalten, aber der Stauschlauch war der begrenzende Faktor. Während der Operation würde kein Blut durch den Arm fließen und das Gewebe folglich nicht mit Sauerstoff versorgt werden. Gliedmaßen, die zu wenig Sauerstoff bekommen, erleiden nach etwa zwei Stunden Dauerschäden, was das Anbringen eines Stauschlauches zu einer riskanten Sache macht. Und nach zwanzig Minuten würde der Arm zunehmend wehtun. Da ich keinen Anästhesisten dabei hatte, der dem Jungen starke intravenöse Betäubungsmittel hätte verabreichen können, würde die Operationsdauer von der Schmerztoleranz meines Patienten abhängen.

Sehnen sind wie Seile, und im vorliegenden Fall verbanden sie die Muskeln des Unterarms mit den Handknochen. Wenn sich ein Muskel zusammenzieht, fungiert die Sehne wie ein Marionettenfaden und setzt den Körperteil, an dem sie befestigt ist, in Bewegung. Zwei der durchtrennten Sehnen setzten an der Handwurzel an, die anderen beiden am Daumen. Ohne sie kann die Hand nicht gehoben und der Daumen nicht abgespreizt werden, um etwas zu greifen.

Die Machete hatte den Radialnerv getroffen, der den größten Teil des Handrückens empfindungsfähig macht. Er ist der unwichtigste der drei Handnerven, denn die anderen beiden sorgen für das Gefühl im Handteller und den Fingerspitzen. Dennoch wäre es für einen Siebenjährigen nicht schön, durchs Leben zu gehen, ohne auf dem Handrücken irgendetwas zu fühlen. Schlimmer noch, die Enden eines durchtrennten Radialnervs wachsen sich oft zu einem Neurom aus: einem Klumpen nackter Nervenendigungen, die auf Berührung so empfindlich reagieren, dass manche der Patienten, die ich in New York behandelt hatte, nicht einmal den Stoff eines Hemdsärmels auf der Haut ertrugen. Ich wollte keinen Jungen im Urwald zurücklassen, dessen Hand nicht einmal von einem Blatt gestreift werden durfte.

Nerven verhalten sich wie feuchte Nudeln, wenn man sie zerschneidet: Die Enden bleiben einfach liegen. Eine Sehne ist wie ein Gummiband: Das Stück, das am Muskel ansetzt, schnellt zurück, und der Chirurg muss es suchen. Mit einem Skalpell schnitt ich die Wunde weiter auf, bis ich die zurückgezogenen Enden entdeckte. Dann ergriff ich jedes von ihnen mit einer Klammer und zog sie wieder lang. Sie waren nicht ausgefranst. Die rasiermesserscharfe Machete war wie durch Butter geglitten. Die Reparatur würde relativ einfach werden. Ich atmete schon etwas entspannter.

Aus der Ansammlung von Schachteln auf dem Plastiksack wählte ich einen Faden, der stark genug war, um der Spannung in den Sehnen standzuhalten, und fädelte ihn ein. Immer abwechselnd durchstach ich eines der beiden hohlen Enden der ersten Sehne; dann brachte ich die Schnittflächen genau aneinander, indem ich den Faden stramm zog und verknotete. Bei der ersten Sehne ging alles glatt. Die zweite fügte sich ebenfalls zusammen, dann die dritte und die vierte. Mit einem viel feineren Faden legte ich dann eine »Saumnaht« an, um die Kanten der Flickstellen zu glätten. Sehnen müssen sich im Arm bewegen: Sie dürfen nicht an dem Gewebe hängen bleiben, an dem sie entlanggleiten sollen.

Das Ergebnis sah zufrieden stellend aus, aber ich wollte wissen, ob es funktionierte. Um den Teilerfolg zu testen und auch – ich gestehe es – um des dramatischen Effekts willen, bat ich den Jungen, seine Hand und seinen Daumen zu bewegen. Er streckte sie problemlos aus. Mein Publikum ließ amazonische »Ohs«, »Ahs« und »Wows« hören.

Sehnen müssen außen glatt sein, Nerven innen. Sie heilen nicht in der Weise, wie anderes Gewebe heilt. Wenn ein Nerv durchtrennt ist, muss man seine äußere Hülle, das Epineurium, wieder verbinden, aber sein Innenleben, das Nervenfaserbündel, wird verkümmern. Damit der Nerv wieder arbeiten kann, müssen neue Nervenfasern durch die wieder zusammengesetzte Röhre wachsen. Die Fasern stellen das Wachstum beim geringsten Widerstand ein, zum Beispiel, wenn sie – was häufig passiert – an der Nahtstelle gegen ein Stück Faden stoßen. Für Nerven wähle ich daher normalerweise einen Faden, der so dünn ist, dass man ihn mit dem bloßen Auge nicht sieht. Aber da ich kein Mikroskop dabeihatte, musste ich einen etwas dickeren Faden nehmen. Obwohl er dünner war als ein Menschenhaar, würde die Naht ziemlich grob ausfallen. Aber selbst wenn ich scheiterte und der Handrücken des Jungen taub bleiben würde, würde die wieder verbundene Bindegewebshülle zumindest die Gefahr reduzieren, dass die Nervenendigungen zu einem Neurom heranwucherten. Alles in allem sah das Ergebnis meiner Bemühungen ganz gut aus, auch wenn ich nicht beurteilen konnte, ob es einem kritischen Blick durch ein Krankenhausmikroskop standgehalten hätte.

Hermanigildo wurde allmählich unruhig. Bis dahin hatte ich noch keinen Patienten erlebt, der einen Stauschlauch ohne Sedativum länger als eine halbe Stunde ausgehalten hätte, und dieser Junge hatte über eine Stunde stillgehalten. Sein Urwaldtraining hatte ihm gut geholfen, die Strapazen der Operation zu ertragen, aber nun kam er an seine Grenzen.

Die Arterie, die Venen und der Knochen waren noch unbehandelt. Ich wollte sie sich selbst überlassen. Die Radialarterie, die an der Daumenseite verläuft, ist eine der beiden Hauptblutzufuhren der Hand. Jeder der beiden Kanäle ist weit genug, um die ganze Hand zu versorgen, und die Ulnararterie – an der Seite des kleinen Fingers – führt sogar mehr Blut als die Radialarterie. Menschen, die sich das Leben nehmen wollen, indem sie sich den Puls aufschneiden, scheitern meist daran, dass sie an der Daumenseite anfangen und dann die Nerven verlieren. Sie hätten bessere Chancen, zu verbluten, wenn sie an der gegenüberliegenden Seite anfangen würden. Die Radialarterie zu flicken war also nicht nötig, auch wenn ich es versucht hätte, falls wir die nötige Zeit gehabt hätten. Selbst mit aller Zeit der Welt hätte ich die Venen nicht in Angriff genommen. Die Hand hat Dutzende von ihnen, und ein paar reichen aus, um den Rücktransport des Blutes zu gewährleisten. Eine wichtige Vene hätte ich genäht, aber diese hier hatten nicht einmal Namen. Und was den Knochen betraf: Er war zwar tief eingekerbt, aber ansonsten intakt. Eine einfache Schiene wäre genug.

Ich band die Arterie und die Venen rasch ab, um starke Blutungen zu verhindern. Nun blieb nur noch, die Wunde zu verschließen. Ich musste nicht hineinsehen, um sie zu nähen, also löste ich den Stauschlauch – zu Hermanigildos großer Erleichterung.

Bill bat jemanden, einen Tennisball aus seinem Kleidersack zu holen. Ins Amazonas-Becken brachte er immer Tennisbälle mit: Die Kinder lieben dieses Spielzeug. Unser Patient war jedenfalls vollauf begeistert von dem Ball: Mit seiner gesunden Hand rollte er ihn immer wieder über sein Gesicht, während ich die Naht vollendete, einen Verband und eine Schiene anlegte und den Arm in eine Schlinge steckte. Sobald ich fertig war, stand der Junge auf. Ich versuchte, mich ebenfalls zu erheben, musste aber schmerzhaft erfahren, dass das nicht so einfach ist, wenn man über eine Stunde im Schlamm gekniet hat.

Auch wenn unser Zeitplan etwas durcheinander geraten war, hielten wir an dem Vorhaben fest, den Rest unserer Ausrüstung noch heute zum Forschungscamp zu transportieren, das die Crew bereits auf einer frisch geschlagenen Lichtung am Seeufer errichtet hatte. Während die anderen die Kanus beluden, packte ich meine Angelausrüstungskiste und aß ein paar Bananen, die mir jemand aus der Menge reichte. Dann zog ich mich hinter eine der Hütten zurück, um mich auszuziehen und mich an der Regenwassertonne von meiner Schlammkruste zu befreien. Als ich an die Tonne trat, entdeckte ich eine aufgedunsene, verwesende Ratte, die darin trieb. Das war also das Wasser, mit dem ich vorhin Hermanigildos Wunde gewaschen hatte. Ich kam zu dem Schluss, dass ich so schmutzig nun doch nicht war.

Ich zählte einen Zwei-Wochen-Vorrat an Antibiotika ab und erklärte Berullio, dass sein Sohn jeden Tag eine Pille nehmen sollte, bis sie alle waren. Ich erläuterte ihm, wie er den Verband wechseln und die Wunde mit Regenwasser waschen musste – mit frischem Regenwasser. Sebastian übersetzte Berullio alles, aber ein kleines, etwa zehnjähriges Mädchen hörte uns so konzentriert zu, dass ich den sicheren Eindruck gewann, die Pflege Hermanigildos falle in ihr Ressort. Seine Mutter war entweder nicht da oder hielt es nicht für nötig, sich mir zu offenbaren – vielleicht, weil sich hier die Kinder um ihre Geschwister zu kümmern hatten.

Die Kanus waren bereit. Sebastian und ich stiegen ein. Berullio nickte noch einmal, um zu bestätigen, dass er meine Anweisungen verstanden hatte, aber er hatte keine einzige Frage gestellt. Und er zeigte auch keine Dankbarkeit, obwohl ich sicher war, dass er meine Bemühungen zu schätzen wusste. Die Dorfbewohner säumten das Ufer, um uns abziehen zu sehen. Als wir davonpaddelten, entdeckte ich oben auf dem Schlammabhang einen Jungen mit einem Arm in einer Schlinge, der mit seinen Freunden hinter einem Tennisball herjagte.

»Was, wenn du nicht in der Nähe gewesen wärst?«, wollte so ziemlich jeder wissen, als wir über den See glitten. Meine Antwort überraschte sie alle. Für den menschlichen Körper ist, wie ich erklärte, ein Machetenhieb kaum etwas anderes als ein Tierbiss. Der Bauplan der Hand und des Arms ist über Jahrtausende daraufhin optimiert worden, solche Schläge zu absorbieren und weiter zu funktionieren. Ein Mensch, der seine Arme an der Seite oder vor sich trägt, und ein Tier, das sich beim Laufen auf seine Vorderbeine stützt, sind so ausgelegt, dass die wichtigsten und empfindlichsten Teile dieser Gliedmaßen innen liegen, hinter den Knochen verborgen, geschützt vor einem Angriff von vorne oder von der Seite.

Hätte der Machetenhieb (oder ein Tierbiss) alle Strukturen an der Außenseite des Arms zerstört, so wäre das Opfer nicht mehr imstande, die Hand zu heben oder die Finger zu strecken, aber es könnte sie immer noch krümmen, da die Sehnen und Muskeln, die für diese Aufgabe zuständig sind, an der Innenseite liegen. Zwar hätte das Opfer auf dem Handrücken kein Gefühl mehr, wohl aber in der Handfläche und den Fingern, weil auch diese Nerven an der Innenseite verlaufen. Der Blutverlust über die Venen wäre groß, aber da es so viele von ihnen gibt, wäre der Ausfall einiger weniger zu verkraften. Es gibt nur zwei Hauptarterien, aber beide verlaufen tief im Inneren des Handgelenks. Wenn die Klinge oder das Gebiss des Angreifers nicht so stark ist, dass der Knochen bricht, kann das Opfer mit einer halbwegs brauchbaren Pranke, Pfote oder Hand überleben, die sich zwar nicht mehr öffnen, wohl aber schließen lässt und folglich immer noch einen Ast, ein Stück Nahrung oder ein Werkzeug umklammern könnte.

Wir erreichten das Lager am See kurz vor dem Mittag. Unsere Indio-Crew hatte ein paar Bäume gefällt, um eine Lichtung zu schaffen, und aus dem Holz Unterstände, Tische, Bänke und Pfosten gemacht, an die wir die Kaimane binden konnten. Der Stapel mit unserer Ausbeute der letzten Nacht lag immer noch am Boden des Bootes. Sie waren gewässert worden, während wir im Dorf waren, und schienen uns die Verzögerung nicht zu verübeln. Auch jetzt hatten sie es offenbar nicht eilig, aus dem Boot zu kommen. Ich kletterte über sie hinweg an Land und verkroch mich in ein trockenes Zelt.

Das Camp diente als Forschungsstation für eine ganz Reihe von Projekten. Das vorrangige Ziel war die Beobachtung des Sozialverhaltens der Krokodile. Jede Nacht fingen wir sie im See und brachten sie zum Lager, wo wir all die Sachen mit ihnen anstellten, die Antonio so in Erstaunen versetzten. Nach einer Weile würden uns dieselben Tiere erneut ins Lasso gehen, was uns einen Eindruck von der Gesamtgröße der Population und von ihrer Lebensweise verschaffen würde: Waren sie Einzelgänger, lebten sie paarweise oder in Gruppen, hatten sie feste Territorien? Unterdessen kletterten die Entomologen, die Insektenforscher, auf Bäume, um Termitennester zu suchen. Nicht die Termiten interessierten sie, sondern die Termitengäste, winzige Insekten, die ausschließlich in diesen Kolonien leben. Die Botaniker seihten das Seewasser durch Planktonsiebe, und weitere Wissenschaftler untersuchten die Pflanzen, Schmetterlinge, Schlangen und alle glücklichen Zufallsfunde, die das Herz eines Biologen höher schlagen lassen können.

Ich hatte vor, mich als fleißiger Assistent an jedem dieser Projekte zu beteiligen. Meine Hauptaufgabe war natürlich die medizinische Versorgung des Teams, aber solange alle halbwegs gesund blieben, würde ich eine Menge über den Dschungel lernen können. Und wenn nicht, würde ich eben viel über Dschungel-Krankheiten lernen.

Unser Camp war ein winziges Loch in jenem dichten Teppich aus Pflanzen und Tieren, dessen verschlungenes Gewebe sich über halb Südamerika erstreckt. Von den unzähligen Seen, die sich in diesem Regenwald verbergen, hatten wir uns gerade an diesem niedergelassen, der »Zancudo Cocha« genannt wurde, weil wir gehört hatten, dass es in ihm von Krokodilen wimmelte. Erst nach unserer Ankunft erfuhr ich, dass »Zancudo Cocha« in der hiesigen Indiosprache »See der Malaria-Moskitos« bedeutete. Wir waren also einer Dschungelplage ausgeliefert, die viel gefährlicher war als die Krokodile und der wichtigste unter den vielen Gründen für die geringe Besiedlungsdichte des Amazonas-Gebiets.

Die Malaria hat im Laufe der Geschichte weltweit Hunderte Millionen von Menschen umgebracht. Die alten Römer glaubten, die Göttin Febris löse sie aus, eine Überzeugung, die sich heute noch im Wort »Fieber« widerspiegelt. Die Italiener gaben der Krankheit ihren Namen, als sie mutmaßten, dass sie von der schlechten Luft (»mal aria«) in der Nähe von Sümpfen verursacht werde. Der tatsächliche Verursacher ist ein Bewohner der Sümpfe, die Anopheles-Stechmücke. Nach der Paarung bekommt das Weibchen Hunger auf Proteine, die sie zur Produktion ihrer Eier benötigt. Sie spürt warmblütige Proteinquellen auf, indem sie sowohl den Hautgerüchen von Tieren und Menschen folgt als auch dem Kohlendioxid in der verbrauchten Atemluft. Nach der Landung auf der Haut macht sie mit ihrem nadelscharfen Mundwerkzeug Probebohrungen, bis sie auf ein Blutgefäß trifft. Dann spuckt sie regelrecht in die Wunde: Sie injiziert ihren Speichel, der die Blutgefäße weitet, die Gerinnung hemmt und so den Blutfluss erhöht. Die weibliche Anopheles nimmt beim Blutsaugen eine charakteristische Haltung ein: Während der zwei bis drei Minuten, die sie braucht, um ihren Tank zu füllen, spreizt sie den Hinterleib stark vom Untergrund ab. Von nun an muss sie kein Blut mehr saugen, sondern ernährt sich pflanzlich – eine viel sicherere Art der Futterbeschaffung, weil sie dabei nicht riskiert, erschlagen zu werden.

Die tödliche Gefahr, die von dieser Stechmücke ausgeht, ist nicht der Blutverlust (nur ungefähr ein Tropfen), sondern die schmutzige Nadel, mit der sie uns anzapft. Die Saugrüssel der Moskitos sind ideale Transportmittel für Parasiten, die mit ihrem Speichel in die Blutbahn gelangen. Sie siedeln sich in der tierischen oder menschlichen Leber an, wo sie sich im Laufe der nächsten paar Wochen oder Monate – in der Inkubationszeit – vermehren, bevor sie mit ganzer Macht in die Blutbahn zurückkehren, in die roten Blutkörperchen eindringen und sie zerstören und dabei Fieber und Schüttelfrost auslösen. Der Zellmüll strömt in verschiedene Organe, verstopft die Äderchen und löst manchmal tödliche Krisen aus. Selbst wenn ein Malariaopfer einen Ausbruch überlebt, bleibt in seiner Leber stets ein Nest von Parasiten erhalten. Unbehandelte Opfer müssen für ihr restliches Leben immer wieder mit neuen Ausbrüchen rechnen.

Wie sehr der See seinen Namen verdiente, wurde uns sofort deutlich. Unter den unzähligen Insekten, die mich während meines Aufenthalts am Amazonas bissen, habe ich jedoch kein einziges dabei ertappt, seinen Hinterleib in die Luft zu recken. Sicherheitshalber schluckten wir alle Chloroquin, ein Malariamedikament, das aus der Rinde des südamerikanischen Chinarindenbaums gewonnen wird. Gegen die Stiche gibt es jedoch kein wirklich sicheres Mittel. Die Quälgeister des Amazonas-Beckens sind hart im Nehmen und konnten über unsere Abschreckungscremes und -sprays nur lachen. Manche von ihnen schienen geradezu von dem Zeug zu leben.

Trotz der Plagegeister war das Lagerleben recht komfortabel. Jede Nacht zog ein Team von Krokodilfängern über den See. Ich gewöhnte mich daran, mein Frühstück jeden Morgen neben einem neuen Schwung Mohrenkaimane einzunehmen, die an Pflöcke gebunden waren und darauf warteten, gewogen, gemessen, markiert und anschließend wieder dort ausgesetzt zu werden, wo man sie gefangen hatte. Antonio war nicht nur beim Fangen unentbehrlich, sondern auch bei der Datenerhebung, wie ich eines Morgens feststellte, als einer der Forscher sich nicht sicher war, ob er ein Männchen oder ein Weibchen vor sich hatte: Antonio führte an dem empörten Tier eine rektale Untersuchung durch und fällte sein Urteil: »Macho« – »Männchen«.

Antonio war auch in anderer Hinsicht unentbehrlich. Er war nicht nur der Leiter unserer Crew, sondern genoss aufgrund seines immensen Wissens über den Regenwald auch bei den Cofan-Indianern hohes Ansehen. Da er vor allem nachts auf Krokodilfang ging, hatte er oft tagsüber frei, genau wie ich, solange ich niemanden verarzten musste und keinem der Biologen helfen konnte. Er dankte mir nie dafür, dass ich seinen Enkel zusammengeflickt hatte, aber ich hatte den Eindruck, dass er mir besondere Aufmerksamkeit schenkte.

Von den üblichen Dschungelbeschwerden abgesehen – Dehydrierung, Durchfall, Juckreiz und Pilze – blieb unser Team ziemlich gesund. Allerdings machte die Geschichte von meiner Operation an Hermanigildo die Runde, und schon bald suchten Dorfleute meine improvisierte Praxis auf, die über versteckte Urwaldpfade oder per Kanu anreisten. In einem der Boote saßen vorne zwei Mädchen und ein kleiner Junge und hinten eine Frau, die paddelte und dabei ein weiteres Baby an ihre Schulter presste. Sie lenkte ihren Einbaum so elegant an das Ufer, als parke sie einen Kleinwagen ein. Alle stiegen aus, nur ein Gewehr und ein Babyfläschchen blieben auf dem Sitz zurück. Mein Patient war der kleine Junge. Seine Mutter brachte ihn zu mir, weil er seit Wochen schrie, nichts aß und Durchfall hatte. Sebastian stellte für mich ein paar Fragen, und mir fiel auf, dass immer dann, wenn die Mutter zögerte, die große Schwester einsprang und antwortete. Wie Hermanigildos Schwester schien auch sie für die Pflege des Babys verantwortlich zu sein. Das war offenbar eine der Pflichten, die man an kleine Mädchen delegierte. Mein Diagnosetisch bestand aus einer Reihe von jeweils 60 Zentimeter langen, ovalen Heliconia-Blättern, die ich nebeneinander auf den Boden der Lichtung gelegt hatte, der mit jedem Regenguss matschiger wurde. Dem Jungen war offenbar unbehaglich zumute; sein Bauch war aufgebläht und ich ertastete eine vergrößerte Leber. Er konnte Ruhr haben oder, schlimmer, Bilharziose – ein weiterer Grund, den Urwald als Lebensraum zu meiden.

Bilharziose oder Schistosomiasis wird auch »Schneckenfieber« genannt, weil dieser Wurmbefall durch Schnecken übertragen wird, die in schlammigen Flussbetten leben. In ihnen vermehrt sich der Parasit. Täglich gibt eine Schnecke über eintausend Parasiten ins Wasser ab. Die Würmer suchen nach weicher, dünner Haut, in die sie sich bohren können – wie zwischen den Zehen von kleinen Jungen, die durch einen Fluss waten. Wie die meisten Parasiten begeben sie sich in die Leber. Die gesamte Nahrung, die im Verdauungstrakt absorbiert wird, wird in der Leber weiterverarbeitet, die daher das nährstoffreichste Organ des Körpers und als solches bei Parasiten ein heiß begehrter Wohnort ist. Dort begegnen sich männliche und weibliche Würmer, deren Ehen zehn Jahre halten und tägliche mehrere hundert Nachkommen hervorbringen können. Sie lassen die Leber anschwellen, strömen dann in die Eingeweide und verursachen Durchfall, durch den sie aus dem Körper heraus und, wenn ein Gewässer als Toilette dient, zu den Schnecken zurückgelangen.

Erfolgreiche Parasiten schwächen ihre Wirte nur und lösen jahrelange Erkrankungen aus: Wer seinen Wirt zu schnell tötet, unterbricht seinen eigenen Lebenszyklus.

Ich behandelte den Jungen auf Ruhr. Auf Bilharziose hätte ich ihn selbst dann nicht behandeln können, wenn ich sicher gewesen wäre, dass er sie hatte. Ich hatte nicht die nötigen Medikamente, die außerdem nur in einem Krankenhaus verabreicht werden sollten. Und selbst wenn ich ihn geheilt hätte, wäre er zweifellos an dasselbe Gewässer zurückgekehrt und hätte sich postwendend wieder infiziert.

Als die Familie gehen wollte, bat der kleine Junge, der bis dahin wenig Vitalität an den Tag gelegt hatte, um einen Tennisball. Die Sache hatte sich offenbar herumgesprochen. Wir gaben ihm zwei. Einen Ball in jeder Hand, stieg er mühelos und mit zufriedener Miene ins Kanu. Vielleicht war er gar nicht so krank.

Eines Abends brachte ein weiteres Kanu ein Unfallopfer in meine Waldpraxis. Eine älter wirkende Frau (das wahre Alter vermochte ich nicht aus den früh welkenden Gesichtern der Urwaldleute abzulesen) war von dem Schwein an den Kopf getreten worden, das sie einfangen und zum Abendessen zubereiten wollte. Erst war sie benommen gewesen, ihr wurde schwindelig, und jetzt hatte sie Kopfschmerzen. Ich führte zunächst eine umfassende neurologische Untersuchung durch und wollte mir dann ihre Augen ansehen. Als ich meinen Augenspiegel aus der Gerätekiste nahm, sah ich darin eine Schabe herumlaufen. Ich schraubte den Griff vom Augenspiegel und benutzte das Ende, um das Insekt zu zerquetschen. Weder meiner Patientin noch den umstehenden Crewmitgliedern kam das irgendwie unangemessen vor, sie taten täglich Ähnliches. Ich versuchte, mir vorzustellen, wie ich zu Hause auf so eine Entdeckung reagiert hätte. Meiner Patientin schien nichts weiter zu fehlen. Das überraschte mich nicht, schließlich war sie selbst hergepaddelt. Ich erklärte ihr, dass alles in Ordnung sei. »Ich weiß«, gab sie zurück. »Ich wollte nur was gegen die Kopfschmerzen haben.«

Antonio sah mir oft bei der Arbeit zu. Einmal kam er, nachdem ich ein Routineproblem behandelt hatte, mit einer stachligen Frucht an, die Achiote genannt wird. Er brach sie entzwei, und ihr Inneres war mit kleinen, hellroten Samen gefüllt. Erst dachte ich, er biete mir einen Snack an, aber dann presste er seinen Daumen in eine der Hälften und zerdrückte alle Samen, bis sich in der Fruchtschale eine rote Paste bildete. Mit den Fingern bemalte er mein Gesicht: auf die Stirn ein umgekehrtes T, unter jedes Auge eine Linie und eine weitere Linie über mein Kinn. Die Farbe ließ sich so leicht auftragen wie mit einem Fettstift. »Das macht aus dir einen Zauberdoktor«, sagte er. Die Indios, die uns zusahen, lachten. Antonio lachte mit, aber ich spürte, dass es ihm ernst war. Sein Gelächter sollte, wie ich glaubte, der jüngeren Generation nur zeigen, dass er wusste, wie hoffnungslos altmodisch er war. Ich erklärte ihm, ich sei stolz, diese Zeichen tragen zu dürfen.

Antonio sagte, die Zauberdoktoren setzten solche Gesichtsbemalungen wegen ihrer psychologischen Wirkung auf ihre Patienten ein. Psychologie habe einen großen Anteil an ihren Heilerfolgen. Ich erklärte ihm, dass das in unserem Medizinsystem genauso sei. Unsere Ärzte bemalen sich nicht das Gesicht, aber sie tragen weiße Kittel, um eine Distanz zwischen sich und den Menschen zu schaffen, die sie behandeln, und oft benutzen sie eindrucksvolle Fachausdrücke, wenn es auch ein einfaches Wort täte, um ihrem Wissen einen undurchdringlichen und mystischen Anschein zu verleihen. Eine Aura der Autorität zu wahren ist wichtig, damit der Kranke fest daran glaubt, dass der Arzt die Macht hat, ihn zu heilen. So gerne ich meine Zauberdoktorbemalung jedes Mal getragen hätte, wenn ich Patienten aus dem Urwald behandelte, so lächerlich wäre ich mir doch in unserem Forschungscamp damit vorgekommen, umringt von Eingeborenen, deren Kleidung aussah wie ein Restposten aus einem Kaufhaus-Sommerschlussverkauf. Die Sachen hatten zwar auch einen praktischen Nutzen, aber sie waren zugleich exotische Artefakte, die auf wundersame Weise von einer Kultur gefertigt worden waren, die offenkundig über viel größere Macht verfügte als ihr örtlicher Medizinmann. Ihre Verbreitung untergrub den Respekt für die traditionellen Gebräuche und kam mir hier im Dschungel wie eine Umweltverschmutzung vor.

Trotz der westlichen Gewohnheiten und unseres komfortablen Lagers vergaßen wir nie, dass wir im Urwald waren. Die täglichen Regengüsse und die Dampfbad-Luft verwandelten den Lagerboden in heimtückisch glitschigen Schlamm. Es war unmöglich, sauber oder trocken zu bleiben. Einer nach dem anderen erlagen wir dem Reiz des indianischen Badebootes: Jeden Nachmittag fuhren die Indios in einem Kanu auf die Mitte des Sees, seiften sich ein und tauchten zu unserem Erstaunen ins Wasser, um sich abzuspülen. Wir hatten mehr als genug Krokodile gefangen und wieder freigelassen, um zu wissen, mit wem unsere Leute ihr Bad teilten. Außerdem hatten wir Piranhas gefangen und verspeist und waren nicht scharf darauf, ihnen die Chance zur Revanche zu geben. Dennoch schwammen die Eingeborenen gelassen herum. Sie lebten hier, redeten wir uns sein: Sie würden schon wissen, was sie taten. Und außerdem fühlten wir uns so verschwitzt, schmutzig und unwohl, dass ein gepflegter Selbstmord im See allmählich etwas Verlockendes bekam. Ihre Beschwichtigungen leuchteten uns ein – vielleicht waren wir auch bereit, alles zu glauben. Sie erklärten uns, dass die Krokodile, so gefährlich sie auch sind, ihre Tage im Gras der Uferzone verbringen und sich nur nachts bis zur Mitte des Sees vorwagen. Was die Piranhas angeht, so sind sie Fleischfresser mit nadelscharfen Zähnen, die wie die Zacken einer Fußangel ineinander greifen. Sie sind klein, schließen sich aber zu Tausenden in Schwärmen zusammen. Piranhas riechen Blut, und wenn sie hungrig sind, versetzt es sie in Raserei. Sie können ein Säugetier binnen Minuten zu einem Skelett abnagen. (Bis hierhin waren die Erläuterungen alles andere als beruhigend.) Allerdings dehnt sich der See in der Regenzeit aus, sodass die Früchte tragenden Bäume, die in der Trockenzeit an Land stehen, nun in ihr Einzugsgebiet kommen. Die reifen Früchte fallen ins Wasser, wo die Fische sich an ihnen laben. Piranhas essen lieber Obst als Fleisch, und solange sie ihre kulinarischen Vorlieben nicht änderten, hatten wir nichts zu befürchten.

Einige von uns ließen sich im nächsten Boot mitnehmen und wollten am Badevergnügen teilhaben, bevor wir uns eines Besseren besannen. Erst stocherten die Indios mit langen Stangen im Boden unter dem Boot herum. Das sollte die Stachelrochen vertreiben, die womöglich da unten im Schlamm lauerten, wie man uns verriet. Der Schwanz eines Stachelrochens ist länger als sein Körper, und an seinem Ende sitzt ein fester Stachel, der mit Widerhaken gesäumt und mit Gift überzogen ist. Der Schwanz funktioniert wie eine Muskelpeitsche und treibt den harpunenartigen Stachel tief in jedes Objekt, das ihm zu nahe kommt – etwa in den Fuß eines Arztes, der sich nach einem Bad sehnt. Das injizierte Gift verursacht Schmerzen und erhebliche Gewebeschäden. Es kann sogar – wenn auch selten – tödlich wirken. Ich hatte gehört, dass es hilft, eine brennende Zigarette an die Wunde zu halten, weil das Gift hitzeempfindlich ist, aber niemand im Boot rauchte, und alles in allem hielt ich es für klüger, nicht auf den Seeboden zu treten.

Die Einheimischen schienen auch einen weiteren Bewohner dieser Gewässer nicht sonderlich zu fürchten: den Zitteraal. Ich wollte wirklich gerne schwimmen, also beschloss ich, diese Gefahr ebenfalls zu ignorieren. Der Aal kann drei Meter lang werden und besteht größtenteils aus Muskeln. Jeder Muskel produziert etwas Elektrizität, wenn er sich zusammenzieht, aber der Aal, der im Amazonas-Becken zu Hause ist, hat seine Muskulatur so modifiziert, dass deutlich mehr Strom fließt. Und er hat sie in Reihe geschaltet, sodass sich die Spannung addiert. Wenn man ihn reizt, kann der Zitteraal um sich herum ein 500-Volt-Feld aufbauen. Die Indios sagen, dass sie ein Kitzeln spüren, wenn eines dieser Tiere in ihre Nähe schwimmt. Man muss es nicht berühren, um einen gewischt zu bekommen: Es reicht, seine Privatsphäre zu verletzen.

Wir waren bereit zu einer sorglosen Schwimmpartie. Gerade als wir eintauchen wollten, sagte Bill: »Okay, Nacktbaden verboten.« Ich fragte mich, wer ihn um seine Meinung gebeten hatte. Zwar war unser Kanu gemischtgeschlechtlich besetzt, aber ich bezweifelte, dass irgendjemand Anstoß genommen oder auch nur bemerkt hätte, wenn einer seinen Slip abgestreift hätte, wo doch schon so viel anderes in diesem See unsere Aufmerksamkeit erforderte.

Ich sprang ins Wasser, und es war großartig. Das Amazonas-Wasser ist sehr weich, da der Boden, durch den es strömt, mineralarm ist. Das Schwimmen war so entspannend, dass meine Wachsamkeit nachließ. Ich wollte gar nicht mehr hinaus – bis plötzlich etwas nach meinem Bein griff. Ich zuckte zurück und machte mich bereit, um mein Leben zu kämpfen. Mein erster Gedanke war: »Werde ich das Boot erreichen, bevor mich das Krokodil runterzieht?« Mein zweiter: »Diese Indios sind echte Scherzkekse!« Prustend vor Lachen tauchte einer vor mir auf.

Ich kehrte trotzdem ins Boot zurück. Bill war schon da. Er meinte, er wüsste nicht, wie wir unsere Unterwäsche je wieder trocken bekommen sollten. »Wenn du uns das Nacktbaden nicht untersagt hättest«, gab ich zurück, »dann hätten wir dieses Problem jetzt nicht.«

»Ich habe das ja nicht aus Prüderie gesagt«, erklärte er. »Sondern weil es in diesem See Candirus gibt.«

Schon der Gedanke löste ein starkes Ziehen in der Leistengegend aus. Der Candiru ist ein Fisch aus der Welsfamilie, der ungefähr die Größe und die Gestalt eines Zahnstochers hat. Er wird von Salz angelockt, wie es zum Beispiel im menschlichen Urin enthalten ist, und ist klein genug, um in die männliche oder weibliche Geschlechtsöffnung zu schwimmen und sich im Harnleiter festzusetzen. Die steifen Brustflossen des Tieres sind nach hinten gerichtet, man kann es daher nicht herausziehen. Es muss chirurgisch entfernt werden. Eine gewisse Sittsamkeit kann also eine gute medizinische Vorbeugung sein.

Mit diesen medizinischen Tatsachen war ich schon vertraut, aber Berullio lieferte ein paar Zusatzinformationen. Er schwor, dass es den Fisch so sehr zur Salzquelle ziehe, dass er den Harnstrahl eines Mannes hochschwimmen könne, der am Ufer stehe und ins Wasser pinkle – er habe das einmal mit eigenen Augen gesehen. Ich steckte diese Anekdote in die Rubrik »Indio veräppelt gutgläubigen weißen Doktor«, aber es war nicht abzustreiten, dass der Überlebenskampf in diesem See außerordentlich heftig tobte. Nur hoch entwickelte Spezialisten konnten hier mithalten. Die Anophelesmücke, der Mohrenkaiman, der Bilharziose-Saugwurm, der Stachelrochen und der Zitteraal hatten jeweils eigene Erfolgsstrategien entwickelt. Das gilt auch für den Candiru, ob er nun einen Harnstrahl hinaufschwimmen kann oder nicht.

Um am Amazonas zu überleben, muss man alles Mögliche beherzigen, von der Kleiderordnung beim Baden bis zum richtigen Umgang mit Giftschlangen. Als ich eines Abends von der Camp-Latrine zurückkehrte, wollte ich gerade über einen gekrümmten Zweig steigen, der dicht über dem Pfad hing, als der sich plötzlich bewegte. Ich erstarrte mitten im Schritt, suchte mein Gleichgewicht und spürte mein Herz klopfen. Meine Stirnlampe beleuchtete eine gefährliche Korallenschlange. Sie hatte sich um ein paar Blätter gewickelt und hielt ihren winzigen, hässlichen, weißen Kopf gerade über die Mitte des Pfades gereckt, ungefähr 30 Zentimeter über dem Boden. Ihr schwarz, orange und gelb gestreifter Körper hob sich deutlich vom Grün der Blätter ab, wo er nicht im dunklen Unterholz verschwand. Die kontrastreichen Farben, die im Licht meiner Stirnlampe leuchteten, gaben dem Tier, das seinen Kopf rhythmisch hob und senkte und seine Zunge vorschnellen ließ, etwas heimtückisch Attraktives, geradezu Faszinierendes. Es hatte mich bemerkt, und meine Aufmerksamkeit war ihm gewiss. Aber wir hatten keinen Grund, einander zu fürchten. Ich ging ein paar Schritte rückwärts, schlug dann einen großen Bogen und eilte zum Camp zurück.

Die Schlange war noch da, als ich ein paar Minuten später mit Antonio und einigen anderen zurückkehrte. Antonio stupste sie mit einem langen Zweig an, bis sie sich um dessen verästeltes Ende wand, und trug sie so zum Lager, wo er sie auf einem Holzblock neben dem Esstisch ablegte, damit alle sie bewundern konnten. Dann tötete er sie. Mit einem Machetenhieb trennte er ihr den Kopf ab. Dieser überraschende Gewaltausbruch ließ mich zusammenzucken, und ich sah Antonio fragend an.

»Nicht zu sagen, ob sie giftig ist, und zu dicht am Lager«, erklärte er.

Mit einer Hand stellte er den Kopf mit der Schnittfläche auf den Holzblock, dann schob er das Ende einer Banane in das offene Maul. Obwohl der Kopf komplett abgetrennt war, verbiss er sich heftig in die Frucht. Der Überlebensinstinkt lebte länger als die Schlange selbst.

Antonio war kein Mann, der eine gute Schlange verkommen ließ. Er drehte den Körper um, schlitzte den Bauch auf und kratzte einige höchst unappetitliche Bestandteile heraus, die er aufhob.

»Viel leichter zu häuten, wenn sie noch frisch sind«, sagte er.

Ich fragte mich, wie irgendjemand dieses Zeug herunterbekommen konnte, und Antonio fing meinen angewiderten Blick auf.

»Nicht zum Essen«, erklärte er. »Als Köder.«

Ich war erleichtert, aber dann fügte er hinzu: »Zu klein zum Kochen.«

Jetzt lag nur noch der Kopf auf dem Block, immer noch in seine Beute verbissen. Mit einiger Mühe befreite Antonio die Banane und zeigte uns die Bissspuren. Zwei Punktreihen bildeten ein fast geschlossenes Oval, und an einem Ende, knapp außerhalb des Ovals, saßen zwei etwas größere Löcher: die verräterischen Abdrücke der Giftzähne. Ich hätte den Kopf gerne noch weiter untersucht, aber Antonio sagte, das sei zu gefährlich, und warf ihn in den Dschungel. Ich dachte, er wollte mich vor weiteren Bissen schützen, aber er meinte:

»Schlangenköpfe können bösen Zauber verbreiten.« Ich hatte nicht den Eindruck, dass er scherzte.

Als wir nach dem Abendessen ums Lagerfeuer saßen, erzählte Sebastian von einer gefährlichen Begegnung mit einer Schlange, die Antonio vor vielen Jahren gehabt hatte, als er für ein paar Geologen von einem Ölkonzern arbeitete. Antonio hatte die Aufgabe, die verletzlichen Fremden, die – wie wir – auf sich gestellt keine Überlebenschance gehabt hätten, zu führen und zu beschützen. Sie arbeiteten an einem Projekt, das seine Heimat zerstören würde, aber Antonio sah keinen Grund zur Sorge. Er hatte von seinen Vorfahren gelernt, dass die Natur sich immer regenerierte, und hatte das selbst sein Leben lang beobachtet. Er erkannte nicht, dass er diesmal einer Zivilisation Zutritt zu seinem Lebensraum verschaffte, deren Technik viel zerstörerischer war als alles, was er sich vorstellen konnte.

Eines kühlen Abends in jenem winzigen Öl-Camp mitten im Urwald hatte Antonio in seiner lockeren Kleidung auf dem Boden seines Zeltes geschlafen. Eine Decke unter, eine über sich, hatte er auf dem Rücken gelegen. Er war davon wach geworden, dass sich etwas um seinen Knöchel schlängelte; dann spürte er eindeutig eine Schlange an seinem Bein hinauf- und in seine Hosen hineinkriechen. Auf seinem Bauch rollte sie sich zusammen, um ein Schläfchen zu halten. Reflexartig riss sich Antonio die Decke weg, aber die Schlange lag unter seinem T-Shirt. Schlangen sind wechselwarme Tiere, was heißt, dass sich ihre Körpertemperatur der Umgebung anpasst, und in kühlen Nächten dringen Grubenottern bekanntermaßen gerne in Zelte ein, um sich zu wärmen. Eine Grube unterhalb des Auges dient als Weitstrecken-Infrarotsensor, der die Wärme, die ein Zelt abstrahlt, problemlos aufspüren kann. Mit ihrer Fähigkeit, zwischen der linken und der rechten Grube Temperaturunterschiede von einem halben Grad Celsius wahrzunehmen, kann die Schlange jede Wärmequelle orten und es sich auf der wärmsten Stelle bequem machen – in diesem Fall auf Antonios Bauch, knapp unterhalb des Herzens. Die Schlange hatte nur ein gemütliches Plätzchen gesucht und hatte nicht vor, ihn zu beißen. Allerdings sind Schlangen zwar taub, aber äußerst empfindlich für Bewegungen und Schwingungen. Antonio wusste, dass das Tier jede Verlagerung oder einen Hilferuf als Angriff missverstehen würde. Bei ihrem Gegenangriff würde sie den Kopf heben, den vorderen Teil ihres Körpers anspannen und ihre Giftzähne schneller in seine Haut schlagen, als er zusehen könnte.

Die Schlange blieb regungslos. Stundenlang lag Antonio auf dem Rücken und starrte die Beule unter seinem T-Shirt an, ohne sich zu rühren oder um Hilfe zu rufen, um nur ja nicht mit ansehen zu müssen, wie sich der Stoff über einer sich aufrichtenden Schlange spannte. Nach Sonnenaufgang heizte sich das Zelt allmählich auf. Bald wurde es der Schlange zu warm, und sie setzte sich wieder in Bewegung. Endlich spürte Antonio, wie sie an seinem Oberschenkel entlangglitt, dann über seinen Unterschenkel und schließlich über seinen Fuß. Er wartete noch ein paar Sekunden, bevor er aufzuspringen wagte, und da war sein Besucher schon verschwunden. Er hat ihn nie wieder gesehen.

Später fragte ich Antonio, welcher Art diese Schlange wohl angehört hatte. Er glaubt, dass es eine kleine Cascaval war, eine tödlich giftige Klapperschlange. Er sagte, sie war etwa einen Meter lang und sehr schwer. Ihre Schuppen fühlten sich auf seiner Haut rau an, und sie war schwarzgrau. Ich fragte ihn, woher er das wusste, wo er sie doch nie gesehen hat.

»Ich habe sie in meinen Träumen gesehen«, antwortete er.

Ich fragte mich, ob er daran gedacht hatte, als er behauptet hatte, Schlangenköpfe könnten böse Zauber bewirken. Für mich – und die meisten anderen Leute – reicht schon ein Blick auf eine Schlange aus, um eine Mischung aus Schauern, Angst und Ekel auszulösen – ein spektakulärer, aber keinesfalls unberechtigter Überlebensreflex, bedenkt man, dass Giftschlangen pro Jahr über hunderttausend Menschen töten, etwa die Hälfte davon allein in Indien. Kein Wunder, dass manche indischen Kulte Schlangen als fürchterliche Götter verehren.

Giftschlangen sind hoch entwickelte Tötungsmaschinen. Ihr Gift ist ein spezieller Speichel, der in Drüsen hinter dem Kiefer gebildet wird. Während des Bisses ziehen sich die Drüsen zusammen und pressen das Gift nach vorne in die Hohlzähne, an deren spitzen Enden es durch kleine Löcher austritt. Das System erinnert stark an eine subkutane Injektion, also an eine Spritze unter die Haut.

Das Gift ist eine komplexe Mixtur, die für die Giftschlange nicht einfach herzustellen ist. Daher muss sie es sparsam einsetzen. Ihre Beutetiere vergiftet sie immer, aber wenn sie zur Verteidigung beißt, wird sie es ihrem mutmaßlichen Angreifer nur manchmal injizieren. Zunächst schätzt sie das Risiko ab, um zu entscheiden, ob ein Gifteinsatz nötig ist. Wenn Menschen vergiftet werden, dann fast immer, weil die Schlange um ihr Leben fürchtet und verhindern will, dass sie zertreten oder aufgespießt wird. Schlangen wollen ihr Gift nicht an uns verschwenden, weil wir nicht auf ihrem Speiseplan stehen. Da ihre Zähne nach hinten gerichtet sind und nur zum Greifen dienen, können sie keine Bissen aus ihrer Beute reißen, und Menschen sind zu groß, um sie am Stück herunterzuwürgen.

Der Giftspeichel enthält neben den Toxinen Enzyme, die das Körpergewebe auflösen. Jede Schlangenart produziert ihre eigene Mischung, die im Körper des Opfers entsprechend unterschiedlich wirkt. Die Korallenschlange, der ich in der Nähe der Latrine begegnet war, arbeitet vor allem mit Nervengift, während die Schlange, die auf Antonio ein Nickerchen gehalten hatte, in erster Linie das Blut vergiftet. Beide töten effektiv und schnell, da sie an den empfindlichsten Stellen des Körpers ansetzen – an den chemischen Reaktionen, die für die Atmung, den Herzschlag und die Blutgerinnung zuständig sind.

Muskeln lassen das Herz schlagen und die Lungen atmen. Muskeln sind kraftvolle Maschinen, die auch bei starker Beschädigung noch arbeiten können. Aber wie die meisten Maschinen bleiben sie stehen, wenn man den Stecker zieht. Sie sind von einer ständigen Stromzufuhr abhängig, und die Stromkabel sind die Nerven. Zwischen den einzelnen Nervenzellen eines solchen Kabels und auch zwischen dem letzten Neuron und dem Muskel gibt es kleine Zwischenräume. Wenn der Impuls das Ende eines Neurons erreicht, muss er diesen so genannten synaptischen Spalt überwinden, wenn er nicht verpuffen soll. Das Neuron setzt eine Chemikalie frei, einen so genannten

Neurotransmitter, der die Lücke überwindet und die nächste Nervenzelle erregt. Die letzte Nervenzelle vor dem Muskel läuft in einer Gruppe von Anschwellungen aus, den motorischen Endplatten, die wie Stecker funktionieren, aber nicht direkt mit den entsprechenden Steckdosen im Muskel verbunden sind. Ein weiterer Neurotransmitter wird ausgeschieden, um die Verbindung zwischen ihnen herzustellen. Genau diesen letzten, entscheidenden Schritt blockiert das Gift der Korallenschlange. Das Gift imitiert den Neurotransmitter und füllt den Spalt, ohne das Signal weiterzuleiten. Die Übertragung des elektrischen Impulses ist unterbrochen; die Muskeln ziehen sich unkoordiniert zusammen, werden schwächer und schließlich gelähmt. Das Opfer zuckt, kollabiert und kann nicht mehr sprechen. Binnen Stunden befällt die Lähmung auch die Lungen- und Herzmuskulatur. Die Lunge stellt die Atmung ein, das Herz schlägt nicht mehr.

Die Grubenotter setzt eine andere, aber ebenso wirkungsvolle Technik ein. Ihr Gift schwächt die Wände der Blutgefäße, sodass Blutzellen und Flüssigkeit in das umgebende Gewebe sickern. Wann immer eine Ader verletzt wird, löst die natürliche Abwehr des Körpers eine Kaskade von Reaktionen aus, die in Flüssigkeit gelöstes Rohmaterial zu einem klebrigen Netz verfestigen, zu einem Pfropf, der das Loch verschließen soll. Dieser Prozess, Gerinnung genannt, sorgt dafür, dass ein Schnitt aufhört, zu bluten. Das Grubenottergift sabotiert diese verwickelte Abdichtungsreaktion, indem es einen der wichtigsten Baustoffe imitiert und sich in der Frühphase der Gerinnung in die Netze einbauen lässt. Es ist viel schwächer als die Originalkomponente, sodass das Gerinnsel irgendwann nachgibt. Das Netz ist zu schwach, um die Blutung zu stoppen. Eine fatale Schwäche: Blut strömt an die falschen Stellen, es füllt die Lungen und fehlt dafür im Herzen.

Da die Gifte dickflüssig sind, enthalten sie einen Zusatz, der ihre Verteilung fördert: Hyaluronidase. Ärzte versetzen ihre Injektionslösungen oft mit diesem Verdünnungsenzym, um die Aufnahme des Wirkstoffes zu beschleunigen. Schlangen benutzen es, um die Verbreitung ihres Giftes zu verbessern. Schlangen injizieren auch ein weiteres Enzym, das Muskeln verdaut bzw. zersetzt. Es ruft die starken Gewebsschäden hervor, die man oft an Schlangenbisswunden sieht, aber seine eigentliche Aufgabe besteht darin, dem Tier, das ja nicht kauen kann, sein bevorstehendes Mahl zu erleichtern.

Jemanden zu behandeln, mit dessen Verdauung eine Schlange bereits begonnen hat, ist nicht einfach. Nach einem solchen Giftbiss wird er wahrscheinlich sterben, denn sie hat ihm ein Gemisch verschiedener Toxine injiziert, das einer Überdosis von mehreren Drogen entspricht. Der katastrophenartige Zusammenbruch mehrerer Organsysteme, der rasch nach dem Gifteintritt einsetzt, ist sogar in einem exzellent ausgestatteten Krankenhaus schwer aufzuhalten – und im Urwald schon gar nicht. Aber bei nicht einmal der Hälfte aller Giftschlangenbisse wird wirklich Gift injiziert. Die Male der Giftzähne sind oft schwer zu entdecken, vor allem, wenn sie durch eine Schwellung verborgen werden. Kribbeln, ein taubes Gesicht, starkes Herzklopfen und Atemschwierigkeiten können erste Anzeichen einer Vergiftung sein, aber angesichts der Panik, die ein Schlangenbiss auslöst, treten diese Symptome auch bei vielen nicht Vergifteten auf.

Wenn ich einen Schlangenbiss behandeln müsste, wäre es meine erste Aufgabe, den Patienten zu beruhigen – nicht nur aus psychologischen Gründen, sondern auch, um die Ausbreitung des Giftes zu verlangsamen. Am Zancudo Cocha hatte ich einen Extraktor dabei, eine Art Saugpumpe, die, wenn man sie in den ersten Minuten nach dem Biss an der Wunde ansetzt, womöglich noch einen Teil des Giftes herauszieht. Das kann aber auch Zeitverschwendung sein; niemand weiß, wie effektiv die Dinger arbeiten. Ich würde nicht versuchen, das Gift mit dem Mund aus der Wunde zu saugen, auch wenn ich mir um ein versehentliches Verschlucken keine Sorgen machen müsste. So stark die Gifte auch sind, den Magenenzymen halten sie nicht stand. Schlangengift wirkt nur, wenn es direkt in den Blutkreislauf eindringt, aber es ist so dickflüssig, dass man es durch Saugen nicht entfernen kann. Noch unsinniger wäre es, oberhalb des Bisses einen Schnitt zu setzen und das Gift herauszupressen. Dadurch würde man noch mehr

Blutgefäße dem Gift aussetzen und es womöglich tiefer ins Gewebe hineindrücken. Durch eine breite Bandage rings um das ganze Glied könnte ich die Ausbreitung verlangsamen. Mit dem richtigen Druck könnte ich vielleicht verhindern, dass die Venen das kontaminierte Blut zum Herzen befördern, und zugleich könnten die tiefer gelegenen Arterien weiter frisches Blut in das Glied transportieren, um es am Leben zu erhalten.

Bei dieser Expedition hatte ich keine Antivenine dabei, und zwar nicht aus Vergesslichkeit. Die effektivsten dieser Gegengifte sind schlangenartspezifisch, und im oberen Amazonas-Becken leben über einhundert Giftschlangenarten. Allgemeine Gegengifte sind nicht so wirkungsvoll. Man benötigt viele Flaschen, die Verabreichung außerhalb eines Krankenhauses ist gefährlich, und vor allem müssen sie ständig gekühlt werden. Antivenine bestehen aus Antikörpern, natürlichen Verbindungen des Immunsystems, die durch das Blut patrouillieren und Antigene ausschalten, also fremde Substanzen wie Schlangengift, die in den Körper eingedrungen sind und dort Schaden anrichten. Jeder Antikörper reagiert spezifisch auf eine Sorte Antigene und wird erst dann massenhaft vom Immunsystem hergestellt, wenn der Körper dem Antigen einmal ausgesetzt war. Sobald genug Exemplare vorhanden sind, können sie die Antigene ausschalten. So kurieren wir zum Beispiel eine Erkältung aus. Aber Schlangengift gibt dem Körper – wie viele tödliche Infektionen – nicht genug Zeit für eine Antikörperantwort. Die Lösung: Man kann ihm fertige Antikörper injizieren, die man nach einer schwachen, nicht tödlichen Vergiftung von Tieren aus deren Blut »geerntet« hat. So funktionieren Impfungen. Aber Antivenine enthalten viele Verunreinigungen und können tödliche Nebenwirkungen hervorrufen. Nach einer Beratung mit Experten vom Bronx-Zoo war ich zu dem Schluss gelangt, dass Antivenine bei dieser Expedition zu unpraktisch wären. Die Teilnehmer einer Expedition wissen, dass sie ein Risiko eingehen, wenn sie in einen extremen Lebensraum eindringen. Die praktischen Entscheidungen, die ich treffe, können tödliche Folgen haben. Dafür müsste ich die Verantwortung übernehmen.

Ich würde also nichts tun können, wenn eine Schlange ihre Giftzähne in ein Mitglied meines Teams schlüge. Evakuieren war nicht möglich: Im Umkreis von Tausenden von Kilometern gab es nur Bäume und andere Pflanzen. Aber vielleicht enthielt eines dieser Gewächse ein Heilmittel für Schlangenbisse? Ich fragte Antonio, was er tun würde, wenn einer von uns gebissen würde. Er sagte, er habe einmal jemanden behandelt, der von einem Buschmeister gebissen worden war, der vielleicht giftigsten Schlange am Amazonas. Er bereitete eine Breipackung aus der inneren Rinde eines Baumes zu, fügte weitere Pflanzen hinzu und kochte das Ganze zu einem Sirup zusammen. Jeden Tag verabreichte er dem Opfer eine Dosis. Er hatte vor, insgesamt fünf Dosen zu geben, aber am dritten Tag starb der Patient.

»Tja«, grübelte ich. »Ich weiß auch nicht, woran so etwas liegt. Manchmal folgt man genau dem Behandlungsprotokoll, und dem Patienten geht es trotzdem nicht besser.«

Die Gesetze der Natur sind manchmal einfach stärker, sodass der beste Arzt keine Chance hat. Körper sind nur begrenzt belastbar. Zwar haben sich die Menschen, die im Amazonas-Regenwald leben, an ihre Umgebung angepasst, aber diese Anpassung ist größtenteils eine Intelligenzleistung. Die biologische Entwicklung läuft sehr langsam, und so haben sie noch keine perfekten körperlichen Schutzmechanismen gegen die übelsten Gefahren hervorgebracht. Sie sind in ihrer Umwelt immer noch so wehrlos gegen Schlangenbisse wie wir in der unseren gegen Autounfälle. Wo schon ein einziger Fehler oft zum Tode führt, verdankt man sein Überleben nicht eigener Erfahrung, sondern weitergegebenem Wissen – ob sich die Lektion nun um das Entdecken von Schlangen dreht oder um das Überqueren einer Straße.

Eines Tages kam ein Indio aus dem Wald, der mit seiner Familie drei Tage unterwegs gewesen war, um mich zu treffen. Er hinkte stark, und die Reise war offensichtlich beschwerlich gewesen. Wie er mir erklärte, war sein linkes Bein nach einer Kinderkrankheit schwach geworden und nicht weitergewachsen. Es war stark krankhaft verändert und etliche Zentimeter kürzer als das rechte. Der Fuß war nach unten abgeknickt und steif; nur die Zehen berührten den Boden. Seit Jahren hatte er sich nie weit von seinem Dorf entfernt, aber dann war ihm zu Ohren gekommen, dass ich den Arm von Berullios Sohn operiert hatte, und er dachte, ich könnte ihm vielleicht ebenfalls helfen.

Ein Blick reichte, um mir zu zeigen, dass ich das nicht konnte. Die Krankheit war wahrscheinlich spinale Kinderlähmung gewesen, und seine Missbildung war nach all den Jahren nicht mehr zu beheben. Die beste Behandlung wären eine Amputation und die Anpassung einer Prothese gewesen, aber jemanden mit Krücken durch diesen Lebensraum laufen zu lassen war absurd. Er, der hier Frau und Kinder hatte, hätte den Amazonas-Regenwald verlassen müssen. Da er sich hier wohl fühlte und nicht vorhatte, woanders hinzugehen, konnte ich nichts für ihn tun.

Nun ja, so gut wie nichts. Er sagte, seine ganze Familie habe ihn begleitet, und bat mich, ein Foto von ihnen zu machen. Ein Familienfoto. Diesen Gefallen tat ich ihm gerne. Vater und Mutter hinten, die drei Kinder vorne, alle machten ernste Gesichter und warfen sich in viktorianische Posen – ich benutzte eine Polaroidkamera, sodass ich ihnen das Resultat gleich mitgeben konnte. Ohne dass ich etwas sagen musste, wusste der Vater, dass er das Bild an den Kanten halten musste, bis der Entwicklungsprozess abgeschlossen war. Ich gewann den Eindruck, dass dies nicht sein erstes Polaroidfoto war – und er vor mir schon andere Ärzte konsultiert hatte.

Meine kleine Praxis war gut besucht, aber viele der Gesundheitsprobleme waren Kleinigkeiten. Alle Biologen trugen Stiefel, die meisten Indios nicht. Dennoch waren wir diejenigen, die Ärger mit den Füßen bekamen. Zur unendlichen Belustigung der einheimischen Crew versorgte ich die Blasen und die Fußpilzfälle, die durch die ewige Feuchtigkeit in den Stiefeln verursacht wurden. Hämisch wiesen sie auf ihre nackten Füße, die durch lebenslanges Barfußlaufen im Dschungel dicke Hornhautschichten entwickelt hatten. Verzärtelte Stadtmenschen wie wir finden Schwielen lästig, aber sie sind nichts Geringeres als eine überlebenswichtige Anpassung.

Eine Frau unseres Teams beging den Fehler, während ihrer Feldforschung unter einem kleinen Baum ein Feuer zu entzünden, durch das einige stechende Raupen ausgeräuchert wurden. Eine fiel bloß in ihren Trinkbecher, die anderen landeten auf ihrem Arm und Nacken. Die Stiche waren harmlos, lösten aber einen starken Juckreiz aus. Im oberen Amazonas-Becken sind auch schillernde Raupen zu Hause, deren Giftstachel einem tödliche Stichwunden beibringen können, aber die Art, die unsere Biologin attackiert hatte, war vielfarbig gemustert und reizte nur die Haut, weil ihre leicht abbrechenden Härchen darauf haften blieben. Die Behandlung bestand darin, sie mit einem Streifen Klebeband abzulösen, genau wie man Flusen von einem Jackett absammelt.

Bei einer Beschwerde tat ich mich anfangs schwer, eine professionelle, ernsthafte Haltung einzunehmen. Ein Expeditionsteilnehmer kam zu mir und wies auf seinen Hintern. »Da unten bewegt sich was«, meinte er entnervt und verlegen. Er zog seine Unterhose runter und beugte sich vor, und ich ging mit der Taschenlampe auf die Suche. Auf beiden Backen entdeckte ich etliche weiße Pickel mit schwarzen Pfropfen in der Mitte. Und jeder der schwarzen Pfropfen wand sich hin und her. Es handelte sich um einen Befall mit weiblichen »Tunga penetrans«: Sandflöhen, die am Boden lauern, wo man das Unterholz gerodet hat, zum Beispiel an unserer Latrine. Wenn ein so verlockendes Ziel wie ein nackter Hintern minutenlang knapp über dem Boden schwebt, ergreifen sie die Chance, sich mit dem Kopf voran in die Haut zu bohren, bis nur noch das Ende des Hinterleibs hinausschaut. So können sie Blut saugen und Kot ausscheiden, ohne ihre Lage zu verändern. Sie werden so groß wie Erbsen, und wenn sie reif zur Eiablage sind, winden sie sich, was einen starken Juckreiz auslöst. Das Kratzen trägt zur Freisetzung und Verbreitung der Eier bei. Obwohl der Sandfloh zu den niederen Geschöpfen der Natur gehört, hat er doch eine höchst raffinierte Überlebensstrategie entwickelt.

Ich legte einen mit Alkohol getränkten Wattebausch auf jedes der hervorragenden Flohhinterteile und wartete ein paar Minuten, bis die Tiere verendet waren. Dann schlitzte ich das Loch in der Mitte jedes

Pickels mit einem Skalpell ein und klappte die Haut zu beiden Seiten weg, um den Körper freizulegen, der größtenteils aus dem Eiersack bestand. Mit einer Pinzette zog ich ihn vorsichtig heraus; ein zerrissener Eiersack hätte eine schwere Infektion auslösen können. Sobald der Körper entfernt war, kam der Kopf zum Vorschein, der sich so fest ins Gewebe verbissen hatte, dass er abgerissen war, als ich den Rest des Tieres herausgezogen hatte. Da die Eier nun keine Gefahr mehr waren, konnte ich am hartnäckigen Kopf stark genug zerren, um ihn aus dem Fleisch zu lösen.

Die Identität meines Patienten und die Natur seines Problems fielen natürlich unter meine ärztliche Schweigepflicht, aber bald musste ich feststellen, dass der betroffene Feldbiologe es ausgesprochen faszinierend fand, am Lebenszyklus des Sandflohs teilgehabt zu haben. Sein Bericht löste eine rege akademische Diskussion aus, eine gewisse Nervosität und seltsame Verhaltensweisen beim Gang zur Toilette. Nicht nur besprühten wir die ganze Gegend gnadenlos mit Insektiziden, wir trugen auch sorgfältig Insektenlotion auf jene Körperteile auf, die wir zu entblößen gedachten, und nachts löschten wir unsere Stirnlampen, um das Ziel unsichtbar zu machen, sobald wir Platz genommen hatten. Zwei Expeditionsteilnehmer entwickelten sogar ein System der Nachbarschaftshilfe: Sie begleiteten einander zum Klo und wedelten vorwitzige Flöhe vom Hintern des jeweils anderen weg.

Die Sandflöhe erinnerten uns daran, dass wir uns in Feindesland befanden – als ob die Krokodile, Schlangen und Piranhas dazu nicht ausgereicht hätten. Unser Camp war ein Fort, aber es verschaffte uns nur eine partielle Sicherheit. Wir waren allen Kräften in dieser Umwelt ausgesetzt, einschließlich des Wetters. Auch wenn ich mich kaum noch daran erinnern konnte, wie sich ein Leben ohne den ständigen Regen anfühlte, meinte Antonio, es sei ein ausgesprochen trockenes Jahr und die Pegel sänken schon. Da unser entlegener See nur während des Hochwassers mit dem Kanu erreichbar war, wurde es immer schwerer, uns mit Vorräten zu versorgen. Obwohl ich überhaupt nicht das Gefühl hatte, in Lebensgefahr zu schweben, machte mir unsere

Isolation von der Zivilisation doch zunehmend zu schaffen. Der gnadenlose Dschungel kreiste uns allmählich ein.

Überleben ist ein starkes Motiv für Veränderungen. Tierarten überleben, indem sie ihre Körper und ihr Verhalten an die sich wandelnden Umweltbedingungen anpassen. Menschen passen sich ebenfalls an, aber sie sind längst nicht so spezialisiert wie die meisten Tiere – außer in der Gehirnentwicklung. Der menschliche Geist ist in der Tat so mächtig und flexibel, dass er unsere körperliche Anpassung verlangsamen kann, da wir mit mentaler Beweglichkeit auf Umweltstress reagieren können. Der physische Anpassungsdruck der natürlichen Auslese wird durch bewusste Verhaltensänderungen abgemildert. Auch wenn meine Situation am »Zancudo Cocha« nicht unmittelbar lebensbedrohlich war, rückte mir der Amazonas-Regenwald doch allmählich auf den Pelz, und das reichte aus, um Verhaltensweisen zu modifizieren, die ich bis dahin für tief eingefleischt gehalten hatte. Angelernte Reaktionen lösen sich schnell in Luft auf, wenn man sich nicht mehr in dem Umfeld befindet, das sie hervorgebracht hat. Meinen ersten bewussten Schritt in Richtung Anpassung machte ich über einer Schüssel mit Spaghetti.

Im Dschungel gehören Mahlzeiten der Spezies, die sie als erste vertilgen kann. Die Spaghetti, die man mir eines Abends servierte, waren binnen Sekunden von einem Schwarm winziger schwarzer Insekten bedeckt. Wenn ich nicht gewusst hätte, dass es keine zweite Portion geben würde, hätte ich das Essen weggeworfen. Angesichts der Alternative, entweder das hier zu essen oder hungrig schlafen zu gehen, zog ich die Nudeln einzeln zwischen Daumen und Zeigefinger hindurch, um die meisten Viecher abzustreifen, und vertilgte so eine nach der anderen, einschließlich der restlichen Insekten, die noch daran hafteten. Ich passte mich an eine neue Umwelt an, indem ich meine jahrelange kulturelle Konditionierung ablegte, die mir hier ausgesprochen fehl am Platze vorkam. Zugleich wusste ich, dass ich mich nach meiner Rückkehr nach New York bald wieder in einen heiklen Esser zurückverwandeln würde.

Auch unbewusst passte sich mein Geist an den Dschungel an. In einer besonders heißen Nacht fand ich in der dicken, schwülen Luft in meinem Zelt keinen Schlaf. Jeder Atemzug fiel mir schwer, aber ich war zu müde, um mich aus meinem Schlafsack zu schälen und die Zeltklappe zu öffnen, um für einen Luftzug zu sorgen. Zum Glück war mein Zeltgefährte offenbar weniger schlaff, und in der undurchdringlichen Dunkelheit hörte ich ihn aufstehen und den Reißverschluss aufziehen. Zu meiner großen Erleichterung fühlte sich die Luft gleich viel kühler an, und ich sank in den Schlaf. Am Morgen wachte ich gut erholt auf, fand aber die Zeltklappe geschlossen vor. Mein Zeltgefährte erklärte mir, der Reißverschluss, den ich gehört hatte, sei der an seinem Rucksack gewesen, dem er etwas entnommen habe. Er hatte die Zeltklappe gar nicht angerührt.

Das Geräusch des Reißverschlusses, das ich völlig falsch interpretiert hatte, hatte ausgereicht, um mich abzukühlen. Die Überzeugung, die Klappe sei offen, hatte einen ebenso starken Effekt hervorgerufen wie ein echter Luftzug. Wenn der Geist nur stark genug an etwas glaubt, kann er auch den Körper davon überzeugen. Mein Überlebensinstinkt regte sich: Ich gewann die Kontrolle über meinen Körper und zwang ihm Verhaltensänderungen auf, die nötig waren, um mich an meine Umgebung anzupassen. Auch wenn die Belastungen gering waren, reichten sie doch aus, um Bewusstseinsveränderungen hervorzurufen, weil ich vor meiner extremen Umgebung auf der Hut war. Die Macht des menschlichen Willens war mir schon an einem siebenjährigen Jungen mit einer schweren Handverletzung demonstriert worden: Seine Verletzung hätte überwältigende Schmerzen und Panik auslösen müssen, und doch war er ruhig und beherrscht geblieben. Er brauchte keine Schmerzen zu empfinden, um zu erkennen, wie ernst die Lage war, und indem er den Schmerz unterdrückte, hatte er seine Chancen, sich selbst zu helfen, massiv verbessert.

Mehrmals fragte ich Berullio, wie es seinem Sohn gehe, und erklärte ihm, dass der Junge zu einer Nachuntersuchung ins Lager kommen sollte. Berullio sagte immer, mit seinem Sohn sei alles in Ordnung, und obwohl er das Camp ein paar Mal bis zum nächsten Tag verließ, kam er immer ohne ihn zurück. Antonio, der Großvater des Jungen, klärte mich über die Hintergründe auf. Berullio lebte nicht in derselben Siedlung wie seine Kinder. Jahre zuvor hatten er und seine Frau, Antonios Tochter, einen Fremden angeheuert, der ihnen bei der Farmarbeit helfen sollte. Der Arbeiter hatte sich allerdings mehr um seine Frau als um die Ernte gekümmert, und sie war mit ihm davongelaufen, in die große Küstenstadt Guayaquil. Berullio hatte wenig Neigung gezeigt, seine Kinder selbst aufzuziehen. Er nahm sich eine neue Frau aus einem anderen Dorf und brachte die Kinder bei Verwandten unter. Nicht zum ersten Mal erlebte ich, wie die Genesung eines Patienten durch Familienprobleme beeinträchtigt wurde, aber ich hätte nicht gedacht, dass so etwas auch am Amazonas vorkam.

Ich schlug einen Hausbesuch vor. Das war nicht nur medizinisch angezeigt, sondern würde mir auch Gelegenheit geben, mehr vom Land zu sehen und mehr seiner Einwohner kennen zu lernen. Antonio hielt die Reise für überflüssig, willigte aber ein, mich zu begleiten. Er war bereit, mir diese Tür zu öffnen, weil ich der »doctoro« war. Die Reise würde einige Stunden dauern. Wegen des gesunkenen Wasserstands konnten wir den Weg nicht ganz im Kanu zurücklegen. Wir mussten den See überqueren und dann auf dem Landweg eine »Abkürzung« nehmen.

Bei Sonnenaufgang packte ich ein paar medizinische Vorräte ein, streute Schwefelpuder in meine Unterwäsche und Socken, um die Zecken abzuschrecken, und rieb mich überall mit einem Insekten abweisenden Mittel ein, obwohl es den Insekten hervorragend zu schmecken schien. Antonio lenkte unseren Einbaum über den See und dann in einen im überfluteten Land verborgenen Kanal, der sich zwischen den im Wasser stehenden Bäumen hindurchschlängelte. Der Kanal war grün, die Bäume waren grün, sogar die Luft war grün. Das Unterholz wurde immer dichter und düsterer, das Blätterdach schloss sich über uns. Das Kanu schabte an den teilweise versunkenen Stämmen von Bäumen entlang, deren Äste so dicht über das Wasser hingen, dass wir uns flach auf den Rücken legen mussten, um unter ihnen hindurchzupaddeln. Als ich wieder einmal nach oben blickte, während unser Boot unter einem besonders niedrigen Ast hindurchglitt, sah ich direkt über meinem Kopf eine Anakonda. In einer Astgabel zusammengerollt, schlief sie friedlich. Wir bewegten uns so langsam unter ihr hindurch, dass ich reichlich Zeit hatte, mir auszumalen, wie sie reagieren würde, wenn sie aus dem Baum fiele und unsanft im Inneren eines Kanus erwachen würde.

Anakondas spritzen kein Gift. Sie töten, indem sie sich mit ihren nach hinten gerichteten Zähnen in ihr Opfer verbeißen und sich dann um seinen Brustkorb winden. Jedes Mal, wenn es ausatmet, ziehen sie die Schlinge weiter zu, bis es erstickt. Dann verschlingen sie das Tier am Stück, Kopf voran. Eine Anakonda kann baumdick werden und Opfer verschlingen, die größer sind als sie selbst. Um das Maul weit genug aufreißen zu können, hakt sie ihren Unterkiefer aus, indem sie die Muskeln entspannt, die ihn normalerweise festhalten. Bei einer wirklich großen Mahlzeit kann sie auch ihren Leib ausdehnen, indem sie die Rippen nach außen klappt. Schlangen haben kein Brustbein, das die Rippen fixieren würde. Antonio erzählte mir, er habe einmal eine zehn Meter lange Anakonda einen vier Meter langen Kaiman verspeisen sehen. Nachdem sie ihn heruntergewürgt hatte, hatte er deutlich die Wölbung gesehen, die das Krokodil im elastischen Körper der Schlange verursacht hatte. Antonio, der sich keine gute Jagdgelegenheit entgehen lässt, tötete die Schlange und schlug so zwei Fliegen mit einer Klappe.

Er hatte meine Fantasie angeregt. »Also hätte die Schlange, die wir gerade gesehen haben, das ganze Kanu verschlingen können, mit dem Bug voran, und uns gleich mit.«

Wie immer geduldig mit seinem Schüler, schüttelte Antonio den Kopf. »Erwachsene Anakondas schlafen nicht auf Bäumen. Das da war bloß ein Baby.«

So hatte ich also einen weiteren von Antonios Nachbarn kennen gelernt: einen, der davon lebt, seine Beute zu zerquetschen. Anakondas haben entweder so kräftige Muskeln entwickelt, weil sie kein Gift produzieren können, oder sie brauchen kein Gift mehr, weil sie ihre Muskeln haben. Jeder, der hier lebt, hat sich offenbar auf eine Überlebenstaktik spezialisiert.

Der Kanal endete in einem Wirrwarr aus Kräutern und Gräsern. Als Antonio das Kanu vertäute, verletzte er sich an einem rasiermesserscharfen Schneidried-Blatt den Finger: ein kleiner Schnitt, für den ich ihm ein Pflaster reichte. Im Gegenzug gab er mir etwas rote Achiote-Paste. Ich machte Anstalten, sie mir ins Gesicht zu malen, obwohl ich es etwas albern fand, mich in einen Medizinmann zu verwandeln, nur weil ich ihm ein Pflaster verordnet hatte. Er lachte und zeigte auf meine Knöchel. Achiote-Paste hat neben ihrer spirituell-künstlerischen Verwendung auch einen profanen Nutzen: Er wollte, dass ich mir die Fesseln damit einrieb, bevor wir in den Urwald eindrangen. Viel besser als der Schwefelpuder würde sie Zecken davon abhalten, meine Hosenbeine hochzukriechen. Als ich danach noch etwas übrig hatte, lächelte Antonio und wies auf mein Gesicht. Ich packte den Rest lieber in meine Tasche.

Wenn ich durch den Dschungel wandere, habe ich das Gefühl, im Inneren eines riesigen Organismus herumzulaufen. Ringsum Bäume, und jedes Fleckchen Boden ist mit Pflanzen bedeckt, ohne dass man eine Ordnung erkennen könnte: Zweige, Lianen, Blätter und Stängel wuchern chaotisch durcheinander und umschließen mich von allen Seiten und von oben. Baumstämme ragen auf und öffnen sich wie riesige Regenschirme. Ihre Äste scheinen mit denen ihrer Nachbarn zu verwachsen, und darüber verschmilzt alles zu einem geschlossenen Blätterdach.

Die Morgenluft war kühl und feucht, das Licht gedämpft, aber hell genug, dass ich unzählige Grüntöne unterscheiden konnte. Hier und da brachte ein schmales Bündel Sonnenlicht einen Fleck Boden zum Leuchten, und dieses kaleidoskopartige Punktmuster wanderte über uns hinweg, wenn der Wind die Äste bewegte. Falls es hier einen Pfad gab, dann war er für meine Augen unsichtbar. Obwohl Antonio erst vor einer Woche hier entlanggegangen war, hatte der Wald sich diese Schneise schon wieder zurückgeholt.

Er machte sich daran, sie wieder frei zu hacken. Mit der Machete ging er vorneweg und schuf einen Tunnel, der so schmal war, dass wir hintereinander gehen mussten, und nur so hoch, dass er gerade darin gehen konnte. Antonio ist gut einen Kopf kleiner als ich und hackte meist in leicht gekrümmter Haltung auf die Vegetation ein, sodass ich ihm nur mit gebeugten Knien und zusammengezogenen Schultern folgen konnte. Die Machete hielt nie inne. Antonios Rückhand war ebenso kraftvoll wie seine Vorhand, auch wenn ich den Eindruck gewann, dass einige seiner nach hinten geführten Schläge die Klinge etwas näher an meine Nasenspitze brachten als beabsichtigt. Das Ding war richtig scharf. Es glitt durch locker herabhängende Kletterpflanzen und mähte sie mühelos zu Boden. Ich bewunderte Antonios Geschicklichkeit. Keine Bewegung ging ins Leere. Seine Technik erinnerte mich an den Chefarzt der Handchirurgie im Columbia Presbyterian Hospital in New York, wo ich meine Facharztausbildung absolviert hatte. Obwohl er sich bei seinen Operationen nie schnell zu bewegen schien, war jeder seiner Handgriffe so exakt platziert und so effizient, dass er schneller operierte als jeder andere. Sowohl er als auch Antonio hatten ihre vergleichbaren Begabungen darauf verwandt, Fähigkeiten zu entwickeln, die in ihrem jeweiligen Umfeld von Belang waren: Der New Yorker war Meisterchirurg geworden, der Amazonas-Indianer ein perfekter Wegbahner.

Der scheinbar endlose und undurchdringliche Wald wich allmählich zurück und wurde durch einen faulig riechenden Sumpf abgelöst. Die Kunst bestand nicht darin, das Wasser zu vermeiden, sondern den Schlick zu umgehen und bis zum Wasser vorzudringen. Der Schlamm saugte an meinen Stiefeln; bei jedem Schritt musste ich sie mühsam herausziehen. Um über ein schlickgesäumtes Bächlein zu springen, trat ich mit einem Fuß fest auf und hob den anderen. Ich hörte ein lautes Schmatzen, und ein Bein versank bis über die Stiefelkante, während ich den anderen Stiefel gleich ganz verlor. Es gelang mir, den Fuß in ihn zurückzustecken, aber mein Gewackel ließ mich noch tiefer einsinken.

Es war zwar kein Treibsand, aber doch ähnlich, und wie bei Treibsand bestand die Gefahr weniger im Ertrinken als darin, unrettbar stecken zu bleiben. Wenn man sich nicht wehrt, wird man zwar nicht bis zum Kopf einsinken, aber vielleicht doch bis zur Brust, und wer wehrlos feststeckt, den Kopf fast auf Bodenhöhe, wird zur leichten Beute für alles, was des Weges krabbelt und kriecht. Einige Urwaldstämme haben früher ihre ärgsten Feinde so eingegraben, bei lebendigem Leibe. Die Logik dieser Foltermethode leuchtete mir von Sekunde zu Sekunde besser ein.

Antonio warf einen Blick über seine Schulter und lächelte wie ein nachsichtiger Onkel. Dann hackte er lässig einen kleinen Baum um. Nachdem er die Äste entfernt hatte, reichte er mir den Stamm, damit ich mich herausziehen konnte, was mir auch gelang. Quer über den tiefsten Schlammlöchern lagen überall kleine umgekippte Bäume. Mir ging auf, dass das kein Zufall war: Wir liefen tatsächlich auf einem Pfad. In glitschigen, schlammverkrusteten Stiefeln über Baumstämme zu balancieren ist ein mühsames Geschäft, aber nach und nach bekam ich den Dreh raus, indem ich mich auf meine Füße und die Platzierung meines Wanderstocks konzentrierte und mir beharrlich jeden Gedanken daran verbot, was mit mir geschehen würde, wenn ich nach links oder rechts in den unergründlichen Schlick stürzte.

Allmählich stieg das Land an, und der Pfad wurde sogar für mich erkennbar. Die Bäume schlossen uns wieder ein, und ich fühlte mich bedrängt, aber zumindest befanden wir uns jetzt in einem Korridor und kamen schneller voran. Antonio schob sich mit glatten, schlurfenden Bewegungen über den Weg, als ertaste er den Boden mit seinen Füßen. Sein Blick ging nie nach unten, sondern war starr auf das Blätterdach gerichtet. Er hielt nach allem Ausschau, was mich interessieren oder ihm nützen konnte. Manchmal hielt er die Machete mitten im Schwung an und zeigte mit ihr auf etwas, das ich erst nach längerer Suche entdeckte: eine Familie von Brüllaffen oder ein Krallenaffe, Kolibris, Aras und Tukane, transparente Schmetterlinge und winzige purpurrote Blüten. Ich sah den Dschungel durch Antonios Augen.

Und hörte ihn durch seine Ohren. Als sich ein großer Ast von einem unsichtbaren Urwaldriesen löste, vernahmen wir ein scharfes Knacken, gefolgt von einem gedämpften »Wuuump«, als er über uns auf dem Blätterdach landete. Papageien kreischten im Flug, unsichtbare Tiere brachten Büsche zum Rascheln. All die typischen Urwaldgeräusche, an die ich mich aus alten Tarzanfilmen erinnerte, durfte ich nun live und in Stereo erleben.

Ich erlebte den Dschungel durch Antonios Sinne, aber nicht durch seinen Geist. Ich blieb ein Urwaldtourist. Antonio zeigte mir die Reichtümer um uns herum, aber ich sah die Pflanzen und Tiere nur als Naturwunder. Für ihn waren sie hingegen Ressourcen oder Gefahren – oder beides. Selbst wenn ich schlagartig über Antonios scharfe Sinne verfügt hätte, ich hätte nichts mit ihnen anzufangen gewusst. Und die menschliche Wahrnehmung kann sich, selbst wenn sie perfekt geschult ist, mit der Sinnesschärfe der Tiere, mit denen der Mensch konkurriert, oft nicht messen. Der viel wichtigere Anpassungsfaktor im Dschungel ist der reiche Erfahrungsschatz, den das Gehirn speichern kann. Ich müsste ein ganzes Leben im Wald verbringen, um mir dieses Wissen anzueignen und die Fähigkeit zu entwickeln, es zu nutzen.

Antonio zeigte auf einen Baumstamm neben dem Pfad. Er sah aus, als könnte er eine gute Bank für einen erschöpften Arzt abgeben, aber ich war schon lange genug im Dschungel, um zu wissen, dass umgekippte Bäume keine Sitzmöbel sind. Als ich genauer hinsah, entdeckte ich auf der Rinde Hunderte von pastellfarbenen Pilzen. Viele von ihnen waren zweifellos essbar, aber auf, unter und zwischen ihnen wimmelten Tausende glänzender, fünf Zentimeter langer Ameisen herum.

»Conga«, erklärte mir Antonio. »Mucho dolor, mucho fiebre« – »Viel Schmerz, viel Fieber«. Das glaubte ich gerne. Conga- oder Riesenameisen sind übellaunige Insekten, die wie Wespen stechen. Beide speichern ihr Gift im Hinterleib, der in einen Stachel ausläuft. Tatsächlich sind die beiden Arten nah verwandt und haben einen ähnlichen Körperbauplan, abgesehen davon, dass die Ameisen irgendwann im Laufe der Evolution ihre Flügel verloren haben und zur Infanterie übergegangen sind, während die Wespen bei der Luftwaffe blieben.

Antonio zeigte auf eine andere Ameise, die kleiner war und harmloser aussah als die Congas. Die Indios zerdrücken sie und inhalieren die Dämpfe, um Erkältungen zu kurieren. Ich machte eine entsprechende Geste mit meinem Daumen in der Handfläche und hob dann die Finger an die Nase, um Antonio zu demonstrieren, dass ich mich an das erinnerte, was er mir beigebracht hatte.

Auf dem Pfad vor uns verlief ein säuberlich abgegrenztes schwarzes Band, und als ich näher kam, sah ich, dass es sich bewegte. Tausende von Ameisen kreuzten den Weg in beide Richtungen. Dank des dichten Unterholzes links und rechts konnte ich nicht erkennen, woher sie kamen und wohin sie gingen, aber ich wusste, was sie waren: Treiberameisen, der Schrecken der Tropen. Treiberameisen versammeln sich in Kolonien von Millionenstärke und haben als einzige Ameisen keine festen Nester: Sie sind zu zerstörerisch, um es lange an einem Fleck auszuhalten. Etwa einmal im Monat legt die Königin eine Viertelmillion Eier. Um so viele Mäuler zu stopfen, ziehen die Ameisen plündernd umher. Sie teilen sich in perfekt organisierte Kolonnen auf, die je aus Hunderttausenden von Tieren bestehen und zur Futtersuche ausschwärmen. Treiberameisen sind Fleischfresser. Sie töten alles, was ihnen in die Quere kommt, von Insekten bis zu Krokodilen, und tragen es – in mundgerechte Häppchen zerlegt – zu ihrer Königin zurück.

Wie alle Ameisen in den Tropen und im Rest der Welt sind die Treiberameisen so erfolgreich, weil sie in hoch organisierten Staaten leben. Eine einzelne Ameise wäre außerstande, etwas Sinnvolles zu bewirken, und kann nur in ihrer »Zivilisation« überleben. Menschen haben eine ähnliche Erfolgsstrategie verfolgt. Einzeln Mitleid erregend schwach und langsam, haben wir uns dank der Fähigkeit zur Gesellschaftsbildung unglaublich vermehrt. Wie viele von uns würden ohne diesen »künstlichen« Schutz überleben können?

Aber der Schutz der großen Zahl ist eigentlich nichts Künstliches. Er ist vielmehr eine natürliche Manifestation des Überlebenswillens. Man kann sich vorstellen, dass einzellige Organismen, die allein existieren konnten, zunächst paarweise und dann in Gruppen aneinander haften blieben, um sich gegenüber ihren Feinden und Konkurrenten Vorteile zu verschaffen. Allmählich bildete sich zwischen den Zellen eine Arbeitsteilung heraus, um als Ganzes effektiver zu funktionieren. Der Verband wurde ein echter Körper: eine Ansammlung hoch spezialisierter Zellen, die zusammenarbeiten und zum Überleben aufeinander angewiesen sind.

Die menschliche Gesellschaft ist ein noch größerer Organismus: eine neue Ebene. Hier haften die einzelnen Teile zwar nicht physisch aneinander, aber die Gesellschaft agiert wie ein einziges Wesen; durch Kriege, durch ihre Wirtschaftsweisen und Kultur konkurriert sie mit anderen Gesellschaften ums Überleben. Wie beim Organsystem in einem Körper funktionieren Gesellschaften am besten, wenn die Rollen klar definiert sind und effizient ausgeübt werden.

Diese Ameisengesellschaft war auf Wanderschaft, aber offensichtlich nicht in Plünderlaune. Daher beugten wir uns über sie, um sie zu untersuchen. Die Flanken wurden von Reihen größerer Ameisen mit großen weißen Köpfen und pinzettenartigen Kiefern bewacht, die wie Eiszangen aussahen. Auf ihren Hinterleibern saßen giftgefüllte Stacheln. Es waren Soldatenameisen, die aggressiven Krieger, die die Überfälle anführen. Zwei der Entomologen unserer Expedition, die diese Ameisen am Zancudo Cocha untersuchten, hatten mir etwas über sie beigebracht, und in ihren Glasgefäßen im Camp hatte ich bereits viele Soldaten aus der Nähe gesehen. Dort waren sie biologische Proben. Hier waren sie ernst zu nehmende Feinde, deren große Zahl mich etwas nervös machte.

Zwar wusste ich schon einiges über die Zerstörungswut dieser Ameisen, aber ihren medizinischen Nutzwert wusste ich noch nicht zu schätzen. Das sollte sich jetzt ändern. Antonio konzentrierte sich auf einen der Soldaten, folgte seinen Bewegungen einige Sekunden und kniff Daumen und Zeigefinger dann zwischen Stachel und Kiefer zusammen. Mit einer raschen Drehung des Handgelenks nahm er das Tierchen auf und zeigte es mir. Dann wies er auf seinen mittlerweile wieder pflasterlosen Finger, den er sich morgens am Schneidried angeritzt hatte. Er drehte die zappelnde Ameise um und hielt ihren Kopf gegen die Wunde. Instinktiv schlug sie ihre Kieferzangen in die beiden Wundränder und führte sie zusammen. Antonio zwickte den

Leib der Ameise ab, sodass nur der Kopf in seiner Haut hängen blieb wie eine Heftklammer. Drei Ameisen reichten aus, um die Wunde zu schließen.

Wir wandten unsere Aufmerksamkeit wieder dem Pfad zu. Näher am Fluss wurde der Weg von zahlreichen Tieren als Schnellstraße zum Wasser genutzt. Nicht, dass ich welche gesehen hätte: Selbst wenn ein Tier im nächsten Baum gehockt hätte, wäre es meiner Aufmerksamkeit wahrscheinlich entgangen.

Sich zu ducken und mit der Umgebung zu verschmelzen, ist für die meisten Beutetiere Alltagsgeschäft. Aber ein Tier verstößt spektakulär gegen diese Regel. Es ist so auffällig, dass selbst ich etliche Exemplare entdeckte, obwohl keines größer war als fünf Zentimeter. Ihre Farben waren leuchtend, die Kontraste grell: einer strahlend blau, ein anderer rot mit gelben Streifen, ein weiterer schwarz mit hellrotem Kopf, dann einer mit orangefarbenen Wirbeln. Sie hüpften im Sonnenlicht herum, als wollten sie sagen: »Trau dich doch, mich zu fressen!« Es waren Pfeilgiftfrösche, die denkbar schlechteste Mahlzeit. Ein Biss, und der Mund füllt sich mit einem stark bitteren Geschmack, unmittelbar gefolgt von einer Taubheit im Gesicht und Schmerzen im ganzen Leib. Spuckt man den Frosch sofort aus, so hat man vielleicht noch eine Chance zu überleben. Für Tiere oder Menschen, die so leichtsinnig sind, einen zu kosten, ist diese Mahlzeit – sofern sie nicht gleich sterben – eine unvergessliche Erfahrung.

Das Froschgift wird in Schweißdrüsen auf dem Rücken hergestellt und dient einzig der Verteidigung; der Frosch hat keine Möglichkeit, es einem Opfer zu injizieren. Wie normaler Schweiß wird das Gift freigesetzt, wenn der Frosch Angst hat oder gebissen wird. Das toxische Gebräu ist wohl als Antiseptikum entstanden, das die empfindliche Haut des Frosches rein halten sollte, die sonst – da sie ständig feucht ist – ein idealer Nährboden für Bakterien und Pilze wäre. Die Haut enthält Neurotransmitter, Verbindungen, die normalerweise in unseren Nerven auftreten, die hier aber tausendfach höher konzentriert sind. Wenn dieses Gift mit einem anderen Tier in Berührung kommt, überflutet es dessen Nervensystem, schließt dort Schaltkreise kurz und lähmt so die Nerven und Muskeln. Manche Frösche produzieren ein so wirksames Gebräu, dass ein Mensch schon sterben kann, wenn er das Tier lediglich am Rücken berührt.

Der Pfeilgiftfrosch hätte nicht viel davon, wenn er einfach jeden töten würde, der ihn frisst. In seiner Verteidigungsstrategie opfern sich einige Individuen, um das Überleben der Art zu gewährleisten. Die Kamikaze-Rache einiger Exemplare lehrt jeden möglichen Froschfresser rasch, sich von ihren Brüdern, Schwestern und Nachfahren fern zu halten. Hätten die Frösche sich freiwillig und bewusst geopfert, um diesen Effekt zu erzielen, wie es manchmal bei höheren Lebensformen vorkommt, so würde man von Altruismus sprechen.

Altruismus hat so unmittelbare negative Auswirkungen auf das Individuum, dass man meinen könnte, die natürliche Auslese hätte solche Strategien längst auslöschen sollen. Und doch ist Altruismus in arbeitsteiligen Gesellschaften – von Treiberameisenstaaten bis zu menschlichen Gemeinschaften – nicht ungewöhnlich. Das liegt daran, dass der Überlebensdrang nicht auf das Individuum zielt, sondern auf seine Gene. Gene sind daran interessiert, sich zu erhalten, aber solange es viele Kopien gibt, die in der Population verstreut sind, ist der Verlust einiger weniger Exemplare zu verkraften. Wenn das Selbstopfer eines Tieres die anderen Genträger schützt, ist das aus der Perspektive der Gene kein Verlust, denn es erhöht ihre Überlebenschance. Je mehr die Gene des Opfers mit den Genen der anderen Tiere gemeinsam haben, desto effektiver funktioniert das System. Tatsächlich ist Altruismus am stärksten ausgeprägt, wenn er der engsten Familie zugute kommt, und wird immer schwächer, wenn es um entfernte Verwandte, andere Angehörige derselben ethnischen Gruppe und sonstige Artangehörige geht.

Bei den kleinen Pfeilgiftfröschen funktioniert das System jedenfalls gut. Antonio isst – wie die anderen Urwaldbewohner – nur große Frösche, und auch diese nur gehäutet. Er erklärte mir, dass er die kleinen, schön gefärbten sammelt, um seine Blasrohrpfeile mit ihrem Gift zu präparieren. Auch wenn ich bis dahin noch keines zu Gesicht bekommen hatte, wusste ich, dass wir in einer Blasrohrgegend waren.

Blasrohre sind hohle Bambusstäbe, in deren einem Ende ein Holzsplitter platziert wird. Ein fester Luftstoß lässt den Splitter wie eine Rakete davonfliegen. Alles, was man für ein Blasrohr braucht, wuchs hier, aber ich hatte gedacht, diese Waffen wären nicht mehr im Gebrauch. Ich teilte Antonio meine Verwunderung mit.

»Ich jage gerne auf diese Weise«, gab er zurück. »Obwohl es mit einem Gewehr bequemer ist.«

Der Pfad schien plötzlich in einer Sackgasse zu enden. Vor uns ragte eine Wand aus kleinen Pflanzen und Büschen und einem umgestürzten Baum auf, dessen Wurzelstock größer war als ich. Der Baum war erst kürzlich umgekippt und hatte ein Loch im Blätterdach hinterlassen, aber das Sonnenlicht, das dadurch bis zum Boden vorgedrungen war, hatte bereits neuen Pflanzenwuchs angeregt, der den Pfad zum Verschwinden gebracht hatte. Wir kämpften uns um die Barrikade herum, indem wir über manche Äste hinwegstiegen und uns unter anderen hindurchwanden, ohne sie zu berühren. Ich wagte es nicht, mich irgendwo festzuhalten, denn viele Blätter haben Juckreiz auslösende Oberflächen, auf Zweigen sitzen Dornen und auf der Rinde beißfreudige Ameisen. Ich fürchtete ständig, irgendein Insekt zu verärgern, einer Schlange das Gefühl zu geben, sie werde angegriffen, oder versehentlich nach einem Pfeilgiftfrosch zu greifen.

Die Temperatur und die Feuchtigkeit waren stetig angestiegen: Jeder Atemzug war wie eine Inhalation der Abluft eines Wäschetrockners. Ich war nicht erschöpft, aber ich schwitzte. Mein Hemd hätte auch nicht nasser sein können, wenn ich hierher geschwommen wäre. Antonio gewann offenbar den Eindruck, ich könnte etwas zu essen und zu trinken gebrauchen. Er erspähte eine dünne, bambusartige Canawaska-Liane und klopfte mit seiner Machete daran. Da ihm der Klang offenbar zusagte, schnitt er ein Segment heraus, das zwei Knoten enthielt. Er klemmte es unter den Arm, und wir gingen ein Stückchen weiter. Auf einer kleinen Lichtung machten wir Pause, aber ich setzte mich nicht hin. Mir fiel auf, dass auch Antonio stehen blieb. Das Canawaska-Stück war eine hohle »Dose«, die an beiden Enden von den Knoten verschlossen war. Antonio bohrte ein Ende auf, und heraus lief eine klare Flüssigkeit. Er bot sie mir an, aber als ich zögerte, nahm er zuerst ein paar Schlucke. Ich tat es ihm nach. Das Wasser schmeckte angenehm frisch.

Während ich aus seiner improvisierten Feldflasche trank, hackte er mit drei, vier Schlägen etwas abseits des Pfades eine knapp 20 Meter hohe Palme um, die einen Durchmesser von gut einem halben Meter hatte. Er hackte ein Stück aus dem oberen Stamm, spaltete es längs und entnahm ihm den Mittelteil, den er wiederum aufspaltete. Im Inneren waren weiße, junge Triebe verborgen: die Palmherzen. Er schälte sie und reichte mir ein paar.

Antonio ist jemand, der Gelegenheiten beim Schopf ergreift. Er entdeckte einen Baum mit Früchten, die wie Zitronen aussahen und offenbar gerade reif wurden. Mit einem Stock schlug er auf die Zweige ein, bis eine gute Frucht herunterfiel. Er schnitt sie auf und teilte sie mit mir. Da sie ihm gut schmeckte, ging er zurück und holte noch eine. Diese Früchte sind, wie er mir erklärte, für vieles nützlich: Als Tee wirken sie fiebersenkend, und die Frauen nutzen sie als Verhütungsmittel. Sie schmecken süß, enthalten aber jede Menge Kerne. Ich spuckte meine aus; Antonio steckte seine in seinen Beutel.

Er fühlte sich hier absolut wohl und entspannt. Der Dschungel ist Antonios Heimat. Er ist zwar langsamer und schwächer als viele Tiere, aber er weiß eine Menge, und dieses Wissen reicht aus, um ihm ein komfortables Leben zu ermöglichen.

Nach unserem Mittagessen flocht Antonio aus Blättern und Lianen flink und geschickt einen Korb, den er auf die Lichtung stellte. Als wir gingen, fing es an zu regnen: dem Klang nach ein heftiger Guss, aber kein Tropfen drang bis zu uns durch. Erst als das dicht verflochtene Blätterdach ganz gesättigt war, bekamen wir etwas von dem Regen ab. Als wir uns dem Ende des Weges näherten, verdichteten sich die Anzeichen für verschiedene Tiere – zumindest, wenn Antonio mich mit der Nase darauf stieß. Wir sahen Trampelpfade von Capybaras, jenen seltsamen, mit etwa einem Meter Länge größten Nagetieren der Welt, die zwar an Meerschweinchen erinnern, aber gerne schwimmen und tauchen. Wir sahen Pekari-Losung, also Kot von Tieren, die Wildschweinen ähneln, und sogar die Kratzspuren eines Jaguars, der seine Krallen an der Rinde eines Baumes geschärft hatte. Antonio entdeckte ein Aguti, einen Nager, der einem großen, schwanzlosen Eichhörnchen ähnelt. Als ich mich nach ihm umdrehte, spülte mir ein Regentropfen etwas Insektenlotion ins Auge, und als ich wieder etwas sehen konnte, war das Aguti verschwunden. Ich sah allerdings Licht zwischen den Bäumen. Obwohl der Regen aufgehört hatte, tröpfelte es noch aus dem Blattwerk, als wir uns einer großen Lichtung näherten. Die Sonne war zum Vorschein gekommen, und vor uns tat sich ein großes Stück blauen Himmels auf. Der grüne Tunnel endete hier, und ich trat ins Freie.

Das Dorf hatte keinen Namen. Es war eine Ansammlung von fünf Hütten, deren Bewohner vielleicht miteinander verwandt waren. Die Erde um die Hütten war geglättet und – von ein paar Flecken mit leuchtend roten Blumen abgesehen – von jeder Vegetation befreit worden. Zwei Frauen hockten auf dem Boden und strichen mit ihren Macheten über den Grund, um jede Unebenheit zu beseitigen – gerade so, als bereiteten sie einen Sandplatz für ein Tennismatch vor. Hinter den Hütten standen Reihen von Bananenstauden und Maispflanzen, die bis an den Dschungel reichten. Kinder spielten miteinander oder scheuchten eine Menagerie von Schweinen, Hunden und Hühnern durch die Gegend. Im ganzen Amazonas-Becken finden sich solche Siedlungen. Ich fragte mich, ob es noch irgendwo welche gibt, in denen die Indios keine T-Shirts tragen.

Jede der sauberen, quadratischen Hütten war auf einer Plattform errichtet, die auf Stelzen stand. An den vier Ecken trugen Pfähle aus dem Holz der Chonta-Palme das Palmwedeldach. Ein Teil der Plattform hatte keine Wände und diente als Veranda, während der Rest mit gespaltenen Bambusstängeln umfriedet war, die allerdings nur bis zur halben Höhe reichten, sodass man keine Fenster brauchte, um Licht und Frischluft einzulassen oder zu sehen, ob ein Fremder kam.

Wie zum Beispiel jetzt. Die Hunde bellten, die Kinder unterbrachen ihr Spiel und starrten mich an, als wäre ich aus einem Zoo entlaufen. Antonio und ich gingen unter einem Seil hindurch, das zwischen zwei Hütten gespannt war und an dem Wäsche trocknete, und blieben am Fuß der nächsten Hütte stehen. Im Schatten lag ein Schwein, das sich gegen einen der Pfähle stützte. Es hatte eine eitrige Wunde an der Seite, und vier Küken hockten auf seiner Flanke. Während Antonio unsere Ankunft kundtat, beobachtete ich, wie die Küken das Schwein von seinen Flöhen befreiten.

Um in die Hütte zu gelangen, stiegen wir einen dicken Stamm mit ausgesägten Stufen hoch, der gegen die Veranda gelehnt war. Im Halbdunkel saß ein Mädchen auf dem Boden. Ich erkannte sie als diejenige wieder, die so aufmerksam zugehört hatte, als ich Berullio erklärt hatte, wie sein Sohn – ihr Bruder – gepflegt werden sollte. Sie lächelte und bot uns Hocker aus Baumstammsegmenten an. Während sie mit Antonio redete, fütterte ein vierjähriges Mädchen einen zweijährigen Jungen mit Nudeln, und ich entdeckte einen weiteren Jungen, der auf dem Dach balancierte, um neue Palmwedel anzubringen. Wir saßen im vorderen Raum, im Gästezimmer der Hütte, der vom hinteren Privatbereich durch eine Bambuswand abgetrennt war. Hinter dieser kam eine ältere Frau zum Vorschein, die uns eine verzierte Tonschüssel mit einer milchigen Flüssigkeit brachte. Das war »chicha«, ein traditioneller alkoholischer Begrüßungstrunk, der aus Maniok zubereitet wird, einem kartoffelähnlichen Wurzelgemüse, das in diesem Teil der Welt praktisch überall wächst. Ich nahm höflichkeitshalber einen Schluck; es schmeckte wie saurer Joghurt. Die Frau nahm ebenfalls einen Schluck, aber statt ihn herunterzuschlucken, spuckte sie ihn wieder in die Schüssel. Um »chicha« herzustellen, wird der Maniok zerkaut und mit Speichel versetzt, um die Fermentation zu beschleunigen. Die Frau machte ständig damit weiter, während wir dasaßen. Als sie mir die Schüssel noch einmal anbot, lehnte ich ab, obwohl ich mir klar machte, dass der Alkohol die Bakterien in der Suppe abtötete und das Getränk meine Gesundheit weniger gefährdete, als wenn ich die alte Frau auf die Lippen geküsst hätte.

Der Junge auf dem Dach hatte die ganze Zeit schweigend Palmwedel ineinander geflochten, während wir »chicha« tranken. Als wir fertig waren, rief Antonio ihn herunter. Zu meiner Überraschung handelte es sich um meinen Patienten, Hermanigildo. Kein Verband, keine Schiene und offensichtlich kein Problem. Ich fragte seine Schwester, wann sie aufgehört hatte, meine Anweisungen zu befolgen. Erst gestern, sagte sie, aber das sagen Patienten immer, ganz gleich, wie lange es wirklich her ist. Sie hatte mir dieselbe Antwort gegeben, die ich dauernd von unkooperativen Patienten in New York zu hören bekomme. Die Operation lag zwei Wochen zurück. Es hätte mich nicht gewundert, wenn der Verband und die Schiene schon am nächsten Tag entfernt worden wären. Als ich den Jungen nach dem Verband und der Schiene und den Antibiotika fragte, die ich ihm verschrieben hatte, blickte er mich verständnislos an.

Sie hatten alle Ratschläge in den Wind geschrieben, die ich ihnen gegeben hatte. Sie wussten besser als ich, dass meine Anweisungen – dieselben, die ich einem Patienten in meiner Heimat gegeben hätte – hier nicht angemessen waren. Die Indios suchen bei Medizinmännern und anderen Ärzten Heilung, aber der soziale Druck verhindert, dass sie einer Wunde viel Beachtung schenken. Die Zwänge des Urwalds lassen das einfach nicht zu. Solchen Luxus kann man sich nur in Gesellschaften mit viel dickeren Schutzwällen leisten. In einer kleinen Gruppe, deren Überleben vom pausenlosen Einsatz jedes ihrer Mitglieder abhängt, können hilflose Angehörige nicht lange mitgeschleppt werden, ohne die ganze Gruppe zu gefährden. Die Individuen, die sich an ihre Umwelt anpassen, müssen sich daher auch den Regeln der Gruppe unterwerfen, die ihnen Schutz bietet. Je härter der Lebensraum, desto starrer und strenger sind diese Regeln. Die Gruppe muss tun, was für das Überleben der Art am besten ist, wie hoch der Preis für das Individuum auch sein mag. Das erwähnte Prinzip der Gen-Erhaltung, das hinter dem Altruismus steckt, kann auch niedere Instinkte motivieren. Um den Genpool als Ganzen zu bewahren, ist es manchmal sinnvoll, sich von einem Teil der Genträger zu trennen, wenn diese unverhältnismäßig viele Ressourcen verbrauchen. Konkret heißt das: Ein Indiojunge lernt, selbst mit seinen

Verletzungen zurechtzukommen, weil der Stamm es sich nicht leisten kann, ihn lange zu pflegen.

In der Hütte war es zu düster, um Hermanigildos Handgelenk zu untersuchen, also zogen wir auf die Veranda um, wo es allerdings auch nicht viel heller war: In einem Aluminiumtopf in der Ecke schwelte ein Feuer, das die Veranda in blauen Rauch hüllte. Ich setzte meine Stirnlampe auf. Aus der Menge Dreck, der sich in der Handfläche festgesetzt hatte, schloss ich, dass der Verband schon eine ganze Weile ab war, aber die Wunde war gut verheilt. Der Junge hielt die Hand ganz normal, nicht wie eine verletzte Pfote, und führte mir die Beweglichkeit seines Handgelenks bereitwillig vor. Bei Kindern heilt alles schnell, aber ich hatte das Gefühl, dass hier mehr dahinter steckte. Der Drang zum Überleben weckt im Körper starke Kräfte, handfeste physische Veränderungen, die den Verlauf einer Krankheit verändern oder einen Heilungsprozess beschleunigen können. Es ist bekannt, dass positives Denken der Gesundheit nützt: Die Menschen genesen schneller und leben länger. Was auch immer auf den Geist einwirkt, um diese Kräfte zu wecken – Placebo, Religion, der Wille, ein Ehrenwort, eine zwingende Notlage –, der Effekt ist immer derselbe: Die Fähigkeit, sich von Verletzungen zu erholen, verbessert sich. Diese entscheidende Anpassung findet sich in allen extremen Lebensräumen.

Die Fäden konnten bereits gezogen werden. Anders als die Ameisenköpfe, die Antonio sich vor ein paar Stunden in den Finger geklammert hatte, würden sie nicht von selbst abfallen. Ich ergriff Pinzette und Schere und machte mich ans Werk. Dann hatte ich eine Eingebung. Ich holte die Achiote-Paste aus der Tasche, die von heute früh übrig war, als ich auf Antonios Anweisung meine Knöchel eingerieben hatte. Bevor ich die Fäden entfernte, bemalte ich mein Gesicht sorgfältig mit dem roten Linienmuster, das Antonio für mich entworfen hatte. In dieser Umgebung, in dieser Situation erschien mir das angemessen, auch wenn niemand eine klare Reaktion zeigte.

Die Fäden waren gezogen, das Handgelenk funktionierte gut. Es war noch etwas schwach, aber es gibt kein Indiowort für »Rehabilitationstherapie«, und der Urwald würde Hermanigildo reichlich Antrieb und Übungsmöglichkeiten bieten. Ich hatte die beschädigten Teile zusammengeflickt, aber ich hatte sie nicht geheilt: Das hatte er selbst geschafft. Ich glaubte, nichts mehr tun zu müssen, aber da lag ich falsch: Der Junge wartete auf den Rest seiner Behandlung.

Die Amazonas-Indianer leben in einer natürlichen Apotheke, und jeder Stamm hat Heilmittel gegen die Krankheiten gefunden, mit denen sie sich herumschlagen müssen. Von Stamm zu Stamm kann dieselbe Pflanzenart aber gegen ganz unterschiedliche Übel eingesetzt werden, und umgekehrt werden dieselben Krankheiten mit ganz verschiedenen Arzneien bekämpft. Der Grund ist nicht in der Pflanzenchemie zu suchen, sondern in der Aura, die sie für den Patienten hat. Selbst wenn die Pflanze keine Wirkstoffe enthält, kann ihr der Glaube echte Heilkraft verleihen. Wenn der Glaube durch ein Ritual untermauert wird, wird die Behandlung noch effektiver sein.

Antonio war während meiner Nachsorgeuntersuchung nach draußen gegangen. Nach ein paar Minuten kam er mit einem Zweig zurück, aus dessen Schnittfläche ein Saft tropfte, den er auf die Wunde tupfte. Dann zerdrückte er ein paar der Blätter in der Hand, streute das Pulver auf den klebrigen Saft und rieb es ein. Auf diesen Schritt hatte der Junge gewartet, zufrieden zog er sich zurück. Seine Schwester erzählte mir, dass Hermanigildo diese Behandlung von keinem anderen als Antonio erhielt, der zweimal die Woche deswegen hergekommen war.

»Er will den Saft, und er will, dass ich ihn auftrage«, sagte Antonio. »Deine Pillen sind gut, aber der Saft heilt schneller.«

Ich nickte zustimmend, obwohl ich das Gefühl hatte, dass die Wirkung weniger mit den Inhaltsstoffen zu tun hatte als mit dem Akt des Aufstreichens. So verschieden die Behandlungsmethoden in den verschiedenen Teilen der Welt auch sind, sie alle müssen Zuversicht wecken – ob dazu nun ein weißer Kittel übergestreift oder rote Farbe aufs Gesicht aufgetragen wird. Antonio wusste das ebenso gut wie ich. Er meinte: »Ich kann meine Leute heilen, weil sie an mich glauben.«

Unsere Arbeit auf der Veranda hatte eine Horde Kinder angelockt, die uns von unten zusahen, wobei eines beharrlich einen Tennisball mit dem Kopf wegstieß. Wie die Selbstklebe-Comicfiguren, die die Schwestern in meiner Praxis austeilen, hatte dieser Tennisball seine Aufgabe, den Kindern ihre universelle Furcht vor dem Arzt zu nehmen, voll und ganz erfüllt. Die Gruppe erwartete offenbar, dass ich mich jetzt am Ballspiel beteiligte. Dann fesselte etwas Aufregenderes ihre Aufmerksamkeit. Sie hörten Gejaule und rannten davon.

Da ich plötzlich meiner Zuschauer beraubt war, ging ich hinterher, um zu sehen, was der Grund für die Aufregung war. Antonio folgte mir. Die Kinder hatten sich am Rand der Lichtung versammelt, wo ein Hund im Gestrüpp lag. Er jaulte jetzt nicht mehr. Sein Körper erzitterte, Krampfwellen durchliefen ihn. Er blutete aus der Nase. Dann erbrach er helles Blut und hörte auf, sich zu bewegen. Die Kinder verloren schnell das Interesse. Nur Antonio und ich blieben noch stehen. Ich fragte ihn, was passiert war. Er schüttelte den Kopf und antwortete, ein paar der Kinder seien unvorsichtig gewesen. Am Morgen waren sie mit ihren Blasrohren auf die Jagd gegangen, wozu sie ihre Pfeile mit Pfeilgiftfrosch-Schleim und Curare bestrichen hatten. Die Indios kennen für jedes Beutetier die ideale Giftmischung, die es am schnellsten und sichersten tötet. Die Menge, die man auf einen Pfeil aufträgt, muss genau bemessen sein: genug, um das Tier schnell zu Fall zu bringen, und nicht so viel, dass das Fleisch ungenießbar wird. Das Stück um den eingedrungenen Pfeil wird vor dem Verzehr herausgeschnitten, weil es zu viel Gift enthält.

Die Jungs hatten Affen jagen wollen, aber als sie keinen erlegen konnten, waren sie auf einen Tukan umgeschwenkt. Der Vogel wurde mit einem Pfeil erlegt, der für ein viel größeres Tier präpariert worden war, sodass sein ganzer Körper vergiftet war. Die Kinder wussten, dass der Tukan ungenießbar war, und warfen ihn ins Unterholz – aber zu dicht an der Lichtung, sodass sich der hungrige Hund über ihn hergemacht hatte. Teile des zerfetzten Vogels lagen noch neben dem toten Hund. Die schauerliche Szene führte mir plastisch vor Augen, wie stark die hiesigen natürlichen Gifte sein konnten. Dieses Gift war aus einer lebenden Pflanze und einem lebenden Frosch gewonnen worden, in denen es keinen Schaden angerichtet hatte, und doch hatte ein winzige Dosis ausgereicht, um einen Vogel vom Baum zu holen, und nachdem sie sich über seinen Körper verteilt hatte, war sie noch stark genug gewesen, um einen Hund, der von dem Fleisch gekostet hatte, binnen Minuten umzubringen. Antonio sah, dass ich beeindruckt war.

»Ich zeige dir, wie man es macht«, sagte er.

Er führte mich an den Rand des Dorfes, aber bevor wir in den Wald eindrangen, entnahm er seinem Beutel ein paar von den Samen der Frucht, die wir mittags gegessen hatten, grub eine flache Kuhle und ließ sie einfach hineinfallen. Ich sah mich um und erkannte, dass ich nicht etwa in einem natürlichen Zufallsensemble von Stauden und Bäumen stand, sondern vielmehr in einem Garten am Lichtungsrand, der den Familien, die hier lebten, nicht nur Nahrung spendete, sondern auch Arzneien, Stoffe und Baumaterial. Sie hatten den Dschungel in ihrem unmittelbaren Umfeld verändert. In kleinem Stil passten sie die Umwelt an ihre Bedürfnisse an, anstatt sich nur selbst in die Umwelt einzufügen.

Der Garten diente als Dorfapotheke, als nachwachsendes Drogerielager, und Antonio war zwar kein Schamane, aber doch der örtliche Spezialist für medikamentöse und magische Behandlungen des Körpers und des Geistes. Während unseres Spaziergangs zeigte er auf Pflanzen, die Schmerz stillen, Infektionen bekämpfen und Parasiten vertreiben. Die Rinde eines Baumes, auf den er die Hand legte, wirkt gegen Rheuma, seine Blätter werden gegen Durchfall eingesetzt. Antonio erklärte, dass die roten Säfte gute Desinfektionsmittel abgeben, während die weißen den Magen beruhigen. (Es verblüffte mich, wie die Farben mit denen von Jod und Magnesiumhydroxid korrespondieren.) Ich erfuhr, dass die Wurzel des Weißgummibaums den »Schmerz der Frauen« lindert, also vermutlich Menstruationskrämpfe, während seine Rinde gegen »Männer- und Frauenschmerz« hilft – gegen Harnwegsinfektionen. Ein bestimmtes Blatt soll die Folgen von Zitteraal-Elektroschocks beheben, ein anderes Stachelrochen-Stiche. Antonio zog die Knolle eines kleinen Baums aus dem

Boden und erläuterte, wenn man sie an einen Hund verfüttere, könne dieser besser jagen. Lächelnd wies er auf ein zartes Pflänzchen mit lanzettförmigen Blättern. »Wenn man daraus einen Tee macht und ihn jemandem serviert, den man liebt, wird man erhört.«

Wir gingen tiefer in den Wald hinein, wo Antonio mir eine Ampihuasca-Liane zeigte. Um einen Baumstamm wand sich eine grüne, holzige Schlingpflanze mit roten Beeren, rosafarbenen Blüten und Blättern, die wie die eines Philodendrons aussahen. Es ist seltsam, mitten im Urwald vertrauten Topfpflanzen zu begegnen, aber natürlich stammen viele von ihnen aus dem Dschungel. Sie eignen sich zur Zimmerhaltung, weil sie sich in Jahrtausenden an einen warmen und düsteren Lebensraum angepasst haben. Die Bedingungen hier ähneln denen in einem Haus, daher verlangt ihr Umzug vom Wald in unsere Wohnungen ihnen keine abrupte Umstellung ab – etwas, das keine Spezies gut verträgt.

Die Innenseite der Ampihuasca-Rinde wird, wie Antonio erklärte, abgeschabt, mit Wasser vermischt und dann durch Bananenblätter gefiltert. Die bernsteinfarbene Lösung, die man so erhält, wird zu einer Paste eingekocht. Diese ist die Grundsubstanz für Curare, eine nützliche, aber gefährliche Droge, die zur Muskelentspannung bei Operationen eingesetzt wird. Eine Überdosis führt zum Tod, weil die Atemmuskulatur gelähmt wird.

Antonio zeigte mir etliche weitere Pflanzen, die er für sein Pfeilgiftrezept braucht. Jede erfüllt einen bestimmten Zweck: Eine lässt das Gift schneller in den Blutkreislauf eindringen, eine lässt es besser an der Pfeilspitze haften, eine dritte stimmt die Geister der getöteten Tiere versöhnlich. Soweit ich wusste, ist keine dieser Pflanzen im Labor analysiert worden, aber an eine Zutat erinnerte ich mich aus meiner chirurgischen Praxis: eine blattreiche Pflanze, die viel Cumarin enthält, die Substanz, aus der Coumadin hergestellt wird: ein Medikament gegen Blutgerinnsel. Antonio fügt sie seinem Curare hinzu, um sicherzustellen, dass die Wunden lange weiterbluten.

Antonio variiert sein Rezept, je nachdem, welches Tier er jagen will, und verarbeitet die Blätter, Säfte oder Rinde von drei bis fünfzehn Pflanzen. Als wichtigste Zutat erachtet er jedoch eine nichtpflanzliche Substanz: Froschgift. Die Kinder sammeln die Frösche bei Bedarf, indem sie sie mit großen Blättern ergreifen, um ihre Hände zu schützen. Die Tiere sind ganz leicht zu fangen, da sie sich nicht verstecken und sich nicht sonderlich fürchten. Antonio sagte, er benötige zurzeit keinen Frosch, da er noch einen in seiner Hütte habe. Als ich ihm ins Gedächtnis rief, dass er normalerweise angeblich mit seiner Flinte jagt, räumte er ein: »Ja, aber in letzter Zeit konnte ich keine neue Munition besorgen.«

Ein Gewehr ist in diesem Ökosystem ein Eindringling: Es wird aus Materialien hergestellt, die nicht vor Ort wachsen, und funktioniert mit einer Technik, die den hier lebenden Menschen unbegreiflich bleibt. Wie eine Invasionsarmee kann es das eroberte Terrain radikal zerstören, ist aber auf eine Nachschublinie angewiesen. Man braucht Munition und Ersatzteile, und bis jetzt hat der Dschungel seine Verbreitung deswegen begrenzt. Das Blasrohr hingegen ist ein Produkt des Waldes. Angesichts der körperlichen Schwäche des Menschen und der Notwendigkeit, seiner Umwelt Nahrung abzuringen, war die Entwicklung dieser Waffe geradezu unausweichlich. Sie stellt eine erneuerbare Ressource dar: Wie man sie macht, lernt jede Menschengeneration von der vorigen, und die benötigten Materialien werden durch neue Pflanzengenerationen ersetzt. Das Blasrohr ist eine Waffe, die mit der Natur in Einklang steht. Aber Gewehre sind leichter zu benutzen und stärker, und bei einem Zusammenstoß der Kulturen gewinnt immer die Waffe mit der größeren Vernichtungskraft. Es ist nur eine Frage der Zeit, bis das alte Werkzeug der Nahrungsbeschaffung vom neuen verdrängt wird.

Antonio beendete seine Unterrichtsstunde in biologischer Kriegsführung und wollte mir eine andere Abteilung seiner Drogerie vorstellen, deren Pflanzen allerdings zum Teil im selben Dschungelstück zwischen den Curarezutaten wuchsen und zum Teil weiter von der Lichtung entfernt. Er führte mich zu einer dünnen, verschlungenen Liane, die sich in einer hübschen, regelmäßigen Spirale um einen Baumstamm wand. »Ayahuasca«, sagte er. Diese Schlingpflanze ist den Amazonas-Indianern, Feldbotanikern und Laborwissenschaftlern wegen ihres Alkaloidgehalts wohlbekannt.

Alkaloide sind chemische Verbindungen, die manche Pflanzen zu ihrer Verteidigung produzieren. Pflanzen können vor ihren Fressfeinden nicht davonlaufen, aber sie können chemische Waffen herstellen. Die Alkaloide der Ayahuasca sind starke Nervengifte mit bemerkenswerten Nebenwirkungen: Eine Zubereitung aus ihrer Rinde kann intensive, sehr bunte Halluzinationen hervorrufen. Die Alkaloide verhindern den Abbau der Neurotransmitter – jener Stoffe, die in den Spalt zwischen zwei Nervenzellen ausgeschüttet werden, um einen elektrischen Impuls von der einen zur anderen zu transportieren. Sie zerfallen, sobald sie das Signal weitergeleitet haben, und die Zellen bauen für den nächsten Impuls wieder neue Vorräte auf. Nur so wird eine Nervenstimulation auch wirklich in ein einzelnes Signal verwandelt. Verbleiben die Neurotransmitter hingegen im Spalt, so werden sie die weiterführenden Nerven immer wieder aufs Neue anregen und eine Flut von Empfindungen auslösen.

Ein wichtiger Neurotransmitter, der im menschlichen Gehirn vorkommt, das Serotonin, löst Wohlbefinden aus. Ein zu niedriger Serotoninspiegel führt zu Depressionen, ein zu hoher zu Euphorie. Die Ayahuasca stellt kein Serotonin her, aber ihre Alkaloide verhindern seinen Abbau und bewirken so, dass es sich im Regelkreis ansammelt und viel mehr Signale weiterleitet, als der Nerv überhaupt empfangen hat. Unter dem Einfluss von Ayahuasca werden Sinneseindrücke aus der natürlichen Umwelt – ein Sonnenaufgang, ein Vogelruf, ein Wasserfall – vervielfältigt, verzerrt und intensiviert. Wenn man sich gezielt künstlichen Reizen aussetzt – ritueller Musik, Tänzen und Furcht erregenden Masken –, kann der Effekt überwältigend sein.

In Stämmen wie dem von Antonio werden die Jungen, sobald sie die Pubertät erreichen, für ein Initiationsritual an einen heiligen Wasserfall gebracht. Sie fasten drei Tage, nehmen Ayahuasca und andere Tränke zu sich, lauschen dem beständigen Rauschen des Wasserfalls und suchen Gott. Antonio erinnerte sich, dass er den Himmel voller Jaguaraugen gesehen hatte, voller fliegender Schlangen und Jungfrauen, die sich hinter den Wolken versteckten. Sie sprachen zu ihm, und er antwortete mit Worten, die niemand verstand. Danach war er bereit, in sein Dorf zurückzukehren und die Rolle eines Erwachsenen einzunehmen.

Antonio erklärte, Ayahuasca habe ihm das Gefühl vermittelt, Teil eines größeren Ganzen zu sein, Teil der Erde. Er spürte keine Grenzen mehr zwischen sich und der Welt um ihn herum, seine Bedürfnisse, seine Ängste, sein Zeitgefühl und sein Ich-Empfinden hatten sich aufgelöst. Das klang nicht gerade nach einem chaotischen Zusammenbruch der Regelkreisläufe. Was er beschrieb, war ein harmonisches Phänomen, das im Laufe der Geschichte in vielen, vielen Kulturen immer wieder ganz ähnlich geschildert worden ist und offenbar durch Drogentränke und Rituale ebenso ausgelöst werden kann wie durch Gebete und Meditation. So unterschiedlich die Methoden zur Erzeugung dieses Zustands auch sind, die Erfahrung ist universell, was bedeutet, dass dabei ganz grundlegende Hirnstrukturen beeinflusst werden und man umgekehrt aus diesen Schilderungen viel über die tiefsten Prozesse im Gehirn erfahren kann.

Im Gehirn sind Regelkreisläufe von schier undurchdringlicher Komplexität verdrahtet, aber man weiß zumindest, dass bestimmte Regionen für spezifische Aufgaben verantwortlich sind. Bedrohungen von außen werden von einer primitiven, tief sitzenden Hirnstruktur namens Amygdala überwacht. Wenn die Amygdala stimuliert wird, spüren wir Angst. Die komplexere Aufgabe der räumlichen und zeitlichen Orientierung übernehmen die Seitenlappen, die oben an der Oberfläche des Gehirns sitzen. Der linke Lappen ist für die Wahrnehmung der Körperbegrenzung zuständig. Dieser Teil des Gehirns ist im ersten Lebensjahr noch nicht gut entwickelt. Deshalb kann ein Kleinkind, das gleichzeitig seine Hand und ein Spielzeug sieht, das es festhält, nicht unterscheiden, welches der Objekte zu ihm selbst gehört. Der Raum rings um den Körper wird vom rechten Seitenlappen abgeschätzt. Zusammen bilden die beiden Lappen unser Navigationssystem. Eine Verletzung dieser Region kann dazu führen, dass das Gehirn nicht mehr in der Lage ist, die Bewegungen zu berechnen, die zum Hinsetzen in einen Sessel nötig sind. Die Selbstwahrnehmung ist in der vorderen Mitte des Gehirns angesiedelt, im höchstentwickelten Teil, dem Frontalcortex, einem Verarbeitungszentrum, in dem die Aufmerksamkeit, die Wachsamkeit und das Konzentrationsvermögen sitzen. Bei fast allen anderen Tieren fehlt er oder ist nur rudimentär ausgebildet, und beim Menschen braucht er Jahre, um heranzureifen. Erst wenn er ausgereift ist, nimmt ein Mensch sich als Individuum wahr.

Damit jemand seine Angst, sein Zeit- und Raumgefühl und sein Selbstgewahrsein einbüßt, müssen die Schaltkreise der Amygdala, der Seitenlappen und des Frontalcortex allesamt abgestellt werden. Der Schalter ist der Hippocampus, ein primitiver Gehirnteil, der eingehende Signale abliest und wie eine Sicherung bestimmte Schaltkreise zeitweise vom Netz nimmt, wenn sie überlastet werden. Magische Tränke, die Neurotransmitter recyceln und so die Nerven ständig Impulse geben lassen, Rituale, bei denen die Sinne mit dröhnenden Trommeln, gestikulierenden Tänzern und endlosen Beschwörungen bombardiert werden, Zeremonien, die mit schrecklichen Masken, Tieropfern und anderen Gewaltakten Angst wecken: Sie alle überlasten unsere Schaltkreise. Wer an solchen Riten teilnimmt, überspannt mutwillig die Kapazität der Gehirnzentren, Input aus der Umwelt zu verarbeiten. Der Hippocampus schaltet einige Regelkreise ab und lässt nur die am Netz, die lebensnotwendig sind, weil sie zum Beispiel die Atmung oder den Herzschlag steuern, während die zeitweilige Unterbrechung des Signaltransports in die höheren Zentren das Überleben nicht unmittelbar gefährdet. Wenn die Eingangssignale blockiert werden, wird der Frontalcortex nicht angeregt und verliert jedes Bewusstsein für das individuelle Selbst. Die Seitenlappen können sich, wie jedes Navigationssystem, ohne äußere Zeit- und Ortsangaben nicht mehr orientieren. Die linke Gehirnhälfte nimmt die Grenzen des Körpers nicht mehr wahr, sodass man sich als unbegrenzt und kontinuierlich mit dem Rest der Welt verbunden empfindet. Die rechte Seite büßt alle äußeren Bezugspunkte ein und bewirkt ein Gefühl der räumlichen und zeitlichen Unendlichkeit.

Gebete und Meditation können dieselbe Wirkung haben, wenn das Individuum den Frontalcortex zwingt, sich intensiv und ausschließlich auf einen einzigen Gedanken zu konzentrieren: Gott oder ein Mantra. Jeder Input von außen wird abgeblockt, ganz so, als hätte jemand einen Schalter umgelegt, und der Gläubige kann sich durch seine stille Versenkung ganz ähnlich in Trance versetzen wie ein Ritualtänzer durch seine hektische Aktivität.

Während tiefer Meditationen stellen sich Visionen ein, ein Phänomen, das vermutlich durch die innere Ruhe hervorgerufen wird, die die Erregungsschwelle der Nerven herabsetzt. In verschiedenen Gehirnregionen kommt es zu zufälligen Entladungen, ähnlich wie bei einem epileptischen Anfall. Auch in den Schläfenlappen, die das begriffliche Denken, die Sprache und die bildlichen Assoziationen steuern, geben einzelne Neuronen Signale. Diese Salven treten häufiger auf, wenn die Nerven schon gereizt sind, wie bei Epileptikern, von denen manche häufig Auren sehen oder Visionen haben. Solche spontanen elektrischen Impulse können auch durch Angst, Erschöpfung, Sauerstoffmangel und einen niedrigen Blutzuckerspiegel ausgelöst werden: Zustände, die im Überlebenskampf häufig auftreten. Das mag der Grund sein, warum Menschen in scheinbar ausweglosen Situationen ihre Nächsten vor dem inneren Auge sehen oder Gottes Stimme vernehmen und dadurch plötzlich die Kraft finden zu überleben.

Solche Erklärungen für spirituelle Transzendenz bedeuten nicht, dass religiöse Erfahrungen weiter nichts als Täuschungsmanöver unserer Gehirne sind. Wir wissen nicht – und werden vielleicht nie erfahren –, woher der Funke kommt, der unsere Nerven reizt.

Antonio scherte sich kein bisschen um all das, aber sein pharmazeutisches Wissen ging tiefer, als ihm selbst bewusst war. »Visionen von Ayahuasca allein sind oft öde«, erklärte er nüchtern. »Deshalb füge ich gerne ein paar von diesen Blättern hinzu.« Er zeigte auf einen kleinen grünen Strauch. Es war ein Chacruna, ein Verwandter der Kaffeepflanze, der Tryptamin enthält: ein Stimulans wie Koffein. Tryptamine verlängern den Effekt von Serotonin, was erklärt, warum der Chacruna-Strauch und die Ayahuasca-Liane eine gute Kombination sind. Botaniker tun sich schwer, seine vielen Unterarten zu unterscheiden, aber für Antonio war das kein Problem. Er zeigte auf zwei Varietäten und sagte: »Die hier betont das Rot in den Visionen und die da das Gelb.«

Tryptamine entfalten ihre Wirkung im Verbund mit anderen Zutaten, aber wenn man sie alleine schluckt, sind sie unwirksam. Die Indios haben – ohne zu verstehen, wie diese Substanzen wirken (zumindest nach unseren Kriterien; sie haben dafür ihre eigenen Erklärungen) – dieses Problem gelöst, indem sie für ihre Zubereitungen eine weitere tryptaminhaltige Kletterpflanze benutzen, die Virola aus der Familie der Muskatnussgewächse. Die Rinde muss am frühen Morgen von der Basis des Stammes geschält werden, bevor Sonnenlicht darauf fällt – vermutlich, weil es das Harz erwärmt und das darin enthaltene Tryptamin zerstört. Wenn man das Harz kocht und trocknet, erhält man konzentriertes Tryptamin. Pulverisiert und dann durch einen hohlen Vogelknochen geschnupft, wird es wie Kokain direkt durch die Nasenschleimhaut absorbiert, unter Umgehung der Verdauungsenzyme, die die angestrebte Vereinigung der Indios mit den Geistern zunichte machen würden.

Im Dorfgarten wurde eine hoch entwickelte Landwirtschaftskunde betrieben, die sowohl praktischen als auch spirituellen Zwecken diente. Die Indios pflanzten Chonta-Palmen, mit deren Wedeln sie ihre Hütten deckten, aber die Blätter wachsen weit oben, und an den stacheligen Stämmen kann man nicht hinaufklettern. Daher wurde stets ein einfach zu besteigender Baum neben eine Palme gesetzt, sodass die wertvollen Wedel bequem zu erreichen waren. Auch setzten die Dorfbewohner schwer zu kultivierende Arzneipflanzen in Rillen, die sie in die Rinde anderer Bäume schnitten: eine einfache, aber effektive Form des Pfropfens.

Andere ökologische Erwägungen waren subtiler und komplexer. Die Bäume verraten einem, wann man neue Samen ausbringen muss, erklärte mir Antonio, aber nur, wenn man ihnen gut zuhört. Bestimmte Sträucher gedeihen nur, wenn man sie mit anderen Typen zusammen pflanzt. Das klang für mich nach Symbiose: Pflanzen mit einander ergänzendem Mineralstoffbedarf teilen sich denselben Boden. Antonio hatte eine andere Begründung: Ihre Geister sind sich »simpatico«. Kein Naturwissenschaftler kann sich anmaßen, alle Energiequellen des Universums zu kennen und zu verstehen; hier im Dschungel klang Antonios Erklärung mindestens so plausibel wie meine.

Antonio war ein Lehrer im besten Sinne des Wortes. Es war ein Vergnügen, mit ihm durch den Wald zu ziehen. Er war ungefähr fünfundsechzig Jahre alt und hatte sein ganzes Leben hier verbracht. Das Wissen zahlloser Generationen eines schriftlosen Stammes war auf ihn übertragen worden. Diese wertvolle Volksweisheit existiert nur in seinem Kopf und in den Erinnerungen einiger anderer Stammensangehöriger. Wenn sie sterben, stirbt ihr Wissen mit ihnen.

»Wollen deine Kinder Ärzte werden?«, fragte er mich ganz unvermittelt. Seine Mimik war auf einmal wie versteinert. Immer noch die Pflanze in der Hand, über die wir zuletzt gesprochen hatten, fügte er hinzu: »Meine Kinder und Enkel interessieren sich nicht für Pflanzen. Sie wollen Kettensägen und Außenbordmotoren für ihre Kanus.«

Antonio führte mich zur Hütte zurück. Wir würden bald aufbrechen müssen, um noch vor Einbruch der Dunkelheit wieder am Lager zu sein. Die Rückreise würde lange dauern, und Antonio wollte, dass ich mich vorher noch stärkte. Zu meinen Ehren wollte man eine besondere Köstlichkeit zubereiten: ein frisch erlegtes Paka, ein großes Nagetier, das gerade übers Feuer gehalten wurde, um die Haare anzusengen. Das Feuer stieg aus einer großen Metallkiste auf, die auf Holzscheiten im vorderen Teil der Hütte stand. Sobald das Fell abgesengt war, warf man das Tier als Ganzes in einen Bottich mit kochendem Wasser.

Aus dem hinteren Teil der Hütte brachte mir Antonio eine kleine Tupperware-Dose mit perforiertem Deckel. Er öffnete sie vorsichtig. Darinnen hockte ein schöner Pfeilgiftfrosch, blau mit schwarzen Punkten. Antonio zeigte mir auch einige Pfeile. Er erklärte, dass man sie aus Bambussplittern macht, die man einfach von einem Rohr abbricht. Der Schaft wird geglättet; an ein Ende steckt man – anstelle von

Federn – ein Büschel Fruchthautfasern vom Kapokbaum. Er wies auf eine Kerbe direkt unter der Spitze, eine Sollbruchstelle. »Wenn jemand den Pfeil herauszuziehen versucht«, erklärte er, »bricht die Spitze ab und bleibt stecken, und das Gift hat mehr Zeit einzuwirken.«

Das Froschgift wird einfach aufgetragen, indem man den Frosch mit einem Blätterbüschel festhält und ihn mit dem Pfeil anstößt. Dann bildet sich auf seinem Rücken ein weißes, schaumiges Sekret, in das man die Pfeilspitze tunkt. Später streicht man noch eine Curare-Mischung darüber. Das Gift bleibt ein Jahr wirksam. Ein gefangener Frosch reicht für etwa fünfzig Pfeile, und dieses Exemplar war fast verbraucht. Antonio würde es bald freilassen, und sobald es wieder seine übliche Kost fräße, würde sich seine Giftigkeit schnell regenerieren.

Ich freute mich über die baldige Entlassung des Frosches, der sicher schon seiner nächsten Mahlzeit entgegenfieberte. Von mir konnte ich das nicht behaupten. Das Paka köchelte vor sich hin. Die alte Frau zerstampfte in einer Schüssel Maniok zu Brei und versetzte diesen mit spinatartigen Blättern. Eines der Mädchen ging hinaus und holte etwas von der Wäscheleine, das wie ein dickes, weißes Platzdeckchen aussah. Es handelte sich um Maniokbrot, das man zusammen mit der Kleidung in der Sonne getrocknet hatte. Auf einem Regalbrett standen einige verstaubte Lebensmitteldosen, eine Flasche Rum und ein Sack Reis, aber davon wurde mir nichts angeboten. Ich nahm mir fest vor, auf jeden Fall etwas zu essen, um meine großzügigen Gastgeber nicht zu verletzen.

Das Paka, offenbar gar, wurde auf einen Teller gelegt. Ich wollte mich zwingen, wenigstens einen Bissen zu nehmen, aber als Antonio das Tier in Scheiben geschnitten hatte, servierte er mir das begehrteste Stück: den Kopf. Ich wusste, dass es am Amazonas eine schlimme Beleidigung ist, Essen abzulehnen, aber ich konnte mich einfach nicht überwinden. Ich hatte mich darauf eingestellt, irgendein unidentifizierbares Körperteil zu vertilgen, aber ein gut erkennbarer Kopf ging über meine Kraft. Ekel wallte in mir auf. Mein bewusster Wille kam gegen diese emotionale Reaktion nicht an. Ich hatte Geschichten von

Menschen gehört, die ihre Weigerung, an einem Gastmahl teilzuhaben, mit dem Leben bezahlt hatten, und wäre ich in so einer Situation gewesen, so hätte ich den Kopf dieses Nagers mit Sicherheit herunterbekommen. Sogar Kannibalismus wird möglich, wenn die Lage es erfordert. Aber hier stand mein Leben nicht auf dem Spiel, also trug der Instinkt den Sieg über die Vernunfterwägungen davon.

Die Familie war enttäuscht. Antonio, der viel mit Fremden zu tun hatte, war von meinem asozialen Verhalten jedoch nicht überrascht. Er zog mir meine Portion schnell wieder weg und ersetzte sie durch etwas Maniokbrei und ein Stück Brot. Ich war nur zu gerne bereit, damit vorlieb zu nehmen, während die anderen sich über ihr Paka hermachten, das, wie man mir versicherte, ganz vorzüglich zubereitet war.

Nach dem Essen brachte eines der kleineren Mädchen eine englische Bibel und fragte Antonio, ob ich daraus nicht etwas vorlesen könne. Sie verstand kein Englisch, also war es, wie ihr Großvater mir erklärte, völlig egal, wo ich anfing. Sie wollte nur wissen, wie Englisch klingt. Ich schlug das Buch irgendwo auf und trug etwas vor, und sie war zufrieden. Tatsächlich wirkte die ganze Familie begeistert. Man soll gehen, wenn es am schönsten ist, also standen Antonio und ich auf. Die ältere Frau winkte uns zu dem blau rauchenden Feuer, das den ganzen Tag auf der äußeren Veranda geschwelt hatte. In dem Aluminiumtopf sah ich ein glimmendes Termitennest. Antonio nahm ein Stückchen in die Hand, zerbröselte es und rieb sich die Asche ins Gesicht und auf die Arme. Ich tat es ihm nach. Ich stellte mir vor, dass es sich um ein Ritual für eine sichere Heimkehr zum Camp handelte, aber Antonio klärte mich auf, dass der Termitenrauch die Moskitos von der Hütte fern hielt. Das Pulver würde dafür sorgen, dass wir auf dem Pfad nicht dauernd gestochen wurden.

Der Rückweg war viel einfacher als der Hinweg. Antonio hatte den Tunnel erst vor wenigen Stunden freigehackt, sodass er seine Machete nun kaum noch zu schwingen brauchte. Während unseres Marsches ergriff ich die Gelegenheit, ihn auf etwas Irritierendes anzusprechen, das er im Dorf gesagt hatte.

»Antonio«, setzte ich an, »als du erklärt hast, wie man einen Blasrohrpfeil macht, hast du gesagt, er bricht ab, wenn »jemand« ihn herauszuziehen versucht.«

Er hörte die Verwirrung aus meiner Bemerkung heraus. »Als ich jung war, gab es oft Kämpfe zwischen den Stämmen, und man machte sogar noch Schrumpfköpfe. Seit die Kirche hier ist, hat das alles aufgehört. Aber damals habe ich gelernt, wie man Pfeile macht. Bei Tieren funktioniert es genauso wie bei Menschen.«

Da wir gerade beim Thema waren, wagte ich eine weitere Frage zu stellen: »Hast du je einen Schrumpfkopf gemacht?«

Er antwortete ziemlich ausweichend: »Der Kopf eines getöteten Kriegers wurde hier abgeschlagen«, dabei zeigte er auf die Lücke unterhalb meines ersten Nackenwirbels. Er erklärte, dass man eine Liane durch den Mund und die Speiseröhre fädelte und zu einer Schlinge zusammenknotete, um den Kopf bequem nach Hause tragen zu können. Der Skalp wurde in der Mitte aufgeschlitzt, die Gesichtshaut nach vorne abgeschält und der Schädel entnommen. Man kratzte die Gesichtsmuskulatur und die Muskeln an den Schläfen und am Kiefer von der Haut. Dann nähte man den Einschnitt im Skalp mit einem Faden zu, der aus einer stabilen Pflanzenfaser gewonnen wurde; auch die Lippen wurden so verschlossen. Das Halsloch wurde mit einer Art »Geldbeutel-Kordel« vernäht, sodass man es leicht öffnen und wieder zuziehen konnte, um den Kopf mit heißem Sand zu füllen. Während die Hitze die Haut schrumpfen ließ, modellierte man das Gesicht so, dass es einen Furcht erregenden Ausdruck annahm. Der erkaltete Sand wurde herausgelassen und mehrmals durch heißen ersetzt, bis der Kopf die richtige Größe erreicht hatte. Die Technik erforderte das Geschick eines Chirurgen, Pathologen und Bildhauers, aber wenn man alles richtig gemacht hatte, verhinderte sie, dass der Geist des toten Kriegers wiederkehrte, um Rache zu nehmen.

Antonios Schilderung war so lebendig, dass ich mich fragte, ob er mir nicht etwas verschwiegen hatte, aber ich hakte nicht nach, und er verriet nicht mehr. Schweigend setzten wir unseren Weg fort.

Auf der Lichtung, in der Antonio seinen Korb zurückgelassen

hatte, hielten wir kurz an. Auf dem Stumpf der Palme, die er gefällt hatte, wuchsen bereits Pilze. Der Obstbaum ließ, als Antonio an seinen Zweigen stocherte, weitere reife Früchte zu Boden fallen. Der Korb, so eilig er geflochten worden war, war stabil genug, um ein halbes Dutzend Früchte ins Lager zu tragen.

Wir brachten den Pfad rasch hinter uns und wären recht früh wieder im Camp angekommen, wenn wir nicht so viel Zeit auf dem See verbracht hätten. Antonio hörte auf einmal auf zu paddeln und spitzte die Ohren. Dann und wann stieg aus dem Wasser ein leises, gurgelndes Geräusch auf, das allerdings schwer zu orten war. Immer wenn er es vernahm, paddelte Antonio ein Stück darauf zu und hielt dann wieder inne. Er jagte einen Fisch, und er verfolgte ihn fast eine Stunde, bis er schließlich aufgab. Ich konnte mir nicht vorstellen, welcher Fisch eine derartige Mühe wert war.

Antonios Früchte waren im Camp ein großer Erfolg. Wegen des niedrigen Wasserstands erhielt die Expedition keinen Lebensmittelnachschub mehr, und alles Frische war eine willkommene Abwechslung. Sebastian, unser Verbindungsmann zu den Indios, erklärte uns, wir könnten froh sein, dass unsere Vorräte bis jetzt gereicht hätten. Er fand es seltsam, dass die einzigen Dinge, die den Indios zufolge beim Transport zu Bruch gegangen waren, die drei Flaschen Rum waren, die er als Überraschung für uns eingepackt hatte. Ich erzählte ihm nicht, dass ich eine dieser Flaschen auf dem Regal in Antonios Hütte gesehen hatte.

Am nächsten Morgen wurde ich von einem Tumult geweckt und kroch aus dem Zelt, um nachzusehen. Ein riesiger roter Fisch hing an einem Seil, das zwischen zwei Bäumen gespannt worden war. Sein Schwanz berührte beinahe den Boden. Er musste fast doppelt so viel wiegen wie Antonio und war gut einen Kopf größer als er. Antonio stand daneben und schnitt eifrig Filets heraus. Es war ein Arapaima, einer der größten Süßwasserfische, der sich durch gurgelnde Geräusche verrät, wenn er Luft schnappt. Antonio war beim ersten Licht auf den See hinausgerudert, hatte dem Fisch aufgelauert, den er gestern mit mir gehört hatte, und ihn harpuniert. Der Fisch würde uns mindestens zwei, drei Tage ernähren und außerdem, wie ich annahm, Antonios Familie etliche Mahlzeiten bescheren. Jetzt verstand ich, warum er ihn gestern so hartnäckig verfolgt hatte. Und ich fragte mich wieder einmal, welche Überraschungen der See sonst noch bereithalten mochte.

Diese Extraration gab den Forschern die nötige Zeit, ihre Studien abzuschließen. Während der nächsten Tage versorgte ich vor allem kleinere Wehwehchen und gab mich der angenehmen Routine hin. Ab und zu wurden wir jedoch eindringlich daran erinnert, wo wir waren und welche Gefahren für unser Wohlergehen außerhalb des Lagers lauerten – und manchmal auch innerhalb seiner Grenzen. Eines Morgens stellte ich wie immer vor dem Zelt meine Stiefel auf den Kopf und klopfte sie aus, um zu überprüfen, ob über Nacht etwas hineingekrochen war. Wir alle befolgten dieses Ritual – und diesmal zahlte es sich aus. Ein gefährlicher Skorpion purzelte heraus. Dieses Tier hat einen braunen, krebsartigen Körper, fünf »Beine« auf jeder Seite und hinten einen aufwärts gekrümmten Schwanz mit einem Stachel und einer Giftdrüse an der Spitze. Beim vorderen »Beinpaar« handelt es sich tatsächlich um Scheren, mit denen der Skorpion sich eingraben oder festklammern kann, während er seinen Schwanz nach oben klappt und damit Gift in seinen Widersacher injiziert – in meinen Zeh zum Beispiel. Das Toxin enthält neben einem Nervengift Verdauungsenzyme, die das weiche Gewebe auflösen, damit das Tier es leichter verzehren kann. Die harten Teile werden nicht gefressen. Der Stich kommt schnell und tut ungemein weh, und das Gift ist manchmal ebenso gefährlich wie das einer Kobra. Als ich mich von dem Schrecken erholt hatte, war der Skorpion längst im Unterholz verschwunden.

Auch andere Spinnentiere kamen unserem Camp viel zu nah. Eines Nachts kam ein Einheimischer aus unserer Crew barfüßig und in Unterwäsche zu meinem Zelt gerannt und rief, er sei von einer Tarantel gebissen worden. Sie war in sein geschlossenes Zelt eingedrungen. Wir entdeckten, dass sie aus einem Tarantelnest an der Unterseite der Bodenbretter unserer Latrine stammte. Dieser Ort war wie für sie geschaffen: gut geschützt und mit bequemem Zugriff auf all die Fliegen, die unsere Hinterlassenschaften in der Grube anlockten. Die Tarantel ist eine faustgroße, mit schwarzen Haaren bedeckte Spinne, deren Kieferfühler über einen Zentimeter lang sind: Furcht erregend und gefährlich, aber normalerweise nicht tödlich, womit sie in dieser Region der Welt schon zu den angenehmeren Zeitgenossen zählt. Das Bein des Indios schwoll schmerzhaft an, aber ich fand keine doppelte Stichwunde, wie die Kiefer sie hinterlassen hätten, sondern nur winzige Haare, die über die gerötete Haut verteilt waren. Die Tarantel hatte ihn nicht gebissen, sondern – da sie sich bedroht fühlte (was auf Gegenseitigkeit beruhte) – die Beine über den Hinterleib gestrichen, um ihre Haare wie kleine Pfeile abzuschießen. Mein Patient war mit Hunderten von Tarantelhaaren bombardiert worden. Mit Klebeband ließen sie sich leicht entfernen, aber der Schmerz und das Jucken würden noch Wochen anhalten. Der Übeltäter war entwischt, und sein Opfer musste sich mit dem Wissen trösten, dass Urwaldtaranteln oft ein schlimmes Ende nehmen, wenn sie ihrerseits angegriffen werden – von Wespen. Die Wespe injiziert ein lähmendes Gift und legt ihre Eier auf die Spinne. Lebend, aber hilflos wird die Tarantel zur Vorratskammer für die schlüpfenden Wespenlarven. Im Amazonas-Regenwald kennt der ewige Überlebenskampf keine Gnade.

Bis jetzt hatte unser Camp uns einigermaßen vor den Unbilden der Natur ringsum geschützt, aber als Vorposten der Zivilisation drohten wir nun gänzlich isoliert zu werden. Der Wasserpegel sank beständig, und schon bald würde es unmöglich sein, mit den Einbäumen vom See zum Fluss zurückzukehren. Wir konnten natürlich zu Fuß gehen, aber wenn die Kanus nicht mehr durch den Kanal passten, würden wir den größten Teil unserer Vorräte, Gerätschaften und Proben zurücklassen müssen. Und am Fluss würden wir für die Weiterreise neue Boote auftreiben müssen. Obwohl der Wasserstand sank, regnete es jeden Tag. Unsere Lichtung hatte sich in ein Schlammloch verwandelt, und unsere Zelte drohten, uns davonzuschwimmen. Wenn ich in meinem Zelt kniete, sank ich so tief im durchweichten Boden ein, dass ich beim Aufstehen ein schmatzendes Geräusch hörte. Aber so ist das am Amazonas, und Antonio behauptete immer noch, es sei verdammt trocken für die Jahreszeit. In ein paar Tagen würden wir aufbrechen müssen.

Während die Biologen sich beeilten, ihre Projekte abzuschließen, hielt ich auf einer Matte aus Heliconia-Blättern weiter meine Freiluft-Sprechstunde ab. Antonio gesellte sich oft zu mir, wenn er nichts zu tun hatte, und ich holte jetzt regelmäßig vor der Behandlung meiner Patienten seinen Rat ein. Ein Mann aus unserem Team kam zu mir, weil er beim Wasserlassen brennende Schmerzen verspürte. Er hatte eine gewöhnliche Harnwegsentzündung, aber da wir bald abreisen würden und alle gute Laune hatten, probierte ich es mit einer anderen Diagnose.

»Warst du heute im See schwimmen?«, fragte ich.

Er ging gleich in die Abwehr: »Ja, aber ich habe meine Hose angelassen.«

»Manchmal reicht das nicht aus«, erklärte ich seelenruhig. »Sieht so aus, als hätte sich da ein Candiru festgesetzt.«

Er vermutete, dass ich scherzte, aber ich sah ihm eine leichte Unsicherheit an.

»Wenn wir ihn nicht rausziehen können«, sagte ich trocken, »bleibt uns nichts anderes übrig als eine Penisamputation.«

Damit war klar, dass ich es nicht ernst meinte, aber Antonio hatte mir tatsächlich einmal von dieser äußerst radikalen Therapie erzählt, und ich war mir immer noch nicht sicher, ob auch er mich zum Narren gehalten hatte. Jedenfalls war ich lange genug am Amazonas, um zu wissen, dass die beste Arznei gegen Harnwegsinfektionen aus der Rinde des Weißgummibaums gemacht wird, die man raspelt und zu einer Paste zusammenkocht. Antonio erklärte sich bereit, sie für meinen immer noch etwas ungehaltenen Kollegen zuzubereiten. Ich würde diese Behandlung mit Antibiotika abrunden.

Einer meiner letzten Amazonas-Patienten war ein Indio, der einen Piranha geangelt und sich dabei einen Finger an dessen rasiermesserscharfen Zähnen geschnitten hatte. Ich hätte die Wunde nähen können, aber die Probengläser voller Ameisen reizten mich. Mit der freundlichen Genehmigung unseres Entomologen entnahm ich mit einer Pinzette ein paar Treiberameisen. Unter Antonios kritischem Blick platzierte ich vier Ameisen, Kopf voran, über dem Schnitt. Sobald sie sich festgebissen hatten, knipste ich ihre Köpfe ab. Die Wunde schloss sich sauber, und Antonio lächelte anerkennend.

Zwei Tage später kehrten wir dem Lager den Rücken. Da unser Gewicht die mit Proben, Gerätschaft und Vorräten bereits schwer beladenen Kanus zu tief ins flache Wasser gedrückt hätte, mussten wir zu Fuß gehen. Unter ständigem Macheteneinsatz gelang es den Indios, den Kanal so weit schiffbar zu machen, dass sie die Boote, teils im Schlepptau, hindurchmanövrieren konnten.

Wir trafen die Crew am Fluss wieder, und ich verabschiedete mich von Antonio. Ich bewunderte meinen Lehrer und bedauerte ihn zugleich. Der Einfluss eines Lehrers ist nur von Dauer, wenn sich seine Schüler wiederum in Lehrer verwandeln. In den Vereinigten Staaten wird das chirurgische Können nach dem Prinzip »zusehen, nachmachen, lehren« überliefert. Ich hatte ihm zugesehen, ich hatte ihm nachgeeifert. Aber ich war eine Sackgasse. Antonios Weisheit würde wohl untergehen, da es kaum Menschen gab, die sie zuverlässig weitertragen würden. Im Grunde gehörte Antonio einer aussterbenden Kultur an. Seine ganze Lebensweise ist dem Untergang geweiht. Sein Volk hat in einer unglaublich feindseligen Umgebung ausgeharrt, indem es lernte, den Lebensbedrohungen Überlebensförderliches abzutrotzen. Jetzt zerstören auf einmal Pipelines, Rodungsstraßen und Landebahnen seinen Lebensraum und impfen ihm eine fremde Kultur ein, die sich wie eine Infektion ausbreitet. Antonio selbst ist schon angesteckt – durch T-Shirts, Gewehre und Gringos, die bar zahlen. Arbeiter, Siedler und Forscher führen fremdartige Produkte und einen exotischen Lebensstil ein. Antonio und seine Leute können mit dieser Art von Antigen nicht umgehen, da es von einer Gesellschaft, einem Organismus stammt, der ihrem Ökosystem völlig unvertraut ist. Wie ein Virus, dem der Körper noch nie ausgesetzt war, ruft es wenig Widerstand hervor und breitet sich rasch aus. Die Stämme haben gelernt, sich gegen Kopfjäger, Krokodile und Giftschlangen zur Wehr zu setzen, aber nicht gegen den Angriff der modernen Zivilisation. Sie haben keine Abwehrkräfte gegen etwas, das nicht auf das Individuum abzielt, sondern auf ihre ganze Kultur. In einem harten Umfeld hängt das Überleben einer schwachen Art davon ab, dass ihre Mitglieder – seien es Ameisen oder Menschen – mit ihrer Gesellschaft in Verbindung bleiben. Wenn man diese Bande schwächt, schwächt man den Gesamtorganismus, der die Individuen am Leben erhält.

Die Gesellschaft als Ganzes legt eine Schatzkammer des Wissens an, die Stammesweisheit, die die spirituellen wie praktischen Regeln und Werkzeuge liefert, um in einem extremen Lebensraum erfolgreich zu bestehen. Im Laufe vieler Generationen verändert sich das Gruppenverhalten in Reaktion auf die sich wandelnden Bedingungen. Aber weder der Einzelne noch seine Gesellschaft ist noch fähig sich anzupassen, wenn der Wandel zu abrupt, zu extrem oder zu unnatürlich daherkommt. Das Eindringen einer fremden Kultur in diesen Regenwald ist genauso wie eine Injektion mit einem fremden Virus, und allzu bald werden die Amazonas-Stämme ausgestorben sein.

Aber was wird aus den einzelnen Indios? Wenn Antonios Enkel in einer fremden Kultur aufgehen, werden sie ihr »Indiosein« bewahren können? Werden sich all die mentalen und physischen Anpassungen, die ihnen ein Überleben im Dschungel ermöglicht haben, erhalten, sodass sie später wieder in den Wald zurückkehren könnten, so wie man nachgezüchtete Zootiere wieder auswildert? In einer schriftlosen Kultur wird das Wissen nur im Gedächtnis aufbewahrt. Eine einzige vergessliche Generation reicht aus, um alles unwiederbringlich auszulöschen. Den Kindern der nachfolgenden Generationen wird die Stammesweisheit, die den besten Schutz ihrer Vorfahren vor den Gefahren ihres Lebensraumes darstellte, nicht mehr zur Verfügung stehen.

Zumindest ein paar ihrer Anpassungen sind den Eingeborenen des Amazonas-Beckens aber angeboren. Sie leben hier und trinken das Wasser, erkranken aber trotzdem selten an Malaria und sind zumindest teilweise resistent gegen Parasiten. Diese Stärken, durch die natürliche Auslese geschaffen, bleiben erhalten und würden ihnen wieder helfen, wenn sie in den Dschungel zurückkehrten. Aber auch Indios kratzen sich, wenn sie von Moskitos gestochen werden, fühlen Schmerz, wenn Conga-Ameisen sie angreifen, sind nicht resistent gegen Krokodilbisse und sterben an Schlangengift. Der Amazonas-Regenwald ist ein strenger Zuchtmeister. Die meisten Überlebensfähigkeiten der Indios sind das Resultat einer geistigen und körperlichen Abhärtung, die nur zustande kommt, wenn ein Mensch von klein auf den Zumutungen seiner Umwelt ausgesetzt ist.

Die Gene, die jemand mit in den Urwald bringt, sind für das Überleben weniger bedeutsam als die Anpassungen, die er durchläuft, sobald er dort ist. Das Amazonas-Becken hält etliche überraschende Belege für die Anpassungsfähigkeit eines Organismus an seine Umweltbedingungen bereit. Wenn man einen Pfeilgiftfrosch aus dem Dschungel entnimmt, wird sein Gift nach und nach schwächer. Setzt man ihn auf seinen Baum zurück, so wird es allmählich wieder stärker. Der Nachwuchs eines gefangenen Frosches wird überhaupt kein Gift mehr produzieren können. Würden diese Tiere, wenn man sie im Urwald aussetzte, wieder dasselbe Toxin bilden wie ihre Vorfahren? Niemand weiß es.

In dieser Hinsicht ähneln Menschen wahrscheinlich den Pfeilgiftfröschen. Wer im Dschungel aufwächst, wird seine Fähigkeit, hier zu überleben, auch behalten, wenn man ihn für eine Weile woandershin verpflanzt. Wenn seine Kinder jedoch außerhalb des Waldes zur Welt kommen, ist fraglich, ob sie eine angeborene Begabung hätten, im Wald zu überleben. Es erscheint plausibler, dass sie dort ebenso verwundbar wären wie ein leuchtend bunter Frosch ohne Gift.

Die besonderen Überlebensfähigkeiten des Jungen, den ich operiert habe, scheinen mir aus drei Quellen zu stammen, die ihn jeweils körperlich und geistig stärkten: Seine Gesellschaft mit ihren Stammesnormen und -werten hatte ihm sowohl praktische Regeln als auch spirituellen Halt gegeben. Die zahlreiche Generationen überspannende genetische Adaption hat seinen Organismus gegen vieles immun gemacht, und vielleicht ist auch sein Gehirn mit stärkeren

Schaltkreisen ausgestattet, um Schmerzen zu ertragen und selbst unter starkem Stress noch zielgerichtet zu agieren. Seine Umwelt mit ihrem unendlichen Nachschub an Herausforderungen hat seinem Körper Schwielen und Muskeln und seinem Geist die nötige Schärfe verliehen.

Das abstrakte Konzept des Überlebensinstinktes sagt Menschen wie den Indios am Amazonas, die ihn täglich unter Beweis stellen, nichts. Sie führen ein so hartes Leben, dass sie sich den Luxus nicht leisten können (und auch gar nicht das Bedürfnis haben), einen Schritt zurückzutreten und über dieses Phänomen nachzudenken. Die Vorstellung, dass man diesen Instinkt erforschen kann, muss ihnen absurd vorkommen und die Methodik, mit der man ihn vielleicht erfassen könnte, unbegreiflich. Über das Wesen des Überlebenswillens nachzusinnen, überlassen sie jenen Fremden, die in die einzige Welt hineinplatzen, die diese Überlebenskünstler kennen, und bald darauf wieder aus ihr verschwinden.

Ich verließ den Amazonas-Regenwald über eine Landebahn, die drei Kanu-Tagesreisen flussabwärts von Antonios Dorf liegt. Als ich das Flugzeug betrat, spürte ich sofort eine Spannung. Eine Nonne hielt ein Bündel Zeitungen vor sich wie einen Blumenstrauß und redete mit seltsam starrer Miene auf ihren Nebenmann ein. Während ich sie ansah, wickelte sie die Zeitungen auf, und drei blutverschmierte Speere kamen zum Vorschein. Der Anblick jagte allen Mitreisenden Entsetzen ein. Sie erzählte uns, dass dies einige der 18 Speere waren, mit denen ein Priester und zwei Nonnen getötet worden waren, die sich nur 27 Kilometer von unserem Camp entfernt in den Dschungel vorgewagt hatten. Sie waren am selben Tag ermordet worden, als Antonio mir von der kriegerischen Vergangenheit seines Stammes berichtet hatte.

Es gibt immer noch ein paar isolierte Stämme, die sich jeder Kontamination ihrer Lebensweise widersetzen und ihren Überlebenswillen äußern, indem sie alle angreifen, die sie als fremde menschliche Raubtiere ansehen. Zwar sind 27 Kilometer Luftlinie im Dschungel eine weite Entfernung, aber selbst die abgelegensten Stämme können sich nicht mehr lange halten. Die Indios, die dort leben, sind sich kaum bewusst, dass sie einem Staat namens Ecuador angehören, ja: sie wissen nicht einmal, was ein Staat ist, und dennoch sind sie in ihm gefangen. Ebenso verschreckt wie in die Enge getriebene Tiere reagieren sie gewalttätig auf die Bedrohung, die sie nicht verstehen. Sie können vor ihr nicht weiter zurückweichen. Gemeinsam mit ihrem Lebensraum werden sie verschwinden. Und wir werden nicht einmal wissen, was wir verloren haben.

Im Amazonas-Regenwald herrscht eine verschwenderische Lebensfülle, und über die meisten dort heimischen Arten wissen wir so gut wie nichts. Pflanzen, Tiere und Menschen sind in diesem Netzwerk von atemberaubender Komplexität unauflöslich miteinander verbunden. Sie hängen völlig voneinander ab, und doch bekämpfen sie einander gnadenlos, um am Leben zu bleiben. Jede Spezies ist ein Sieger; alle Verlierer sind längst ausgestorben. Ihren Erfolgsgeheimnissen auf die Spur zu kommen würde uns auf dem verschlungenen Pfad zur Erkenntnis der fundamentalen Naturgesetze des Überlebens ein gutes Stück voranbringen. Und wenn wir klug genug sind, jenen Menschen zuzuhören, die sich an diesem Wettbewerb seit zwanzigtausend Jahren erfolgreich beteiligen, dann könnten wir sogar verstehen, was nötig ist, um in der härtesten Kampfzone der Welt zu überleben.

Hochsee – Die bewegte Einöde

In der sechsten Nacht seiner Atlantiküberquerung im Alleingang hatte Steve Callahan sich gerade eine Kanne Kaffee gemacht und ruhte, nur mit einem T-Shirt bekleidet, in seiner Koje, als sein 6,5 Meter langes Segelboot mit einem Wal zusammenstieß. Dreißig Sekunden später stand er bis zur Hüfte im Wasser, und ein reißender Strom ergoss sich in die Kajüte. In völliger Dunkelheit versuchte er, seine Panik zu bekämpfen und die Seile durchzuschneiden, mit denen seine Notfallausrüstung vertäut war, aber die Kajüte lief zu schnell voll, und plötzlich war er unter Wasser. Er hielt die Luft an und zerrte noch ein paar Mal vergeblich an den Seilen, bevor ihm der Sauerstoff ausging. Er arbeitete sich zur Kabinendecke vor und stieß die Luke auf. Das Deck wurde vom Ozean überspült. Irgendwie gelang es Callahan, das Rettungsfloß loszumachen und den Aufblasmechanismus auszulösen. Er stellte sicher, dass es noch an seinem Boot vertäut war, schob es ins Wasser und sprang hinein.

Erst als er zitternd im Floß lag, konnte Callahan klare Gedanken fassen. Alle bisherigen Handlungen, vom Hochschrecken aus der Koje bis zum Sprung ins Schlauchboot, waren durch einen Überlebensinstinkt motiviert, der durch jahrelange Segelerfahrung in die richtigen Bahnen gelenkt worden war. Jetzt musste er seine erste bewusste Entscheidung treffen. Er war entkommen, aber ohne seine Notfalltasche. Ihm war klar, dass er von den Vorräten im Rettungsboot nicht lange würde leben können. Das Segelboot trieb noch an der Oberfläche, auch wenn es von jeder Welle unter Wasser gedrückt wurde. Es konnte jeden Augenblick sinken und die dringend benötigte Verpflegung mit in die Tiefe reißen. Kühles Urteilsvermögen half, den Energieschub unter Kontrolle zu bringen, den die Angst freigesetzt hatte. Er entschied sich, den Versuch zu wagen, und kletterte auf das

Segelboot zurück, wobei er, wie er später sagte, »das seltsame Gefühl hatte, gleichzeitig im Meer und an Deck zu sein«. Er tauchte durch die Luke in den gefluteten Innenraum und tastete sich im Dunkeln zu seiner Notfalltasche vor. Die Luke über ihm schlug zu.

Der fünfundzwanzigjährige Lucien Schlitz und die neunzehnjährige Catherina Plessz machten einen idyllischen Segeltörn, der in den Tropen enden sollte. Im Mittelmeer geriet ihr Boot plötzlich in einen Sturm. Eine Riesenwelle brachte ihr Boot zum Kentern und flutete die unteren Räume. Danach richtete sich das Boot wieder auf, aber es lag sehr tief im Wasser. Schlitz und Plessz waren keine erfahrenen Segler. Sie beschlossen, das Ende des Sturms in ihrem zwei Meter kleinen Schlauchboot abzuwarten, obwohl ihr gut ausgestattetes, über sechs Meter langes Stahlboot keine Anstalten machte zu sinken. Sie warfen ein paar kärgliche Vorräte in das Rettungsboot, das am Segelboot festgebunden war, und sprangen hinein. Über zwei Stunden ließen sie sich von den Wellen durchschaukeln, ohne irgendetwas zur Verbesserung ihrer Lage zu unternehmen; sie vertäuten nicht einmal ihre Vorräte. Die Verbindungsleine riss, und rasch drifteten sie von ihrem Segelboot fort. Immer noch toste der Sturm; die Wellen wurden höher und bedrohlicher. Ihr Schlauchboot kenterte, und sie wurden ins Meer geschleudert.

Nur ein schwaches Lüftchen schob die »Albatross« auf ihrem Weg von Mexiko in die Bahamas vorwärts, die in den letzten acht Monaten bereits 16 000 Kilometer zurückgelegt hatte. Der 28 Meter lange Rahsegler war ein unabhängiges Schulschiff, auf dem sechzehn Teenager-Jungen und ihre fünf Lehrer ein Jahr lang Highschool-Ausbildung und Hochseeabenteuer miteinander verknüpften. Die meisten waren unter Deck, als sie eines Morgens plötzlich ein Dröhnen hörten. Das Schiff war von einem Scherwind erfasst worden, einer heftigen Abwärtsströmung, die ganz unvermittelt auftreten und sogar ein Flugzeug auf die Startbahn zurückstürzen lassen kann. Der Schlag ließ das Schiff krängen, sodass Bücher, Teller und alle möglichen Gegenstände zu Boden fielen. Die Schüler versammelten sich, um an Deck zu klettern, und dachten eher daran, dass sie das ganze Durcheinander wieder aufräumen mussten, als an eine unmittelbare Gefahr. Aber das Schiff legte sich immer weiter auf die Seite. Die Schüler, die es schon nach oben geschafft hatten, rutschten über das Deck und wurden ins Wasser geschleudert.

Ein Mensch, der plötzlich in die kalte, turbulente See geworfen wird, hat keine Zeit, sich geistig oder körperlich darauf gefasst zu machen. Sein höchstes Ziel ist es, nicht zu ertrinken. Seine ersten Reaktionen werden aber Verwirrung und Angst sein. Angst kurbelt automatisch die Energiefreisetzung an. Wie diese Energie verwendet wird, hängt davon ab, wie gut das Bewusstsein die Verwirrung in den Griff bekommt und die Flut an sensorischen Reizen zu einem zusammenhängenden Zustandsbericht bündelt, mit dem die höheren Zentren des Gehirns etwas anfangen können. Erfahrung und Disziplin können die von der Furcht freigesetzte Energie in zweckdienliches Handeln verwandeln. Anderenfalls wird sich die Energie in nutzlosen oder gar kontraproduktiven Panikreaktionen entladen.

Ironischerweise ist das Meer uns Menschen bedrohlich und fremd geworden, obwohl sich alles Leben im Meer entwickelt hat. Das ist jedoch sehr lange her. Die meisten Landlebewesen haben die Fähigkeit, Wasser zu atmen, längst verloren. Ein untergetauchter Mensch hat normalerweise weniger als zwei Minuten Zeit, die Nase oder den Mund wieder an die Luft zu befördern, bevor er erstickt. Der natürliche Auftrieb des Körpers lässt zumindest einen Teil des Kopfes aus dem Wasser ragen, wie man erkennt, wenn man im Schwimmbecken »toter Mann« spielt. Aber wenn man ertrinkt, ist es nicht leicht, den Mund geschlossen zu halten: Der plötzliche und unerwartete Kontakt mit dem kalten Meerwasser stimuliert einen tiefen Luftholreflex, sodass man den Mund aufreißt, obwohl er noch unter der Oberfläche ist. Man muss sich bewegen, um das Gesicht aus dem Wasser zu heben. Diese Bemühungen und die Angst führen jedoch zu Hyperventilation: schnellen, kurzen Atemzügen, die den Kreislauf ankurbeln, um die Energieproduktion auf Hochtouren zu bringen. Je länger und härter man kämpft, desto stärker wird der Drang zu atmen, und dadurch kann sich – wie beim reflexartigen Luftschnappen – der Mund zur falschen Zeit öffnen.

Selbst wenn man die Disziplin aufbringt, die Luft anzuhalten, solange man sich noch an die Oberfläche kämpft, gehen bald die Sauerstoffreserven aus. Die höheren Gehirnfunktionen werden als erste beeinträchtigt. Die Sauerstoffzufuhr zur Hirnrinde lässt nach, und da dort die Willkürhandlungen gesteuert werden, verliert man wortwörtlich seine Willenskraft. Deshalb kann man sich auch nicht das Leben nehmen, indem man einfach die Luft anhält, ganz gleich, wie sehr man sich anstrengt. Der Atemtrieb ist so tief verankert, dass er, sobald er nicht mehr willentlich unterdrückt wird, automatisch wieder anspringt und einen Luft holen lässt, ganz gleich, welche Konsequenzen das hat.

Früher oder später wird ein ums Überleben kämpfender Schwimmer zur falschen Zeit einatmen und Wasser in den Mund bekommen. Wasser, das nicht wieder ausgespuckt wird, kann nur zwei Wege einschlagen: durch den Ösophagus (die Speiseröhre) in den Magen oder durch die Trachea (die Luftröhre) in die Lunge. Der Magen ist an verschlucktes Wasser gewöhnt. Wenn die Menge aber zu groß wird, wird er aufgebläht und presst sich gegen die Lunge, die direkt über ihm liegt. Die Lunge hat schon Probleme mit dem Luftholen. Das Letzte, was sie jetzt braucht, ist Druck von unten, der ihre Ausdehnung behindert.

Es gibt einen Mechanismus, der verhindert, dass sich der Magen zu stark ausdehnt: das Erbrechen. Zwar hat ein Ertrinkender gerade Besseres zu tun, als seinen Magen zu erleichtern, aber auch das Erbrechen ist ein Reflex, den man nicht willentlich steuern kann. Es verschlimmert die Lage, indem es noch mehr Flüssigkeit und Feststoffe in den Mund befördert. Das Meerwasser und der Mageninhalt, die nicht ausgespuckt oder wieder heruntergeschluckt werden, können nur noch einen Weg nehmen: durch die Luftröhre in die Lunge. Die Trachea hat oben einen Muskelring, der sich wasserdicht zusammenzieht, sobald Feststoffe oder Flüssigkeit einzudringen drohen. Dieser Schutzmechanismus wird Würgreflex genannt und verhindert normalerweise, dass unsere Nahrung den falschen Weg einschlägt. Darum sollte man auch mit vollem Mund nicht sprechen. Aus demselben Grund empfiehlt es sich nicht, mit Meerwasser im Mund einzuatmen. Ein Ertrinkender hat jedoch keine Wahl. Die Luftröhre öffnet sich und empfängt statt Luft Wasser, vielleicht auch Erbrochenes. Diese Mischung wird nun die Atemwege hinuntergespült. Wie der Magen hat die Lunge einen zweiten Abwehrmechanismus, den Hustenreflex: Sie bläst ihre letzten Luftvorräte aus, um das eingedrungene Material wieder hinauszubefördern. An Land kann Husten Leben retten. Im Meer lässt es einen hingegen den Mund aufreißen und sorgt so dafür, dass noch mehr Wasser eindringt.

Lungen sind keine Kiemen, sondern bestehen aus Tausenden von membranumhüllten Lungenbläschen, winzigen Ballons, die bei jedem Atemzug mit Luft gefüllt werden. Wenn die Luft mit den Wänden dieser Bläschen in Berührung kommt, wird der Sauerstoff herausgefiltert und durch die Membran befördert. Jedes Bläschen ist von einem Netz von Blutgefäßen umgeben, die den Sauerstoff absorbieren und in den roten Blutkörperchen binden, die durch den Blutkreislauf gekarrt werden wie Loren durch ein Bergwerk. Die Blutkörperchen machen eine Rundreise durch den Körper und verteilen ihren Sauerstoffvorrat an alle Organe längs des Wegs. Zugleich binden sie Kohlendioxid, den wichtigsten Schadstoff, den der Stoffwechsel produziert. Wenn die Blutkörperchen wieder in der Lunge ankommen, tanken sie erneut Sauerstoff und geben zugleich das Kohlendioxid ab, das beim nächsten Ausatmen ausgestoßen wird.

Der Sauerstoffbedarf des Körpers ist immens. Um zu überleben, muss er einen raschen und ausreichenden Austausch von Sauerstoff und Kohlendioxid gewährleisten. Die Sauerstoffzufuhr ist die Achillesferse unseres Organismus. Umso erstaunlicher, dass das entsprechende Alarmsystem nicht etwa bei zu niedrigen Sauerstoffkonzentrationen anspringt. Der überwältigende Drang zu atmen, den wir verspüren, sobald wir etwa eine Minute die Luft anhalten, wird vielmehr durch Sensoren ausgelöst, die den Kohlendioxidanstieg wahrnehmen. Ähnlich warnt ein Kanarienvogel in einem Bergwerksschacht vor zu viel Giftgasen: Wenn sich die schädlichen Gase anreichern, hört der Vogel auf zu singen. Die Sensoren unseres Körpers dagegen »singen« umso lauter: Sie senden elektrische Impulse an den Hypothalamus, den Teil des Gehirns, der unserer Atemmuskulatur den Takt vorgibt. Je höher die Kohlendioxidkonzentration, desto dringlicher wird das Signal.

Als er in der dunklen, wassergefüllten Kajüte herumtastete, reicherte sich Steve Callahans Blut rasch mit Kohlendioxid an, und die Alarmsignale an den Hypothalamus wurden immer stärker. Mit seiner Willenskraft gelang es ihm jedoch, den Atemimpuls zu unterdrücken, denn ihm nachzugeben hätte zum Ertrinken geführt. Er konnte das Signal zumindest vorübergehend dämpfen, indem er im Frontalcortex, dem Sitz seines Willens, einen Gegenbefehl ausgab. In der Minute, die ihm zwischen dem Auslösen des Alarms und dem Absterben der ersten Gehirnzellen noch blieb, im so genannten luziden Intervall, konnte er noch zielgerichtet handeln. Es gelang Callahan, die Tasche mit seiner Notfallausrüstung zu finden und loszuschneiden und die zugefallene Kabinenluke über ihm aufzudrücken. Nach Luft schnappend erreichte er schließlich die Oberfläche. Später in der Nacht sah er von seinem Rettungsfloß aus zu, wie sich seine Jacht auf die Seite legte und von den Wellen verschluckt wurde. Er hatte sein Schiff verloren, aber die Notfalltasche geborgen. Dass er sein luzides Intervall produktiv genutzt hatte, sollte ihm das Leben retten.

Lucien Schlitz und Catherine Plessz versuchten ebenfalls, am Leben zu bleiben. Noch vor ein paar Stunden hatten sie von den Tropen geträumt, jetzt waren sie zwei Punkte in einer feindseligen Umgebung. Da ihr Rettungsboot nicht völlig unerwartet gekentert war und das Mittelmeerwasser nicht besonders kalt ist, war ihnen der Atemreflex erspart geblieben, der sie sofort hätte ertrinken lassen. Wenn diese Gefahr einmal überwunden ist, hält ein Mensch unter Wasser automatisch die Luft an: eine instinktive Reaktion. Wie tief sie verankert ist, habe ich selbst gemerkt, als ich das erste Mal mit einem Tauchgerät tauchte. Sobald ich unter Wasser war, bekam ich keine Luft mehr, also kehrte ich an die Oberfläche zurück und tauschte die Pressluft-tanks aus. Das zweite Gerät schien auch nicht besser zu funktionieren. Als ich meinem Lehrer das Problem schilderte, erklärte er mir, dass nicht etwa der Schlauch blockierte, sondern mein Kopf. Es war mein Instinkt, der mich vom Atmen abhielt.

Dank ihrer Schwimmwesten behielten Schlitz und Plessz die Köpfe über Wasser, und dank ihrer Instinkte hatten sie noch kein Wasser verschluckt. Während sich die Wellen über ihnen brachen und sie durchwalkten, klammerten sie sich an ihr gekentertes, aber noch schwimmfähiges Schlauchboot. Da ständig Brecher über sie hinwegspülten, bekamen sie viel Wasser in den Mund, aber solange sie bei Bewusstsein waren, konnten sie das Wasser, das beim Luftschnappen im falschen Moment in ihre Atemwege geriet, immer wieder aushusten. Vorprogrammierte, automatisierte Überlebensmechanismen und die Technik hielten sie am Leben. Bis jetzt.

Zwischen den Wellen gelang es ihnen irgendwie, das Boot wieder aufzurichten und hineinzuklettern. Ihre Vorräte, die sie leichtsinnigerweise nicht festgebunden hatten, waren über Bord gespült worden. Die erbarmungslosen Angriffe des Windes und der Wellen ließen das Schlauchboot erneut kentern. Noch einmal konnten sie es umdrehen und sich wieder hineinrobben. Der wilde Ritt dauerte die ganze Nacht an, und sie wurden ein drittes Mal vom Boot gespült. Wieder kämpften sie sich zurück. Diesmal hielten sie bis zum Morgen durch. Ohne Essen und Wasser in ihrem leeren Boot kauernd ließen sie ihre Blicke über die nun ruhige See schweifen. Ihre gut ausgestattete und immer noch seetüchtige Segeljacht war uneinholbar hinter dem Horizont verschwunden.

Auch die »Albatross« schwamm noch. Zwar hatte der plötzliche Scherwind das Schiff auf die Seite gelegt, aber es war noch in Reichweite der Schüler, die vom Deck ins Wasser gerutscht waren. Erleichtert sahen sie zu, wie das Schiff sich aufrichtete. Zu ihrem Entsetzen sank es danach im Handumdrehen. Einige ihrer Mitschüler und Lehrer waren noch immer unter Deck.

Die Luft in der Lunge reicht aus, um etwa zwei Minuten bei Bewusstsein zu bleiben. Hektische Aktivität und Angst beschleunigen den Verbrauch erheblich. Selbst volle zwei Minuten reichen nicht aus, um dem wassergefüllten, labyrinthischen Gangsystem eines 28-Meter-Segelschiffes zu entkommen, das gerade auf den Meeresboden sinkt. Wenn der Sauerstoff knapp wird, schaltet der Stoffwechsel auf Sparflamme, und wie in jedem Verbrennungsprozess, bei dem Sauerstoff fehlt, häufen sich Schadstoffe an. Das betrifft die chemischen Reaktionen in sämtlichen Organen. Das Gehirn, das besonders stark auf eine ständige Sauerstoffzufuhr angewiesen ist, wird zuerst in Mitleidenschaft gezogen. Nach und nach schaltet es die höheren, nicht unmittelbar lebensnotwendigen Zentren ab, in denen zum Beispiel die Vernunft und der Wille angesiedelt sind, um den Betrieb der niederen, elementar wichtigen Zentren zu sichern, die den Herzschlag und die Atmung steuern. Das Blut mit dem wenigen verbliebenen Sauerstoff wird vom Frontalcortex zum Hypothalamus umgelenkt, um die grundlegenden Lebensfunktionen möglichst lange am Laufen zu halten. Im Frontalcortex entgleisen unterdessen die Chemie und die elektrischen Entladungen. Verwirrung und Panik werden stärker als die Vernunft, und die Willenskraft versiegt. Dem beharrlichen Signal zum Atemholen wird nichts mehr entgegengesetzt. Der Mund öffnet sich. Meerwasser strömt ein, und was nicht verschluckt wird, läuft durch die Luftröhre in die Lunge. Die Atemmechanik wird gewaltsam außer Kraft gesetzt: Die Lungenbläschen füllen sich mit Wasser, es wird kein Sauerstoff mehr absorbiert und das Kohlendioxid wird nicht mehr abgeführt.

Was die Lage noch verschlimmert: Das Meerwasser, das durch die Lunge schwappt, »wäscht« ihre Schleimhäute. Die Lungenbläschen haben innen eine elastische Beschichtung, die dafür sorgt, dass sie sich jedes Mal zusammenziehen, wenn man ausatmet. Wenn diese Schicht aber einmal vom Salzwasser abgespült worden ist, verwandeln sich die einst elastischen Ballons in schlaffe Beutel. Wasser strömt ein, aber nicht mehr hinaus. Die Lunge wird schwer und durchweicht wie ein nasser Schwamm. Bläschen, die noch trocken sind, können sich in diesem voll gesogenen Schwamm nicht mehr öffnen. Ohne Gasaustausch gleiten wir in eine Ohnmacht, und wenn das geschieht, büßen wir unseren letzten Schutz gegen das Meer ein: den Würgreflex, der die Luftröhre schließt, sobald sich Nahrung oder Flüssigkeit im Mund befinden. Der Würgreflex funktioniert nur, solange man bei Bewusstsein ist. Deshalb dürfen anästhesierte Patienten nichts essen, und aus demselben Grund ist schon so mancher Rockstar nach einer Drogenüberdosis an seinem eigenen Erbrochenen erstickt. Ein Bewusstloser, der Wasser aufnimmt, kann seine Trachea nicht verschließen. Die Schleusentore öffnen sich, Wasser strömt ein, und die Lunge muss die Arbeit einstellen.

Nach vier Minuten ohne Sauerstoff sterben die ersten Gehirnzellen ab. Den sechs Lehrern und Schülern, die noch in der »Albatross« eingeschlossen waren, blieb nicht genug Zeit, um an die Oberfläche zu gelangen. Lucien Schlitz und Catherine Plessz genügte dieses Intervall jedoch, um das erste Etappenziel eines Schiffbrüchigen zu erreichen: nicht zu ertrinken. Die zweite Aufgabe ist es, aus dem Wasser zu kommen. Als die »Titanic« sank, überlebten diejenigen, die in einem der Ruderboote saßen. Aus dem Wasser konnte niemand lebend geborgen werden, obwohl viele Schwimmwesten trugen und das Wasser sogar wärmer war als die Luft. Das Wasser hatte ihnen das Leben ausgesaugt. Auf dem Wasser zu sein ist viel besser, als im Wasser zu treiben, auch wenn man in einem Boot zusätzlich unter der Sonne zu leiden hat und an Durst, Hunger, Unterkühlung oder Überhitzung sterben kann.

Das Meer ist nicht nur die größte Einöde auf der Erdoberfläche, sondern auch die einzige, die sich ständig bewegt. Alles, was darauf treibt, wird früher oder später an eine Küste gespült. Strömungen, Gezeiten und Winde sorgen dafür, dass jeder, der auf dem Meer verloren geht, irgendwann an Land treibt oder von einem Schiff aufgegabelt wird, wenn er oder sie nicht vorher gefressen wird. Wenn ein Mensch den

Unbilden des Ozeans nur lang genug trotzt, wird er schließlich gerettet werden. Auf hoher See Notfallmedizin zu betreiben heißt, den menschlichen Körper so lange durchhalten zu lassen, dass noch Leben in ihm steckt, wenn das Rettungsboot schließlich an den Strand gespült wird.

Vor dem Wal, dem Sturm und dem Scherwind ging es dem Alleinsegler, dem romantischen Pärchen und der Highschool-Klasse auf ihren Schiffen recht gut. Wenige Minuten danach trieben sie alle ausgekühlt, durchnässt und unter Schock in Rettungsbooten. Die »Albatross« sank zufällig auf einer Schifffahrtsstraße in den Bahamas: Am nächsten Tag wurden die überlebenden Schüler und Lehrer von einem Frachter aufgegabelt, der gerade einen Zirkus nach Florida brachte. Als Lucien Schlitz und Catherine Plessz ihre Jacht verloren, waren sie mitten im Mittelmeer. Ein Dutzend Schiffe fuhr an ihnen vorbei, bis sie zwei Wochen später endlich gerettet wurden. Steve Callahans Boot kollidierte hingegen vor der afrikanischen Atlantikküste mit dem Wal, sodass er vom Nordäquatorialstrom mitgenommen wurde – 2900 Kilometer vom nächsten Land entfernt: der Karibik.

Meere bedecken drei Viertel der Erde. Der Atlantik ist zwar nur halb so groß wie der Pazifik, aber das sind immer noch 88 Millionen Quadratkilometer. Callahan saß in einem gut anderthalb Meter langen Schlauchboot. Militärsatelliten können das Meer mit einer ausreichend hohen Auflösung fotografieren, um so ein kleines Boot zu lokalisieren. Allerdings bräuchte man eine Billion Fotos, um den Atlantik abzudecken. Da er keine Zeit gehabt hatte, einen Funknotruf abzusetzen, war Callahan klar, dass niemand wusste, wo man ihn suchen sollte. Es würde schon Wochen dauern, bis ihn überhaupt jemand vermissen würde.

Obwohl Menschen nur wenige Tage ohne Wasser überleben, sterben die meisten Schiffbrüchigen auf dem Meer nicht an Durst. Dazu leben sie nicht lang genug. Sie erliegen ihrer Dummheit, Angst und Verzweiflung – oder der Seekrankheit. Das Wort Nautik für Schifffahrtskunde und »nausea«, das englische Wort für Übelkeit, stammen von derselben griechischen Wurzel ab. Wer seekrank ist, fürchtet während der ersten Hälfte seiner Reise den Tod; in der zweiten Hälfte sehnt er ihn herbei. Seekrankheit ist jedoch kein Witz. Für einen Schiffbrüchigen kann sie tödlich sein.

»Harvey wankte entkräftet nach achtern und krümmte sich in Höllenschmerzen. Sein Kopf schwoll an; vor seinen Augen tanzten Funken; sein Körper schien leichter zu werden. Er wurde ohnmächtig und kippte vornüber. Eine Welle holte nach ihm aus, ergriff ihn und zog ihn fort. Das große Grün schloss sich über ihm.« Harvey ist zwar nur eine Romanfigur aus Rudyard Kiplings »Captains Courageous« (dt.: »Fischerjungs« bzw. »Kühne Kapitäne«), aber sein Leiden ist realistisch dargestellt.

Unsere Körper orientieren sich über drei Informationskanäle im Raum. Die Augen suchen nach ebenen, vermutlich horizontalen Oberflächen, um zu prüfen, ob wir geneigt sind. Lagesensoren in den Knochen und Gelenken spüren den Druck der Schwerkraft, der ebenfalls von unserer Haltung abhängt. Und die Flüssigkeit in einem Röhrensystem im Innenohr, den Bogengängen, ändert ihre Strömungsrichtung, wenn wir beschleunigen, uns drehen oder umkippen. Gemeinsam vermitteln sie uns ein recht genaues Bild von unserer Lage und unserer Bewegung – solange alle Informationen zueinander passen. Selbst ein erfahrener Seemann kann seekrank werden, wenn er sich plötzlich vom Himmel, dem Meer und einem Rettungsboot umgeben sieht und der sensorische Input aus diesen drei Quellen zu widersprüchlich wird. Seine Augen registrieren in der Ferne einen unbeweglichen Himmel und Horizont, in der Nähe aber wild schaukelnde Wellen. Deren Auf und Ab passt wiederum nicht zu den Signalen der körpereigenen Lagesensoren, die anderen Wellen – direkt unter dem Boot – ausgesetzt sind. Außerdem verquirlt das stampfende, rollende und sich drehende Boot die Innenohrflüssigkeit in alle Richtungen zugleich. Zusammengenommen reicht das aus, um einen krank zu machen.

Die Übelkeit kann nachlassen, wenn man sich übergibt, aber das verschlimmert die Situation, weil es dem Körper wertvolle Nahrung, Flüssigkeit und Elektrolyte raubt: Mineralstoffe wie Natrium, Kalium und Magnesium, die für die Nerven und andere Körpergewebe unentbehrlich sind. Seekrankheit erhöht den Energiebedarf – Erbrechen verbraucht Kraft und verringert den Energievorrat. Das hilflose Opfer wird geschwächt, trocknet aus und büßt, da ihm wichtige Rohstoffe für die Nervensignale fehlen, Geschicklichkeit, Urteilsvermögen und Lebenswillen ein.

Die ersten paar Tage auf einem Rettungsboot sind für das Überleben entscheidend. Anhaltende Seekrankheit kann den Unterschied zwischen Leben und Tod bedeuten. Wenn die Notfallapotheke des Rettungsbootes Medikamente gegen Schwindel enthält, Scopolamin oder Dramamin zum Beispiel, hat man Glück. Ansonsten kann Akupressur helfen. Mit zwei Fingern gegen die Mitte des inneren Handgelenks zu drücken stimuliert den Mediannerv, den Hauptnerv des Armes. Dadurch wird ein ständiger Impuls an das Gehirn gefunkt, der die widersprüchlichen Orientierungssignale stört und es leichter macht, sie zu ignorieren. Es wäre auch sinnvoll, in diesem Zustand nichts zu unternehmen, was Konzentration erfordert, zum Beispiel Vorräte zu verstauen, das Boot seetüchtig zu machen oder zu peilen, aber solche Aufgaben sind jetzt gerade lebensnotwendig. Schwimmen ist ein gutes Gegenmittel gegen Seekrankheit, aber im offenen Meer wimmelt es von Haien, die von zappelnden Gliedmaßen angelockt werden – vor allem, wenn im Wasser bereits Nahrungsbröckchen treiben, die man kürzlich ausgespieen hat. Manchmal ist die Therapie gefährlicher als die Krankheit.

Es gibt viele weitere Mittel gegen Seekrankheit wie tiefes Atmen oder Eis auf dem Nacken. Bei mir hat sich ein nasser Teebeutel auf der Stirn als höchst wirksam erwiesen. Was diese Behandlungsmethoden gemeinsam haben, ist der Placeboeffekt. Es gibt keine physiologischen Gründe, warum irgendetwas davon funktionieren sollte, zumindest sind mir keine bekannt, aber wenn der Leidende daran glaubt, dämpft das seine Angst. Die Furcht zu bekämpfen, die jeder Schiffbrüchige natürlicherweise empfindet, macht es ihm leichter, mit den widersprüchlichen Signalen fertig zu werden. Nach ein paar Tagen gelingt es dem Gehirn normalerweise, die Informationen aus den Augen, Gelenken und Ohren auseinander zu halten. Es lernt, sich am stärksten an der Flüssigkeit im Innenohr zu orientieren, die zuverlässig wie eine Wasserwaage funktioniert. Der Matrose gewinnt seine Seefestigkeit zurück, vorausgesetzt, sein Körper ist noch nicht irreversibel geschädigt – oder über Bord gegangen.

Der Ozean birgt 90 Prozent des Lebens auf Erden, aber für die 10 Prozent, die kein Salzwasser trinken können, ist er eine grausame Wüste. Schiffbrüchige wie Steve Callahan haben drei bis sechs Tage Zeit, um Süßwasser aufzutreiben; dann werden sie zu schwach zum Trinken und zu wirr, um sich zu erinnern, warum sie das wollten. Ohne Nahrung hält ein Körper zur Not wochenlang durch, aber er dörrt nach neun bis zwölf Tagen aus, wenn man ihm kein Wasser zuführt. Callahan war fast sofort durstig. Er hatte eine Menge Salz geschluckt, als er seine Notvorräte ins Schlauchboot geschafft hatte. Er hatte genug Nahrung und Wasser an Bord, um zwei Wochen durchzuhalten. Bis er in der Karibik Land erreichen würde, würden jedoch nach seiner Schätzung etwa drei Monate vergehen. Ihm war klar, dass vom Himmel kein Süßwasser zu erwarten war. Sein Floß wurde von einem Passat über den Atlantik geschoben, der aus der Sahara kam. Dort war die Luft völlig ausgetrocknet, und sie würde frühestens auf halber Strecke über den Ozean wieder genug Feuchtigkeit für einen Regenschauer aufgenommen haben. Auf ein Himmelsgeschenk konnte er also nicht zählen.

Verlassen konnte er sich jedoch auf das, worauf seine Spezies schon lange setzt, wenn es ums Überleben geht: angewandte Technik, die unzähligen Erfindungen, die es den Menschen ermöglicht haben, in Lebensräume einzudringen, an die sie sich körperlich nicht anpassen können. Callahan hatte eine Solardestille an Bord, ein einfaches, aber raffiniertes Gerät, das Salz- in Süßwasser verwandelt. Er hatte auch ein paar Angelhaken, Schnur und eine Harpune. Und dann war da noch das Rettungsfloß selbst, ein Quadrat aus luftgefüllten Gummischläuchen, das zum Teil mit einem gewölbten Schirm überdacht war, gerade hoch genug, um darunter zu sitzen. Der dünne Boden gab unter seinen Knien nach und schwankte wie ein Wasserbett, wenn er sich bewegte, aber das Dach hielt die Sonne ab, und die Seitenwände schützten ihn vor der See. Die Destille, das Angelzeug, das Floß und die Kenntnisse über ihre Handhabung waren ein Vermächtnis, das kreative Geister ihm überlassen hatten. Jetzt, da er vom Rest seiner Art völlig abgeschieden war, würde sein Überleben davon abhängen, wie gut er dieses Vermächtnis nutzte.

Ohne das Floß wäre Callahan binnen weniger Stunden von einem Hai gefressen worden oder ertrunken, ohne die Destille würde er binnen weniger Tage verdursten, ohne das Angelzeug würde er nach wenigen Wochen verhungern. Zwischen ihm und dem riesigen, kraftvollen, natürlichen Ökosystem war nichts als diese winzige, empfindliche, künstliche Schutzhülle, und er würde nur so lange überleben, wie er dieses künstliche Umfeld aufrechterhalten konnte.

Das Floß musste täglich gewartet werden. Im Laufe des Tages dehnte sich die Luft in den Kammern durch die Sonneneinstrahlung aus. Automatische Sicherheitsventile reduzierten den Druck auf die Wände. Wenn die Sonne sank, kühlte sich die Luft ab und zog sich zusammen, und die Seitenwände des Schlauchbootes hingen durch. Jede einzelne Kammer musste allabendlich mit einer Luftpumpe nachgefüllt werden – wenn sie Lecks hatte, auch öfter. Die Löcher waren nicht immer zu lokalisieren. Selbst wenn er sie fand, waren sie manchmal nicht erreichbar, und selbst wenn er sie erreichen konnte, waren sie nicht immer zu flicken. Lecks unterhalb der Wasserlinie ließen die See von unten eindringen, und jede unvorsichtige Bewegung konnte eine Seitenwand einknicken lassen und einen Schwall Meerwasser an Bord bringen. Oft, ja eigentlich ständig, musste er Wasser schöpfen, damit das Floß nicht wie eine Badewanne voll lief.

Auf dem stets nassen Boden hockend, versuchte Callahan stunden-, ja tagelang, seine Solardestille in Betrieb zu nehmen. Die Apparatur entpuppte sich als ziemlich heikel. Sie besteht aus einem Kunststoffballon, in dem seewassergetränkter, schwarzer Stoff liegt. Die Sonnenhitze lässt das Wasser verdampfen, sodass das Salz am Boden zurückbleibt. Der warme Wasserdampf steigt zur Oberseite des Ballons auf, die kühler ist als der stark erhitzte schwarze Stoff.

Kühle Luft kann nicht so viel Feuchtigkeit halten wie warme Luft, sodass an der Innenseite des Ballons Dampf kondensiert. Aus demselben Grund lässt zum Beispiel Körperwärme Brillen beschlagen. Der Dampf bildet Süßwassertröpfchen, die an der Innenseite des Ballons hinunterlaufen und in einer Kammer aufgefangen werden. Das System liefert Trinkwasser, funktioniert in der Theorie jedoch erheblich besser als in einem Rettungsfloß.

Callahan hatte zwar nicht die richtigen Zähne oder Greifarme, um Fisch zu fangen, aber mit einem Angelhaken und einer Harpune kann ein Mensch zum Meeresraubtier werden. In den ersten zwölf Tagen gelang es Callahan allerdings nur, einen Teil seiner eigenen Lebensmittel an die Fische zu verfüttern. Seine Vorräte waren auch ohne diese Umverteilung mager genug. Seit dem Schiffbruch hatte er nur drei Pfund Nahrung zu sich genommen. Seine Rationen reichten nur noch für vier Tage.

Auch mit der Harpune hatte er keinen Erfolg. Mit einem Speer zu fischen erfordert besonderes Augenmaß, denn das Bild, das man vom anvisierten Opfer hat, ist abgelenkt. Der Lichtstrahl, der vom Fisch ins Auge trifft, ist beim Übergang vom Wasser an die Luft gebeugt worden, sodass der Fisch weiter weg zu sein scheint, als er wirklich ist. Wie andere Autos im Rückspiegel sind Objekte unter Wasser meist näher, als man glaubt. Kormorane und Eskimos haben diese Schwierigkeit längst überwunden. Wenn ein Kormoran aus der Luft einen Fisch ortet und nach ihm taucht, stellen sich seine Augen sofort um, um den veränderten Brechungsindex auszugleichen und den Fisch unter Wasser gleich wieder im Blick zu haben. Da die Eskimos keine Kormoranaugen haben, lösen sie das Problem auf typische Menschenart – mit Intelligenz. Sie sammeln Erfahrungen und lernen, mit ihren Speeren ins scheinbar leere Wasser zwischen das Abbild des Fisches und ihr Boot zu zielen. Die Eskimos haben eine Methode entwickelt, ihre unzureichende körperliche Anpassung zu kompensieren. Oder, andersherum ausgedrückt, sie mussten keine anatomische Anpassung durchlaufen, weil sie fähig waren, ihr Verhalten zu ändern.

Da Callahan weder die Augen eines Kormorans noch die Erfahrungen eines Eskimos zur Verfügung standen, tat er sich mit der Jagd im offenen Meer sehr schwer. Nach etlichen Fehlversuchen hatte er begriffen, dass er sich auf einen kleinen Radius direkt unterhalb seines Speers konzentrieren musste. Die Bildablenkung wird mit der Entfernung größer. Wie er erkannte, war der Abstand, wenn er genau nach unten zielte, so klein, dass der Fisch und sein Abbild beinahe zur Deckung kamen. Genau diese Art von Problemlösung unter Stress ist zum Überleben notwendig. Leider spielten die Fische nicht mit: Nur wenige schwammen unter sein Boot. Stundenlang hockte Callahan regungslos und vornüber gebeugt am Rand des Floßes, als stehe er Modell für eine Jägerstatue.

Aber das Meer ist kein unversöhnlicher Feind. Ein Floß wirft einen Schatten. Für die Pflanzen und Tiere unter ihm stellt das Floß eine statische Insel dar, denn es wird ja von der Strömung mitgezogen und bewegt sich mit derselben Geschwindigkeit wie das Wasser ringsum. Der Boden des Floßes wird bald von Entenmuscheln besiedelt, dann auch von Weichtieren und Algen. Binnen weniger Tage wird er zum Hort für Würmer, winzige Krebse, Garnelen und andere Krustentiere. Kleine Fische sammeln sich unter dem Floß und schnappen nach den Leckerbissen an seiner Unterseite. Die kleinen Fische locken wiederum größere Fische an. Innerhalb von ein, zwei Wochen bildet sich ein marines Ökosystem heraus: eine Nahrungskette, die wortwörtlich am Boot festgemacht ist. Entenmuscheln setzen sich so zuverlässig an jedem Schiffsrumpf fest, dass die Seeleute früher glaubten, sie entstünden dort durch spontane Urzeugung. Sie sind leicht abzukratzen, und wenn man sie schält, kann man sie essen. Wenn man sie mit anderen Bewohnern der Floßunterseite kombiniert, erhält man ein Mahl, das grauenhaft riecht, aber gar nicht so übel schmeckt, wie es aussieht. Trotzdem: Um langfristig auf dem Meer zu überleben, muss ein Mensch Fische fangen.

Unter Callahans Floß regte sich allmählich das Leben. Endlich gerieten große Fische in sein eng begrenztes Jagdrevier. Am dreizehnten Tag hatte er so oft daneben gestoßen, dass er sich nicht mehr konzentrieren konnte. Geistesabwesend und halbherzig zielte er wieder, und zu seiner großen Verblüffung traf er. Das gut einen Meter lange Tier zappelte heftig, als er es an Bord hievte. Er musste unbedingt verhindern, dass das schnappende Maul oder die entblößte Speerspitze die Luftkammern des Floßes verletzten. In der Hoffnung, das Tier so zu lähmen, stach er ihm in die Augen, aber das machte seine Bewegungen nur noch wilder. Verzweifelt bemüht, sein Floß zu retten, rang er mit seiner Beute und brach ihr schließlich das Rückgrat.

Callahan hatte den Zweikampf um Leben und Tod gewonnen. Nun bereitete er sich darauf vor, seinen Gegner zu verspeisen. Sein Überlebensinstinkt, gepaart mit Hunger, hatte ihn in einen brutalen Killer verwandelt, aber jetzt, wo dieser primitive Trieb vorübergehend befriedigt war, wurde er von einer höheren Regung übermannt: einem Schuldgefühl, weil er so ein schönes Geschöpf vernichtet hatte: einen Delfin – ein Säugetier wie er selbst.

Die Fähigkeiten, Reue zu empfinden und Schönheit zu würdigen, wirken aus evolutionärer Sicht zunächst befremdlich. Wie die anderen höheren Empfindungen – etwa Zuneigung, Dankbarkeit, Pflichtgefühl, Treue, Ehre und Bereitschaft zur Selbstaufopferung – scheinen sie dem Überleben auf den ersten Blick im Weg zu stehen. Aber die natürliche Auslese hat die Entwicklung solch edler Gefühle gefördert. Sie treten bei höheren Tieren im Verbund mit scheinbar vorteilhafteren Gehirnfunktionen wie Intelligenz und Erinnerungsvermögen auf, und das ist wahrscheinlich kein Zufall. Vermutlich fördern sie das Überleben sowohl des Individuums als auch – vor allem – seiner Art, indem sie der Willenskraft ein Ziel geben, sie anregen und stärken.

So war es jedenfalls bei Dougal und Lynn Robertson, die mit ihren Zwillingssöhnen und deren Freund, alle drei Teenager, im Pazifik trieben, nachdem ihr 13-Meter-Schoner gut 300 Kilometer westlich der Galapagos-Inseln von Schwertwalen angegriffen und zerstört worden war. Was sie am Leben hielt, war der Gedanke, »die Jungs an Land zu bringen«, wie Lynn es ausdrückte. Ihr Verantwortungsgefühl motivierte sie noch stärker als der Selbsterhaltungstrieb. Wenn latente primitive Impulse und edle Gefühle am selben Strang ziehen, bilden sie gemeinsam eine starke Überlebenskraft.

Nach sieben Tagen in einem Rettungsboot dachten die Robertsons schon, ihr Martyrium sei zu Ende, als sie einen Frachter entdeckten, der auf sie zuhielt. Sie schossen Leuchtkugeln ab, winkten und schrien so laut sie konnten, bis der Anblick des riesigen Schiffes, das einfach vorbeifuhr, sie verstummen ließ. Bis dahin hatten sie auf Rettung gehofft und dadurch eine eher passive Geisteshaltung eingenommen. Die bittere Enttäuschung entfachte in ihnen einen trotzigen Willen. »Zum Teufel mit denen«, sagte Dougal. »Wir werden es ohne sie schaffen.«

Die Erkenntnis, ganz auf sich selbst gestellt zu sein, veränderte sie. Dougal spürte, »wie Stärke in mir aufstieg ... und die Aggressivität eines Raubtiers meinen Geist erfüllte. Wir waren nicht dumm und hatten einige Werkzeuge. Wir würden uns aus dem Meer ernähren. Von diesem Augenblick an wurde ich ein Wilder.«

Als Erstes brauchten sie Wasser. Ihre Vorräte gingen zur Neige, und sie hatten keine Solardestille. Der Himmel war wolkenlos, aber sie trieben nach Westen auf die Kalmenzone zu, eine Gegend im Pazifik, wo es häufiger regnet. Einfach nur den Mund aufzuhalten, sobald ein Schauer niederging, würde allerdings nicht ausreichen. Sie würden jeden verfügbaren Behälter füllen müssen, einschließlich des Eimers, in den sie pinkelten. Der beste Regenfänger war, wie sie wussten, das Dach ihres Rettungsfloßes. Wenn sie es richtig eindrückten, konnte es als Trichter dienen und das Wasser in die Gefäße lenken.

Und sie würden Nahrung brauchen. Ihre Fischfangbemühungen waren bislang fruchtlos geblieben. Unter dem Boot hatten sich nur kleine Fische versammelt, und größere hätten sie mangels Speer und Haken ohnehin nicht erwischt. Mit seinem Messer gelang es Dougal, ein paar kleine Exemplare zu erdolchen, aber das Fleisch, das sie abwarfen, glich die Kalorien, die er beim Fang verbraucht hatte, kaum aus – ganz zu schweigen von dem Energieverlust durch die ständige Furcht, das Messer zu verlieren.

Am selben Tag, als der Frachter sie von passiven Opfern in aktive Raubtiere verwandelt hatte, lieferte ein weiterer Gast des Meeres ihnen den Schlüssel zum Überleben: In der Leine des Treibankers, den sie ausgeworfen hatten, um das Floß zu stabilisieren, verfing sich eine Schildkröte. Sie fesselten rasch ihre Flossen, hievten das hilflose Tier an Bord und legten es auf den Rücken. Dougal hielt es am Schnabel fest und schnitt ihm die Kehle durch; Blut spritzte in alle Richtungen. Nachdem sie den Panzer abgehackt und das Innere zerlegt hatten, waren von der knapp 40 Kilogramm schweren Meeresschildkröte noch etwa 10 Kilogramm Fleisch übrig. Als sich Dougal das Blut von den Händen wusch, machte er sich klar, dass er vor dem Zwischenfall mit dem Frachtschiff wohl nicht zu so etwas imstande gewesen wäre. Jetzt würde er alles tun, was seine Familie am Leben hielt. Er war wild entschlossen, ihnen im Ökosystem des Ozeans eine Nische zu schaffen. Doch wenn der Mensch in einen Lebensraum eindringt, landet er nicht zwangsläufig an der Spitze der Nahrungskette. Dougal und seine Familie befanden sich irgendwo in der Mitte. Er wusch seine Hände lieber im Boot als im offenen Meer, da er fürchten musste, dass das Blut Lebensformen anlockte, die in der Nahrungskette über ihnen standen.

Der Hai ist vermutlich die effizienteste Tötungsmaschine, die die Evolution je hervorgebracht hat. Er hat bessere Mittel, ein Ziel aufzuspüren und zu vernichten, als ein Marschflugkörper. Haie sind vor etwa 400 Millionen Jahren entstanden – sie sind doppelt so alt wie die Dinosaurier. Einige Prototypen waren über 15 Meter lang. Wie viele Maschinen, die eine lange Entwicklung durchlaufen, wurden sie mit steigender Effizienz kleiner. Die modernen Modelle sind aber immer noch bis zu sechs Meter lang und können über 1800 Kilogramm wiegen, sind mithin länger und schwerer als die meisten Pkw.

Haie sind nicht klug – das haben sie nicht nötig. Sie verfügen über ein beachtliches Spektrum von Sinnesorganen, die sie zu ihren Zielen führen. Geräusche nehmen sie aus bis zu anderthalb Kilometern Entfernung wahr, und sie können einen Tropfen Blut oder Urin noch riechen, wenn er hundertmillionenfach verdünnt wurde. Ihre Nasenlöcher registrieren den Geruch unabhängig voneinander, sodass sie die Quelle durch Drehen des Kopfes genau anpeilen können. Sobald sie nur noch etwa hundert Meter vom Ziel entfernt sind, kommt ihr Seitenlinienorgan ins Spiel. Es besteht aus einer Reihe von flüssigkeitsgefüllten Löchern an beiden Körperseiten, die Vibrationen spüren, vor allem unregelmäßige, wie sie von einem kämpfenden Fisch oder einem strampelnden Schwimmer ausgehen. Hinzu kommt ein Restlichtverstärkersystem: Eine Schicht Silberkristalle an der Augenrückseite reflektiert das einfallende Licht, sodass es das Auge zweimal durchquert und dabei den Kontrast und die Bewegungswahrnehmung verstärkt. Wenige Meter vom Ziel entfernt werden die elektrischen Empfänger aktiviert. Diese mit Gel gefüllten Beutel im Kopf, die so genannten lorenzinischen Ampullen, reagieren extrem empfindlich auf den Strom, der bei Muskelbewegungen fließt: Sie können die Spannung einer einzigen Nervenzuckung wahrnehmen und so vielleicht auch nackte Angst spüren.

Haie lösen für gewöhnlich eine Menge Angst aus, so auch bei meinem Tauchpartner und mir während einer Fischbestandsaufnahme vor den Galapagos-Inseln. Plötzlich wurde es so dunkel, dass ich nicht mehr richtig auf meine Unterwassertafel schreiben konnte. Ich blickte nach oben und sah eine Schule von Hammerhaien, die über meinen Kopf hinweg schwammen und mir das Licht raubten. Ein neugieriges Exemplar stieß herab und stupste meinen Partner an. Das machen sie oft, bevor sie zubeißen, so wie ein wählerischer Marktbesucher vor dem Kauf eine Melone eindrückt. Rücken an Rücken gingen wir in Abwehrhaltung. Der Hai gesellte sich jedoch wieder zu seinen Artgenossen. Entweder hatte er keinen Hunger oder er war zu dem Schluss gekommen, dass mein Partner noch nicht reif war.

Auch wenn ein Hai sich manchmal friedlich verhält, ist sein Vernichtungspotenzial im Tierreich ohnegleichen. Sobald er ein Opfer ins Auge gefasst hat, krümmt er den Rücken, und sein ansonsten eleganter Schwimmstil wird hektisch. Die größten Haie schießen mit bis zu 60 Stundenkilometern an die Oberfläche und schlagen derart kraftvoll zu, dass sie oft gemeinsam mit ihrer Beute aus dem Wasser schnellen. Ein Haibiss ist eine Attacke von über zweihundert rasiermesserscharfen, dreieckigen Zähnen, die in mehreren Reihen wie Sägeblätter angeordnet sind, und die Kiefer schnappen mit der Gewalt eines Bulldozers zu. Im Oberkiefer stecken gut sechs Zentimeter lange Schneidezähne, und die Zähne des Unterkiefers sind nach innen gekrümmt, um die Beute festzuhalten. Haie können nicht kauen, also schütteln sie den Kopf nach links und rechts, um Fleischbrocken herauszureißen. Der erste Biss ist oft nur eine »Stichprobe«, was für den betroffenen Menschen oft kein echter Trost ist, da der Probierhappen durchaus ein ganzes Bein oder der halbe Brustkorb sein kann. Wenn der Hai dann zu dem Schluss kommt, dass er sich geirrt hat, schwimmt er desinteressiert davon, und zurück bleibt ein Opfer, das an seinen Verletzungen oder am Blutverlust stirbt.

Haie verwandeln Schiffbrüchige in Gefangene. Sie durchkreuzen alle Weltmeere. Die Gefahr, angegriffen zu werden, hindert einen daran, das Floß auch nur für ein kurzes Bad zu verlassen, und pfercht einen in einen Raum, der kleiner ist als jede Gefängniszelle und nicht ausreicht, um den körperlichen Verfallserscheinungen durch lange Bewegungslosigkeit mit entsprechenden Übungen zu begegnen. Haut, die ständig mit einer Oberfläche in Kontakt ist, liegt sich durch – egal, ob es sich um ein Bettlaken oder ein Gummifloß handelt. Dieser Abbauprozess wird durch ätzende Flüssigkeiten wie Harn oder Salzwasser noch beschleunigt. Wenn jemand zu krank ist, um zu essen oder keine Nahrung findet, baut sich die schützende Unterhautfettschicht ab, und die Knochen können sich durch die geschwächte Haut bohren. Bettlägerige Patienten, die nicht gefüttert, gewaschen und regelmäßig gewendet werden, bekommen offene Stellen, in denen manchmal sogar Knochen zu Tage treten. Schiffbrüchige, die keine Gymnastik betreiben können, haben ganz ähnliche Probleme, die durch das allgegenwärtige Salz, das unweigerlich in die Wunden gerät, umso schmerzhafter sind.

Und auch der Geist bleibt nicht verschont: Das Floß nicht verlassen zu können, kann Gefängniskoller auslösen, und der Anblick der Haie, die einem folgen, erinnert einen ständig daran, was passieren wird, wenn das Floß sinkt.

Zwar ist der Platz des Menschen in der Nahrungskette unterhalb des Hais angesiedelt, aber er steht immerhin über den meisten anderen Meeresbewohnern. Da alle Hochseefische essbar sind, können Menschen bedenkenlos alles verspeisen, was sie in die Finger bekommen. Speere sind die besten Jagdwaffen. Findige Schiffbrüchige haben sich Speere gebastelt, indem sie Messer an Stöcke banden, und haben nachts mit Taschenlampen oder Spiegeln, die das Mondlicht reflektierten, Fische an die Oberfläche gelockt. Sicherheitsnadeln, Kompassnadeln und Fischgräten geben gute Angelhaken ab. Zwieback oder Entenmuscheln können als erste Köder dienen; aus dem ersten gefangenen Fisch lassen sich dann bessere gewinnen. Alles von einem Seil über Hemdsärmel bis zu Schnürsenkeln taugt als Angelschnur. Sogar ohne Köder, ohne Haken und ohne Schnur kann man einen Fisch fangen: Ein verzweifelter Seemann ließ seinen Finger ins Wasser baumeln und griff sich den kleinen Fisch, der hineinbiss.

Maralyn Bailey, die mit ihrem Ehemann Maurice 117 Tage im Pazifik trieb, dachte ebenfalls schon daran, ihre Finger als Angelhaken einzusetzen, aber dann kam ihr eine weniger schmerzhafte Methode in den Sinn. Sie schnitt ein großes Loch in die Seite eines Petroleumkanisters, legte Köder hinein und senkte den Kanister an seinem Griff ins Wasser. Sobald ein Fisch hineinschwamm, holte sie das Gefäß ein und goss den Inhalt auf den Boden des Bootes. Auch mit einem Strumpf lässt sich Nahrung aus dem Meer schöpfen. In den Ozeanen wimmelt es von winzigen Organismen, die einfach im Wasser treiben: Plankton und Krill. Sie sind die beliebtesten Meeresfrüchte der Welt, zumindest bei den Walen. Ein Nylon- oder Seidenstrumpf, den man durchs Wasser zieht, kann als Planktonnetz dienen und wird bald eine Portion einer übel riechenden, abstoßend aussehenden, aber äußerst nahrhaften Suppe enthalten.

Thor Heyerdahl, der berühmte norwegische Anthropologe und Abenteurer, setzte diese einfache Technik und viele weitere Tricks ein, als er mit seinem Balsafloß, der »Kon-Tiki«, den Beweis antrat, dass die Menschheit schon in der Vorgeschichte fähig war, riesige Ozeane zu überqueren. Eine weitere Methode des Nahrungserwerbs nutzt die Gewohnheiten eines kleinen Fisches, des Schiffshalters, der sich mit einem Saugnapf an der Oberseite seines Kopfes an größeren Fischen festhält. Als er einen Schiffshalter gefangen hatte, aß Heyerdahl ihn nicht auf, sondern band ihm eine Schnur um den Schwanz und warf ihn wieder ins Wasser. Der Schiffshalter saugte sich schon bald an einem anderen Fisch fest, und zwar so stark, dass beide gemeinsam auf dem Deck landeten, als Heyerdahl die Leine einholte. Diese alte Methode wird von den Polynesiern noch heute genutzt: ein Beispiel für die lange Geschichte der Ausbeutung der Tiere durch den Menschen. Die Tradition gewann an Aktualität, als Maralyn und Maurice Bailey sie übernahmen, um am Leben zu bleiben.

Auch ohne eine Destille oder einen Regenwasserkollektor, ohne einen Speer oder Angelhaken, ja selbst ohne Strümpfe kann man dem Meer noch Nahrung abtrotzen. Tatsächlich hatte der Schiffbrüchige, der den Rekord für das längste Überleben hält – und vielleicht auch für den größten Erfindungsreichtum –, keines dieser Hilfsmittel zur Verfügung, wohl aber einen unbändigen Überlebenswillen: Poon Lim. Der chinesische Matrose diente während des Zweiten Weltkriegs in der Britischen Handelsmarine, und sein Schiff wurde im Südatlantik von einem U-Boot torpediert und versenkt. Allein auf einem offenen Holzfloß treibend, schaffte er es, 130 Tage am Leben zu bleiben. Um an Trinkwasser zu gelangen, riss er seine Schwimmweste auf, sodass sich das Segeltuch in ihrem Inneren bei jedem Regenguss voll saugen konnte. Um Nahrung zu fangen, bog er zunächst eine Feder aus seiner Taschenlampe zu einem Angelhaken; später zog er mit den Zähnen Nägel aus dem Holz des Floßes und machte daraus weitere Haken. Er ribbelte ein schweres Hanfseil auf, um eine Angelschnur zu gewinnen, und hängte Zwieback an die Haken. Wenn er einen Fisch fing, schnitt er ihn an der scharfen Kante der Zwiebackdose in Stücke.

Poon Lim wurde schließlich vor der Küste Brasiliens von einem Fischerboot aufgenommen. Er hatte sich über vier Monate aus dem Meer ernährt und trotzdem nur 13–14 Kilogramm abgenommen. Er musste noch drei Tage warten, bis er Festland unter den Füßen spürte, da er seinen Rettern so fit erschien, dass sie keinen Grund sahen, mit leeren Netzen heimzukehren.

Theoretisch muss niemand auf hoher See verhungern, denn man ist permanent von frischer Nahrung umgeben. Aber sie ist nicht leicht zu erwischen, und das, was man fängt, ergibt nicht gerade ausgewogene Mahlzeiten. Ein Mensch sollte etwa 60 Prozent Kohlenhydrate zu sich nehmen, unseren wichtigsten Treibstoff, den der Körper zudem nicht selbst herstellen kann. Wir gewinnen ihn, indem wir Pflanzen essen – oder wenigstens Tiere, die wiederum von Pflanzen leben. Aber die Algenbüschel, die sich an der Unterseite eines Bootes festsetzen, sind ungenießbar, und Meeresfische sind keine Weidetiere. Um seine volle körperliche Leistungsfähigkeit zu erhalten, muss ein Mensch etwa ein Pfund Kohlenhydrate am Tag zu sich nehmen, aber im Ozean kommen sie nicht in nennenswerter Menge vor.

Kohlenhydrate sind reiner Kraftstoff. Sie sind nur aus Kohlenstoff, Wasserstoff und Sauerstoff aufgebaut, drei Elementen, die bei der Verbrennung im Körper viel Energie freisetzen. Einfache Verbindungen dieser drei heißen Zucker. Zucker brennen wie Papier. Sie sind leicht entflammbar, brennen schnell und halten nicht lange vor: ein kurzes Auflodern. Wenn dieselben drei Elemente komplexere Gebilde formen, reden wir von Stärken. Stärken brennen wie Holz: Sie benötigen mehr Hitze, um in Gang zu kommen, aber wenn sie einmal losgelegt haben, dann brennen sie viel länger und setzen dabei viel mehr Energie frei. Kohlenhydrate haben keine andere Aufgabe im Körper, als Wärme und Kraft zu spenden. Die Leber und die Muskeln speichern sie als rasch verfügbare Kraftstoffreserven. Sobald diese Depots gefüllt sind, werden überschüssige Kohlenhydrate in Fett umgewandelt, indem ihnen etwas Sauerstoff entzogen wird und dieselben drei Elemente in einer kompakteren Struktur neu zusammengesetzt werden. Fett ist ein Treibstoffkonzentrat, in dem die Energie langfristig eingelagert wird. Menschen gewinnen ihr Fett nicht nur durch Umwandlung überschüssiger Kohlenhydrate, sondern auch direkt durch den Verzehr von Tieren, die diesen Speichervorgang bereits vollzogen haben. Anders als die Kohlenhydrate sind Fette für viele Lebensfunktionen des Körpers unentbehrlich, zum Beispiel bei der Blutgerinnung, der Hormonproduktion, der Verdauung und in der Isolierschicht um die Nerven. Der größte Teil wird jedoch in den sonst leeren Fettzellen eingelagert, die fast überall im Körper vorhanden sind, vor allem am Bauch, an den Hüften und am Hintern, wo die Vorräte manchmal allzu offensichtlich werden. Eine Gewichtseinheit Fett liefert doppelt so viel Energie wie dieselbe Menge an Kohlenhydraten. Anders ausgedrückt: Um ein Pfund Fett abzubauen, muss man doppelt so viel arbeiten wie zum Verbrennen von einem Pfund Kohlenhydraten. Deshalb macht fettes Essen so leicht dick.

Unsere Nahrung sollte zu höchstens 25 Prozent aus Fett bestehen. Diese Diätvorschrift bereitet Schiffbrüchigen keine Probleme. Sie leben von Fisch, der weniger als ein Prozent Fett enthält – und so gut wie keine Kohlenhydrate. Dass man Fische dennoch essen kann, liegt daran, dass sie größtenteils aus Eiweißen bestehen. Um vom menschlichen Organismus als Nahrung wahrgenommen zu werden, muss eine Substanz kohlenstoffhaltig sein. Um essbar zu sein, muss sie außerdem Wasserstoff und Sauerstoff in einer Form enthalten, die die Verdauungsenzyme abbauen und weiterverwerten können. Außer Kohlenhydraten und Fetten erfüllen nur noch die Eiweiße oder Proteine diese Kriterien. Aber Eiweiße enthalten außerdem Stickstoff, wodurch ihr Aufbau erheblich komplexer ist als bei den anderen beiden Stoffen. Das zusätzliche vierte Element macht die Bildung einer Reihe von Verbindungen möglich, die Aminosäuren genannt werden und in allen möglichen Kombinationen zu Proteinen mit ganz unterschiedlichen Eigenschaften verkettet sind. Jedes Protein wird von einem Gen codiert, und sie bilden die Hauptmasse der Muskeln und Knochen sowie zentrale Bestandteile von Hormonen, Enzymen, Antikörpern und jenen Zellen, die Gewebeschäden ausbessern. Sie erfüllen in jeder lebenden Zelle wichtige Aufgaben. Aber so komplex Proteine auch sind, sie enthalten so viel Kohlenstoff, Wasserstoff und Sauerstoff, dass sie außerdem als Nahrung taugen.

Ein gewisses Maß an Eiweißzufuhr ist nötig, um den Stickstoff zu gewinnen, der in neuen Zusammensetzungen in die menschlichen

Proteine eingebaut wird. Sobald der Stickstoff ausgebaut worden ist, kann der Rest als Treibstoff verbrannt werden. Ein zu hoher Proteinanteil an der Nahrung überlastet jedoch die Fähigkeit des Körpers, diese Stoffe zu verarbeiten und wieder auszuscheiden. Normale Nahrung besteht zu etwa 15 Prozent aus Proteinen, eine reine Meeresfrüchte-Diät hingegen zu fast 100 Prozent. Da Eiweiße so komplexe Verbindungen sind, benötigt ihr Abbau fünfmal so viel Energie wie bei den Kohlenhydraten, und der ungenutzte Stickstoff muss stark verdünnt werden, um durch die Nieren in den Urin zu gelangen. Wer sich ausschließlich von Eiweißen ernährt, zwingt seinen Körper, große Mengen Energie und Wasser zu verbrauchen – ein besonderer Luxus für einen hungrigen und durstigen Schiffbrüchigen.

Der Supermarkt der Meere enthält also keine Kohlenhydrate und kaum Fette, aber einen schier unbegrenzten Vorrat an Proteinen, die in unterschiedlichster Verpackung um das Boot schwimmen. Ein Schiffbrüchiger, dem es gelingt, sie zu fangen, ernährt sich zwar überhaupt nicht ausgewogen, aber er bleibt am Leben.

Bereits nach wenigen Wochen sah Steve Callahans Rettungsfloß wie ein Fischmarkt aus – und roch auch so. Die Fische waren nicht leicht zu fangen, also war er, wenn er einen erwischt hatte, meist ziemlich ausgehungert. Als Erstes schnitt er das Herz und die Leber heraus und verschlang sie: Sie halten sich nicht lange, schmecken am besten und sind am nahrhaftesten, vor allem die Leber. Lebern sind chemische Fabriken voller Vitamine und Mineralien, die in den anderen Organen in diesen Mengen nicht vorkommen. Im aufgeschlitzten Magen fand er manchmal einen Bonus: halb verdauten Fisch, der genießbar wurde, sobald er die bitteren Verdauungssäfte abgespült hatte. Als Nächstes schnitt Callahan die Muskeln in dünne Streifen, von denen er einige sofort aß, weil sie leichter zu schlucken sind, solange sie noch feucht sind. Den Rest hängte er an Schnüren am Floßdach auf, denn was er nicht in der Sonne dörrte, verdarb binnen Stunden. Alle ungenießbaren Teile sammelte er im Boot, zum Teil, um sie als Köder zu gebrauchten, zum Teil, weil er es nur wagte, Fischabfälle über Bord zu werfen, wenn eine starke Strömung sie schnell genug von ihm fortführte, um keine Haie anzulocken.

Die Robertsons und die Baileys ernährten sich in erster Linie von Schildkröten. Ein 35 bis 40 Kilogramm schweres Tier liefert knapp 10 Kilogramm Eiweiß und 4 Kilogramm Fett; sie sind also nahrhafter als Fische. Außerdem gibt es bei Weibchen immer die Chance, dass sie Eier enthalten – ein erheblich appetitlicheres Extra als halb verdauter Fisch.

Dann gab es noch die Geschenke des Himmels, von denen sie alle profitierten. Ein Floß lockt Seevögel an, die einen Ruheplatz suchen – umso mehr, wenn es nach Fisch und Blut riecht. Wenn sie einmal gelandet sind und ihre Flügel zusammengefaltet haben, kann man sie fangen, indem man ein Stück Stoff oder ein Hemd über sie wirft; dann erwürgt man sie oder dreht ihnen den Hals um. Die ganze Haut abzuziehen ist leichter, als sie zu rupfen. Wer allerdings glaubt (oder zumindest nicht ausschließen will), dass Seevögel die rastlosen Seelen ertrunkener Seeleute sind, wird sich schwer tun, sie zu essen. Die Tiere fressen Plankton, der oft biolumineszent ist. Nachts können die Überreste erlegter Vögel daher wie Geister leuchten.

Eine weitere Gabe des Meeres, die einen durch die Luft erreicht, sind fliegende Fische: kleine Fische, die nachts oft von Delfinen gejagt werden. Wenn sie spüren, dass der Feind sie einholt, springen sie aus dem Wasser und gleiten manchmal über 25 Meter weit durch die Luft – in der Hoffnung, an einer sichereren Stelle zu landen. Es ist aber nicht ungewöhnlich, dass ihre verzweifelte Flucht stattdessen in einem Boot endet. Wenn man jede Nacht ein Laken oder eine ähnliche Barriere in der Mitte des Floßes aufspannt, erhöht man die Chance, am Morgen etwas zum Frühstück vorzufinden.

Das größte Himmelsgeschenk ist jedoch der Regen. Selbst wenn ein Schiffbrüchiger reichlich Nahrung hat, ohne Trinkwasser bekommt er sie nicht herunter. Die meisten chemischen Reaktionen und Körperfunktionen sind auf Wasser angewiesen, wohl ein Erbe jener Zeit, als sich das Leben auf die Urmeere beschränkte. Die ersten chemischen Reaktionen, aus denen Leben entstand, spielten sich im Wasser ab, und obwohl die Organismen sich seither enorm weiterentwickelt haben, haben sie die Erinnerung an ihre Anfänge nie abgeschüttelt. Die Menschen leben zwar nicht mehr im Meer, aber sie tragen es quasi in sich. Zwei Drittel des menschlichen Körpers bestehen aus Wasser, gut verteilt über alle Zellen. Das Wasser erfüllt in ihnen viele Aufgaben und strömt auch zwischen den Zellen, Geweben und Organen hin und her, um zum Beispiel die Verdauung und den Blutkreislauf zu ermöglichen. Bei diesen Prozessen wird ein Teil des Wassers in andere Verbindungen eingebaut, ein anderer Teil geht über die Atemluft, den Schweiß und den Urin verloren. Ohne Nachschub kann ein Mensch nicht länger als fünf, sechs Tage aktiv bleiben, nach zehn bis zwölf Tagen stirbt er. Alle Landlebewesen sind letztlich auf Regen als Süßwasserquelle angewiesen. An Land sammelt er sich in Seen und Flüssen; ein Gefangener der Hochsee muss ihn selbst auffangen. Ein Liter am Tag reicht zum Überleben aus, aber schon diese Menge ist oft kaum zusammenzubekommen.

Die Robertsons mussten für fünf Leute Wasser sammeln, wozu sie in erster Linie das Dach ihres Floßes benutzten, das sie an einer Stelle eindrückten, um es zu einer Art Trichter zu formen, sodass die Ausbeute in ihre Gefäße floss. Da das Dach ständig der salzigen Luft und der Versprödung durch die Sonneneinstrahlung ausgesetzt war, enthielt der erste Schwung stets Salz und Stückchen gelben Gummis. Dieses Putzwasser sammelten sie in einem Extrabehälter, damit es den Rest nicht verdarb.

Da sie es sich nicht leisten konnten, auch nur einen Tropfen zu verschwenden, kam Lynn Robertson, die Krankenschwester war, auf die Idee, damit Einläufe zur Rehydrierung zu machen. Der Mastdarm ist mit einer Membran ausgekleidet, die Wasser herauszieht: So werden die Nahrungsreste, die das Verdauungssystem passiert haben, zu Kot verfestigt. Seevögel, die das Meer überqueren, haben ähnliche Membranen in der Kehle, um Wasser zu gewinnen. Wenn sie Meerwasser aufnehmen, hält die Membran das Salz zurück, sodass die Vögel Süßwasser schlucken. Da sie annahm, dass die rektale Membran das Salz und die Gummistückchen aus dem ungenießbaren

Regenwasser herausfiltern würde, verband Lynn ein Stück Gummischlauch mit dem Behältnis und dem Blasebalg, mit dem sie immer wieder Luft in das Floß pumpten, und gab allen ihren Angehörigen ein Klistier. Der Teenager, der nicht zur Familie gehörte, verweigerte sich dieser Behandlung. Dougal zog in Erwägung, ihn zu zwingen, kam aber zu dem Schluss, dass es letztlich besser für den Jungen war, weniger Wasser zu bekommen, als sich einer Prozedur zu unterwerfen, die er so erniedrigend fand, dass sie seinen Willen brechen konnte. Eine gute Gemütsverfassung ist wichtig fürs Überleben.

Menschen können sogar die dürrsten Wüsten durchqueren, in denen es nie regnet, wenn sie nur die unterirdischen Wasservorräte aufspüren können. Auch in den Meeren gibt es Süßwasseroasen: kleine, mobile Container trinkbarer Flüssigkeit in der Gestalt von Fischen, Schildkröten und Vögeln. Meerestiere können zumindest einen Teil des benötigten Wassers liefern, wenn man nur weiß, wo man suchen muss. Das Blut frisch erlegter Schildkröten oder Vögel lässt sich in der Minute, bevor es gerinnt, wie Bratensaft trinken. Aus einer mittelgroßen Schildkröte lassen sich etwa vier Tassen abzapfen, wenn man ihr die Halsschlagader durchtrennt und sie ausbluten lässt. Auch Schildkrötenfleisch und Fischfilets enthalten Feuchtigkeit, und man kann sie vor dem Trocknen extrahieren, indem man die Stücke in ein Hemd wickelt und auspresst. Das Rückenmark ist in einer flüssigkeitsgefüllten Schutzhülle eingeschlossen, die Stöße dämpft. Bricht man das Rückgrat eines Fisches nahe dem Schwanz auf, so gelangt man an eine Röhre, aus der man diese wässrige, zuckerhaltige Zerebrospinalflüssigkeit heraussaugen kann. Auch die Augen sind mit zwei transparenten Flüssigkeiten gefüllt, dem Kammerwasser und dem Glaskörper, die es dem Licht ermöglichen, von der Hornhaut an der Vorderseite zur Netzhaut oder Retina an der Rückseite zu gelangen. Fischaugen kann man wie Weintrauben essen: Man kaut sie und spuckt die Haut wieder aus.

Das Meer nach Trinkwasserdepots zu durchsuchen ist harte Arbeit, und unter der heißen Sonne kann die Ausbeute durchaus geringer ausfallen als der Schweiß, den man unterdessen vergossen hat. In der Hoffnung auf Regen behalten Schiffbrüchige den Himmel immer im Auge, aber ihre Sammelmöglichkeiten sind durch das Fassungsvermögen der Gefäße an Bord beschränkt. Da sie nicht wissen, ob und wann der nächste Regen fällt, nippen sie vorsichtig an ihren Reserven und trinken nie so viel, dass ihr unerbittlicher Durst zumindest einmal gestillt würde. Dann kommt der nächste Schauer womöglich so bald, dass die Vorratsgefäße noch fast voll sind, und außerdem bringt jedes Unwetter die Gefahr mit sich, dass das Boot untergeht. So erleben Schiffbrüchige Regengüsse durchaus ambivalent: Sie hoffen, dass es genug sein wird, und fürchten zugleich, dass es zu viel sein könnte. Und außerdem quält sie das Wissen, dass sie von lauter Wasser umgeben sind, aber nichts davon trinken dürfen.

»Wasser, Wasser all überall her – kein Tropfen des Trunks war zu holen«, sagt der alte Seefahrer in Samuel Taylor Coleridges Ballade »The Rime of the Ancient Mariner«, und das Überlebenshandbuch der US-Marine pflichtet ihm bei. Trotzdem können viele Seeleute der Versuchung nicht widerstehen. Erst spülen sie nur den Mund mit Meerwasser, dann verschlucken sie »versehentlich« ein wenig. Das Gefühl in der Kehle ist wohltuend. Sie verlieren die Kontrolle, nippen erneut, nehmen dann große Schlucke. Ihr Durst wird schlimmer und verführt sie dazu, noch mehr zu trinken. Schon bald handeln die Schiffbrüchigen irrational, halluzinieren und wollen auf dem Wasser spazieren gehen und bestätigen so das Seemannssprichwort: »Meerwasser macht wahnsinnig.« Das Trinken von Salzwasser ist nach Unterkühlung die zweithäufigste Todesursache auf Rettungsflößen.

Aber warum ist das so? Wir nehmen doch ständig Salz zu uns, weshalb also ist es tödlich, Seewasser zu trinken? Weil es die Zusammensetzung des Blutes verändert, eines komplexen chemischen Gemisches, das etwa ein Prozent Salz enthält, verglichen mit etwa drei Prozent Salz im Seewasser. Blut ist unser einziges flüssiges Organ, und es strömt überallhin und kommt mit nahezu jeder Zelle des Körpers in Kontakt. Chemische Sensoren überwachen ständig seine Inhaltsstoffe und reagieren sehr intolerant auf Salz, ob es nun aus dem Meer, von Laugenbrezeln oder aus irgendeiner anderen Quelle stammt. Sobald Salz einmal in einer Flüssigkeit gelöst ist, wird man es schwer wieder los. Man denke nur an eine versalzene Suppe: Die einzige Möglichkeit, sie zu retten, besteht in der Verdünnung mit Trinkwasser. Der Körper hält es genauso. Die Nieren können einen Teil des gelösten Salzes herausfiltern und mit dem Harn ausscheiden, aber bei Überlastung nehmen sie Schaden. Wie bei der versalzenen Suppe kann eine falsche Zusammensetzung des Blutes am leichtesten durch Hinzufügen von Wasser korrigiert werden. Im Körper heißt dieser Vorgang Osmose. Wenn die Blutsensoren zu viel Salz in der Suppe finden, senden sie Signale an das Gehirn, die Durst auslösen. Deshalb gibt es in vielen Bars gesalzene Erdnüsse umsonst: Man bestellt leichter ein zweites Glas Bier und setzt es erst ab, wenn man das aufgenommene Salz ausreichend verdünnt hat.

Wenn der Salzgehalt von Seewasser allerdings auf unter ein Prozent gedrückt werden könnte, würde jeder Schluck dazu beitragen, das Blut zu verdünnen. Die Steuersysteme des Körpers würden den normalen Salzgehalt wieder einstellen, indem sie Wasser in die Zellen verlagern. Thor Heyerdahl und seine Crew haben ihre Atlantiküberquerung dank dieses Prinzips überlebt. Sie hatten die Binsen für ihr Boot, die »Ra II«, unwissentlich in der falschen Jahreszeit geschnitten, in der die Stängel nicht wasserfest sind. In der Folge saugte sich das Floß nach und nach mit Wasser voll. Um nicht ganz unterzugehen, warf die Crew einen Großteil ihrer Vorräte über Bord, darunter einige schwere Wassertanks. Dadurch wurde das Floß so leicht, dass sie weiterfahren konnten, aber sie hatten zu wenig Trinkwasser. Da das Meer dort, wo sie segelten, weniger als drei Prozent Salz enthält, mischten sie je einen Liter Seewasser mit zwei Litern Trinkwasser, wodurch sie ihre Vorräte um 50 Prozent aufstocken konnten – gerade genug, um Südamerika zu erreichen.

Was geschieht aber, wenn es nicht regnet und das Floßdach trocken bleibt, die Dosen und Stiefel leer sind oder die Destille nicht funktioniert? Die Salzkonzentration im Blut bei einem Prozent zu halten hat eine hohe Priorität – lebenswichtige chemische Reaktionen hängen davon ab –, daher wird der Körper, wenn er von außen kein

Wasser erhält, von seinen eigenen Reserven zehren: Die Zellen geben Flüssigkeit an das vorüberströmende Blut ab. Nach wenigen Tagen zeigen die hochempfindlichen Gehirnzellen Austrocknungserscheinungen: Die chemischen und elektrischen Systeme entgleisen oder setzen aus. Ein Mensch, der überhaupt kein Wasser zu sich nimmt, wird nach drei bis vier Tagen bewusstlos und stirbt nach sieben bis zehn Tagen. Wer Seewasser trinkt, wird ebenfalls nach sieben bis zehn Tagen sterben, aber bis fast zum Ende bei Bewusstsein bleiben. Das liegt daran, dass der Körper jeden Tag ein wenig Salz ausscheidet. Wenn man den Meerwasserkonsum auf einen halben Liter am Tag beschränkt, sammelt sich das Salz nur langsam an, und die Körperzellen können weiterhin Wasser aufnehmen. Nach etwa einer Woche wird die Salzkonzentration jedoch die Nieren überfordern, und sie stellen die Arbeit ein. Für einen Schiffbrüchigen können die drei oder vier Tage, die er so gewinnt, gerade die Gnadenfrist sein, in der sich Fische unter seinem Floß ansammeln oder er ein vorüberfahrendes Schiff auf sich aufmerksam machen kann.

Wenn das Schiff überhaupt existiert. Austrocknung kann lebhafte Halluzinationen auslösen, wie sich mein Freund und Segelgefährte Norman Baker eines Tages erinnerte, als wir vor dem Mittagessen im Explorers Club einen Drink zu uns nahmen. »Das letzte Mal, als ich eine Cocktail-Kellnerin in so einer weißen Schürze gesehen habe, saß ich auf einem Floß mitten im Atlantik.« Norman war der erste Offizier jener Ra-II-Expedition gewesen, die einen Großteil ihrer Wasservorräte über Bord gekippt hatte, um nicht unterzugehen. Zunächst war Normans Kellnerin nur ein wiederkehrender Traum gewesen, aber als er an einem heißen, windstillen Nachmittag an Deck saß, tauchte sie plötzlich neben ihm auf und bot ihm ein Glas kaltes Wasser an. Er war sehr versucht, anzunehmen. Er war seit dreiundvierzig Tagen mit acht Leuten auf einem Zwölf-Meter-Floß zusammengepfercht. Dass er ihr widerstehen konnte, lag einzig an der Einsicht, dass sie ihm schon früher aufgefallen wäre, wenn sie wirklich existiert hätte. Und doch war sie für ihn ebenso real wie der Durst und die Hitze und die Einsamkeit. Woher war sie gekommen? Norman hätte gerne geglaubt, dass sie mitten im Ozean an Bord geschwommen war, aber er war ja nicht verrückt – noch nicht zumindest. Sie war nicht dem Meer entstiegen, sondern seinem Kopf.

Sinnestäuschungen können ebenso überzeugend sein wie echte Wahrnehmungen. Das Gehirn ist im Schädel eingeschlossen und kann nicht sehen, hören, riechen, schmecken oder tasten. Genau wie sich ein Kommandant in einem Bunker auf die Berichte seiner Soldaten draußen im Feld verlassen muss, ist das Gehirn auf die eingehenden elektrischen und chemischen Signale angewiesen, um sich ein Bild davon zu machen, was draußen vorgeht. Wenn die Informationen falsch sind, wird auch das Lagebild falsch sein. Die einzige Möglichkeit für den Kommandanten oder das Gehirn, solchen Fehlern auf die Schliche zu kommen, ist das logische Denken, mit dem das Bild als trügerisch entlarvt werden kann.

Im Überlebenskampf muss das Gehirn ständig eingehende Signale auf Bedrohungen und günstige Gelegenheiten prüfen. Es bleibt sogar im Schlaf aktiv, allerdings mit reduzierter Wachsamkeit. Es ist auf Dauerbetrieb ausgelegt. Wenn das Niveau der Stimulation von außen zu sehr absinkt, wird es Signale aus dem Inneren aufgreifen und verstärken oder sogar ganz neue entwickeln. Nach Amputationen treten gelegentlich Phantomschmerzen auf, wenn das Gehirn, das plötzlich von dem amputierten Körperteil gar keine Signale mehr empfängt, selbst Signale hervorbringt, die den vertrauten Input von diesem Teil ersetzen. Ich habe einmal einen Bassisten behandelt, nachdem ihm in einem New Yorker Jazzclub ein betrunkener Gast, dem offenbar die Musik missfiel, die Hand weggeschossen hatte. Der Musiker sagte, dass er noch Monate später immer dann, wenn jemand gut Bass spielte, spürte, wie seine fehlende Hand »schmerzvoll zum Leben erwachte«.

Wenn das Gehirn nicht stark genug angeregt wird, unterhält es sich selbst. Gefühle und Erinnerungen gehen mit einer Menge elektrochemischer Aktivität einher. Die Signale, die dabei ausgesandt werden, sind kraftvoll und gut strukturiert. Die Sehrinde, der Teil des Cortex, in dem die von den Augen gelieferten Informationen verarbeitet werden, leuchtet bei einer Schädeltomographie einer Person, die sich eine Szene vorstellt, fast genauso stark auf wie bei jemandem, der dasselbe wirklich sieht. Normalerweise ist das falsche Bild etwas weniger intensiv, weil es mit Signalen von außen vermischt wird, die das Gehirn im selben Moment empfängt. Aber wenn es keine solchen Signale und damit keine Konkurrenz gibt, haben die Gefühle und das Gedächtnis freie Bahn, jedes Bild heraufzubeschwören, das ihnen vorschwebt. Im Fall von Norman Baker, der auf einer langen Reise in rein männlicher Gesellschaft unter der heißen Sonne stumpfsinnig dasaß, liegt auf der Hand, warum er eine hübsche Kellnerin sah, die ihm etwas zu trinken anbot. Seine Halluzination war umso lebendiger, weil er wollte, dass sie wahr wäre. Nur durch den Einsatz seiner höchsten geistigen Kapazitäten, durch Vernunft und Disziplin, konnte er das intensive Signal ignorieren, sodass das Bild sich auflöste – zu seinem großen Bedauern.

Norman Baker trieb aus freien Stücken übers Meer, genau wie der Franzose Alain Bombard, ein freiwilliger Meereseinsiedler, der 1951 auf einem Gummifloß ohne Lebensmittel- oder Wasservorräte den Atlantik überquerte. Er stach von den Kanarischen Inseln in See und trank während der ersten sieben Tage seiner Reise nichts als Meerwasser. Sobald er Fische fing, aß und trank er von ihnen, wobei er die Flüssigkeit, die er aus ihnen gewann, weiterhin mit Meerwasser ergänzte. Fünfundsechzig Tage später wurde er an die Küste von Barbados gespült und hatte damit eindrucksvoll unter Beweis gestellt, dass der Mensch fast unbegrenzt vom Meer leben kann.

Allerdings hatte Bombard Hilfe. Neben dem einfachen Angelzeug, das sich in den meisten Rettungsflößen findet, hatte er Bücher und Musik dabei, deren Wert für den Kampfgeist kaum zu ermessen ist. Er brachte auch andere Güter mit: sein umfassendes Wissen über das Leben im Meer und die Zuversicht, dass es ihn ernähren konnte und würde. Und er hatte einen weiteren Vorteil gegenüber den meisten Schiffbrüchigen: die Entschlossenheit eines Menschen, der sich freiwillig in seine Lage begeben hatte und der Welt etwas beweisen wollte.

Anders als Bombard oder Baker haben die meisten Menschen, die sich auf dem Meer treibend wiederfinden, eigentlich nicht vorgehabt, ein Abenteuer zu bestehen. Jemand, der in einem Rettungsboot in See sticht, um den Atlantik zu überqueren und dabei ein paar gute Bücher zu lesen, tritt dem Ozean in einer ganz anderen Verfassung entgegen als jemand, der die Fähre nimmt und eine 30-Kilometer-Überfahrt zur nächsten Insel der Seychellen erwartet, eines Archipels, der 1500 Kilometer von der afrikanischen Küste entfernt im Indischen Ozean liegt. Die Fähre war die »Mary-Jeanne«, ein alter Lastkahn, der von einem Automotor angetrieben wurde. Kurz nach dem Start blieb er in einem niedrigen Gang stecken, sodass er viel Treibstoff verbrauchte und dabei nur langsam vorankam. Als das Ziel schon in Sicht war, ging dem Schiff der Sprit aus. Die Crew warf den Anker aus und wartete auf Hilfe. Nachts brach ein Sturm los, die Ankerkette riss und das Schiff trieb aufs Meer hinaus. Für die zehn Passagiere und die Crew, die mit einer zweistündigen Überfahrt gerechnet hatten, begann ein Martyrium, das vierundsiebzig Tage währen sollte.

Da sie auf baldige Rettung hofften, waren die spärlichen Lebensmittel- und Wasservorräte rasch verbraucht. Dann ließen sie tatenlos dreizehn Tage verstreichen, bevor sie versuchten, Fische zu fangen. Nach einem Versuch mit einem gebogenen Draht und einem mit einer improvisierten Harpune gaben sie auf. Gelegentliche Regenschauer löschten ihren Durst, aber sie drohten zu verhungern.

Hunger bedeutet, dass das Blut nicht genug Treibstoff verteilt. Das Blut transportiert Treibstoff in Form des Zuckers Glukose, auch Traubenzucker genannt, eines einfachen Kohlenhydrats, das leicht in die Zellen eindringt und schnell verbrannt wird. (Deshalb verspürt man einen Energieschub, wenn man Traubenzucker isst.) Das Blut füllt seine Glukosevorräte ständig wieder auf, indem es die Glykogen-Reserven der Leber und der Muskeln anzapft. Glykogen ist ein etwas komplizierter aufgebautes Kohlenhydrat, das bei Bedarf schnell in Glukose umgewandelt werden kann. In unseren Glykogen-Speichern werden normalerweise drei Tagesrationen vorrätig gehalten, und sie werden ständig von außen nachgefüllt – durch einen Prozess, den man Essen nennt. Wenn die Nahrungszufuhr unterbrochen wird und die Kohlenhydratvorräte zur Neige gehen, wendet sich das Blut an sein Hauptlager: die Fettzellen. Fett verbrennt nicht so sauber wie Kohlenhydrate. Es bleibt ein Rückstand namens Azeton übrig, der mit dem Urin und der Atemluft ausgeschieden wird, weshalb hungernde Menschen nach Nagellackentferner riechen.

Wenn die Fette nach und nach mobilisiert werden und es zugleich an Kohlenhydraten mangelt, weil es keine Nahrung gibt, aus der die Lager wieder aufgefüllt werden könnten, ergreift der Körper Maßnahmen, um den Energieverbrauch zu drosseln. Er reduziert seine Leerlaufdrehzahl, den Grundumsatz des Stoffwechsels, und stellt nicht lebensnotwendige Funktionen ein. Der Organismus schiebt Dienst nach Vorschrift: Die Reaktionszeit steigt, die Stärke der zellulären Bereitschaftspolizei, die Wunden verschließt und Infektionen abwehrt, wird reduziert, und »überflüssige« Verbindungen wie Sexualhormone werden kaum noch hergestellt, weil die Fortpflanzung keine sonderlich hohe Dringlichkeit hat, wenn man gerade verhungert. Diese Energiesparmaßnahmen laufen innerhalb von zwei Wochen an, was erklärt, warum Menschen, die eine Fastenkur machen, nach einem vielversprechenden Start oft kaum noch Gewicht verlieren.

Die weiter andauernde Energiekrise führt zur Erschließung und Nutzung alternativer Energiequellen. Der Körper enthält große Mengen Eiweiß, das über ein Drittel unseres Gewichts ausmacht, aber nichts davon ist als Brennstoffvorrat gedacht. Proteine bilden Strukturen und erfüllen Aufgaben in jedem Teilsystem des Körpers, einschließlich der Muskeln, der Knochen, der Leber und der Nieren. Sie können wie Treibstoff verbrannt werden und liefern ungefähr so viel Energie wie Kohlenhydrate, aber das läuft in etwa darauf hinaus, sein Haus zu verbrennen, um es schön warm zu haben.

Auch wenn die Proteinverbrennung eine Verzweiflungstat des Körpers ist, läuft sie doch in geregelten Bahnen ab. Alle Muskeln zusammengenommen sind das größte Organ des Körpers, und sie bestehen größtenteils aus Eiweißen. Sie tragen doppelt so viel zum Körpergewicht bei wie das Fett. Da Fett aber doppelt so effizient brennt, repräsentiert die Muskulatur in etwa dieselbe Menge potenzieller Energie wie die Fettzellen. Muskelproteine sind die ersten, die geopfert werden, weil sie reichlich vorhanden sind und das Leben nicht unmittelbar gefährdet ist, wenn ein großer Teil von ihnen abgebaut wird: Geschwächte Muskeln funktionieren immer noch. Kritisch wird es erst bei den viel kleineren Proteinmengen, aus denen die Gewebe der Leber, des Hirns, des Herzens und der Nieren aufgebaut sind.

Der hungernde Körper hält also eine strikte Abfolge ein, wenn er seine Notreserven angreifen muss. Wenn die Kohlenhydrate fast verbraucht sind, zapft er die Fettvorräte an, dann die Muskelmasse, bis nur noch die Proteine übrig sind, die in den lebenswichtigen Organen gebraucht werden, und die winzigen Fettmengen, die sowohl für die Hormonproduktion als auch zur elektrischen Isolierung der Nervenzellen im Körper und Gehirn nötig sind. An diesem Punkt hat man bereits 50 Prozent seines Gewichts eingebüßt. Der Körper verzehrt sich selbst.

Nach sechsunddreißig Tagen auf See waren alle Passagiere und Crewmitglieder der »Mary-Jeanne« im Zustand des fortgeschrittenen körperlichen Verfalls. Ihre einzigen externen Nährstoffquellen waren ein paar Vögel und einige fliegende Fische gewesen, die sie rasch verschlungen hatten, sobald sie aufs Deck gefallen waren. Einmal aßen sie achtzehn Tage rein gar nichts. Am sechsunddreißigsten Tag sichteten sie Land und trieben nah genug heran, um Häuser und Bäume zu erkennen – dann trug die Strömung sie fort, bis der Horizont wieder leer war. Die Passagiere hatten ihre Hoffnung verloren und zugleich ihre letzten Kraftreserven. Ihre Körper konnten die lebensnotwendigen Fette und Proteine nicht länger verschonen. Sobald diese verbraucht sind, dreht der Organismus durch; Chaos und Tod sind die Folge.

So erging es den Menschen an Bord der »Mary-Jeanne«. Die ersten Passagiere starben. Ihre Leichen wurden über Bord geworfen und von den Haien gefressen. Trotzdem kam es den Überlebenden nicht in den Sinn, es noch einmal mit Fischfang zu versuchen und dabei vielleicht sogar Leichenteile als Köder zu verwenden. Inmitten eines nahrungsreichen Lebensraums starben sie hungers, weil sie geistig nicht auf ihre Prüfung eingestellt waren und keinen Überlebenswillen aufbringen konnten. Am vierundsiebzigsten Tag wurde das Schiff endlich von einem italienischen Tanker entdeckt, und man rettete zwei lebende Leichname.

Vielleicht hätten mehr Passagiere das Martyrium überlebt, wären ihre Handlungsmöglichkeiten nicht durch eines der stärksten kulturellen Tabus eingeschränkt gewesen: das Kannibalismusverbot. Obwohl sie verhungerten, hatte ihre gute Erziehung in ihnen eine künstliche Barriere aufgebaut, die so stark und unüberwindbar war, dass sie ihnen den Zugang zu einer bequem verfügbaren Energiequelle versperrte. Sie sahen ihre toten Schicksalsgefährten als verstorbene Seelen an und nicht als Nahrung. Ein angeborener Horror vor Kannibalismus mag dem Einzelnen schaden, aber er nützt der Gruppe, indem er ihre Angehörigen davon abhält, übereinander herzufallen. Doch dieser Abscheu ist nicht universell. In den meisten Gesellschaften würden nur stark gestörte Individuen einen Menschen essen, aber es gibt auch andere, in denen diese Praxis – zumindest bis vor kurzem – akzeptiert war. Manche schätzten sie sogar, um sich die Seele eines Opfers einzuverleiben. Ob aus spirituellen Gründen oder zur Ernährung, es gibt keinen biologischen Grund, warum ein Mensch einen anderen nicht essen sollte. So eine Mahlzeit wäre sogar ausgewogener als Schildkröte oder Fisch. Im Unterschied zu Meeresfrüchten enthalten Menschen Kohlenhydrate. Da ihre Muskeln einen höheren Fettgehalt haben, würde ihr Fleisch mehr Energie liefern. Unsere Leber, das Herz und die Nieren sind besonders nahrhaft und würden auch lebenswichtige Vitamine spenden. Und da die verspeisten Eiweiße bereits in menschenüblicher Form vorliegen würden, könnten sie sehr effizient genutzt werden: Der Stoffwechsel müsste nicht so viele Aminosäure-Bausteine neu zusammensetzen. Wenn man ihn wie ein Tier zerlegt, wirft ein menschlicher Körper vielleicht 25 Kilogramm Fleisch ab – gut doppelt so viel wie eine Meeresschildkröte. Allerdings können sich nur die abgebrühtesten Überlebenskünstler dazu durchringen, alle essbaren Teile zu verspeisen. Alle anderen müssten den Kopf, die Hände und Füße sowie die Genitalien entfernen, also das, was einen Menschen optisch am stärksten ausmacht. Ich werde oft daran erinnert, wie sehr wir uns mit dieser Anatomie identifizieren, wenn ich Medizinstudenten oder Schwesternschülerinnen beobachte, die eine Leiche sezieren oder bei einer Operation zusehen. Viele werden ohnmächtig oder bitten darum, den Raum verlassen zu dürfen, sobald es an diese Körperteile geht. Umgekehrt würde ein wilder Krieger im Siegesrausch seinem gefallenen Feind gerade diese Teile abschneiden.

Bei einem verhungernden Katastrophenopfer steckt keine Perversion dahinter, wenn es einen menschlichen Leichnam aufschneidet und verzehrt. Es ist vielmehr ein Zeichen, dass ein von der Gesellschaft aufgestelltes Tabu unter extremem Stress und Hunger nicht mehr wirkt. Das war 1973 in den Anden der Fall, wo ein Flugzeugabsturz ein Rugbyteam aus Uruguay in eine Gruppe verzweifelter Überlebender verwandelte, die sich von gefrorenen Leichen umgeben sahen. Sie waren zwei Monate in einer sterilen, eiskalten Umgebung gefangen, wo es außerhalb des Flugzeugwracks keine Nahrungsquellen gab. Die Sportler überwanden sich nach langem Hin und Her, ihre ehemaligen Mitspieler zu verzehren, und blieben so stark genug für Vorstöße in niedrige Lagen, was schließlich zu ihrer Entdeckung und Rettung führte. Sie wurden gerettet, weil sie sich zu einem extremen Akt der Selbsterhaltung durchgerungen hatten, um dem Selbstmordverbot der Bibel zu gehorchen, dem sie sich durch ihre christliche Erziehung verpflichtet sahen.

Ein Tabu zu brechen ist gefährlich, weil das Verbot dann nicht mehr durch Angst aufrechterhalten wird, sondern nur noch durch ethische Erwägungen. Hat ein Mensch die Grenze einmal überschritten, kann er versucht sein, auch andere kulturelle Hemmungen fallen zu lassen, um das Schuldgefühl wegen seines irreversiblen Regelverstoßes abzuschwächen. Konzepte wie Gerechtigkeit und Anstand, die in der Hirnrinde angesiedelt sind, können durch selbstdienliche Rationalisierungen leicht außer Kraft gesetzt werden. Wenn die ethischen

Standards fallen, kann das Gehirn niederen Regungen nicht mehr viel entgegensetzen, und der Mensch wird immer stärker von seinen primitiven Instinkten gesteuert werden.

Dieser Abstieg lässt sich im Verhalten einiger Angehöriger der Donner Party ablesen, einer Gruppe von Siedlern, die 1847 in einem Planwagentreck nach Kalifornien ziehen wollten, aber auf einem eisigen Gebirgspass in der Sierra Nevada von einem frühen Wintereinbruch überrascht wurden. Die ersten gestorbenen Siedler wurden noch anständig begraben. Später, als die Nahrung knapp wurde, grub man sie wieder aus und verzehrte sie. Als die Situation sich weiter zuspitzte, wurden diejenigen, die starben, sofort gebraten und verspeist. Diese Taten scheinen in einigen Gruppenmitgliedern niedere Verhaltensweisen entfesselt zu haben: Bald gingen sie dazu über, die Schwächsten unter ihnen zu töten und aufzuessen, mit der Begründung, dass diese es ohnehin nicht schaffen würden. Nach ihrer eigenwilligen neuen Moral sprach dann auch nichts mehr dagegen, die Indianer zu töten, die den Treck begleiteten, denn diese gehörten einer niederen Rasse an. Einer der Männer hat vermutlich sogar eine Siedlerin getötet und gegessen, aber niemand kam auf die Idee, Angehörige der eigenen Familie zu töten: ein Tabu, das so stark ist, dass es Gottes ultimative Prüfung für Abraham war.

Selbst in Gesellschaften, in denen das Töten und Verspeisen eines Menschen gutgeheißen wird, geschieht das nie beiläufig. Die Praktik wird gemeinhin von feierlichen Ritualen begleitet – ob das Opfer nun einem siegreichen Krieger Stärke, einem Medizinmann magische Fähigkeiten oder einem verhungernden Seemann neue Lebenskraft verleihen soll. Die Tradition des Kannibalismus war einst auf allen Meeren zu Hause und bei jeder Fahrt im Kopf jedes Matrosen präsent. Wer auf einem Schiff anheuerte, begab sich damit in eine Kultur, in der Kannibalismus unter extremen Ausnahmebedingungen eine akzeptable Überlebenstechnik werden konnte. Jeder wusste, dass ein Schiffbruch die Crew in eine Meute hungriger Individuen verwandeln konnte, die einander als Essen betrachteten. Die Regeln waren ungeschrieben, aber allgemein bekannt, und ihnen zu folgen machte die Tat leichter erträglich. Wer im Sterben lag, wurde als Erster geopfert. Es wäre sinnlos gewesen, noch wertvolle Vorräte an ihn zu verschwenden, und je länger er am Leben blieb, desto stärker würde er austrocknen und folglich weniger nahrhaft und schwerer zu kauen sein. Man glaubte, dass man seinen Durst stillen konnte, indem man Menschenblut trank, solange es noch flüssig war. Genau genommen stimmt das nicht, denn das Blut eines sterbenden Seemanns hat wahrscheinlich einen noch höheren Salzgehalt als das seiner kräftigeren Schiffskameraden. Diese makabere Suppe hätte eine ähnlich austrocknende Wirkung wie Seewasser.

Auch durfte einer der überlebenden Männer geopfert werden, wenn der Rang außer Acht gelassen wurde und das Auswahlverfahren fair war – man konnte zum Beispiel Strohhalme ziehen. Die erste Runde entschied, wer geschlachtet werden sollte, und die zweite, wer der Schlächter wurde. Man erwartete von seinen Kameraden, dass sie sich in ihr Schicksal fügten. Das Schreckgespenst einer möglichen derartigen Notlage dürfte so manches Schiff verfolgt haben. Um sich gegen Ängste zu wappnen, die außerhalb ihrer Kontrolle liegen, fliehen Menschen oft in Galgenhumor. Etwas, das man ins Lächerliche ziehen kann, erscheint gleich gar nicht mehr so schlimm. Und so schrieb W.S. Gilbert um 1860 in seinem Gedicht »The Yarn of the Nancy Bell« über eine Schiffscrew ohne Essen und Wasser: »For a month we'd neither wittles nor drink / Till a-hungry we did feel / So we drawed a lot, and accordin' shot / The captain for our meal« (etwa: Vier Wochen nichts zu beißen / Dann wurde der Hunger zu groß / Auf den Käpten fiel das Los / Wir knallten ihn ab, um ihn zu verspeisen). Humor kann dazu beitragen, sowohl die Tat als auch die Angst zu trivialisieren.

Das andere Extrem ist die totale Verwilderung, wie sie auch Haustiere durchlaufen, wenn man sie aussetzt und zwingt, allein zurechtzukommen. 1821 rammte im Pazifik ein rachsüchtiger Wal das Walfangschiff »Essex« und versenkte es. Das nächste Land, 1900 Kilometer entfernt, waren die Marquesas, aber die Crew – insgesamt 20 Leute – wagte es nicht, in den Rettungsbooten dorthin zu segeln, da sie fürchteten, auf den Inseln Kannibalen zu begegnen. Stattdessen begaben sie sich auf eine 4800-Kilometer-Reise nach Südamerika. Drei Monate später fand man acht Überlebende mit irrem Blick in ihren Booten, umgeben von menschlichen Überresten. Sie klammerten sich misstrauisch an die Knochen und schreckten vor ihren Rettern zurück, weil sie fürchteten, sie würden ihnen ihr Essen wegnehmen. Sie waren genau die Kannibalen geworden, vor denen sie sich gefürchtet hatten.

Nicht alle Schiffbrüchige werden Kannibalen, aber keiner kann es sich leisten, besonders wählerisch zu sein. Um am Leben zu bleiben, muss man sich der Realität seiner neuen Umwelt unterwerfen, und dazu gehört nicht nur eine Umstellung der Ernährungsgewohnheiten. Segelschiffe sind mobile Vorposten der Zivilisation, und wenn sie sinken, stranden ihre Bewohner in einer Welt der Urgewalten: Meer und Luft. Plötzlich aller Strukturen beraubt, auf die sie sich gestützt haben, hängt ihr Schicksal davon ab, auf welches Wissen und welche Erfahrungen sie zurückgreifen und welche Lösungen sie finden können. Die Tiere um sie herum hatten Jahrmillionen Zeit, um ihre Überlebensfähigkeit zu vervollkommnen. Sie haben stärkere Muskeln und schnellere Reflexe, aber Menschen haben größere Gehirne: Sie können ihre Umwelt austricksen. Dazu müssen die Betroffenen allerdings zu echten Meeresbewohnern werden und all ihr Streben auf einfache Ziele ausrichten: Hunger und Durst stillen, Schmerzen vermeiden, Ängste überwinden. Die einzige Belohnung für ihre Findigkeit ist das Überleben. Das Schicksal hängt vom Willen ab: Der erste Impuls, passiv auf Hilfe oder gar auf den Tod zu warten, muss überwunden werden. Die nötige Stärke kann abrupt aus Trotz entstehen wie bei Dougal Robertson, der den vorbeifahrenden Frachter verfluchte, oder langsam und stetig aus tiefen religiösen Überzeugungen erwachsen, wie es bei seiner Frau Lynn der Fall war.

Maralyn Bailey war eigentlich kein religiöser Mensch, aber sie glaubte doch, dass eine übernatürliche Kraft ihre Geschicke lenkte. Als innerhalb von zwei Tagen zwei Schiffe an ihnen vorbeifuhren, verlor Maurice allmählich die Hoffnung, aber Maralyn meinte zu verstehen, warum es sie hierher verschlagen hatte. Ihre Schicksalsgemeinschaft in dieser Einöde gab ihnen eine Chance zum Neuanfang. Sie hatte ein neues Leben für sich und ihn vor Augen und war fest davon überzeugt, dass sie überleben würden, um ihre Pläne zu verwirklichen.

Steve Callahan saß sechsundsiebzig Tage allein in seinem Gummifloß, zwei Tage länger, als die »Mary-Jeanne« über das Meer trieb – und trotzdem überlebte er, während acht der zehn Passagiere des Fährschiffes starben. Callahan hatte etwas, das den anderen fehlte: die Entschlossenheit, sich von seinem Schicksal nicht überwältigen zu lassen. Er trennte seine Persönlichkeit in drei Teile auf: das körperliche Selbst, das Schmerz spürt, das emotionale Selbst, das von Furcht erfüllt ist, und das rationale Selbst, das die anderen beiden kontrolliert. Zunächst hatten seine instinktiven Reaktionen auf Schmerz und Angst noch mit den höheren Geistesfunktionen am selben Strang gezogen. Als sein Martyrium andauerte, musste er diese höheren Funktionen – die Vernunft und den Willen – jedoch immer stärker in Anspruch nehmen, um seine automatischen Reaktionen in den Griff zu bekommen. Es fiel ihm immer schwerer, seinen Körper und seine Gefühle zu »bezwingen«, wie er es ausdrückte. Er büßte allmählich die »Befehlsgewalt« ein. Er war sich darüber im Klaren, dass er verloren war, wenn er sich aufgab.

Was alle Überlebenden gemeinsam haben, ist ein Energiestrom von oben nach unten. Ob die Quelle nun Trotz, Glaube, positives Denken oder Willenskraft ist, sie zündet in der Hirnrinde einen Funken, der ihnen Antrieb verleiht. Eine Kaskade elektrischer und chemischer Gehirnaktivität wird ausgelöst, die das Denken und Verhalten koordiniert und ein passives Häuflein Elend in eine zielstrebige Überlebensmaschine verwandelt.

Die Seeleute von der »Essex«, die ihre Schiffskameraden aßen, haben ebenfalls überlebt, aber ihre Energie war wild und primitiv. Hunger und Angst sind mächtige Beweggründe, die die Amygdala und den Hippocampus anregen. Diese »niederen« Hirnzentren lösen Instinkthandlungen aus, die beim Menschen normalerweise durch die kortikale Kontrolle unterdrückt werden können. Im Cortex gibt es von Individuum zu Individuum unterschiedlich stark ausgebildete, fest verknüpfte Schaltkreise, die – vereinfacht gesagt – physische Manifestationen der Sittlichkeit und der Vernunft sind. Diese elektrochemischen Schaltungen erzeugen Gegensignale, die als Hemmungen empfunden werden. Sie wirken den elektrischen und chemischen Aufwallungen entgegen, die durch primitive Triebe und Gefühle erzeugt werden, oder können sie gar ganz neutralisieren. Deshalb durchlaufen manche Menschen, deren Cortex verletzt wurde (etwa durch einen Schädelbruch), Persönlichkeitsveränderungen und werden zum Beispiel aggressiver. Bei einem verzweifelten Schiffsbrüchigen könnten die kortikalen Hemmfaktoren ebenfalls durch den Stress überlastet oder durch Rationalisierung ausgeschaltet werden. Was auch der Auslöser sein mag: Die Entfesselung primitiver Reaktionen mag die Überlebenschancen erhöhen, aber um den Preis dessen, was uns erst zum Menschen macht.

Flöße, die nicht untergehen, treiben irgendwann an eine Küste oder begegnen einem anderen Schiff. Steve Callahan überquerte den ganzen Atlantik, er trieb von den Küstengewässern Afrikas in die Karibik nach Guadeloupe, wo er von einem kleinen Fischerboot aufgenommen wurde. Nach 117 Tagen betraten Maralyn und Maurice Bailey das Deck eines Handelsschiffs, das nach Korea unterwegs war. Die Robertsons und ihre drei Jungs wurden nach 38-tägiger Odyssee vor der Küste Südamerikas von einem japanischen Frachter entdeckt. Dougal sagte mit typisch britischem Understatement, die Rettung sei »nach diesem Survival-Trip eine willkommene Abwechslung« gewesen.

Man könnte meinen, dass solche Schiffbruch-Odysseen nach dem Aufkommen von GPS, Satellitentelefonen und durch Wasserkontakt ausgelösten Notfallsignalbojen der Vergangenheit angehörten. Damit läge man falsch. Fragen Sie Richard Van Pham oder Terry Watson: Van Pham wurde vor der Küste Costa Ricas von einem US-Kriegsschiff gerettet, nachdem er fast vier Monate im Pazifik getrieben und dabei 4000 Kilometer zurückgelegt hatte. Er überlebte, indem er in seinem Segel Regenwasser sammelte, Fische fing und Schildkröten und Seevögel mit einem Schlagholz erlegte. Van Pham war im Sommer 2002 von Long Beach in Kalifornien zu einer Spritztour zur 50 Kilometer entfernten Insel Catalina aufgebrochen, doch dann hatte ein plötzlicher Sturm sein acht Meter langes Segelboot »Sea Breeze« manövrieruntüchtig gemacht, indem er den Mast, den Außenbordmotor und das Funkgerät zerstörte.

Nicht einmal drei Wochen nach Van Phams Rettung entdeckte ein Fischerboot vor der Küste South Carolinas Terry Watson, dessen Sieben-Meter-Segelboot »Psedorca« ebenfalls einen gebrochenen Mast hatte. Er war fast drei Monate zuvor vermisst gemeldet worden, kurz nachdem er in Miami in See gestochen war, um zu den Bermudas zu segeln. Trotz einer aufwändigen Suche, die mehr als 20 000 Quadratkilometer abdeckte (eine Fläche halb so groß wie die Niederlande), hatte die Küstenwache keine Spur von ihm entdeckt. Als er schließlich gefunden wurde, konnte Watson nicht erklären, was ihm widerfahren war. Er war ausgemergelt, verwirrt und anfangs nicht bereit, sein Boot zu verlassen.

Einem Schiffbrüchigen, der abrupt aus seiner gewohnten Umgebung herausgerissen wird, kann die Zivilisation zunächst furchteinflößender und gefährlicher erscheinen als das Meer. Neben einer Schwindel erregenden Flut von Menschen, Geräuschen, Gerüchen und optischen Eindrücken wird er plötzlich mit einem Überfluss an Essen und Trinken konfrontiert. Wer lange zu wenig Trinkwasser und zu viel Salzluft um sich hatte, dessen Blut ist meist stark eingedickt und sehr salzhaltig. Wenn dann binnen kurzer Zeit viel Flüssigkeit in den Körper gelangt, wird sich das Blut so weit verdünnen, bis es wieder seine normale Konzentration und Menge erreicht hat. Dieser plötzliche Volumenzuwachs kann für das Herz, das nicht mehr daran gewöhnt ist, solche Mengen zu pumpen, und vielleicht auch durch den hungerbedingten Proteinverlust strukturell geschwächt ist, zu viel sein. Die Nieren filtern das überschüssige Wasser aus, aber sie sind vielleicht noch mit all dem Salz verstopft, mit dem sie während der Reise überschwemmt wurden. Dann bildet die Flüssigkeit unter der Haut Ödeme, die das Gesicht und den Leib anschwellen lassen – vor allem aber die Beine, in denen sich besonders leicht Wasser ansammelt.

Auch die Nahrungszufuhr muss langsam gesteigert werden. Die Verdauungsmuskulatur ist zu schwach, um große Nahrungsmengen zu bewegen, und muss zunächst – wie die anderen Organe – langsam wieder aufgebaut werden. Die ersten Mahlzeiten müssen klein, dafür häufiger, leicht verdaulich und ausgewogen sein: Kohlenhydrate und Fett für die Energiezufuhr, Proteine zum Körperaufbau. Wie beim Wasser kann ein Zuviel tödlich sein, aber meist ist es nur unangenehm. Mit Verstopfung oder Durchfall signalisiert der Körper, dass er vom Überlebensmodus nicht so schnell in einen anderen Gang schalten kann.

Schiffbruch ist eine effektive Methode abzunehmen. Steve Callahan, Maralyn und Maurice Bailey sowie Lynn und Dougal Robertson haben, obwohl keiner von ihnen vorher dick war, zusammen fast 90 Kilogramm abgenommen; ihr Gewicht hat sich beinahe um ein Drittel reduziert. Da man (wenn man nicht fettleibig ist) bei einem Gewichtsverlust von etwa 50 Prozent stirbt, hatten sie ihre Sicherheitsspannen schon fast ausgeschöpft.

Wenn man zu einer langen Ozeanfahrt aufbricht – vor allem zu einer gefährlichen –, ist es von Vorteil, sowohl übergewichtig zu sein als auch einen effizienten Stoffwechsel zu haben, der leicht Fett produziert. Menschen mit einem großen inneren Energievorrat haben bessere Überlebenschancen. Nicht nur für die Reise in einem offenen Boot sind sie besser gewappnet, sondern auch für die Besiedlung von Neuland, weil es nach der Ankunft einige Monate dauern kann, bis man die ersten Früchte seiner Bemühungen erntet. In einer Umwelt, die aus vielen kleinen, weit voneinander entfernten Inseln besteht, bevorzugt die natürliche Auslese Menschen, die leicht Fett ansetzen und langsam abnehmen. Diese Bedingungen sind vor allem im Südpazifik gegeben, in dem sich die Polynesier erfolgreich angesiedelt haben. Sie sind so sehr zu Meeresbewohnern geworden, wie es der Menschheit überhaupt möglich ist.

Obwohl sie nicht die Navigationsfähigkeit von Zugvögeln oder Hochseefischen hatten, haben sich die Polynesier eine ökologische Nische geschaffen, indem sie die Sinne, die ihnen gegeben waren, clever eingesetzt haben. Bei ringsum leerem Horizont haben sie gelernt, Land durch indirekte Hinweise zu orten. Ein grünlicher Schimmer an der Unterseite einer Wolke kann die Reflexion eines Inselwaldes sein. Man kann abends hinter Vögeln herziehen, die an Land nisten. Man kann Inseln hören, wenn sich die Wellen an der Küste brechen, und riechen, wenn der Wind Blumen-, Frucht- und Erddüfte aufs Meer hinausweht. Wellen, die auf eine Insel treffen, werden zurückgeworfen: Das entstehende Kräuselmuster kann man auf der Wasseroberfläche sehen und im schwankenden Boot spüren. Die Polynesier haben sich in erster Linie mit ihrem wertvollsten und flexibelsten Organ an ihre Umwelt angepasst: dem Gehirn. Aber auch ihre Körper haben im Laufe der Zeit ihre Fähigkeit verbessert, Fett herzustellen und zu speichern.

Navigationsfähigkeit und Stoffwechseleffizienz waren so lange Überlebensvorteile im Südpazifik, bis die moderne Technik über die Region hereinbrach. Heute, wo man elektronisch navigiert und es immer genug zu essen gibt, haben sich die Überlebensspielregeln geändert. Die Polynesier können im Handumdrehen lernen, wie man GPS-Empfänger und Radargeräte bedient, aber ihre Körper sind nicht so flexibel. Ihre Anpassungen an die Risiken von Seereisen machen sie besonders anfällig für die Gefahren der Überernährung. In der Bevölkerung sind Bluthochdruck, Diabetes und extreme Fettleibigkeit weit stärker verbreitet als anderenorts. Polynesische Frauen sind stärker betroffen als die Männer. Frauen neigen ohnehin stärker zur Fetteinlagerung. Auch wenn sie deshalb oft mit ihrem Aussehen hadern: Sie sind besser gegen das Verhungern gewappnet. Ihr Fett wird zu einem großen Teil unter der Haut eingelagert. Das sorgt nicht nur für weiche Kurven, sondern auch für einen Extravorrat an Kraftstoff. Frauen haben auch weniger Körpermasse, die mit Energie versorgt werden muss. Außerdem neigen Männer in Notsituationen eher dazu, die anstrengenderen Aufgaben zu übernehmen, und verbrennen dadurch mehr Kalorien. Einige dieser Faktoren mögen dazu beigetragen haben, dass Maralyn Bailey bei ihrer Rettung in viel besserer Verfassung war als Maurice und dass es den Frauen der Donner Party besser ging als ihren Männern.

Der Schaden, den ein Körper durch Unterernährung und Wassermangel nimmt, kann nur langsam behoben werden. Dürre Beine müssen wieder Muskeln aufbauen, und diese müssen trainiert werden. Die Beinmuskulatur ist besonders stark betroffen, da sie den größten Proteinvorrat darstellt und mangels Bewegung verkümmert. Um intakt zu bleiben, müssen Muskeln beansprucht werden, und auf einem Rettungsfloß kann man keine langen Spaziergänge machen und oft nicht einmal stehen. Wenn die Fette und Eiweiße nicht länger als Kraftstoffe abgezweigt werden, nehmen sie ihre ruhenden Aufgaben im Körper wieder auf und reparieren die entstandenen Wunden. Auch die Hormonproduktion springt wieder an. Maralyn Bailey bekam zum ersten Mal seit drei Monaten wieder die Menstruation, und die Hautgeschwüre, die Maurice Bailey so lange so viele Schmerzen bereitet hatten, heilten plötzlich ab.

Die Beschwerden, die sie an das Leben auf dem Meer erinnerten, gingen zurück. Die Gedanken der Schiffbrüchigen kreisten nicht mehr ständig ums Essen oder Trinken oder um die Gewissheit, dass sie den Kräften der See nicht ewig würden trotzen können. Von den Zwängen des Überlebenskampfes erlöst, empfanden sie Sicherheit, Wärme und Behaglichkeit zunächst noch als ungewohnt. Sie verließen das Floß und kehrten in den Schoß der Gesellschaft zurück, entdeckten den Luxus der Bewegungsfreiheit wieder und genossen, dass der Boden unter ihren Füßen nicht mehr schwankte. Ihr Leben kehrte zurück zu dem, was wir Normalität nennen – in einer Schutz spendenden Zivilisation, wo die Gesetze des Überlebens nicht alles dominieren. Erfolgreich sein hieß nicht mehr, nur am Leben bleiben: Das ist zu einfach, wenn selbst Menschen, die weder kräftig noch klug noch willensstark sind, Essen und ein Dach über dem Kopf bekommen. Die Ziele werden abstrakter: Respekt, Anerkennung, Wohlwollen gewinnen und noch weiter: Ideenreichtum, Kunst und Schönheit genießen. Um John Adams zu zitieren: »Ich studiere die Strategie und Taktik des Krieges, damit meine Enkelkinder Musik studieren können.«

Schiffbruch-Überlebende haben die Schlacht mit dem Ozean gewonnen, und die Siegesprämie ist die Chance, in ihr behütetes Leben zurückzukehren. Die Fähigkeiten und die Stärke, die sie aufbringen mussten, um auf hoher See am Leben zu bleiben, werden nur noch selten in Anspruch genommen: In einer Gesellschaft, in deren Alltag der Überlebensinstinkt kaum zum Erfolg beiträgt, sind sie überflüssig. Die Menschen nehmen ihre Rollen als Väter, Mütter und Freunde wieder ein und arbeiten weiter als Seeleute, Geschäftsinhaber oder was auch immer. Schon bald unterscheiden sie sich kaum noch vom Rest der Bevölkerung, der nie derart auf die Probe gestellt wurde. Diese Menschen haben bewiesen, dass sie das Zeug zum Überleben haben, aber die meisten von uns kommen nie in die Verlegenheit, diese Qualitäten in sich suchen zu müssen.

Ein Schiffbruch wird nur zur Schiffbruch-Story, wenn jemand überlebt und sie erzählen kann. Die Betroffenen können Glück haben wie das französische Pärchen im Mittelmeer oder Pech wie einige der Schüler an Bord der »Albatross«. Sie können durch schiere Willenskraft überleben wie Poon Lim oder durch rohe, tierische Instinkte wie die Walfänger von der »Essex«. Aber je härter die Bedingungen und je länger die Isolation, desto schärfer wird die Auslese. Der Kreis der Überlebenden wird enger und löst sich schließlich auf, wenn Körper und Geist über das Erträgliche hinaus belastet werden. Wir kennen nur die Geschichten der Gewinner. Die härtesten Schlachten gegen die See wurden wahrscheinlich von den Verlierern geschlagen, von deren Schicksal uns niemand erzählen wird.

Wüste – Der Marathon des Sandes

Am vierten Tag eines Ultramarathons durch die Sahara kam Mauro Prosperi vom Weg ab. Er überlebte einen Sandsturm und wanderte dann mit einem Fingerbreit Wasser in seiner Feldflasche bei Temperaturen über 38 °C in gut neun Tagen 210 Kilometer durch die Dünen, bis ihn ein achtjähriges Targi-Mädchen rettete (zur Erinnerung: die Einzahl des Volksnamens »Tuareg« ist »Targi«). Das ist entweder das unglaublichste Beispiel für die menschliche Überlebensfähigkeit in der Wüste oder der aufwändigste Betrug in der Geschichte des Ausdauersports. Kann ein menschlicher Körper, und sei es der eines durchtrainierten Athleten, neun Tage in einem Ofen überleben?

Der »Marathon des Sables« ist ein jährlich stattfindender 240-Kilometer-Lauf durch den Sandozean der marokkanischen Wüste. Die Teilnehmer sind von überhitzter Luft eingehüllt, die über ihre Haut streicht und ihre Lungen erfüllt und sie äußerlich wie innerlich aufheizt. Sie laufen über Wellen aus Sand: eine dicke, trockene Flüssigkeit, die bei jedem Schritt aufspritzt und sie einsinken lässt. Am Himmel dräut ein Kernreaktor, die Sonne, und die Atmosphäre ist viel zu dünn und klar, um die Extremsportler vor der Strahlung zu schützen.

Im Jahr 1994 gingen 137 Läufer an den Start, die ihre eigenen Mikroumwelten dabeihatten, um ihre Körper gegen die Attacken der Umgebung zu verteidigen. Von der Wasserversorgung an den Kontrollpunkten abgesehen, durchquerten die Läufer die Wüste autark. Jeder führte sein Essen, Ersatzkleidung, einen Schlafsack und Notfallmedizin in einem Rucksack mit. Sie kämpften nicht nur gegen die konkurrierenden Sportler an, sondern auch – und in erster Linie – gegen die Wüste.

Wüsten bilden sich auf der Erde überall dort, wo weniger als 25 Zentimeter Regen im Jahr fällt. Das ist auf etwa einem Fünftel des Festlandes der Fall, meist in Gebieten jenseits einer Gebirgskette, die zu hoch ist, um von den Wolken überwunden zu werden, die sich über dem Meer mit Feuchtigkeit angereichert haben. Die Sahara ist mit rund neun Millionen Quadratkilometern die größte Wüste der Welt und bedeckt halb Afrika. Sie nimmt etwa dieselbe Fläche ein wie die Vereinigten Staaten ohne Alaska und Hawaii. Das Atlasgebirge an Afrikas Westküste verhindert den Zustrom der Luft vom Atlantik. Der Seewind treibt die Luft gegen die Berge, und während sie aufsteigt, kühlt sie sich ab. Da kalte Luft nicht so viel Feuchtigkeit halten kann wie warme, fallen Regen oder Schnee, sodass die Luft, die jenseits der Gipfel wieder absinkt, ziemlich ausgetrocknet ist. Mangels Wolken oder Dunst, der die Sonnenstrahlen absorbieren, reflektieren oder streuen könnte, trifft die Sonnenenergie ungedämpft auf die Erdoberfläche, wo sie die Luft aufheizt und den Boden zu Sand verbrennt.

Wind entsteht, wenn erhitzte Oberflächenluft aufsteigt und andere Luft am Boden nachströmt, um sie zu ersetzen. Die meisten Wüsten sind so großflächig, dass der Wind über weite Strecken gleichmäßig in dieselbe Richtung wehen kann, wobei er den Sand zu Dünen formt, die bis zu 300 Meter hoch und 25 Kilometer breit werden können. Durch den Wind vorangetrieben, bilden die Dünen regelmäßige Wellenmuster. Wo die Luft sich hingegen ungleichmäßig erwärmt, entstehen Hitzetaschen, die plötzlich wie Heißluftballons aufsteigen. Schlagartig strömt viel Luft auf diese Flecken zu und in ihnen nach oben. Der Wind reißt Sandkörner in den Strudel hinein, und ein Sandsturm entsteht.

Als Mauro Prosperi in der vierten und längsten Etappe des Marathons gut 30 der 80 an diesem Tag zu bewältigenden Kilometer hinter sich hatte, lag er ziemlich gut im Rennen: Am frühen Nachmittag hatte er sich auf Rang sieben vorgearbeitet. Aber er würde es bald mit Gegnern von ganz anderem Kaliber zu tun bekommen. Die Temperatur hatte 45 °C erreicht. Die überhitzte Luft stieg in Wirbelwinden auf. Plötzlich war Prosperi von einem derart heftigen Sandsturm eingehüllt, dass die Organisatoren – ohne dass er das mitbekam – die Tagesetappe abbrachen. Trotz der unglaublich schlechten Sicht glaubte Prosperi, den Weg noch zu erkennen. Er lief weiter.

Die Sandkörner in der Luft stachen ihm wie Nadeln in die Haut, brachten seine Nase zum Bluten und zerkratzten ihm den Rachen. Sein Kampfgeist kam gegen den immer heftiger wütenden Sturm nicht mehr an. Irgendwann blieb er stehen. Er kroch unter einen Strauch und wickelte sich ein Handtuch um den Kopf. Den ganzen Tag peitschte der Wind die Dünen zu einem wütenden Ozean auf und zwang Prosperi mehrmals, sich an eine andere Stelle zu retten, um nicht unter dem Sand begraben zu werden. Schließlich brach die Nacht an, und am Morgen hatte sich der Sandsturm gelegt.

Als Prosperi die Augen aufschlug, sah er in jeder Richtung nichts als Sand. Was als Wettstreit zwischen Sportlern begonnen hatte, war nun ein Kampf gegen die Natur. Sein Ziel lautete nicht mehr, den Lauf zu gewinnen, sondern am Leben zu bleiben.

Die Sahara ist auf den ersten Blick nicht mit menschlichem Leben vereinbar. Die Tagestemperaturen steigen regelmäßig auf über 38 °C an, nachts sinken sie manchmal deutlich unter den Gefrierpunkt. Für den ungeschulten Blick ist Nahrung rar und Wasser nicht vorhanden. Nur wenige Strukturen erheben sich aus dem Sand, sodass man kaum Unterschlupf und Orientierungshilfen findet. Die Tuareg der West- und Zentralsahara, die sich evolutionär angepasst und über viele Generationen Wissen angesammelt haben, schaffen es, hier zu überleben und der dünn besiedelten Wüste als Nomaden ihre spärlichen Ressourcen abzuringen. Aber Prosperi war ein Verkehrspolizist aus Italien, und er war zum ersten Mal in der Wüste.

Auch Familie Hughes aus England war zum ersten Mal in einer Wüste. Andrew und Jane Hughes und ihre halbwüchsigen Söhne Matthew und Sam machten 1989 Urlaub in Tunesien, und es wurde ihnen zu langweilig, im Hotel am Pool herumzuliegen. Sie entschlossen sich, ein Auto zu mieten und nach Süden zum Marktflecken Duse zu fahren, der am Rande der Sahara liegt. Schlechte Karten und fehlende Hinweisschilder an der kaum erkennbaren Piste sorgten dafür, dass sie bald vom Weg abkamen und im Sand stecken blieben. Da sie glaubten, kurz vor Duse zu sein, ließen sie das Auto zurück, um den Rest des Wegs zu Fuß zurückzulegen. Nachdem sie eine Stunde gelaufen waren, ohne eine Siedlung zu finden, wies Andrew Jane und die Jungs an, zum Auto zurückzukehren und dort zu warten. Er würde Hilfe holen. Mit nur anderthalb Litern Wasser setzten sich Jane und ihre Söhne unter der sengenden Sonne wieder in Bewegung. Sie machten sich keine großen Sorgen, da sie auf dem Weg an einigen großen Wasserreservoirs vorbeigekommen waren. Andrew lief alleine weiter.

Der menschliche Organismus erträgt Hitze viel besser als Kälte, aber niemand hält in der glühenden Sonne lange durch, und niemand kann lange ohne Wasser leben. Die Wüste bietet verirrten Reisenden jedoch einige Gelegenheiten, mit beiden Widrigkeiten fertig zu werden. Menschen müssen ihre Körpertemperatur unbedingt konstant halten, weil ihre Lebensfunktionen darauf angewiesen sind. Im Körper laufen Millionen hervorragend aufeinander abgestimmte chemische Reaktionen ab, die sich bei steigenden Temperaturen beschleunigen. Veränderungen im Rhythmus dieser Reaktionen führen rasch zu chaotischen Verhältnissen, wie bei einem Symphonieorchester, in dem jeder Musiker seinem eigenen Tempo folgt. Das Timing dieser Reaktionen ist so kritisch, dass schon bei einer Erhöhung der normalen Körpertemperatur von 37 °C um nur 2 °C die ersten Systeme versagen und die sonst so wirksamen Abwehrmechanismen geschwächt werden.

Vor vielen Jahren, als man die menschliche Überlebensfähigkeit erstmals wissenschaftlich untersuchte, nahm man verständlicherweise an, dass Wüstenvölker eine höhere Körpertemperatur hätten als Völker, die sich an arktische Lebensräume angepasst haben. Tatsächlich haben aber alle Menschen dieselbe Innentemperatur, ganz gleich, wo sie seit vielen Generationen leben. Wir haben uns wirklich an unsere jeweiligen Lebensräume angepasst, aber nur durch die Veränderung unserer Körpersysteme und unseres Verhaltens.

Objekte tauschen auf drei Wegen Wärme aus. Wenn sich zwei Gegenstände direkt berühren, strömt Energie durch Wärmeleitung oder Konduktion vom wärmeren zum kühleren, zum Beispiel von einer Sanddüne in die Wanderschuhe oder aus der heißen Luft in die Kleidung. Bei der Konvektion, der zweiten Form, wird die Wärmeleitung dadurch beschleunigt, dass Luft oder Flüssigkeit über die Kontaktfläche strömt. Daher erwärmt ein Heizlüfter ein Zimmer schneller als ein Ofen mit offener Tür – und daher erhöht ein Wüstenwind die Temperatur der menschlichen Haut so schnell. Die dritte Form der Hitzeübertragung ist die Wärmestrahlung. Was wir als Wärme empfinden, sind tatsächlich Schwingungen von Molekülen. Je schneller etwas vibriert, desto höher ist seine Temperatur und desto mehr Energie gibt es ab. Die Sonne, deren Oberflächentemperatur etwa 6100 °C beträgt, gibt riesige Energiemengen ab, und zwar in Form von Wellen, die sich im Raum ausbreiten, bis sie auf ein Objekt stoßen – zum Beispiel einen Menschen. Dann beschleunigt sich die Molekülschwingung in dessen Körper. Je schneller meine Moleküle vibrieren, desto wärmer wird mir. In der Wüste ist die direkte Sonneneinstrahlung für zwei Drittel der Wärme verantwortlich, die der Körper absorbiert.

Proteine, ob nun in einem Ei oder einem Schädel, gerinnen bei Temperaturen über 45 °C. In der Wüste wird es regelmäßig über 50 °C heiß, in einer Sauna manchmal sogar über 80 °C, ohne dass unsere Gehirne dabei hart gekocht würden. Und Wärme kommt ja nicht nur von außen. Da keine biochemische Reaktion einen Wirkungsgrad von 100 Prozent hat, wird dabei immer auch Wärme frei. Die aktivsten Organe – Hirn, Herz, Lunge, Leber und Muskulatur – setzen die meiste Wärme frei. Sie wird an das Blut abgegeben (Konduktion), das durch den Körper zirkuliert (Konvektion) und dabei für eine gleichmäßige Körpertemperatur sorgt.

Im gemäßigten Klima liegt die Lufttemperatur normalerweise unter der Körpertemperatur, sodass ständig Körperwärme in den Raum ringsum entweicht (Wärmestrahlung). Die Geschwindigkeit dieses Wärmeverlusts hängt von der Temperaturdifferenz zwischen der Umgebung und dem Körper ab. Wenn die Luft 9 °C kühler ist als der Körper, wird der Wärmeverlust genau durch die Wärmeproduktion kompensiert. Das heißt, dass die Wärmebilanz des menschlichen Körpers exakt ausgeglichen ist, wenn die Außentemperatur 28 °C beträgt. Das ist die mittlere Temperatur des afrikanischen Flachlands: ein gewichtiges Indiz dafür, dass die Menschheit hier entstanden ist.

Das Temperaturgleichgewicht bei 28 °C gilt allerdings nur, wenn der Körper ruht und nur die Wärme abgibt, die beim so genannten Stoffwechsel-Grundumsatz frei wird. Sobald wir uns anstrengen, steigen der Stoffwechselumsatz und damit die Wärmeproduktion stark an. Wenn die Wärme nicht rasch abgeführt würde, ließe eine Stunde intensiven Trainings die Körpertemperatur auf 60 °C hochschnellen. Selbst im gemäßigten afrikanischen Flachland ist ein Mann, der vor einem Löwen davonläuft oder eine Gazelle fangen will, zum Überleben auf eine effektive Methode zur Abgabe der überschüssigen Wärme angewiesen.

Dasselbe gilt für italienische Marathonläufer und britische Touristen, die sich in der Wüste verirren. Obwohl die Temperatursteuerung für alle Menschen lebenswichtig ist, verfügen wir seltsamerweise mit Ausnahme der Schweißdrüsen, die eigentlich stark modifizierte Haarfollikel sind, über kein eigenes System zur Abkühlung des Körpers. Die Thermostatsteuerung ist auf die Organe und Gewebe anderer Systeme angewiesen. Der Körper spannt dazu Blutgefäße, die Haut, das Fett, die Muskeln und vor allem – da es unser bewusstes Verhalten beeinflussen kann – das Gehirn ein.

Um effektiv zu reagieren, muss der Körper zunächst die Außentemperatur messen, sodass er Gegenmaßnahmen einleiten kann, bevor seine Kerntemperatur ansteigt. Die ganze Körperoberfläche ist mit Thermorezeptoren besetzt, Nervenenden, die sowohl auf Hitze als auch auf Kälte ansprechen. Steigt die Temperatur, so reagieren die Wärmerezeptoren häufiger; fällt sie, so senden die Kälterezeptoren Signale aus. Diese Thermometer sind auf 28 °C geeicht, also auf die für die Körperchemie optimale Temperatur.

Die Signale von den Thermorezeptoren werden an den Hypothalamus geschickt, die an der Schädelbasis angesiedelte Wartungsabteilung des Gehirns. Die Vorderseite des Hypothalamus enthält den Körperthermostat, der die Innentemperatur aktiv überwacht und zugleich sehr empfindlich auf Veränderungen der Hauttemperatur reagiert: sein wichtigstes Frühwarnsystem. Sobald der Hypothalamus Signale von den Wärmerezeptoren empfängt, übernimmt er die Kontrolle über die Blutgefäße und Schweißdrüsen und stellt sie so ein, dass sie eine Abkühlung ermöglichen. Wenn der Alarm nicht schon durch Änderungen der Hauttemperatur ausgelöst würde, könnte der Hypothalamus erst gegensteuern, wenn sich die Körperkerntemperatur bereits erhöht hätte. Das wäre äußerst gefährlich, da – wie gesagt – bereits eine Erwärmung um 2 °C die Körperfunktionen empfindlich stören kann. Wenn dabei auch der Thermostat im Hypothalamus selbst beschädigt würde, geriete das komplette Temperaturregelsystem schnell außer Kontrolle.

Die Sicherheitsspanne unseres Körpers ist bedenklich klein. Unser ganzes Leben lang trennen uns weniger als 6 °C von einer tödlichen Überhitzung, ein Furcht erregender Gedanke in einer Welt mit Temperaturunterschieden von über 60 °C. Unser Körper ist deshalb auf ein wirklich zuverlässiges Kühlsystem angewiesen.

Da wir Menschen kein Fell tragen, verlieren wir den größten Teil unserer Wärme über die Haut, die wie ein Autokühler funktioniert. Unsere Kühlflüssigkeit, das Blut, strömt durch alle Organe, nimmt dort Wärme auf und transportiert sie an die Hautoberfläche, wo das Blut fast bis auf Außentemperatur abgekühlt wird. Das Herz pumpt es durch ein Röhrensystem in die Organe. Die großen Kanäle heißen Arterien, die kleineren Arteriolen. Diese Röhren haben Muskeln in ihren Wänden, die die Durchflussmenge und -richtung steuern und einen Teil des Blutes unter die isolierende Fettschicht, den anderen Teil aber an die Hautoberfläche dirigieren, wo es abgekühlt wird. Die ringförmigen Muskeln können sich zusammenziehen, um die Röhren zu verengen, oder sich entspannen, um sie zu weiten. Sie reagieren auf Signale vom Hypothalamus und lenken mehr Blut zur Haut, sobald der Körper zu warm wird. Dieses raffinierte System ist sehr fein steuerbar, aber allein reicht es nicht aus, um uns vor der Gefahr der

Überhitzung zu schützen. Damit das Blut von der Luft gekühlt wird, muss die Außentemperatur deutlich unter der Hauttemperatur von 35 °C liegen. Wird das Blut höheren Umgebungstemperaturen ausgesetzt, so heizt es sich nur noch weiter auf. Außerdem wird durch jede Muskelaktivität noch mehr Wärme erzeugt, die durch die Haut abgeführt werden muss. Es muss also noch ein zweites Thermoregulationssystem geben. Die Rede ist vom Schwitzen.

Wasser abzusondern mag in vielen gesellschaftlichen Situationen unerwünscht sein, aber es funktioniert. Schweißdrüsen überziehen die Haut mit einem Flüssigkeitsfilm. Wenn das Wasser verdampft – ein Kühlvorgang –, entzieht es dem Körper Wärme und führt sie an die Luft ab. Durch Schwitzen kann Wärme zwanzigmal so schnell abgeleitet werden wie durch die Blutkühlung. Wenn die Umstellung der Blutgefäße nicht ausreicht und sich die Haut erhitzt, schaltet der Hypothalamus die Sprinkleranlage ein.

Etwa drei Millionen Schweißdrüsen sind ungleichmäßig über die Haut verteilt. Die meisten sitzen auf der Stirn, im Gesicht, am Hals, auf dem Brustkorb und dem Rücken, in den Achselhöhlen und im Schritt: dort, wo die Kühlung am effektivsten ist, weil große Blutmengen knapp unter der Haut zirkulieren. Damit das Schwitzen etwas bringt, muss jedoch das Wasser verdunsten können. Deshalb ist Schwüle so unangenehm: Die bereits feuchte Luft ist kaum noch aufnahmefähig und der Schweiß bleibt auf der Haut.

Wenn die Lufttemperatur sich der Körpertemperatur annähert, muss man schwitzen, um zu überleben. Die hohe Temperatur beschleunigt die Verdunstung und erhöht so die Effizienz der Kühlung, die sich anderenfalls bei steigender Außentemperatur verringern und schließlich ganz verlieren würde. Doch auch wenn Schwitzen in der Hitze überlebensnotwendig ist, bringt es einen in der Wüste um, falls man nicht genug Wasser dabeihat.

Zwei Drittel des menschlichen Körpers bestehen aus Wasser. Ein durchschnittlicher Mensch enthält etwa 50 Liter Flüssigkeit und verliert, wenn alles normal läuft, täglich mindestens zwei Liter: Die Nieren verbrauchen Wasser, um Abfälle aus dem Körper zu spülen. Die

Lunge feuchtet damit die Luft an, damit sie beim Ausatmen nicht die empfindliche Schleimhaut reizt. Etwas Flüssigkeit entweicht auch durch die Haut, die nicht ganz wasserdichte Hülle des Körpers. Wenn die Schweißdrüsen eingeschaltet werden, schnellt der Wasserverbrauch jedoch in die Höhe. Der Hypothalamus steuert sowohl die Zahl der aktivierten Drüsen als auch die Geschwindigkeit, mit der sie den Schweiß absondern sollen. Schwitzen ist eine üble Wasserverschwendung, aber wenn er das Feuer in seinem Inneren bekämpfen muss, nimmt der Körper keine Rücksicht: An einem heißen Tag kann er bereits in Ruhe bis zu fünf Liter verbrauchen. Schon wenn er nur einen Liter verliert, funktioniert er nicht mehr richtig. Hat er fünf Liter eingebüßt, setzen Ermattung und Schwindel ein. Ein Verlust von zehn Litern sorgt für Seh- und Hörstörungen und löst Krämpfe aus. Ein Defizit von 15 bis 20 Litern, also von gut einem Drittel der gesamten Körperflüssigkeit, ist tödlich.

Was die Sache noch schlimmer macht: Anstrengungen und Stress beschleunigen die Austrocknung stark. Gehen kann pro Stunde einen weiteren Liter verbrauchen, und auch Nervosität löst bekanntlich Schwitzen aus. In der Wüste können die Hitze, die Anstrengung und die Angst den Wasserverlust in die Höhe treiben. In der Wüste zu überleben ist so etwas wie der Versuch, ohne Wassernachschub ein Feuer zu löschen. Steigt die Körperkerntemperatur um 1 °C, so erhöht sich die Geschwindigkeit der Stoffwechselreaktionen um 15 Prozent. Bei 40 °C laufen sie bereits 50 Prozent schneller ab als normal. Oberhalb dieser Temperatur beschleunigen sie sich noch weiter, und bei 43 °C verkocht das Gehirn.

Um den beschleunigten Blutkreislauf und die Schweißproduktion zu unterhalten, muss sich der Körper mit neuem Wasser versorgen. Dieses zu finden, erfordert rationales Handeln. Der Hypothalamus sendet einen Wassersuchbefehl an die Hirnrinde, den wir als Durst empfinden. Das Durstsignal wird nicht sofort ausgelöst. Sensoren in den Blutgefäßen »erschmecken« ständig den Salzgehalt des Blutes. Wenn man drei Prozent der Körperflüssigkeit verloren hat (oder mit der Nahrung zu viel Salz aufgenommen hat), wird das Blut so salzig, dass der Alarm ausgelöst wird. Diese Verzögerung hat praktische Gründe: Sie soll verhindern, dass die Menschen zu Sklaven minimaler Salzgehaltschwankungen werden. Nur wenn wir nicht beständig zum Trinken gezwungen sind, haben wir die nötige Muße, andere Dinge zu tun.

Der Körper erträgt einen Flüssigkeitsverlust von etwa fünf Prozent, bevor er offenkundige Austrocknungssymptome wie Schwindelgefühle und Erschöpfung ausbildet, aber schon ein Verlust von einem Prozent kann die normalen Abläufe durcheinander bringen. Da wir oft besonders salzige Lebensmittel bevorzugen und entwässernde Getränke wie Kaffee oder Tee trinken, sind die meisten von uns chronisch leicht dehydriert – nicht so stark, dass ein Alarm ausgelöst würde, aber durchaus stark genug, um unsere Leistungen unterschwellig zu beeinträchtigen. Sobald wir genug getrunken haben, um das Defizit auf unter drei Prozent der Körperflüssigkeit zu reduzieren, ist der Durst gestillt. Der Missstand ist also leicht zu beheben – es sei denn, es gibt kein Wasser weit und breit.

Wenn es keinen ausreichenden Nachschub gibt, bleibt das Blut zu dick, und der Körper muss seine eigenen Reserven angreifen, um es zu verdünnen. Wasser kommt außer im Blut auch in den Organen vor, wo es wie in einem nassen Schwamm festgehalten wird. Um mit anhaltendem Durst fertig zu werden, verlagert der Körper über einen Osmose genannten Prozess Wasser ins Blut: Er wringt die Organe aus, bis der Salzgehalt des Blutes wieder normal wird. Doch Osmose hat ihre Grenzen. Die Organe können nicht noch salziger werden als das Blut, sondern nur so viel Wasser abgeben, dass die Konzentrationen sich angleichen. Das heißt, dass das Blut und die Gewebe im selben Maß austrocknen und versalzen. Der Körper wird Wasser einsparen, wo er nur kann. Die Nieren reduzieren den Verlust, indem sie die Abfälle mit immer weniger Wasser versetzen. Immer dunklerer Urin in immer kleineren Mengen ist ein viel genauerer Anzeiger für Dehydrierung als Durst.

Wenn kein Wasser nachgefüllt wird, versucht der Körper, mit dem auszukommen, was er hat. Er setzt Prioritäten. In der Wüste muss er Wärme abführen, die Sauerstoffversorgung sicherstellen und eine Überlebensstrategie entwickeln. Daher wird er das Blut – auf Kosten der momentan weniger wichtigen Organe wie des Magens, der Leber, des Darms und der Muskeln – vor allem zur Haut, in die Lungen und ins Gehirn lenken. Angesichts der Notwendigkeit, dem Netzwerk der Wärme abführenden, geweiteten Gefäße unter der Haut möglichst viel Blut zuzuführen, ohne die Versorgung des Gehirns und der Lunge zurückzufahren, schlägt das Herz stärker und schneller. Die Brust pocht und der Puls steigt. Schlimmer wird die Angelegenheit noch durch das dickere Blut, das schwerer durch die Gefäße zu pressen ist. Mehr Arbeit erzeugt mehr Körperwärme, die wiederum einen noch größeren Bluttransport zur Haut nötig macht und so einen Teufelskreis in Gang setzt. Der Kreislauf kann nicht mehr mithalten. Schließlich werden sogar die lebenswichtigen Organe unterversorgt, und der Körper kollabiert an einem Hitzschlag.

Sollte er im direkten Sonnenlicht zusammenbrechen und liegen bleiben, wird der erschöpfte Wüstenwanderer sterben. Fällt er in den Schatten oder bricht er in der Nacht zusammen, kann sich sein Zustand stabilisieren. Er muss nicht mehr mit der externen Wärmezufuhr durch die Sonne fertig werden. Seine Skelettmuskeln entspannen sich und reduzieren so die interne Wärmefreisetzung. Bei einem aufrecht stehenden Menschen befinden sich 70 Prozent des Blutes unterhalb des Herzniveaus. Bei einem liegenden Menschen gibt es keine großen Höhenunterschiede, und das Herz kann das Blut viel leichter ans Ziel pumpen, vor allem in den Kopf. Wenn das Gehirn wieder mit Blut versorgt wird, kann das Opfer das Bewusstsein wiedererlangen. Ein Kollaps kann einem tatsächlich das Leben retten, sofern man am richtigen Ort oder zur richtigen Zeit zusammenbricht.

Andrew Hughes suchte die verschwundene Straße nach Duse, während Jane, Matt und Sam zum Wagen zurückgingen, um auf seine Rückkehr zu warten. Hughes kämpfte sich den ganzen Tag voran, absorbierte extrem viel Sonnenstrahlung und schwitzte übermäßig. Er war noch nicht sehr durstig. In Reaktion auf die Hitze hatten sich seine Hautgefäße ganz weit gestellt, sodass die Haut sogar da, wo keine Sonne hindrang, leuchtend rot wurde. Ihm war übel, er bekam Unterleibskrämpfe und wurde mit jedem Schritt schwächer, weil sein Hypothalamus mehr und mehr Blut von seinem Magen und seinen Muskeln fortlenkte. Am Abend war er durcheinander und desorientiert und hatte sich hoffnungslos verlaufen. Er brach im Sand zusammen.

Durch die kühle Nachtluft und seine horizontale Lage kam er wieder zu sich. Obwohl er immer noch erschöpft war, als er am Morgen erwachte, galten seine ersten Gedanken seiner Frau und den Kindern, die auf ihn warteten und von ihm abhängig waren. Er brachte die nötige Kraft auf, um weiterzugehen, und stolperte auf eine Straße, als gerade ein tunesischer Bauer vorbeifuhr. Der Bauer holte ihn in seinen Lastwagen und gab ihm Wasser. Sobald sein Körper und sein Geist wiederhergestellt waren, begab sich Hughes mit dem Mann auf die Suche nach seinem Auto. Sie fanden es zweieinhalb Stunden später, aber Jane, Matthew und Sam waren nirgends zu sehen, und nichts deutete darauf hin, dass sie hier gewesen waren.

Der Bauer zog das Auto aus dem Sand und Hughes stieg ein, ließ es an und fuhr hinter dem Lastwagen seines Retters her. Nach ein paar Kilometern platzte ein Reifen, und er musste halten. Aus unerfindlichen Gründen sah sich der Bauer nicht um und bemerkte nicht, dass das Auto zurückgeblieben war. Hughes drückte hektisch die Hupe, aber es brachte nichts: Der Wagen verschwand am Horizont. Im Mietauto fand sich kein Wagenheber. Zum zweiten Mal war Hughes allein: ohne Wasser, ohne jede Vorstellung, wo er war, und ohne Familie. Wieder stapfte er zu Fuß durch die sengende Nachmittagssonne, ohne zu ahnen, wo er Unterschlupf oder Hilfe finden konnte. In der Nacht rollte er sich unter einem Busch zusammen und schlief. In der Morgendämmerung erwachte er und ging weiter. Schier verrückt vor Durst stolperte er über einen alten Brunnen, aber das Wasser war zu weit unten, und das Seil für den Eimer war verrottet. Die Dehydrierung, Erschöpfung und Verzweiflung über das Los seiner Familie ließen Hughes erneut zusammenbrechen.

Er war vermutlich nur noch wenige Stunden vom Tod entfernt, als eine Patrouille tunesischer Soldaten ihn zufällig fand. Als sie ihn wiederbelebt hatten, mussten sie ihm mitteilen, dass sie den Rest der Familie schon gefunden hatten – zu spät, um sie vor der Wüste zu retten. Hughes Frau und die Söhne hatten die Wasserreservoirs, die vermeintlich so nahe hinter ihnen lagen, nicht entdecken können und hatten es, wie Hughes bereits wusste, auch nicht bis zum Wagen geschafft.

Was genau den dreien in ihren letzten Stunden widerfahren ist, werden wir nie wissen, aber man kann rekonstruieren, was sich in ihren Körpern abspielte, als sie vor Erschöpfung zusammenbrachen, dann einen Hitzschlag erlitten und schließlich starben. Da sie sich der gnadenlosen Sonneneinstrahlung nicht entziehen konnten, heizten sie sich immer weiter auf. Ob sie nun das schützende Auto suchten oder auf dem Wüstenboden saßen, sie transpirierten stark, weil ihre Körper vor allem anderen die normale Kerntemperatur aufrechterhalten mussten. Alle drei verloren enorm viel Wasser, und sie hatten nichts außer den kläglichen anderthalb Litern in ihrer Flasche, um den Verlust zu kompensieren. Ihre internen Wasservorräte gingen bald zur Neige. Das Blutvolumen sank. Die salzige, dicke Brühe bewegte sich nur noch so langsam durch die Adern, dass sie weder in die winzigen Kapillaren gelangte, die die einzelnen Zellen versorgen, noch durch das feine Blutkühlungsnetzwerk direkt unter der Haut strömen konnte. Bald fehlte den dreien das Wasser zum Schwitzen. Ihre Haut wurde heiß und trocken – verräterische Vorzeichen eines Hitzschlags.

Ein Mensch in der Wüste, dessen Thermoregulationssystem zusammengebrochen ist, unterscheidet sich nicht grundlegend von einem Stück Fleisch, das in einem Ofen brät. Von Luft umhüllt, die regelmäßig heißer als 50 °C wird, sackt er zusammen, nur um dann vom Sand weiter aufgeheizt zu werden, der noch einmal 10 °C bis 20 °C wärmer ist. Im verzweifelten Bemühen, die tödliche Erhöhung der Kerntemperatur um 5–6 °C aufzuhalten, lässt der Hypothalamus die Ringmuskulatur der oberflächennahen Adern sich völlig entspannen, sodass die Gefäße sich so weit ausdehnen wie nur möglich. Die Haut wird rot, weil sich mehr Blut unter ihr sammelt, während die anderen lebenswichtigen Organe kaum noch versorgt werden. Der Körper bricht zusammen.

Wenn sich die Organe überhitzen, bricht im Körper das Chaos aus. Der Magen und der Darm stellen die Verdauung ein, die Leber baut keine giftigen Nebenprodukte mehr ab. Das Blut wird nicht mehr durch die Nieren gefiltert, sodass sich Toxine in ihm ansammeln. Die Muskeln zucken wild und unkontrollierbar. Wenn sich die empfindlichen, exakt aufeinander abgestimmten chemischen Reaktionen im immer heißer werdenden Gehirn beschleunigen, gerät neben dem Körper auch der Geist aus der Bahn. Der Hypothalamus verliert die Kontrolle über sich selbst und das ganze Thermoregulationssystem. Die stetig ansteigende Temperatur lässt die Proteine degenerieren: Zellmembranen werden verformt und porös, Salz dringt ein. Die Zellen schwellen an und platzen, ihr Inhalt ergießt sich in das umliegende Gewebe, wo er weitere Schäden und Entzündungen auslöst, was wiederum weitere Zellen anschwellen und platzen lässt: eine Kettenreaktion, die nun nicht mehr aufzuhalten ist.

Jane, Matthew und Sam Hughes haben es nicht einmal geschafft, zu ihrem Auto zurückzukehren – eine Strecke, die man normalerweise in einer Stunde zurückgelegt hätte. In einem Terrain, das ihnen keine Orientierungsmarken, kein Wasser und keinen Schutz bot, waren sie leichte Beute für die gnadenlose Sonne, die keine zwei Tage brauchte, um sie umzubringen. In derselben Wüste überlebte Mauro Prosperi fünf Jahre später die neun Tage bis zu seiner Rettung, wobei er nach eigenen Angaben fast kein Wasser trank und eine Strecke von 210 Kilometern zurücklegte. Kann seine Geschichte stimmen?

Am Morgen nach jenem heftigen Sandsturm kletterte Prosperi auf die Kuppe einer hohen Düne. Er entdeckte keine Spur von einem Weg, einem Begleitfahrzeug oder einem Camp. Das Marathon-Reglement sagte eindeutig, was man tun sollte, wenn man sich verlaufen hatte: sich nicht vom Fleck rühren und auf Hilfe warten. Prosperi hielt sich an die Vorgaben. Gegen Ende des Tages flog ein Suchhubschrauber über ihn hinweg. Er winkte energisch, aber die Crew entdeckte den Punkt im Sandmeer nicht. Er trank seinen letzten Schluck Wasser und urinierte später, um Flüssigkeit zu recyceln, in die leere Flasche. Dann übermannte ihn in der kühleren Abendluft auf dem Gipfel der Düne der Schlaf.

In der Stille des nächsten Morgens starrte Prosperi ringsum auf ein uferloses Nichts aus Sonne und Sand. Weder im Himmel noch am Horizont rührte sich etwas. Ihm war klar, dass die Sonne ihn hier, wo es weder Wasser noch Schatten gab, höchstwahrscheinlich in ein bis zwei Tagen töten würde, und er beschloss, nicht länger zu warten. Nachdem er ein paar Stunden ziellos durch die Bruthitze gewandert war, entdeckte er ein kleines Objekt in der Ferne und hielt darauf zu. Es entpuppte sich als leeres muslimisches Grabmal. Die Notwendigkeit, der Mittagshitze zu entfliehen, hatte auch eine andere Spezies hergeführt: Er entdeckte, dass er seinen Unterstand mit einer Fledermauskolonie teilte.

Prosperi hatte auf einmal viel mit anderen Wüstentieren gemeinsam. Durst und Hunger sind mächtige Beweggründe, und der Überlebensinstinkt des italienischen Polizisten war angesprungen. Er kletterte unter das Dach, schnappte sich zwei schlafende Fledermäuse und drehte ihnen die Köpfe ab. Erst saugte er seine Beute aus, dann verspeiste er sie roh. Zwei Tage in der Wüste hatten einen harmlosen Marathonläufer in ein Raubtier verwandelt.

In der Dämmerung des vierten Tages von Prosperis Odyssee durch die Wildnis flog ein Flugzeug über das Grabmal hinweg. Es entdeckte weder die italienische Fahne aus seinem Rucksack, die er an eine Stange vor dem Bauwerk gehängt hatte, noch das große SOS, das er in den Sand gemalt hatte. Am Mittag hatte die Sonne seine Enttäuschung zu Verzweiflung zusammengekocht. Er wollte sich umbringen und hackte mit seinem Survivalmesser auf seine Pulsadern ein. Aber sein dehydriertes Blut war so dick, dass es nur langsam heraussickerte und sofort gerann. Als die Sonne unterging, kühlte die Luft sein Gehirn ab, sein Verstand und damit sein Überlebenswille gewannen wieder die Oberhand. Am Horizont sah er Berge. Da er sich erinnerte, dass die Zielgerade am Fuß einer Gebirgskette lag, hielt er darauf zu.

Um die Sonne, seinen Feind, auszutricksen, lief er vor allem in den frühen Morgenstunden, bevor sie ihre volle Kraft entfalten konnte. Am Nachmittag suchte er an einem Felsen, in einer Höhle oder unter einem Baum Schutz, am Abend ging er weiter. Nachts grub er sich eine Kuhle in den Sand, die ihn warm hielt. Sein Überleben verdankte er bis zu diesem Punkt einer einzigartigen Kombination aus primitiven, tierischen Instinkten und den Requisiten der Zivilisation, die er dabeihatte. Er stillte seinen Durst, indem er auf Erfrischungstüchern herumkaute und morgens den Tau aus Felskuhlen leckte. In einem ausgetrockneten Flussbett, einem Wadi, grub er ein paar Grasbüschel aus und saugte an den noch feuchten Wurzeln. Er trank seinen Urin, hob aber genug auf, um damit auf seinem Brenner eine gefriergetrocknete Beutelmahlzeit zu kochen. Er aß Käfer und Pflanzen sowie eine Maus, die er mit einer Steinschleuder aus einem Stock und einem Elastikgurt erlegte. Jeden Tag ging er beharrlich nach Osten, auf die Berge zu – leider die falschen.

Am fünften Tag entdeckte Prosperi direkt vor sich eine Wasserfläche. Hoffnungsvoll, aber mit gebremstem Enthusiasmus hielt er darauf zu, denn er wusste, dass es sich um eine Täuschung handeln konnte. Und tatsächlich schien das Wasser immer zu verschwinden, wenn er beinahe da war, und es gelang ihm nie, sich nasse Füße zu holen. Es war aber nicht sein Gehirn, das ihm etwas vorspiegelte, sondern die Wüstenatmosphäre. Eine Fata Morgana ist – anders als eine Halluzination – ein optisches Phänomen, das außerhalb des Kopfes angesiedelt ist. Man kann sie fotografieren. Ein Lichtstrahl wird gebeugt, wenn er die Grenzfläche zwischen zwei unterschiedlich dichten Medien durchdringt. Man halte einen Bleistift schräg hinter ein halb volles Wasserglas und stelle sich vor, er sei ein Lichtstrahl. So beugt und fokussiert eine Linse das Licht, und so kommt es, dass Fische unter Wasser näher sind, als sie zu sein scheinen (wie Steve Callahan zu spüren bekam). Dasselbe passiert, wenn sich eine Luftschicht über der Wüste (oder auch eine kleine »Luftlinse«, die über dem heißen Asphalt einer Straße liegt) stark erwärmt und ausdehnt, sodass sie viel weniger dicht ist als die darüber liegende Luftschicht. Der krasse Dichteunterschied beugt die einfallenden Lichtstrahlen so stark, dass sie fast parallel zum Boden verlaufen, wenn sie schließlich beim Betrachter – also dem durch den Sand wankenden Wüstenwanderer – eintreffen. Das Bild, das in seine nach vorne gerichteten Augen fällt, stammt im Grunde aus dem Himmel schräg über ihm. Das Gehirn geht bei seiner Interpretation jedoch davon aus, dass Lichtstrahlen gerade verlaufen, und deutet den schimmernden Himmelsfleck als See im Sand.

Erst am achten Tag taumelte Prosperi in ein Wadi, das eine echte Lache enthielt. Da waren sein Mund und seine Kehle bereits so angeschwollen, dass er nicht mehr schlucken konnte; er erbrach das erste Wasser gleich wieder. Nur wenn er alle paar Minuten einen winzigen Schluck nahm, behielt er die Flüssigkeit bei sich, also blieb er den ganzen Tag und die ganze Nacht neben der Pfütze liegen und leckte hin und wieder etwas von dem schlammigen Nass auf. Am nächsten Morgen ging er weiter. Einen Tag später stieß er auf frischen Ziegenkot, dann auf kleine menschliche Fußabdrücke und schließlich auf das achtjährige Targi-Mädchen, das die Abdrücke hinterließ und die Ziegen hütete. Die Kleine schrie beim Anblick des vertrockneten Gerippes auf, das auf sie zuschlurfte, und floh hinter die nächste Düne. Bald kehrte sie mit ihrer Großmutter wieder, die den armen Fremden zu ihrem Lager führte.

Prosperi hatte die Grenze nach Algerien überschritten. Man brachte ihn per Kamel und dann per Lastwagen in ein algerisches Militärkrankenhaus, wo die Ärzte feststellten, dass der Wüstenläufer 15 Kilogramm abgenommen hatte und 16 Liter Infusionslösung nötig waren, um den Wasserverlust auszugleichen. Seine Nieren funktionierten kaum noch, seine Leber hatte Schaden genommen und er konnte keine Nahrung verdauen. Seine Augen lagen tief in den Höhlen und seine Haut war trocken und verschrumpelt. Er sah wie eine Schildkröte aus. Aber er würde es schaffen.

Militärärzte in Marokko sagten, sie hätten noch nie zuvor einen Menschen gesehen, der ohne Wasser mehr als vier Tage in der Sahara überlebt hätte. Vielleicht hatten sie immer noch keinen gesehen. Prosperi wurde in Italien wie ein Held willkommen geheißen, aber bald zogen Ärzte seine Geschichte in Zweifel, die ihnen physiologisch unmöglich erschien. Sie mutmaßten, er müsse – und sei es nur vorübergehend – von Wüstennomaden aufgenommen worden und dann, als er wieder etwas zu Kräften gekommen sei, in die Zivilisation zurückgekehrt sein, um seine dramatische Geschichte zum Besten zu geben.

Wie lange genau ein Mensch ohne Wasser überleben kann, ist nicht bekannt. Solche Daten zu erheben wäre ein Verbrechen. Ägyptische Soldaten erhielten während des Krieges gegen Israel 1967 im Sinai drei Liter Wasser pro Tag, und die Armee hatte zahlreiche hitzebedingte Verluste. Die Israelis hingegen, die angehalten wurden, zehn Liter am Tag zu trinken, hatten keinen einzigen derartigen Todesfall zu beklagen. Die Notwendigkeit, viel Wasser zu sich zu nehmen, liegt so auf der Hand, dass man in der israelischen Armee vors Kriegsgericht gestellt werden kann, wenn man an Überhitzung erkrankt.

Kann Prosperi seine Odyssee so wie geschildert überlebt haben? Ein Verlust von über einem Fünftel der Körperflüssigkeit ist normalerweise tödlich; er hatte sogar ein Drittel eingebüßt. Neun Tage nahezu ohne Wasserzufuhr – das liegt weit jenseits der bekannten Belastungsgrenzen des menschlichen Körpers. So beachtlich die Leistungen dieser Maschine auch sind: Kann sie unter extremem Umweltstress vielleicht in eine Art Schongang verfallen und dann noch Größeres leisten?

Für einen Menschen ist die Wüste fast als ein Pathogen anzusehen – wie ein Virus oder eine Bakterie: eine natürliche Substanz, die Krankheiten auslöst. In gewissem Umfang kann man Menschen daher gegen die Wüste »impfen«. Impfungen wirken, indem sie den Körper einer abgeschwächten Form des Pathogens aussetzen, sodass er biochemische Abwehrmaßnahmen ergreift und so gegen mögliche künftige Angriffe des echten Pathogens immun wird. Es ist denkbar, dass Prosperi überlebt hat, weil er während der vier ersten Tage seiner Teilnahme am Marathon in kontrollierter Form mit der »abgeschwächten« Wüste konfrontiert worden war und dieser Stress wie eine Impfung gewirkt hat: eine Immunisierung, wie sie die an Hotels gewöhnte Familie Hughes nie erwerben konnte. Wenn er die nötige Zeit hat, kann der menschliche Körper – anpassungsfähig, wie er ist – dazu angeregt werden, geeignete Schutzmaßnahmen gegen eine extreme Umwelt zu ergreifen. Bei der Reaktion gegen den Krankheitserreger Wüste steht die Abfuhr der überschüssigen Hitze an erster Stelle. Im Laufe mehrerer Tage wird das Schwitzen einfacher: Es setzt bei der ersten körperlichen Anstrengung und zugleich bei noch niedrigen Außentemperaturen ein, sodass der Motor des Körpers von Anfang an gut gekühlt wird und sich gar nicht erst überhitzt. Zugleich erhöht sich das Schweißvolumen. Um nicht zu viele seiner wertvollen Mineralstoffe und Salze einzubüßen, entzieht der Körper diese dem Schweiß, der dadurch keine weißen Ränder mehr hinterlässt und kaum noch riecht, weil er aus fast reinem Wasser besteht.

Das stärkere Schwitzen erhöht allerdings den Wasserbedarf immens. Um diese wertvolle Ressource zu schonen, schaltet der Hypothalamus die Schweißdrüsen in den unterschiedlichen Hautregionen periodisch ein und aus. Das Schwitzen wird zyklisch. Wenn alle dreihunderttausend Schweißdrüsen gleichzeitig ihre Schleusen öffnen würden, wäre die Haut dermaßen nass, dass das Wasser nicht verdunsten, sondern zu Boden tropfen würde – eine unglaubliche Verschwendung. Um jedem freigesetzten Tröpfchen die Zeit und den Platz zum Verdampfen zu geben, öffnen und schließen sich benachbarte Drüsen zeitversetzt, sodass der Körper aus jedem geopferten Wassertropfen die größtmögliche Kühlung zieht.

Da Prosperis Haut nach mehrtägiger Anpassung an die Wüstenbedingungen effektiver und effizienter schwitzte, dürfte sie kühler gewesen sein als die Haut eines gewöhnlichen Touristen, der nach einer Woche in einem klimatisierten Hotel plötzlich der Sonne ausgesetzt wird. Er konnte seine Körpertemperatur konstant halten, ohne allzu viel Blut unter die Haut zu pumpen, und sein gesamter Blutkreislauf dürfte stärker gewesen sein. Noch bevor seine Austrocknung einsetzte, hatte sein Hypothalamus in Reaktion auf die anhaltende Wärme Hormone an die Nieren gesandt, die ihnen anzeigten, dass sie dem Harn noch mehr Wasser entziehen und dieses wieder in das Blut einspeisen sollten. Dank des hoch konzentrierten Urins und des effizienten Schwitzens stand mehr Blut zur Versorgung von Prosperis lebenswichtigen Organen zur Verfügung, wodurch er Magenkrämpfe, Muskelermüdung und Ohnmacht vermeiden konnte.

Das Gehirn ist das lebenswichtige Organ, das am stärksten geschützt werden muss. Ein bewusstloser Mensch ist hilflos. Man muss einen kühlen Kopf bewahren – physiologisch und im übertragenen Sinn –, und zum Glück liegt das Gehirn nahe am Gesicht, einem Gebiet mit reicher Blutgefäß- und Schweißdrüsenausstattung, das zur Wärmeableitung besonders geeignet ist. Normalerweise fließt das Blut vom Gehirn nach außen zum Gesicht. Wenn die Gehirntemperatur zu hoch wird, kann die Richtung jedoch umgekehrt werden, sodass gekühltes Blut vom Gesicht nach innen strömt: eine Vorzugsbehandlung, die die Gehirntemperatur senkt. Die Belege für die bevorzugte Gehirnkühlung beim Menschen sind umstritten, aber bei vielen Wüstensäugetieren ist das Phänomen zweifelsfrei nachgewiesen. Eine Antilope, die einer Hyäne zu entkommen versucht und dabei unter Stress und in Atemnot gerät, schleust das frisch luftgekühlte Blut von seiner Nase direkt zurück ins Gehirn. Dadurch bleibt die wichtige Kommandozentrale selbst dann noch kühl, wenn der Rest des Körpers überhitzt ist. Es scheint plausibel, dass auch Menschen wie Prosperi, wenn sie unter Stress agieren, denselben physiologischen Mechanismus aktivieren können.

Stress zeigt eine Gefahr fürs Überleben an. Ob die Bedrohung nun real oder nur eingebildet ist, ob man sich in der Wüste verlaufen hat und unter Wassermangel leidet oder im Stau festsitzt und eine Verabredung verpasst, der Körper schüttet dieselben Stresshormone aus. Adrenalin lässt das Herz schneller schlagen und löst Schwitzen aus. Cortisol und Catecholamine mobilisieren die Glykogenvorräte in der Leber und den Muskeln und wandeln sie rasch in Glukose um, den Zuckertreibstoff des Körpers, damit sofort zusätzliche Energie zur Verfügung steht. Dieser Energieschub kann einem über die nächste Düne helfen oder einen herumbrüllen und auf die Hupe drücken lassen.

Andere Stressreaktionen sind spezifischer und viel subtiler. Zu viel Hitze löst körperliche Veränderungen auf Molekülniveau aus. Sämtliche Proteine haben eine dreidimensional gefaltete Struktur, die sich bei hohen Temperaturen auflöst. Wenn es jedoch sehr langsam wärmer wird, produzieren die Zellen in jedem Organ, sobald 40,5 °C erreicht sind, neue Substanzen, die als Chaperone- oder Hitzeschockproteine bezeichnet werden und an die normalen Proteine andocken, um deren Verformung zu verhindern. Sie können sogar verformte Proteine in ihre Ursprungsstruktur zurückfalten. Die Produktion von Hitzeschockproteinen dauert etwa eine Stunde, und sie ermöglichen es dem Körper, eine weitere Erwärmung um etwa 2 °C zu überstehen.

Ein Hitzeschock ist nicht der einzige Auslöser für die Herstellung dieser Eiweiße, und der Hitzeschutz ist nicht ihre einzige Aufgabe. Man muss sich Chaperone-Proteine eher als allgemeinen Stressschutz vorstellen, denn sie entstehen bei jeder intensiven Belastung und schirmen die normalen Proteine dann gegen jede Art von Stress ab. Die Konzentration an Hitzeschockproteinen steigt bei Kälte, Hunger, Schlafentzug, Vergiftung und sogar exzessiver Körperertüchtigung an, was die physiologische Erklärung für die Tatsache sein könnte, dass sportliche Betätigung mentalen Stress reduzieren kann und dass das Schleifen von Rekruten in der Grundausbildung sie zu zäheren Soldaten macht. Hitzeschockproteine werden auch bei psychischem Stress wie Isolation oder Angst produziert. Also gibt es einen biochemischen Mechanismus, der den Körper eines Menschen, der einer Gefahr ins Auge blickt, so sehr stärken kann, dass er mit den härtesten Umweltbedingungen fertig wird.

In seinem Überlebenskampf hat Prosperi all diese und vermutlich weitere Schutzmechanismen genutzt. Eine Woche in der Hitze hatte seinen Körper bereits in den Überlebensmodus versetzt, und die wenigsten Menschen, die es in die Wüste verschlägt, sind außerdem noch Marathonläufer, was ihm weitere Vorteile verschaffte. Das Überleben in der Wüste hängt nicht nur von einer maximalen Wärmeabfuhr ab, sondern auch von einer minimalen Wärmeproduktion. Prosperi hatte einen gut eingestellten, hocheffizienten Körper, der eine Menge Arbeit leisten konnte, ohne dabei viel Wärme freizusetzen. Ausdauertraining stärkt das Herz, sodass es weniger oft schlagen muss, um den Blutkreislauf in Schwung zu halten. Das erleichtert auch die Atmung. Ausdauertraining verbessert darüber hinaus die Fähigkeit der Leber, gespeicherte Energie (Glykogen) in Treibstoff (Glukose) umzuwandeln. Die Muskeln eines Marathonläufers halten über größere Entfernungen durch. Alles in allem reduziert die eingesparte Energie die Wärmefreisetzung ganz erheblich, weil das Herz, die Lunge, die Leber und die Muskulatur die vier größten Heizöfen des Körpers sind. Ausdauersportler haben vor allem Muskelfasern vom Typ I, die sich langsamer, aber auch gleichmäßiger und ausdauernder zusammenziehen und dabei sparsam mit der Energie umgehen. Nichtsportler sowie Athleten wie Gewichtheber, die schnelle, kraftvolle Bewegungen machen müssen, haben einen höheren Anteil an Typ-II-Muskelfasern, die sich schnell zusammenziehen und dabei viel mehr Energie verbrennen.

Das starke Herz eines Marathonläufers und das reich verzweigte Adernetz lassen das Blut leichter sowohl an die Oberfläche strömen, wo es gekühlt wird, als auch in die inneren Organe, wo es das Gewebe versorgt. Die Zirkulation wird auch durch die Muskelaktivität in den Beinen unterstützt, die das Blut aus den Venen pumpt. Das erklärt, weshalb es bei Hitze viel unangenehmer, ist zu stehen als zu gehen. Im Zweiten Weltkrieg hat man Soldaten bestraft, indem man sie zwang, in der Sonne zu stehen, bis sie ohnmächtig wurden. Die Fähigkeit eines Athleten, in Bewegung zu bleiben, erleichtert die Wärmeabfuhr enorm, weil so ein Luftzug über der Haut entsteht. Das langsame Auslaufen, die Abkühlungsphase, die Läufer benötigen, bevor sie nach einem Rennen wirklich stehen bleiben, sorgt dafür, dass der Luftaustausch anhält, bis die überschüssige Körperwärme durch Konvektion abgeführt worden ist.

Selbst wenn er sich nicht bewegt, genießt ein Marathonläufer Vorteile beim passiven Wärmeverlust: Er hat kaum eine isolierende Fettschicht und ist normalerweise schlank, und bei dieser Gestalt ist die Körperoberfläche im Verhältnis zur Körpermasse besonders groß. Schwach isolierte, große Oberflächen geben durch Wärmeleitung und -strahlung rasch Hitze ab.

Ausdauersportler haben noch einen weiteren Trumpf im Ärmel. Ihr jahrelanges, stetiges, hartes Training hat das System zur Erhaltung einer konstanten Körpertemperatur einem ständigen Druck ausgesetzt. Ob die überschüssige Wärme nun durch Muskelaktivität oder durch Sonneneinstrahlung verursacht wird, die Anpassungsleistung, um die Temperatur konstant zu halten, ist dieselbe. Abgesehen von der ständigen Produktion von Hitzeschockproteinen durchlaufen die Körper von Sportlern auch langfristige Veränderungen in Bezug auf die Enzyme, die die Umsatzrate biochemischer Reaktionen kontrollieren. Es werden Gene aktiviert, die Gestalt und Aminosäurezusammensetzung von Stoffwechselenzymen verändern und diese besser gegen Hitze wappnen, sodass sie bei erhöhten Temperaturen besser dafür sorgen können, dass die Reaktionsgeschwindigkeiten nicht so stark ansteigen. Kleinste molekulare Veränderungen können eine große Wirkung entfalten. Zum Beispiel enthalten hitzetolerante Bakterien, die so genannten Hyperthermophilen, viele Proteine, die sich ganz ähnlich auch in Menschen finden. Durch den Austausch einiger weniger Aminosäuren sind sie in der Lage, in kochendem Wasser zu überleben. Eine Erhöhung der Körpertemperatur um 5–6 °C ist beim Menschen normalerweise tödlich, und doch entwickeln erfahrene Marathonläufer eine Hitzetoleranz, die es ihnen ermöglicht, während ihrer Wettkämpfe auch dann noch gute Leistungen zu erbringen, wenn ihre Körpertemperatur um gut 4 °C ansteigt. Was das angeht, sind solche Läufer wie Kamele: Während des Tages kann die Körpertemperatur eines Kamels um 6–7 °C ansteigen. Das Tier »speichert« die Wärme bis zur Nacht, um sie dann passiv an die kühle Luft abzugeben. Die Notwendigkeit zum Schwitzen oder zur Erhöhung der Blutzufuhr zur Haut zu vermeiden spart Wasser und Energie und reduziert die Wärmefreisetzung. Ein durchtrainierter Marathonläufer setzt dieselbe Taktik ein und ist somit schon ein halber Wüstenbewohner.

Um sich an ihren extremen Lebensraum anzupassen, verlassen sich die Wüstentiere jedoch weniger auf ihre Physiologie als auf ihr Verhalten. Ein hitzestrapazierter Säugetier-Hypothalamus dirigiert nicht nur die Abwehrreaktionen der Blutgefäße, Schweißdrüsen und Hitzeschockproteine, sondern signalisiert auch dem Cortex, dass er aktiv werden und ein Verhalten auslösen muss, das die Wärmezufuhr reduziert, indem es das Mikroklima verändert – sei es durch das Ablegen von Kleidung, sei es durch das Aufsuchen oder die Erschaffung eines schattigen Plätzchens. Ganz gleich, wie komplex die Reaktion ist: Wenn die Verhaltensweise unbewusst ausgelöst wird, nennen wir sie einen Instinkt. Wenn die Signale aber ins Bewusstsein dringen und die schmerzliche Erkenntnis auslösen, dass es »zu heiß« ist, wird das Tier oder der Mensch außerdem durch seinen Überlebenswillen angetrieben. Das lebensrettende Verhalten mag sich bei einer Spezies, die an die moderne Technik gewöhnt ist, normalerweise darin erschöpfen, schnell in das klimatisierte Hotel zurückzukehren, aber in extremen Lebensräumen kann der Draht zur Zivilisation allzu leicht reißen. Bei Familie Hughes reichte es schon, dass sie von einer Wüstenstraße abkam. Bei Mauro Prosperi genügte ein kurzer Sandsturm, um ihn aus dem organisierten, künstlichen Szenario eines Wüstenmarathons herauszureißen und in eine viel natürlichere, elementarere Welt zu schleudern, eine Arena, in der sein Leben von der Widerstandskraft seines Körpers und der Aktivierung seiner schlummernden niederen Instinkte abhing.

Prosperi wurde in dasselbe Spielfeld gesetzt wie alle Tiere, die in der Wüste überleben wollen. Wie diese musste er seine Wärmeproduktion drosseln und die Wärmeabfuhr steigern. Jede körperliche Aktivität verbraucht Energie und erzeugt Wärme, diese müssen durch längerfristige Energiesparmaßnahmen und Vorteile bei der Wärmeabgabe mindestens kompensiert werden. Sich in den Schatten zu begeben ist effizient: Es kann die Außentemperatur um 10–15 °C senken. Aber das mag immer noch nicht ausreichen, vor allem, wenn die Sonnenstrahlung vom viel heißeren, trockenen Sand reflektiert wird. Prosperi hatte Glück, dass er nicht nur Schatten fand, sondern dieses Grabmal, dessen Boden ihn vom Sand abschirmte und dessen Wände den Wind abhielten. Das Grabmal bot ihm denselben umfassenden Schutz wie den Fledermäusen.

Wenn ein Wüstentier, vor allem ein großes Säugetier, einmal unterwegs ist, findet es nur schwer Schatten. Kamele haben sich über Jahrtausende an die Wüsten angepasst und ein tragbares Sonnenschutzsystem hervorgebracht: das Fell. Dieses Geflecht aus einzelnen Haaren reflektiert Sonnenstrahlen, lässt aber kühle Luft hindurchstreichen und ist auch locker genug, damit der Schweiß verdunsten kann. Prosperis Vorfahren hatten diese Anpassung nicht entwickelt, aber er trug eine Erfindung auf dem Leib, die genau dieselben Anforderungen erfüllen sollte: locker sitzende Laufkleidung aus Lycra.

Tiere ohne guten Wärmeschutz wie Hyänen oder Schlangen lösen das Hitzeproblem, indem sie nachts aktiv werden. Ohne Restlichtverstärker oder Infrarotsensoren wären Nachtwanderungen für Menschen gefährlich. Prosperi ging einen Kompromiss ein: Er lief in den frühen Morgenstunden und am Abend und ruhte während der heißen Stunden unter einem Busch, neben einem Fels oder einer Düne – was auch immer gerade Schatten spendete.

Da die Luft kaum Feuchtigkeit enthält, kann die Wüste die Wärme nicht speichern, sobald die Sonne untergeht. Die Bodentemperatur kann binnen 24 Stunden um über 50 °C schwanken. Eine der besten Energieinvestitionen, die ein Wüstentier oder ein menschlicher Besucher in dieser Umgebung tätigen kann, ist das Graben eines Loches. In knapp zwei Metern Tiefe isoliert der Sand gut genug, um eine fast konstante Temperatur von 10–15 °C zu wahren. Erdferkel, Springmäuse und Kröten graben sich zum Schlafen im Sand ein, und das tat auch Prosperi.

Die extremen Temperaturschwankungen, die den Läufer wie die anderen Tiere unter die Oberfläche trieben, sorgen auch für einen täglichen Wassernachschub, wenn man nur weiß, wie man an ihn herankommt. Die Luft enthält selbst in der Wüste immer ein bisschen Wasserdampf. Da kalte Luft nicht so viel Feuchtigkeit halten kann wie warme, verwandelt der Temperatursturz während der Nacht das bisschen Wasser, das in der Luft ist, in Niederschlag. Es kondensiert auf den Steinen und dem Oberflächensand und verdunstet am nächsten Morgen in der ersten Sonne. Wüstenkäfer wissen, wie man es einsammelt. Sie wenden den Kopf der kühlen Morgenbrise zu und heben ihren konkaven Rücken; das darauf kondensierende Wasser läuft herunter – ihnen direkt in den Mund. Prosperi sammelte ein wenig Kondenswasser, indem er den Tau aus Spalten und Dellen im Gestein leckte. Er hätte viel besser dagestanden, wenn er eine große Plastikplane mit einem Loch in der Mitte dabeigehabt hätte, mit der er eine Sandkuhle hätte auskleiden können. Wenn er Steine auf den Rand gelegt hätte, um die Plane zu fixieren, und einen weiteren Stein in die Mitte, um das Gefälle aufrecht zu halten, hätte er einen großen Trichter gehabt, der das Kondenswasser zum Loch und in die darunter eingegrabene Flasche geleitet hätte. Die Wüste ist geizig; die Ausbeute einer Nacht hätte nicht für den ganzen Tag gereicht, aber sie hätte die spärliche Wassermenge, die er auf andere Weise auftat, gut ergänzt.

Prosperi konnte diese Technik nicht nutzen und war deshalb dazu verdammt, seinen Durst genauso zu stillen, wie es die Wüstentiere tun. Außer an den Steinen zu lecken, riss er jedes der wenigen Grasbüschel aus, die er finden konnte, und lutschte an den Wurzeln. Er folgte den Wadis und stieß am Tag vor seiner Rettung auf eines, das noch eine kleine, schlammige Pfütze enthielt. Er trank wie ein Kamel und blieb – genau wie diese Tiere – die ganze Nacht an seinem Wasserloch liegen.

Das bisschen Wasser, das er während seines Martyriums fand, recycelte er, indem er seinen Urin trank. Das mag nach Giftschlucken klingen, aber es half, seine Gnadenfrist zu verlängern. Das Salz ist im Urin nie so hoch konzentriert wie im Blut. Daher führt das erneute Trinken dieser Flüssigkeit zu einer leichten Verdünnung des salzigen Blutes und einer Erhöhung des Volumens. Da Urin viel Harnstoff enthält, eine Substanz, die irgendwann die Nieren schädigt, verträgt man nicht viel auf einmal. Es kann also nützlich sein, Urin zu trinken, aber man sollte es nicht übertreiben.

Diese Warnung gilt auch für Nahrung. Wie alle anderen Fleischfresser versuchte Prosperi, zu jagen, aber zum Glück war er nicht sehr erfolgreich, denn er mochte zwar ebenso hungrig sein wie die Tiere um ihn herum, verfügte aber keineswegs über deren Stoffwechsel. Fleisch fressende Tiere haben hitzeresistente Enzyme, die es ihnen ermöglichen, andere Tiere leichter zu verdauen und bei der Ausscheidung der Abfallstoffe weniger Wasser zu verschwenden als der Mensch. Fleisch enthält viel Fett und Protein. Es zu essen erfordert mehr Energie und setzt mehr Wärme frei als der Verzehr pflanzlicher Nahrung, die größtenteils aus leicht aufzuschließenden Kohlenhydraten besteht. Aus diesem Grund essen Besucher in heißen Klimazonen insgesamt weniger und meiden oft instinktiv Fleisch und Fett.

Menschen können lange ohne Nahrung auskommen, und wenn sie nicht genug Wasser haben, sollten sie am besten fasten. Sogar die Verdauung von Kohlenhydraten verbraucht Wasser, und jede Nahrung enthält zumindest ein wenig Salz, das den Körper noch stärker ausdörrt. Reisende, die sich in der Wüste verlaufen, sterben nicht an Hunger. Sie sterben an Durst, während sie in diesen grenzenlosen, sandigen Weiten herumirren, ohne einen Weg nach draußen zu finden.

Mauro Prosperi hatte sich hoffnungslos in einer Wildnis verlaufen, die zu viel leeren Raum und zu wenig Erkennungszeichen enthält. Trotzdem haben Seevögel keine Schwierigkeiten, ganze Meere zu überfliegen, denn sie können den Linien des Erdmagnetfeldes folgen. Um der Schmach die Krone aufzusetzen: Nicht einmal Wüstenameisen haben Orientierungsprobleme – ihre Photorezeptoren gestatten ihnen, die Muster des polarisierten Lichts am Himmel auszuwerten. Wir unglückseligen Menschen sind jedoch blind für Magnetlinien und Polarisationsmuster, und wenn wir weder einen Kompass dabeihaben noch die Sternbilder kennen, sind wir außerstande, über lange

Distanzen dieselbe Richtung beizubehalten. Prosperis einzige Chance, in der Sahara zu überleben, bestand in einer Zufallsbegegnung mit einem Menschen, der ihn retten würde, und tatsächlich fand ihn jemand: das achtjährige Mädchen. Der Marathon laufende italienische Polizist und das Ziegen hütende Targi-Kind standen im selben Augenblick auf demselben öden Sandfleck. Beide waren menschliche Wesen mit ungefähr derselben Physiognomie. Doch dem kleinen Mädchen ging es gut, wohingegen dem Marathonmann der Tod im Gesicht stand. Dass sie in so unterschiedlicher Verfassung waren, lag weniger an ihren verschieden gut angepassten Körpern als vielmehr an Verhaltensdifferenzen. Über die Jahrhunderte haben die Tuareg gelernt, wie man mit Hilfe einfacher Gerätschaften und Orientierungsmarken die Wüste durchqueren kann und wo man Wasser und Unterschlupf findet. Am Anfang war Prosperis Lauf durch die Wüste ganz ähnlich: Er hatte einen Rucksack dabei, folgte einem markierten Weg und wusste, dass er am nächsten Versorgungszelt Wasser erhalten und im Schatten ausruhen konnte. Aber er hielt sich an die Regeln in seinem Laufhandbuch, während die Tuareg ihre Regeln von den Stammesältesten lernen. Prosperis Existenz hing vom »Marathon des Sables« ab, einer dünnen Decke künstlicher Kultur, die vorübergehend über die Wüste gebreitet wird. Ein kurzer Sandsturm zerriss dieses Sicherheitsnetz. Als er einmal den Elementen ausgesetzt war, schaffte er es kaum, neun Tage zu überleben. Die Tuareg leben seit Generationen in derselben Umgebung, weil ihre tief verwurzelte Kultur organisch aus diesem Lebensraum hervorgegangen ist und sie viel zuverlässiger vor den Widrigkeiten der Wüste schützt. Wenn es ums nackte Überleben geht, bleiben beiden nur die angeborenen, tierischen Instinkte. Das Risiko, in solche Extremsituationen zu geraten, wird jedoch bei den Tuareg durch viel mehr Schutzmechanismen gemindert, die allesamt ihrem Verstand entsprungen sind.

Menschen sind in der Wüste gegenüber den Tieren körperlich im Nachteil: Sie sind zu hitzeempfindlich, können nicht genug Wasser speichern, sind weniger ausdauernd und können sich nicht so gut orientieren. Sie sind aber ausgezeichnet imstande, durch Beobachtung zu lernen, Informationen zu speichern und durch Sprache weiterzugeben und ihr Wissen zu verinnerlichen und anzuwenden, indem sie Überlebensfähigkeiten in Gebräuche umsetzen. Mit anderen Worten: Sie können ihre Schwächen durch ihren Grips kompensieren.

Die Wüstenvölker haben gelernt, die Anatomie des anderen großen, weitaus geschickteren und besser angepassten Wüstensäugers zu imitieren: des Kamels. Da ihnen das Fell fehlt, hüllen sich die Nomaden in locker sitzende Roben oder Kaftane, die Djellabas, die das Sonnenlicht abhalten, die Luftzirkulation nicht behindern und genug Platz zum Transpirieren lassen. Da sie ohne die Polster an den Füßen geboren werden, die Kamele vor dem heißen Wüstensand schützen, bedecken die Nomaden ihre nackten Füße mit gestrickten Wollsocken. Kamele haben dichte Haare in den Nasenlöchern und Ohren und einen doppelten Satz langer Wimpern, um die herumwirbelnden Sandkörner nicht in die Nase, die Ohren und die Augen zu bekommen. Menschen ergänzen ihren spärlichen Haarwuchs, indem sie sich Schals um die Köpfe wickeln, die nur schmale Sehschlitze freilassen. Die Nase eines Kamels enthält einen großen Hohlraum, in dem sich die Luft vor dem Ausatmen abkühlt, sodass der Dampf kondensiert und das Wasser im Körper recycelt werden kann. Die Tuareg schlafen mit Schals vor dem Mund, die die Feuchtigkeit der ausgeatmeten Luft aufnehmen, sodass sie mit dem nächsten Atemzug wieder inhaliert wird.

Trotz all unserer Anpassungsgabe wird ein Mensch in der Wüste immer noch schlechter abschneiden als ein Kamel, das ein paar körperliche Vorzüge hat, die einfach nicht imitiert werden können. Ein Nomade kann trotzdem von ihnen profitieren, indem er das Tier domestiziert und seine Fähigkeiten für sein eigenes Wohl ausnutzt. Kamele sind unschlagbar, wenn es um lange Märsche durch eine Wüstengegend geht, die weder Wasser noch Unterschlupf bietet. Nomaden können nur zu den weit entfernten Oasen vordringen, weil sie Kamele haben, die sie dorthin bringen. Kamele speichern riesige Wassermengen. In wenigen Stunden können sie 200 Liter Wasser trinken, das aber nicht – wie oft behauptet wird – in den Höckern oder einem anderen speziellen Tank gespeichert, sondern im ganzen Körper verteilt wird. Dieses Wasser ist den Menschen nicht zugänglich, aber es hält ein Kamel so lange auf den Beinen, dass es als Transportmittel für Wassersäcke und somit als mobiler Vorratstank dienen kann.

Kamele sind außerdem mobile Unterstände. Die großen, aber schmalbrüstigen Tiere richten sich, wenn man sie lässt, parallel zu den Sonnenstrahlen aus, um die Strahlungsabsorption zu minimieren. Wenn die Nomaden ihre Tiere aber quer zu der Himmelsrichtung laufen lassen, aus der die Sonne strahlt, können sie im breiten Schatten nebenher gehen. Der Leib eines Kamels befindet sich dank der langen, schlanken Beine weit über dem Boden: eine evolutionäre Anpassung, die den Kontakt mit der Luftschicht direkt am Boden minimiert, die während des Tages stark aufgeheizt und in der Nacht besonders kalt ist. Anderthalb bis zwei Meter über dem Boden sind die Temperaturen viel moderater. Mit einem Kamel, auf dem man am Tag reiten und das man in der Nacht als Bettstatt nutzen kann, reist es sich gleich viel angenehmer.

Dennoch leben die Wüstenreisenden und sogar die Wüstenbewohner in ständiger Furcht vor dem Verdursten und dem Verirren. Sie müssen jeden Vorteil, den das Gehirn ihnen verschafft, ausschöpfen, um diese Risiken zu minimieren. Sie müssen ihre Fähigkeit zur Vorausplanung und zur Erinnerung an Vergangenes ganz in den Dienst dieser Sache stellen. Auf Reisen, bei denen sie genug Vorräte dabeihaben, sammeln manche Nomaden Straußeneier, füllen sie mit Wasser und vergraben sie entlang des Wegs, weil sie wissen, dass sie beim nächsten Besuch dieses Ortes durstig sein und solche Geheimlager ihnen das Leben retten könnten. Das Wasser ist jedoch vergeudet, wenn man es nicht wieder findet. Nomaden können keine Magnetfeldlinien oder polarisiertes Licht orten wie Vögel oder Ameisen, aber sie können Wege durch die Wüste sehen, indem sie auf Karten zurückgreifen, die nur in ihren Köpfen existieren. Sie können unauffällige Geländepunkte erkennen, die sie nie zuvor gesehen haben und sie an Orte führen, an denen sie noch nie gewesen sind: Sie haben die Anweisungen verinnerlicht, die von den vorangegangenen Generationen überliefert wurden, und können so den unsichtbaren Fährten ihrer Vorfahren folgen.

Neben diesen ausschließlich Menschen möglichen Anpassungen findet man bei den Nomaden aber auch viele Verhaltensmuster, die sie mit den anderen Wüstenbewohnern teilen. Manche dieser Gemeinsamkeiten sind das Ergebnis einer bewussten Nachahmung tierischer Überlebensmethoden, aber vieles wird auch von einem allgemeinen, speziesübergreifenden Instinkt hervorgebracht. In Reaktion auf dieselbe Bedrohung seitens der Umwelt sind Tiere und Menschen gezwungen, ähnliche Verteidigungsstrategien zu entwickeln, aber die Menschen setzen oft noch einen drauf. Alle Wüstengeschöpfe suchen in ausgetrockneten Wadis nach Wasser. Nur die Kalahari-Buschmänner wissen jedoch, dass man selbst die vertrockneten Wurzeln eines Wadi-Grasbüschels noch nutzen kann, indem man sie in einem Loch im warmen Sand verbuddelt, damit sie ein wenig Feuchtigkeit aufnehmen. Diese kann man dann durch einen hohlen Halm aufsaugen, den man in das Loch steckt. Auch aus einem graslosen Wadi kann man unter Umständen noch Wasser gewinnen. In jeder Biegung eines Flusses verlangsamt sich die Strömung, vor allem an der Außenkurve. Ein Teil des Wassers, das sich in diesen Biegungen sammelt, sickert in den Sand und kann dort unten noch lange nach der Austrocknung der Oberfläche vorhanden sein. Den Sand aus den tieferen Schichten in einer Außenkurve auszugraben, in ein Tuch zu legen und auszupressen kann einem ein paar wertvolle Tropfen Wassers einbringen.

Die Jagd ist in der Wüste oft ein Verlustgeschäft. Man setzt Wärme frei, und die Beute liefert unter Umständen weniger Energie, als man bei ihrem Fang verbraucht hat. Die meisten Wüstenjäger beschränken sich auf kurze Sprints. Nomaden rennen nie. Sie fangen manchmal Tiere in Fallen, aber größtenteils führen sie ihre Fleischvorräte in Gestalt von Ziegen und Schafen mit sich herum. Die wertvollste Wüstendelikatesse ist die Dattel. Sie ist das perfekte Warmwetteressen: 70 Prozent Kohlenhydrate, der Rest Wasser. Tiere und Menschen schätzen sie gleichermaßen. Tiere, die das Glück haben, auf eine Dattelpalmen-Oase zu stoßen, schlagen sich den Bauch voll, Menschen füllen darüber hinaus auch ihren Reiseproviant auf. Und bevor sie wieder abziehen, stecken sie einige der Kerne in den Boden, um in Zukunft noch mehr »Glück« zu haben.

Die Springmäuse und Tuareg der Sahara und die Wüstenkröten und Opalschürfer des australischen Hinterlandes gehen allesamt unter die Erde, um der Hitze zu entfliehen. Die Springmaus, ein hüpfender Wüstennager mit langen Hinterbeinen und einem langen Schwanz, hält einen Sommerschlaf, das Gegenstück zu einem Winterschlaf, und kommt den ganzen Sommer nicht an die Oberfläche. Die Tuareg bauen Häuser mit Kellern, die zehn Meter unter die Oberfläche reichen und in die sie sich zurückziehen, wenn die Hitze unerträglich wird. Australische Kröten entkommen der mörderischen Hitze des Hinterlandes, indem sie sich tief eingraben. Sie speichern Wasser in ihrer Harnblase und können jahrelang in ihren Erdlöchern überleben. Auch die Opalschürfer graben sich ein, allerdings mit Hilfe von Bergmaschinen, die riesige Höhlen für sie und ihre Familien ausräumen. Diese Höhlen haben eine eigene Wasserversorgung und manchmal sogar Swimmingpools. Auch wenn es an der Oberfläche über 50 °C heiß wird, liegt die Temperatur in ihren Häusern konstant bei etwa 24 °C. Die Stadt der Minenarbeiter, Coober Pedy, verdankt ihren Namen den örtlichen Aborigines, die den Ort als »kupa piti« bezeichnet haben. Das bedeutet »weißer Mann in einem Loch«.

Menschen überleben größtenteils dank ihres flexiblen Verstands, durch den sie die Wüste an ihre Körper anpassen. Es gibt allerdings auch Indizien, dass sie ihre Körper an die Wüste anpassen, wenn auch viel langsamer. Die Wärme gestaltet den Körper um. Ein offensichtliches Beispiel, das sich bei den Säugetieren lange vor der Entstehung des Menschen herausgebildet hat, ist die Lage der Hoden. Da die Innentemperatur, die in warmblütigen Tieren aufrechterhalten wird, für Spermien zu hoch ist, hat sich ein dünner Beutel entwickelt, in dem die Hoden aus dem Körper heraushängen. In den Hodensack ausgelagert, werden sie durch die Luftströmung gekühlt und – zumindest bei den Vierbeinern – vor der Sonneneinstrahlung geschützt. Die Menschen berauben sich dieser Vorteile, indem sie aufrecht stehen und sich mit Kleidung bedecken. Kleidung hält vom Körper abgestrahlte Wärme zurück und verhindert die Wärmeabfuhr durch Konvektion, wodurch die Temperatur im Hodensack ansteigt. Die Zellstrukturen in den Hoden »zivilisierter« Männer sind im Vergleich zu jenen der nackten »Wilden« geschädigt.

Hitze prägt auch die ganze Körpergestalt. Die geometrische Form, die im Vergleich zur Masse die kleinste Oberfläche hat, ist die Kugel. Wenn die innere Wärme nur über die Oberfläche abgeführt werden kann, kühlen Kugeln am langsamsten aus. Diese Form ist ideal für Eskimos, die tatsächlich oft von gedrungener Gestalt sind. Wüstenbewohner sind mit einem lang gestreckten oder verzweigten »Design« besser bedient, weil es viel mehr Oberfläche für die Kühlung zur Verfügung stellt. Die Menschen der afrikanischen Ebene, Massai oder Samburu zum Beispiel, die sich in heißen, trockenen Klimaten entwickelt haben, sind groß und haben lange Arme und Beine. Um die Wärmeabgabe noch zu verstärken, haben sie nur eine dünne isolierende Fettschicht unter der Haut.

Groß und dünn zu sein mag die Wärmeabgabe erleichtern, aber wenn man nirgends Fett einlagern kann, ist diese Gestalt für ein Leben in der Ödnis – ob sie nun aus Sand oder aus Wasser besteht – recht gefährlich. Die Fähigkeit der Polynesier, Fett zu speichern, hat es ihnen ermöglicht, lange Seereisen zu unternehmen, und auch Wüstennomaden würden von einem Extravorrat profitieren. Wenn ihr Körperfett nicht gleichmäßig verteilt, sondern an einer Stelle konzentriert wäre, so stünde es zwar für die Energieproduktion zur Verfügung, hätte aber eine minimale Isolierwirkung. Kamele haben dieses Prinzip perfektioniert, indem sie nicht nur lange, für die Wärmeabstrahlung ideale Beine entwickelt haben, sondern auch Höcker, in denen sie ihr Körperfett speichern. Ganz ähnlich können die langarmigen und langbeinigen Khoikhoin Südafrikas in ihren Gesäßbacken große Fettmengen einlagern. Die Neigung zur ungleichmäßigen Fettverteilung ist unter Menschen weit verbreitet. Zugunsten der Thermoregulation bleiben schmalere Körperteile mit hohem Wärmeaustausch – der Kopf, der Hals, die Arme und die Unterschenkel – weitgehend fettfrei. Der größte Teil des Fettvorrats wird im Gesäß, in den Oberschenkeln oder am Bauch deponiert – sehr zum Verdruss der Diätgeplagten in aller Welt.

Hitze kann nicht nur Körperteile verlagern und die Gestalt ummodeln, sondern hat auch bei der Hautfarbe ein Wörtchen mitzureden. Dunkle Haut war für Menschen in Zentralafrika immer von Vorteil, weil sie mehr Melanin enthält, ein Pigment, das die intensive ultraviolette Strahlung der Äquatorialsonne abfängt. Es schützt vor Sonnenbrand und Hautkrebs. Aber dunkle Pigmente binden auch Wärme. In tropischen Gegenden mit genug Wasser wird die zusätzliche Wärmebelastung durch vermehrtes Schwitzen ausgeglichen, aber bei den Menschen, die in trockene Gebiete eingewandert sind, wird der Vorteil des eingebauten UV-Schutzes durch den Nachteil zunichte gemacht, dass sie mehr Wasser benötigen, um die Körpertemperatur konstant zu halten. Helle Haut reflektiert mehr Wärme und verringert den Wasserverbrauch, aber sie lässt mehr Strahlung in den Körper eindringen. Die Evolution hat dieses Dilemma offenbar noch nicht gelöst – in den Wüsten trifft man Menschen aller Hautfarben. Das ideale Hautpigment müsste ultraviolettes Licht abfangen und zugleich Wärme entweichen lassen. Da die Menschheit längst die Kleidung erfunden hat, wird die Hautfarbe allerdings für die Evolution an Bedeutung verlieren. Seine Kleidung zu wechseln ist bequemer und schneller, als seine Haut zu verändern, und es ist ebenso effektiv. Die natürliche Auslese als treibende Kraft der Anpassung fällt in diesem Punkt weg, und der evolutionäre Verbesserungsprozess ist beendet.

Der Mensch ist ein unfertiges Wesen, noch nicht perfekt angepasst an die unterschiedlichen Lebensräume, die er erobert hat. Trotzdem kann er sich dort oft halten, weil er seine physischen Handicaps durch eine Kombination aus tierischen Instinkten und – individuellen wie kulturell überlieferten – Intelligenzleistungen kompensiert. Doch mit wie vielen umweltbedingten Widrigkeiten kann ein Mensch fertig werden, der in die Fremde verpflanzt und isoliert ist? Können Instinkte und Intelligenz Mauro Prosperi in der Wüste wirklich neun Tage am Leben gehalten haben? Prosperis Geschichte ist kein Einzelfall. Ein Jahrhundert früher hat der Mineraliensucher Pablo Valencia acht Tage in der Mojave-Wüste überlebt, obwohl er nur eine Tagesration Wasser dabeihatte. Ihm standen keine Zivilisation, keine Wüstenerfahrung, ja nicht einmal der Körper eines Marathonläufers zu Gebote, aber wie Prosperi hatte er tierische Instinkte, menschliche Intelligenz und einen unbändigen Lebenswillen.

Die Mojave-Wüste gehört zu einem riesigen, lebensfeindlichen Trockengebiet, das sich wie ein Korridor durch den Südwesten der Vereinigten Staaten bis nach Mexiko hinein erstreckt. Für Siedler auf dem Weg nach Westen war dies die letzte große Prüfung, die sie nach dem Abstieg von den Rocky Mountains noch bestehen mussten. Die Zielgerade war die Sierra Nevada, ein Gebirgszug in Kalifornien, der die vom Pazifik kommenden Regenwolken abfängt und die Wüste begrenzt. Aufatmen konnten die Siedler erst, wenn sie die andere Seite dieser Berge erreicht hatten.

Ein besonders trostloser Streckenabschnitt dieser Trecks führte durch Südarizona, nur wenige Kilometer von der mexikanischen Grenze entfernt: ödes Land, in dem sich nur einige Kakteen und Creosote-Sträucher halten können und die mittlere Temperatur bei über 35 °C liegt. An Wasser gibt es lediglich die Überreste der seltenen Schauer, die sich in Schlaglöchern oder Felsspalten unter Granitvorsprüngen gesammelt hatten. Der Weg war als »El Camino del Diablo« bekannt, die Route des Teufels, und war links und rechts von den Gräbern derer gesäumt, die die große Reise ihres Lebens nicht überlebt hatten. Noch heute ist die Gegend eine Todesfalle für die Arbeitsmigranten, die heimlich aus Mexiko über die Grenze kommen.

1905 gab es hier außer den Siedlern, die nach Kalifornien weiterzogen, auch vereinzelte Goldsucher sowie Entdecker, unter ihnen einen Naturforscher, der den Geheimnissen des Wüstenlebens nachspürte. W.J. McGee, der Direktor des Saint Louis Museum, und Jose, sein indianischer Führer vom Stamm der Papagos, lagerten gerade an einem Wassertümpel, als Pablo Valencia, ein mexikanischer Mineraliensucher, und sein Vaquero-Führer Jesus Rios angeritten kamen.

Valencia wollte zu einer aufgegebenen Mine zurückkehren, die er angeblich wiederentdeckt hatte, und hatte Rios angeheuert, um ihm zu helfen, einen Claim abzustecken. McGee beschrieb Rios als fünfundsechzig Jahre alten Mann, der »behauptete, mit dem Land vertraut zu sein, aber unberechenbar und inkonsequent und in jeder Hinsicht wenig vertrauenswürdig« erschien. Valencia war »etwa vierzig, von bemerkenswert schönem und kräftigem Wuchs, und er prahlte damit, dass Hunger und Durst ihm nichts anhaben könnten und er den üblichen Widrigkeiten dieser Gegend in einem viel höheren Maß trotzen könne als gewöhnliche Menschen«. McGee schätzte ihn als jemanden ein, der »kaum mit nennenswertem Einfühlungsvermögen, Vorstellungskraft oder anderen Sentimenten belastet war: wahrhaftig der richtige Mann, um anstrengende Erfahrungen auszuhalten«.

Nachdem sie sich einen Tag ausgeruht hatten, ritten Valencia und Rios noch vor der Morgendämmerung davon. Irgendwann nach Mitternacht kehrte Rios allein, aber mit beiden Pferden zurück und berichtete, Valencia habe ihn nach einem Ritt von etwa 55 Kilometern »zurückgeschickt, um die Pferde zu tränken«, während er mit einer 8-Liter-Wasserflasche zu Fuß weiter in die weglose Wüste vordringen wollte. Sie hätten verabredet, sich am nächsten Tag jenseits eines bestimmten Berges wiederzutreffen. McGee bezeichnete diesen Plan als »dumm, wenn nicht gar wahnsinnig«. Rios brach am nächsten Morgen auf, kehrte aber am Abend zurück und erklärte, er habe Valencia nicht gefunden. McGee schickte Jose los, der ein hervorragender Tierfährtenleser war, und wies ihn an, nach Valencia zu suchen und dabei »bis an die Grenzen des Durchhaltevermögens eines Pferdes und danach bis an seine eigenen Grenzen zu gehen«. Jose entdeckte die Spur mühelos und folgte ihr den ganzen Tag und bis in die Nacht hinein. Als sein Pferd zu müde wurde, ging er zu Fuß weiter, bis er nicht mehr konnte. Im Morgengrauen kehrte er zu seinem Pferd zurück und anschließend ins Lager, wo er vor Erschöpfung zusammenbrach. McGee und Jose kamen überein, dass jeder weitere Rettungsversuch nicht nur gefährlich, sondern auch sinnlos wäre. Valencia war nun über drei Tage da draußen in der Wüste, und das mit einer einzigen

Tagesration Wasser. Sowohl der Naturforscher als auch der Indianer waren überzeugt, dass Valencia bereits tot war.

Rios ritt davon, und McGee und Jose nahmen voller Unbehagen ihre Lagerroutine wieder auf. Acht Tage nach Valencias Verschwinden wurden sie kurz vor der Morgendämmerung von einem seltsamen Geräusch geweckt, das sie zunächst für das Brüllen eines jungen Ochsen hielten, der sich verlaufen hatte. Sie liefen los, um der Sache auf den Grund zu gehen, und stießen am Boden einer trockenen Schlucht auf »das, was von Pablo übrig war«. McGee beschrieb ihn als »splitternackt; seine einstmals muskulösen Beine und Arme waren dünn und verschrumpelt; seine Rippen ragten hervor wie bei einem verhungerten Pferd; sein Bauch war fast bis zur Wirbelsäule eingefallen ... Seine Augen starrten geradeaus, ohne zu blinzeln, ... und konnten nur noch hell und dunkel unterschieden.« Seine Ohren waren »taub bis auf die lautesten Geräusche ... Seine Lippen waren verschwunden«, sodass »seine Zähne und sein Zahnfleisch wie bei einem gehäuteten Tier hervorschauten, aber das Fleisch war schwarz und trocken wie Dörrfleisch... Sogar die jüngsten Schnitte waren wie Kratzer in trockenem Leder, ohne einen Tropfen Blut.« Kurz: McGee lieferte eine ziemlich genaue Beschreibung dessen, was die Militärärzte zu Gesicht bekamen, die Mauro Prosperi behandelten. Sowohl McGees als auch Prosperis Ärzte schätzten, dass ihr jeweiliger Patient 25 Prozent seines Körpergewichts eingebüßt hatte.

Valencia brauchte dringend Wasser, war aber außerstande zu schlucken, sodass McGee seinen ganzen Körper mit Wasser einrieb. Zunächst perlte es von seiner Haut ab wie von gegerbtem Leder; dann fing die Haut an, »es gierig aufzusaugen wie ein trockener Schwamm«. Bald konnte er trinken, und nach wenigen Stunden war sein Kreislauf so weit wiederhergestellt, dass seine zahlreichen Schnitte zu bluten anfingen. Die Immunzellen im Blut konnten nun seine offenen Wunden erreichen und Infektionen bekämpfen, die bereits etliche Tage Vorsprung hatten, und McGee beobachtete besorgt, wie stark Valencias Gliedmaßen anschwollen und sich röteten. Mit Wasser als Hauptzutat und ein wenig Nahrung kamen Valencias Körpersysteme nach und nach wieder in Schwung, obwohl McGee berichtete, dass das vor kurzem noch schwarze Haar des Mexikaners fortan grau blieb. Nach drei Tagen ging es Valencia gut genug, um von seinem Martyrium zu erzählen.

Nachdem er sich von Rios getrennt hatte, war Valencia zu Fuß weitergegangen, hatte auf dem Sand geschlafen und seine Mine am nächsten Morgen erreicht. Er machte sich daran, Proben zu sammeln und Schilder für seinen Claim aufzustellen, und wurde vor dem Mittag fertig. Kurz darauf trank er den letzten Rest seines Wassers, weil er davon ausging, bald mit Rios zusammenzutreffen. Als der nicht auftauchte, ging Valencia in Richtung einer Straße, die Rios ihm beschrieben hatte. Bei Einbruch der Dunkelheit hatte er weder Rios noch die Straße noch Wasser gefunden. Er beruhigte seine ausgedörrte Kehle, indem er mit seinem Urin gurgelte. Am nächsten Tag entdeckte er einige Pfade, die ins Nichts führten, und ein riesiges Loch im Boden, das aber völlig trocken war. Um die Hitze besser zu ertragen und weniger schleppen zu müssen, zog sich Valencia aus und warf sogar seine Schuhe fort; nur die Wasserflasche nahm er mit, um jeden Tropfen seines Urins aufzufangen, den er nun trank.

Am vierten Tag gelangte Valencia zu der Überzeugung, dass der Weg, den er suchte, nicht existierte und dass Rios nie vorgehabt hatte, ihn wiederzutreffen, sondern von Anfang an geplant hatte, Valencia in der Wüste sterben zu lassen und dann wiederzukommen, um die Mine für sich selbst zu beanspruchen. Valencia bereute, seine Kleider fortgeworfen zu haben – weniger wegen des verlorenen Sonnenschutzes als wegen des Messers in seiner Tasche, mit dem er Jesus Rios erstechen wollte. Sein Wunsch nach Rache wurde zur Obsession und gab ihm die Kraft, weiterzulaufen. Er ging in den Morgenstunden, verkroch sich vor der sengenden Nachmittagssonne unter einem Busch und lief am Abend weiter. Bei Sonnenuntergang fing er Fliegen und Spinnen und einen grünen Skorpion, aus dem er, nachdem er den Stachel mit einem Stein abgehackt hatte, ein paar wertvolle Tropfen Flüssigkeit quetschte. Schließlich stieß Valencia auf die Wagenspuren des Camino del Diablo. Zwar waren gerade keine Siedler unterwegs, aber er folgte den Rillen, weil er wusste, dass sie ihn zu McGees Lager führen würden. Etliche Male brach er auf dem Weg zusammen, aber der Gedanke an Rios und das Vergnügen, das dessen Erdolchung ihm bereiten würde, trieben ihn immer wieder voran.

Valencias Erinnerungen an seinen letzten Tag auf dem Pfad waren verschwommen, abgesehen von einem Ereignis, das er detailliert beschrieb: Als die Sonne an diesem letzten Morgen aufging, starb er. Die Sonne brannte auf seinen Leib, aber seine Seele zögerte, ihn zu verlassen, und schwebte den ganzen Tag über ihm. Als es dunkel wurde und die Wüste sich abkühlte, spürte er, wie ein Schatten seinen nackten Körper berührte und ihn vor sich her schob. Was es auch war, er konnte nicht dagegen an. Kurz vor der Dämmerung hörte er überrascht ein Bellen aus seinem Leib aufsteigen. Er kroch ein wenig weiter und stieß auf Jose und McGee, die das Geräusch ebenfalls vernommen hatten.

Pablo hatte acht Tage in der Wüste überlebt, sieben davon ohne Wasser, abgesehen von ein paar Tropfen, die er aus einem Skorpion quetschte, und seinem recycelten Harn, der nach fünf Tagen versiegte. Sein Überleben wäre physiologisch unmöglich zu erklären gewesen, wie McGee meinte, aber »sein Zorn hatte ihn angespornt: ein mächtiger Anreiz, der ihn Meile um Meile vorantrieb und ihm zweifellos das Leben rettete«.

Valencia war überzeugt, am letzten Tag gestorben zu sein, obwohl sein Körper weiterlief und nicht einmal vom Pfad abkam. Deutet sein außerkörperliches Erleben auf eine Ausschaltung seiner Hirnrinde hin, ein Erlöschen des Willens? Haben seine höheren Hirnfunktionen in dem Moment, als er seine Belastungsgrenze erreichte, die Kontrolle aufgegeben und sie den niederen Hirnzentren überlassen, um Energie zu sparen? Wie es scheint, hat Valencia seine schwindende Kraft in die einfachsten tierischen Instinkte investiert, um einen verzweifelten letzten – und erfolgreichen – Versuch zu unternehmen, sich zu retten.

Pablo Valencia war an die Wüste gewöhnt. Er war ein abgehärteter Goldsucher, körperlich fit und von Rachegelüsten erfüllt.

Mauro Prosperi war ein Weltklasse-Dauerläufer, der an die Hitze akklimatisiert war und durch jahrelanges Training und Disziplin gut mit körperlichem Leid zurechtkam. Beide Männer konnten auf ein gut eingestelltes körperliches Verteidigungssystem zurückgreifen und einen unbezwingbaren Überlebenswillen heraufbeschwören, sie verbanden menschliche Intelligenz mit unterschwelligen tierischen Instinkten.

Pablo starb nicht, und Mauro starb nicht – und Mauro hat auch nicht gelogen. Sein Körper erzählte dieselbe Geschichte wie er. Der Zustand, in dem sowohl Mauro Prosperi als auch – zu einer anderen Zeit, in einer anderen Wüste – Pablo Valencia aufgefunden wurden, lässt sich nicht anders erklären. Prosperis Körper legt beredt Zeugnis davon ab, was die Wüste anrichten kann, aber auch davon, was der Körper aushält, wenn er zum Äußersten getrieben wird. Seinen Wettkampf gegen die Wüste trat er als klarer Außenseiter an, aber er siegte und lieferte die großartigste Leistung seines Lebens ab.

Unter Wasser – Der Sog der Tiefe

Meine Luftblasen verhielten sich merkwürdig. Als ich durch meinen Regler ausatmete, sackten sie ab, schwebten um meine Füße und stießen gegen den geneigten Tunnelboden. Ich sah ihnen nach, wie sie weiter nach unten und aus meinem Blickfeld rollten – und begriff schließlich, dass ich auf dem Kopf stand.

Ohne sie hätte ich es nicht gemerkt. Ich war im Inneren einer Unterwasser-Lavaröhre, eines Kanals, der einst flüssiges Gestein von einem unterseeischen Vulkan ins Meer befördert hatte. Der Eingang war ein fast rundes Loch mit 1,80 Meter Durchmesser in einem glatten Felshügel, zehn Meter unter der Oberfläche. Die schräg nach unten ins Unbekannte führende Röhre war mit einer dicken Sedimentschicht ausgekleidet und war so gerade und glatt wie ein Strohhalm.

Ich war unerwartet auf den Kamin gestoßen und erkundete ihn ohne einen Tauchgefährten oder die übliche Höhlenausrüstung – nicht einmal ein Seil hatte ich dabei, an dem ich mich zum Eingang hätte zurückhangeln können. Aber der Tunnel hatte keine Abzweigungen, und ich konnte das Licht vom Eingang noch erkennen. Ich war etwa 15 Meter schräg nach unten geschwommen, bis zu einer Tiefe von 25 Metern. Das Licht war schummrig geworden, und ich wollte gerade umkehren, als ich aus der Tiefe einen Seelöwen zügig auf mich zuschwimmen sah. Seelöwen sind große, behutsame Geschöpfe, an denen ich mich oft erfreue, wenn ich vor den Galapagos-Inseln tauche, aber dieser hier raste in einem engen Tunnel direkt auf mich zu, und ein Zusammenstoß oder zumindest ein spielerischer Stups erschien mir unvermeidlich. Mit einer Hand hielt ich meine Maske fest, mit der anderen den Lungenautomaten, um beim Aufprall nur ja keines der Geräte zu verlieren. Der Seelöwe kam mir so nahe, dass ich die Schnurrhaare an seiner Schnauze hätte zählen können, und änderte dann geschickt den Kurs, sodass er sich ohne jede Berührung an mir vorbeizwängte. Meine Bewegungen waren bei weitem nicht so elegant gewesen: Als ich mich an den Tunnelboden gepresst hatte, hatte ich die Sedimentschicht aufgewirbelt, die nun eine dichte Wolke feinen schwarzen Pulvers bildete. Sie breitete sich rasch aus, blieb im Wasser hängen und raubte mir so sehr die Sicht, dass ich nicht mehr zu sagen vermochte, aus welcher der beiden Tunnelrichtungen das diffuse Licht kam. Es konnte Stunden, vielleicht Tage dauern, bis sich die winzigen Schlickpartikel wieder absetzen würden. Die Luft in meiner Gasflasche reichte noch für vierzig Minuten, sofern ich nicht nervös wurde und schneller atmete. Ich hatte reichlich Zeit, aus dem Tunnel herauszukommen – wenn ich nur die Richtung gewusst hätte. Ich konnte oben nicht von unten unterscheiden, hinein nicht von hinaus. Mein Gewicht wurde vom Auftrieb im Wasser genau ausgeglichen, sodass mich die Schwerkraft nicht nach unten zog. Außer meinem Atem war nichts zu hören und außer den kaum auszumachenden Wänden des Tunnels, der nun keine Decke und keinen Boden mehr hatte, nichts zu sehen.

Ich drehte mich, bis die Perlenschnur meiner Atemluft an der Mitte meiner Stirn aufstieg, was hieß, dass ich aufrecht stand. Dann folgte ich der Schnur, die zur Decke aufstieg. Die Luft sammelte sich in einer Spalte in der Felswand. Einige Blasen schienen jedoch zu einer Seite zu entweichen, was hieß, dass die Wand dort höher lag. Da der Tunnel mehr oder weniger gleichmäßig anstieg, schwamm ich in diese Richtung, wobei ich noch mehr Schlick aufwirbelte, weil ich kaum sah, wohin ich mich bewegte. Ich erwartete, die Wolke jeden Moment hinter mir zu lassen, aber sie reichte viel weiter, als ich angenommen hatte. Vielleicht sank der Schlick ja durch den Tunnel ab, und ich schwamm mit ihm in die falsche Richtung? Gerade, als ich umkehren wollte, knackten meine Ohren. Die Luft im Ohr eines Tauchers wird vom umgebenden Wasser zusammengedrückt. Nähert er sich der Oberfläche, so registriert das Ohr den Druckabfall und reagiert durch das Öffnen seines Überdruckventils. Das Knacken bedeutete, dass ich nach oben schwamm. Ich machte ein paar weitere Züge und tauchte aus der Schlammwolke auf. Ein wahres Leuchtfeuer, das Licht vom Höhleneingang, wies mir den Weg nach draußen.

Was als geruhsamer Tauchgang gedacht gewesen war, hatte sich durch die Begegnung mit einem verspielten Seelöwen in einen kleinen Survival-Trip verwandelt. Das Tier war in seinem natürlichen Element. Ich war in einer feindseligen Umgebung, am Leben gehalten von einer Reihe komplizierter Apparate, die mir ein dermaßen trügerisches Sicherheitsgefühl vermittelt hatten, dass ich ohne Partner oder Seil in eine Höhle getaucht war. Meine Pressluftflasche, der Lungenautomat, die Tarierweste, der Tauchanzug, die Maske und die Flossen machten den Aufenthalt unter Wasser komfortabel, aber sie verwandelten mich nicht in einen Meeressäuger. Ich war näher an die Grenzen meiner Überlebensfähigkeit geraten als geplant und beinahe an einer Aufgabe gescheitert, die für ein echtes Meeresgeschöpf gar kein Problem gewesen wäre.

Unter Wasser und zugleich unter der Erde zu sein ruft ein Gefühl der völligen Abgeschiedenheit von der Außenwelt hervor. Es ist diese Mischung aus Furcht und Ruhe, die Menschen in Unterwasserhöhlen hineinzieht, wie mir mein Freund und Tauchgefährte Henri Cosquer erklärte, als ich ihm meine unglaubliche Geschichte erzählte. Seit Jahren besitzt und leitet Henri in Cassis, einem ehemaligen Fischerdorf an der Küste Südfrankreichs, eine Tauchschule. Als die französische Riviera von den Urlaubern entdeckt wurde, entwickelte sich Cassis zum Ferienort, denn es ist malerisch von den Calanques umgeben, weißen Kalksteinklippen, die steil zum Mittelmeer abfallen und eine Reihe schmaler, tief eingeschnittener, fjordähnlicher Täler bilden.

Obwohl ich viel Zeit mit der Erforschung der Calanques verbracht, die Steilwände erklommen und an ihren Füßen getaucht hatte, hatte ich kaum je darüber nachgedacht, was *in* den Felsrippen liegen könnte. Das hatten die wenigsten, und noch wenigere hatten die Mittel, es herauszufinden. Bei einem seiner vielen tausend Tauchgänge war Henri auf ein zwei mal ein Meter großes Loch im Fels gestoßen, in siebenunddreißig Metern Tiefe. Er tauchte noch Dutzende Male daran vorbei, bis die Neugier ihn eines Tages übermannte und er sich spontan entschloss, hineinzuschwimmen. Der Eingang war mit Korallen überzogen, aber nach etwa fünf Metern wurde das Licht so schwach, dass keine Korallen mehr gediehen. Henri schwamm noch zwanzig Meter weiter, bis das Licht vom Eingang nur noch ein winziger Punkt hinter ihm war, und kehrte dann um. Weiter einzudringen war zu unsicher – diesmal. Aber die Höhle faszinierte ihn: Er würde wiederkommen.

Mit Laternen und zusätzlichen Lampen kehrte Henri zurück. Bei jedem Tauchgang drang er etwas tiefer ein. Er bemerkte, dass der Tunnel stetig anstieg. Nach einer Gabelung folgte er der einen Abzweigung bis zu ihrem Ende, 45 Meter vom Eingang entfernt. Das nächste Mal wählte er den anderen Weg und gelangte so schließlich an eine gerade menschenbreite Verengung der Felswände. Als er einen Lichtstrahl hindurchschickte, sah er, dass der Gang dahinter wieder breiter wurde. Er war 150 Meter vom Tunneleingang entfernt, aber nur zwölf Meter unter dem Meeresspiegel.

Henri kam mit mehr Gerätschaft zurück. Er quetschte sich durch den Engpass, indem er seine Pressluftflasche abnahm und vor sich herschob, während er den Lungenautomaten mit dem Kiefer festhielt. Auf der anderen Seite ging der Tunnel noch einmal zehn Meter weiter, dann wurden die Wände höher und wichen auseinander, und er war in einem regelrechten Unterwassersaal. Die Decke war ein Spiegel, der den Strahl von Henris Stirnlampe zu ihm zurückwarf. Er begriff, dass dort die Oberfläche lag und darüber Luft sein musste. Er schwamm hinauf, durchstieß den Meeresspiegel und fand sich in einer riesigen Höhle wieder. Mit der Lampe erkundete er seine Umgebung und stellte fest, dass er in einem 30 Meter breiten Becken schwamm, das von Felsen und von Kalktürmchen und -zapfen eingefasst war: Stalagmiten, die auf dem Boden wuchsen, und Stalaktiten, die von der Decke hingen. Er hatte das Gefühl, in einen Tempel des Meeres eingedrungen zu sein. Etwas ungläubig, dass es all das wirklich gab, schwamm er an den Rand, machte ein paar Schritte an Land und berührte die Tropfsteine. Er sagte später, sie wären warm gewesen – als lebten sie noch. Dann stieg er wieder in den Teich und kehrte zum Rest der Welt zurück.

Beim nächsten Tauchgang in seine geheime Höhle versuchte Henri, sie noch weiter zu erkunden, aber sowohl sein Scheinwerfer als auch seine Ersatzlampe gaben den Geist auf, und er fand mit Mühe und Not durch die pechschwarze Höhle und den Tunnel zurück. Dieser Zwischenfall verängstigte ihn derart, dass er die Höhle drei Jahre mied. Vielleicht hatte er wirklich einen heiligen Tempel entweiht. Schließlich kehrte er mit anderen Tauchern zurück, legte eine Sicherheitsleine und erkundete die Höhle weiter. Es gab keine anderen Eingänge. Der Hohlraum lag tief im Inneren der Calanque und doch über dem Meeresspiegel. Der Sauerstoff drang vermutlich durch gewundene Spalten ein, die zwar Luft, aber kein Licht hindurchließen. Mit seiner Laterne tastete sich Henri in die völlige Finsternis voran. Er legte eine kurze Pause ein und setzte die Lampe neben sich ab. Sie beleuchtete ein kleines Stück der Wand, wo er einen seltsamen Fleck entdeckte. Henri hielt das Licht näher heran. Es war das Bild einer menschlichen Hand.

Henris erste Reaktion war Ungläubigkeit. Wie konnte jemand mit Farbe und einem Pinsel bis hierher vorgedrungen sein und dann sorgfältig eine Hand auf den Fels gemalt haben? Henri und die anderen Taucher starteten eine systematische Suche und leuchteten nach und nach jeden Winkel der Höhle aus. Was sie entdeckten, machte sie sprachlos. Es gab Dutzende von Zeichnungen: von Pinguinen, anderen Vögeln, Karibus, Büffeln und Pferden, alle in sehr einfachem, ja primitivem Stil sorgfältig abgebildet. Henri war also nicht der erste Mensch an diesem Ort gewesen. Im Gegenteil: Er stand in einem Tempel, den vor 27000 Jahren Menschen aufgesucht hatten, um Andacht zu halten.

Aber wie waren sie hierher gelangt? Die Wände und die Decke gehörten zu einer Felsschicht, die seit Jahrmillionen existiert. Der einzige Weg führte durch den Boden, aber um ihn zu nehmen, musste man 37 Meter unter die Oberfläche tauchen und 163 Meter durch völlige Dunkelheit schwimmen. Henri hatte sogar mit einer kompletten Tauchausrüstung mehrere Anläufe gebraucht. Henri ist klein, kräftig, vollbärtig und stolz darauf, wie ein Höhlenmensch auszusehen – sein Tauchboot heißt nach dem Fundort von altsteinzeitlichen Menschenskeletten »Cro-Magnon« –, aber er räumt ein, dass sogar seine frühen Vorfahren unmöglich mit einem einzigen Atemzug in die Höhle gelangt sein können.

Und doch hat das Tauchen ohne Gerät, nur mit angehaltener Luft, eine Tradition, die bis in die Vorgeschichte zurückreicht: Manches deutet darauf hin, dass die Neandertaler es vor 40 000 Jahren praktiziert haben. Seit mindestens 6000 Jahren betreiben Frauen in Japan und im Südpazifik es beruflich, indem sie sich an schweren Steinen festklammern, mit denen sie rasch bis zu 30 Meter hinabsinken. Dann sammeln die Taucherinnen etwa eine Minute lang Tang, Muscheln, Perlen und alles andere, was sich kommerziell verwerten lässt, und lassen sich an Seilen, die sie um die Taille gebunden haben, wieder nach oben ziehen. Altgriechische Froschmänner trainierten das Luftanhalten, damit sie lang genug unter Wasser bleiben konnten, um die Ankerseile feindlicher Schiffe durchzuschneiden. Erst in den letzten paar Jahrhunderten hat der Mensch technische Geräte entwickelt, um länger als einen Atemzug unter Wasser zu bleiben.

Die ersten Errungenschaften waren Taucherglocken: umgedrehte Holztröge, die mit der darin gefangenen Luft ins Meer gesenkt wurden. Da die Luft schnell verbraucht war, entwickelte man raffiniertere Modelle mit Schläuchen, durch die neue Luft hineingepumpt wurde. Tausende von Jahren zuvor haben Wasserspinnen ein vergleichbares System hervorgebracht: Sie spinnen luftdichte Seidenschirme, die sie an Wasserpflanzen verankern. Diese Schirme füllen sie, indem sie Luft zwischen den Beinen und dem Körper festhalten und sie in Form von Blasen unter die Schirme schleppen. Unter ihren luftgefüllten Kuppeln lauern sie dann auf Beute.

Um dem Taucher mehr Bewegungsfreiheit zu verschaffen, wurde die Taucherglocke verkleinert, und damit begann die Ära des Tauchens mit Helm. Sie endete für all jene Unglücklichen sehr abrupt, die das Gleichgewicht verloren, denn wenn der Helm einmal schief saß, füllte er sich sofort mit Wasser. Sich zusätzlich zum Helm ganz in einen schweren, wasserdichten Anzug zu zwängen machte die Fortbewegung zwar quälend langsam, aber wenigstens konnte sich der Taucher jetzt vornüberbeugen, ohne zu ertrinken. Der große Durchbruch in der Tauchtechnik kam erst vor etwa sechzig Jahren, als jemand einen bedarfsgesteuerten Regler – ein Gasventil, das auf Druckunterschiede reagiert – mit einer Pressluftflasche verband und so das Unterwasser-Atemgerät erfand. Damit haben die Menschen endlich die nötige Sicherheit und Bewegungsfreiheit, um den fremdesten und am wenigsten erforschten unter allen extremen Lebensräumen der Erde zu erkunden.

Dieses Reich unter den Wellen ist eine kalte, dunkle, luftlose, scheinbar schwerelose Welt. Menschen wehren diese Widrigkeiten mit einem Neoprenanzug, wasserdichten Lampen, Pressluft und einer Tarierweste ab, aber je tiefer wir in die See eindringen, desto stärker lastet das schiere Gewicht des Wassers auf uns. Wasser ist über eintausendmal schwerer als Luft. Wenn ein Taucher hinabsteigt, muss er die Wassersäule tragen, die bald tonnenschwer wird. Der enorme Druck wirkt von allen Seiten auf den Körper ein und presst ihn zusammen. Der Mensch wird nur deshalb nicht zerquetscht, weil sein Körper – wie das Meer – größtenteils aus Wasser besteht, einer Flüssigkeit, die sich so gut wie nicht komprimieren lässt. Aber Körper haben vier Hohlräume, die mit Luft gefüllt sind, einem sehr leicht komprimierbaren Gas. Die eingeatmete Luft wird in vier Richtungen verteilt. Das meiste wird durch die Luftröhre in die Lunge transportiert. Ein wenig Luft gelangt in den Rachenraum und wird verschluckt, sodass sie den Verdauungsapparat passiert. Ein wenig fließt in den Schädel, teils durch die schmalen Gänge, die zu den Nasennebenhöhlen führen, teils durch die breiteren Verbindungen mit den Mittelohren. Wenn der Luftdruck in diesen Räumen während des Abstiegs des Tauchers nicht ständig erhöht wird, um dem steigenden Wasserdruck standzuhalten, werden seine Körperhöhlungen sehr bald kollabieren.

Die Lunge würde zuerst nachgeben. In einer Tiefe von 30 Zentimetern würde bereits ein Druck von fast 90 Kilogramm auf dem

Brustkorb lasten. Noch 30 Zentimeter tiefer könnte man atmosphärische Luft gerade noch einatmen. Unterhalb dieses Niveaus wäre die Atmungsmuskulatur nicht mehr stark genug, um den Brustkorb gegen den Wasserdruck auszudehnen. Ein Ausbrecher, der sich unter Wasser verstecken und durch ein hohles Schilfrohr Atem holen will, sollte sich ein möglichst trübes Gewässer aussuchen, denn er kann höchstens 60 Zentimeter untertauchen, wenn er noch Luft bekommen will.

Die geschmeidigen Wände des Verdauungstrakts – der Speiseröhre, des Magens und des Darms – können dem Wasserdruck auch nicht viel entgegensetzen und geben schnell nach. Dieser Kollaps ist aber unproblematisch, weil er nicht wehtut, und während ein Taucher auch unter Wasser ständig atmen muss, spielen die Nahrungsaufnahme oder die Darmentleerung in dieser Lage normalerweise keine Rolle.

Die Nasennebenhöhlen sind ganz von Schädelknochen umschlossen und daher halbwegs unempfindlich gegen Druckveränderungen, aber für die Ohren, die zum Teil außerhalb des Schädels liegen, gilt das nicht. Das Mittelohr ist eine Kammer und enthält die drei an den Enden verbundenen Knochen, über die Schallwellen vom Trommelfell zu den Nerven transportiert werden, die diese Signale an das Gehirn übertragen. In die Mittelohr-Kammer gelangt die Luft durch die eustachische Röhre, einen langen, empfindlichen Kanal, der von der Kehle hinaufführt. Bei einem Abstieg um knapp einen Meter wölbt der Außendruck das Trommelfell nach innen und löst Schmerzen aus, bis mehr Luft in die Kammer strömt und einen Gegendruck aufbaut. Noch etwa 30 Zentimeter tiefer wird der Hohlraum so sehr zusammengedrückt, dass die weiche Auskleidung der eustachischen Röhre den Gang verschließt. Ist die Röhre blockiert, ist auch die Kammer versiegelt. Sollte der Taucher den Schmerz ignorieren und weiter absteigen, würden der Druck und der Schmerz innerhalb der nächsten drei bis vier Meter verschwinden – allerdings um den Preis der Taubheit und eines starken Schwindelgefühls, wenn plötzlich kaltes Meerwasser durch das geplatzte Trommelfell einströmt. Menschen können diesen Dammbruch durch das so genannte Valsalva-Manöver verhindern, eine Technik zur Ohrenentlastung, die dem Naseschnauben ähnelt: Ein Taucher, dessen Ohren schmerzen, kann den Luftdruck in Mund und Kehle erhöhen, indem er mit zugekniffenen Nasenlöchern Luft aus der Lunge gegen die geschlossenen Lippen presst. Tauchermasken bestehen über der Nase aus weichem Gummi, damit man sich von außen die Nase zuhalten kann, ohne die Schutzbrille abzunehmen. Die Luft weicht in die eustachischen Röhren aus, öffnet sie kurz und pumpt die Mittelohren so weit auf, dass der Außendruck ausgeglichen wird. Das Manöver ist vor allem am Anfang eines Tauchgangs wichtig, weil der Druck dabei am stärksten wächst.

Als ich vor einer Felsküste der Galapagos-Inseln etwa einen Meter unter der Oberfläche schwebte, meine Nasenlöcher zukniff und darauf wartete, dass die Taubheit aus meinen Ohren wich, fragte ich mich, warum die Robben, die an mir vorbei nach unten schossen, sich nicht die Nase zuhalten mussten. Nicht, dass sie es überhaupt gekonnt hätten: Schließlich hat die Evolution ihre Hände und Füße in Flossen umgewandelt. Aber immerhin haben sie Ohren und Lungen: Wie kommt es also, dass sie sich mit dem Tauchen so viel leichter tun als ich? Sie atmen ganz einfach aus, bevor sie tauchen, und lassen ihre Lungen unter dem steigenden Druck kollabieren. Die Restluft wird in die oberen Atemwege gepresst, und das scheint auszureichen, um den Ohrendruck aufrechtzuerhalten. Was die kollabierte Lunge angeht, so stellen die Robben einfach das Atmen ein – ein Trick, der bei uns nicht funktionieren würde. Bei ihnen klappt er, weil sie über eine Stunde die Luft anhalten können: eine Anpassung, die sich bei der Rückkehr ihrer an Land lebenden Vorfahren ins Wasser als notwendig erwies. Diese außergewöhnliche Fähigkeit hat sich durch relativ kleine Veränderungen ihrer Säugetierkörper entwickelt.

Robben haben – relativ gesehen – genauso große Lungen wie Menschen, und sie verwenden dasselbe Sauerstoff bindende Protein, Hämoglobin. Allerdings haben sie viel mehr Hämoglobin als wir. Nicht nur haben sie vergleichsweise viel Blut, sie können auch unmittelbar vor dem Tauchen sehr schnell zusätzliche rote Blutkörperchen in den Kreislauf einspritzen, indem sie die Milz zusammenziehen, das Organ, in dem Blut gespeichert wird. Auch einige andere Säuger haben eine kontraktile Milz. Es gibt sogar bisher nicht bewiesene Spekulationen, dass diese Fähigkeit auch unter den Südsee-Perlentauchern auftritt. Sowohl Menschen als auch Robben besitzen außerdem Myoglobin, ein in den Muskeln enthaltenes Protein, das eine Notfallreserve an Sauerstoff zur Verfügung stellt, aber Robben haben wiederum mehr davon und nutzen es als Sauerstoffspeicher. Die Fülle an Hämoglobin und Myoglobin ermöglicht den Robben die Verwahrung großer Sauerstoffmengen außerhalb der Lunge, sodass sie weiterhin gut versorgt sind, auch wenn die Lunge außer Betrieb ist. Und sie nutzen diesen Vorrat sparsam, denn sie haben einen »Säugetier-Tauchreflex«, der ihren Puls verlangsamt und Blut ins Gehirn verlagert, sobald sie ins Wasser gleiten. Erwachsene Menschen haben diesen Reflex eingebüßt, aber bei Kleinkindern funktioniert er noch. Seinetwegen können jagende Robben geduldig und regungslos auf Unterwassereisschollen ausharren, bis der richtige Fisch vorbeischwimmt, und zum Teil erklärt er auch, warum Kinder, die über eine Stunde untergetaucht waren, manchmal wieder »zum Leben erwachen«.

Robben und Menschen sind beide auf dieselbe Körperkerntemperatur angewiesen, und doch tauchen Robben sogar in der Antarktis recht vergnügt. Sie haben das Problem des Wärmeverlusts durch eine Speckschicht gelöst, die sie umhüllt. Durch Fettgewebe fließt kaum Blut, deshalb isoliert es so gut. Paradoxerweise vertragen Kinder das Eintauchen in kaltes Wasser viel besser als Erwachsene, weil die Kälte sie viel schneller durchdringt. Ihre Körper haben im Verhältnis mehr Oberfläche und eine geringere Dicke. Sie werden »schockgefrostet«, und der Kreislauf wird so stark verlangsamt, dass sie kaum Sauerstoff verbrauchen. Die Aktivierung des Tauchreflexes und das anschließende Schockgefrieren erklären, warum alle menschlichen Kaltwasser-Überlebensrekorde von Kindern gehalten werden. Erwachsene haben keinen dieser Vorteile, aber oft – wie die Robben – eine dicke Speckschicht. Dicke Menschen mögen zwar sonst weniger Ausdauer haben als durchtrainierte, aber in kaltem Wasser überleben sie länger. Wenn Sie also unbedingt ins Meer fallen müssen, versuchen Sie, das in den Tropen zu tun, am besten voll bekleidet, um Wärme zurückzuhalten. Verlassen Sie das Wasser so schnell wie möglich, und wenn Sie schon kein Kleinkind sind, sollten Sie wenigstens dick sein.

Als Säugetiere besitzen Menschen im Prinzip dieselben Organsysteme wie Robben, haben aber nicht deren evolutionäre Feinjustierung durchgemacht, und der Unterschied in den Unterwasserkünsten ist gravierend. Aber die so genannten Apnoe- oder Freitaucher machen das Beste aus ihren begrenzten Möglichkeiten. Nach rigorosem Training können sie über drei Minuten die Luft anhalten und währenddessen bis zu 75 Meter ab- und wieder auftauchen. Der schwierigste Teil der Ausbildung ist die Entwicklung der geistigen Disziplin und Körperbeherrschung – das läuft schon auf Unterwasser-Yoga hinaus. Der Pionier dieser Disziplin war Jacques Mayol, der zum französischen Nationalhelden wurde, als er mit vierundsechzig Jahren den Freitauchrekord aufgestellt hat. Jacques und ich sind oft zusammen geschwommen. Während ich noch heftig um mich trat, um zu ihm aufzuschließen, pflegte er vor mir an den Strand zu gleiten und sich gemächlich in ein Landlebewesen zurückzuverwandeln, indem er sein Training mit gekreuzten Beinen, auf den Knien ruhenden Händen und geschlossenen Augen fortsetzte. Er erklärte mir, dass er »wieder mit dem Wasser eins werde«. Jacques sagte, er spüre in seinem Innersten unsere aquatische Vergangenheit, und er glaubte, die Menschen könnten wie die Delfine ins Meer zurückkehren. Er meinte oft, er sei eher für ein Leben im Wasser als an Land geeignet, und ich glaubte ihm. Seine empfindsame Seele zog ihn zu den Meeresgeschöpfen hin; mit seinen Mitmenschen kam er schlechter zurecht. Jahre später – vielleicht war er zu lange nicht im Wasser gewesen – beging er Selbstmord.

Sein geistiger Erbe ist Francisco Ferreras, besser als »Pipin« bekannt, ein Kubaner, der in Miami lebt, wo er und seine französische Frau Audrey Mestre regelmäßig alle Freitauchrekorde brachen. Wie Mayol erreichten sie unglaubliche Tiefen, indem sie sich von einem mit Gewichten versehenen, an einem Stahlseil befestigten Schlitten hinunterziehen ließen. Für die Rückkehr an die Oberfläche pumpten sie einen Ballon auf. Ärzte hatten früher behauptet, die menschliche Lunge könne einem Druck von über fünf Atmosphären – der in knapp 50 Metern Tiefe erreicht wird – nicht standhalten. Jenseits dessen, so hatten sie prophezeit, würde die Lunge so stark zusammengedrückt, dass ihre Gewebsflüssigkeit wie aus einem Schwamm herausgepresst würde. Im Januar 2000 stellte Pipin einen neuen Rekord von 162 Metern auf. Die Ärzte müssen ihre Grenzwerte korrigieren. Vielleicht haben sich manche Erwachsenen doch einen Rest des Säugetier-Tauchreflexes bewahrt – vielleicht meinte Mayol das, wenn er sagte, beim Freitauchen spüre er sein aquatisches Erbe.

Das Apnoe-Tauchen bleibt jedoch sehr gefährlich. Auch wenn der menschliche Körper dem Druck standhält: Manchmal versagt die Technik. Audrey Mestre, eine achtundzwanzigjährige Meeresphysiologin, hielt bereits den Tiefenrekord für Frauen, wollte aber mit der Hilfe ihres Mannes Pipin auch noch seinen Rekord brechen. Am Morgen des 12. Oktober 2002 war das Wetter vor der Küste der Dominikanischen Republik noch zu stürmisch, aber am frühen Nachmittag hatte sich das Meer so weit beruhigt, dass der Aufsehen erregende Tauchgang durchgeführt werden konnte. Inmitten ganzer Schiffsladungen von Kameraleuten, Reportern und Zuschauern glitt Audrey Mestre in eine meditative Trance und löste sich von der Crew auf ihrem Katamaran, die noch die letzten Feinheiten überprüfte. Pipin selbst testete die Druckluftflasche für den Ballon. Er benutzte keinen Druckmesser, sondern brach das Ventil auf und hörte das beruhigende Hochdruck-Zischen. Audrey zog ihren gelb-schwarzen Tauchanzug an und glitt ins Wasser, das nach dem stürmischen Morgen noch immer unruhig war. Sie kletterte auf den Metallschlitten, eine senkrechte Röhre mit zwei Querstangen. Am Schlitten waren der Drucklufttank, der Ballon und eine Kamera mit kürzlich hinzugefügten Stabilisatorflügeln angebracht. Durch die senkrechte Röhre verlief eine mit Vinyl überzogene Trosse, die durch ein Betongewicht am unteren Ende straff gespannt war. Bei früheren Tauchgängen waren die Taue mit Blei beschwert gewesen.

Audrey klammerte sich mit beiden Händen an die obere Querstange und schlang die Beine um die untere Stange, sodass ihre Flossen nach oben zeigten. Sie trug keine Maske. Sie atmete rhythmisch, bis sie bereit war, und holte dann langsam und tief Luft: den einen, einzigen Atemzug, der für die ganze Strecke reichen musste. Sie gab das Zeichen, den Haken zu lösen, an dem der beschwerte Schlitten hing. Dann stürzte Audrey eine Minute und zweiundvierzig Sekunden in die Weltrekordtiefe von 171 Metern hinab. Dort unten wartete ein Sicherungsmann, der Gerätetaucher Pascal Bernabe, der Audrey zusah, wie sie den Aufstiegsteil des Schlittens abkoppelte und den Pressluftttank öffnete, der den Ballon aufpumpen sollte. Nichts geschah. Audrey versuchte es noch einmal. Wieder nichts. Dreißig Sekunden waren verstrichen. Pascal hielt seinen Schnorchel unter den Ballon und öffnete das Ausblasventil, um Luft hineinzupumpen. Das reichte, um den Schlitten steigen zu lassen – aber zu langsam. Pascal schwamm unter den Schlitten und schob ihn an. Das Gerät verhakte sich mehrmals an der Trosse und blieb fast stecken. Audrey blieb ruhig, aber sie hielt jetzt schon mehr als drei Minuten die Luft an. Die beiden stiegen 120 Meter auf, bevor Audrey ohnmächtig wurde und wie ein Herbstblatt auf Pascal herabsank. Er schwamm weiter nach oben, bis er Pipin begegnete, der sich ein Tauchgerät geschnappt hatte, sobald ihm klar wurde, dass seine Frau zu lange unten blieb. Wie in einem Staffellauf um Leben und Tod reichte Pascal die Bewusstlose an ihn weiter. Die Oberfläche erreichten sie für Audrey viel zu spät. Es war acht Minuten und achtunddreißig Sekunden her, dass sie ihren – wie sich nun zeigte – allerletzten Atemzug genommen hatte.

Was hat den tragischen Tod Audrey Mestres verursacht? Der Untersuchungsbericht weist eine Vielzahl von Faktoren aus. Der Ballon hatte sich nicht richtig gefüllt, vielleicht weil der Pressluftttank nicht mehr ganz voll war. Der Aufstieg verzögerte sich, weil das Betongewicht am unteren Ende nicht schwer genug war, um das Seil straff und senkrecht zu halten, und weil die neuen Stabilisatoren an der Kamera seitlich gegen das Tau drückten und wie eine Bremse wirkten. Dass der Schlitten zwischendurch mehrmals ganz zum Stillstand kam, kann daran gelegen haben, dass starke lokale Meeresströmungen – Überbleibsel des morgendlichen Unwetters – die Aufstiegsleine zur Seite krümmten. Audreys Tod wurde als Unfall eingestuft. Aber sie war nicht durch einen Un- oder Zufall 171 Meter unter den Meeresspiegel geraten. Sie war mit Geräten dorthin gelangt – Geräten, die ihren Körper in ein extrem belastendes Umfeld katapultiert hatten und sich dann als zu schwach erwiesen, um sie zurückzuholen.

Man kann die menschlichen Grenzen durch Freitauchen testen, aber um eine riesige, unbekannte Umwelt zu erforschen, reicht das nicht aus. Deshalb hatte ich eine komplette Tauchausrüstung angelegt, als ich mich 1,5 Kilometer vor der Küste Monacos an einem Ankertau 38 Meter tief ins Meer wagte. Dass es so dicht vor der geschäftigen, glamourösen Stadt Monte Carlo noch unbekanntes Terrain gibt, zeigt eindrucksvoll, wie wenig das Meer bislang erforscht ist. Weniger als ein Prozent der Meeresböden der Welt sind auch nur angesehen worden. Das Team, mit dem ich an diesem Tag tauchte, interessierte sich vor allem für einen 240 mal 60 Zentimeter großen Riss am Fuß einer Unterwasserklippe aus Kalkstein. Aus dieser Spalte ergossen sich pro Sekunde etwa 400 Liter Süßwasser ins salzige Meer. Die örtlichen Fischer wussten seit Jahrhunderten über diese Unterwasser-Mineralquellen Bescheid. Selbst ich konnte sie von der Oberfläche aus erkennen, als wir mit unserem Forschungsschiff ankamen: Das regelmäßige Wellenmuster wurde plötzlich von einem Fleck mit glatter Wasseroberfläche unterbrochen, der einen Durchmesser von etwa drei Metern hatte. Ein Crewmitglied ließ eine leere Flasche hinab, holte sie wieder ein und reichte sie mir zum Trinken: Es war kühles Süßwasser.

Ich beteiligte mich als medizinischer Berater an diesem Unternehmen der Nymphea Water, einer französischen Untersee-Forschungs- und -Entwicklungsfirma, die prüfen wollte, ob sich dieses Süßwasser abfangen ließ, bevor es sich mit dem Meer vermischte, und man diese Ressource in städtische Trinkwassernetze einspeisen konnte – in diesem Fall zur Versorgung von Ventimiglia, einer durstigen Stadt in Norditalien. Sobald ihre Technik ausgereift ist, wird die Firma aufgrund von bereits gültigen Verträgen ähnliche Systeme in dürregeplagten Ländern wie Israel, Marokko, Saudi-Arabien und Katar installieren, denn in der ganzen Mittelmeerregion und im Persischen Golf gibt es viele Unterwasserquellen. Der Leiter der Firma, Pierre Becker, kam auf diesen Gedanken, als er vor der griechischen Küste an einem anderen Vorhaben arbeitete. In einer Bucht bei Itea beobachtete er Hirten, die ihre Ziegen ein paar Meter ins Meer schickten, um ihren Durst zu stillen. Pierre erkannte, dass diese Quellen verborgene Schätze darstellen, und wurde Unterwasser-Prospektor. Er redet an den Küsten mit den Fischern, studiert geologische Karten, setzt Ultraleichtflugzeuge mit Infrarotkameras ein und sucht das Meer nach verräterischen Flecken mit abweichender Wassertemperatur ab, um solche Quellen zu finden.

In Kalksteinklippen sind Unterwasserquellen recht verbreitet. Wenn Wasser durch Kalkstein sickert und mit dem Kalk reagiert, entsteht Säure, die Kanäle in den Fels frisst und tief im Inneren Hohlräume entstehen lässt. Regenwasser strömt in die Kanäle, bildet Flüsse und sammelt sich in unterirdischen Seen. Das Netzwerk wächst nach unten weiter, und am Fuß der Klippe tritt das Wasser aus. Als während der letzten Eiszeit viel Wasser in den Gletschern gebunden wurde, trockneten die unterirdischen Flüsse und Seen aus und hinterließen Tunnel und Höhlen. Dann, vor etwa 21 000 Jahren, wurde das Klima wieder wärmer. Schmelzende Gletscher füllten die Hohlräume auf und ließen den Meeresspiegel um fast 200 Meter ansteigen. Die Ausgänge der Flüsse lagen nun unter Wasser. Sobald der Druck der darüber liegenden See größer wird als die Kraft des Flusses, kehrt sich die Strömung um, und der Tunnel wird mit Meerwasser geflutet. Behält der Fluss jedoch die Oberhand, so ergießt er sich weiterhin ins Meer. Da Süßwasser weniger Mineralstoffe enthält als Salzwasser, steigt es zur Oberfläche auf, wo es schon immer Seefahrer in Versuchung geführt hat, ob sie nun auf ozeanografischen Forschungsschiffen oder alten hölzernen Handelsschiffen unterwegs waren. Dreitausend Jahre vor Pierre Becker haben phönizische Seeleute unterseeische Mineralwasserquellen mit Bronzeglocken bedeckt und das Wasser durch Lederschläuche, die sie mit Teer wasserdicht gemacht hatten, an die Oberfläche transportiert. Das Projekt Nymphea Water ist weiter nichts als eine Fortsetzung dieser Methode mit hochmodernen Mitteln.

Auf dem Meeresgrund hielt ich mich mit einer Hand an einer Felsnase fest, während ein Sensor in meiner anderen Hand die Temperatur und den Salzgehalt des aufsteigenden Wassers maß. Um mich herum arrangierten Taucher Betonblöcke zu einem Kreis, und über mir brachten andere die Sammelglocke an: ein blaues Segeltuchfutteral, das wie ein geschlossener Regenschirm mit daran baumelnden Seilen aussah. Nacheinander wurde jedes Seil mit einem Ring an einem der Betonklötze festgemacht. Dann befestigten sie eine lange, geschmeidige Röhre über der Öffnung der Quelle wie einen Kamin, der sich nach unten weit öffnete. Das Wasser stieg von selbst durch die Röhre auf und spannte sie dabei straff, bevor es durch die obere Öffnung – direkt unter der Glocke – wieder austrat. Das Süßwasser blieb unter dieser Kuppel hängen und füllte sie wie einen Heißluftballon, bis das hauchdünne Tuch sich zu einem Gebilde von zweieinhalb Metern Durchmesser und einem Meter Höhe aufgebläht hatte und sich blassblau vom dunkelblauen, grenzenlosen Hintergrund abhob. Als das Süßwasser in die Mitte der Glocke hineinsprudelte und das von ihm verdrängte Salzwasser an ihren Rändern herausschwappte, drängte sich mir der Eindruck auf, ein atmendes Lebewesen vor mir zu haben: eine riesige blaue Qualle mit Tentakeln aus Seil, die direkt über mir schwebte. Ich war fasziniert. Je länger ich hinsah, desto fester war ich davon überzeugt, dass sie lebte. Mir war klar, dass ich mich vom Fleck bewegen sollte, aber nicht, weil ich mich von der Qualle bedroht fühlte. Sie wirkte nicht bedrohlich: Schließlich waren ihre Tentakel an Betonblöcken festgebunden. Aber das Bild war zu real. Ich war schon zu lange zu weit unten. Ich musste ein paar Dutzend Meter aufsteigen, um den Kopf wieder klar zu bekommen und die ersten Symptome einer Stickstoffnarkose abzuschütteln: des Tiefenrauschs.

In der Tiefe kann man nur atmen, weil die Pressluft denselben Druck hat wie das umgebende Wasser. Der Lungenautomat misst den Außendruck und öffnet das Ventil genau so, dass sich die Lunge des Tauchers ohne Widerstand mit Luft füllt. Erst dieses einfache

System hat es Tauchern ermöglicht, in ansonsten unmenschliche Tiefen vorzudringen. Allerdings treten sehr unnatürliche und seltsame Nebenwirkungen auf, wenn Luft unter Hochdruck in den Körper hineingepumpt wird. Die ersten Menschen, die mit den Folgen des Atmens unter hohem Druck zu kämpfen hatten, waren keine Taucher, sondern Tunnel- und Brückenbauarbeiter. Damit die Baustellen nicht geflutet wurden, hat man früher Pressluft in die halbfertigen Tunnel und die Caissons genannten Stahlröhren gepumpt, die in Flüssen versenkt wurden, um an Brückenpfeilern zu arbeiten. Oft wurde das ganze Team gegen Ende des Tages euphorisch: Die Arbeiter fingen an zu singen und grundlos zu lachen. Der Grund für dieses befremdliche Verhalten blieb lange Jahre unerkannt, weil die dafür verantwortliche Substanz praktisch über jeden Verdacht erhaben war. Stickstoff ist ein Edelgas, das fast 80 Prozent unserer Atmosphäre ausmacht. Menschen haben es eingeatmet, seit es sie gibt – aber immer unter normalem atmosphärischem Druck. Wenn man es unter erhöhtem Druck inhaliert, wirkt es betäubend.

Menschen können mit Stickstoffgas nichts anfangen: Es gelangt beim Atmen in die Lunge und wieder hinaus, ohne dass der Körper es überhaupt wahrnimmt. Es wird überhaupt nicht resorbiert, da Gase – wie Stickstoff – sich nicht gut mit Flüssigkeiten – zum Beispiel im Körpergewebe – mischen. Unter Druck kann man Gase und Flüssigkeiten jedoch zur Vermischung bringen, wie wir es von kohlendioxidhaltigen Getränken kennen. So, wie man Wasser mit Kohlensäure versetzen kann, wird beim Einatmen von Druckluft Stickstoffgas ins Blut gepresst, mit dem es in die Flüssigkeit in den einzelnen Zellen gelangt und vor allem ins Gehirn. Einmal im Inneren, greift es in die Übertragung elektrischer Impulse ein, auch wenn man noch nicht genau weiß, wie das im Einzelnen funktioniert. Der Effekt ist aber so gut bekannt, dass Ärzte bestimmte Stickstoffgemische zur Narkotisierung einsetzen. Ähnlich wie Alkohol blockiert Stickstoff außerdem Regelkreisläufe, die unser Verhalten kontrollieren. Aus diesem Grund fühlen sich Taucher, die zu lange zu tief unten waren, irgendwann betrunken und bekommen Halluzinationen.

Bevor die blaue Riesenqualle nach mir greifen konnte, stieg ich etwa zehn Meter auf, in eine Tiefe, in der der Stickstoff, den ich einatmete, weniger Druck hatte. Binnen weniger Minuten verwandelte sich die gigantische Meereskreatur in eine Segeltuchglocke zurück. Die Szenerie selbst blieb aber beeindruckend: Das System funktionierte. Mitten im Meer sammelten wir Süßwasser aus einer Quelle, die einst einhundert Meter über dem Meeresspiegel entsprungen war. In der Eiszeit mussten Menschen hierher gekommen sein, um sich an diesem wohlschmeckenden Wasser zu laben. Weniger kräftige Ströme sind versiegt und haben Tunnel zurückgelassen, die zu Höhlen tief im Inneren der Felsen führen – Höhlen, in die vielleicht Henri Cosquers Urahnen eingedrungen sind.

Das Team von Nymphea Water wollte den Erfolg des Pilotprojekts gerne feiern, aber wenn wir das Wasser schnell verlassen hätten, wären wir alle höchstwahrscheinlich in ein paar Stunden tot gewesen. Diesen Lebensraum, in den einzudringen so viel Aufwand mit sich bringt, wieder zu verlassen, erfordert noch größere Vor- und Umsicht. Ein zu rascher Aufstieg führt zur Taucherkrankheit, dem zweiten Übel, das beim Atmen unter Hochdruck droht. Auch sie ist zunächst bei Tunnelarbeitern beschrieben worden und wird daher auch Caissonkrankheit genannt. Anders als die Stickstoffnarkose, die einsetzt, wenn ein Taucher zu lange unten bleibt, tritt die Taucherkrankheit erst auf, wenn er wieder nach oben zu kommen versucht. Wie viel Gas ins Blut gelangt, hängt sowohl von der Tiefe als auch von der Zeit und der körperlichen Aktivität ab. Unser heutiger Tauchgang hatte von allen drei Faktoren mehr als genug aufgeboten, um die Flüssigkeiten in unseren Körpern in kohlensäurehaltige Getränke zu verwandeln. Wären wir abrupt aufgetaucht, so hätte der plötzliche Druckabfall denselben Effekt gehabt wie das Entfernen eines Kronkorkens: Wir wären übergeschäumt.

Gelöste Gase, die schlagartig entweichen, bilden Blasen. Wenn das im Körper geschieht, verwandelt sich der Stickstoff, der in aller Stille eingedrungen ist, in einen wütenden Feind, der überall zugleich angreift. Die Blutgefäße, die dieses Gefahrengut unbemerkt transportiert haben, füllen sich plötzlich mit winzigen Luftbläschen, die sich rasch zu größeren zusammenschließen. Die blassgelbe Schmierflüssigkeit in unseren Gelenken sieht auf einmal wie perlender Champagner aus. In den Zellen im ganzen Körper steigt der Druck, wenn sich in ihrem Plasma Blasen bilden und gegen die Membranen drücken. Dieser exotische Eindringling ist mit nichts zu vergleichen, womit der Körper im Laufe der Evolution konfrontiert worden ist, und folglich hat er keine Abwehrmechanismen entwickelt. Er reagiert ebenso chaotisch, wie die Erde auf eine Invasion vom Mars reagieren würde.

Sind die Gasblasen erst in das innere Transportsystem des Körpers gelangt, werden sie vom zirkulierenden Blut so tief in die Organe und Gewebe gebracht, wie sie noch durch die immer feiner werdenden Äderchen passen. Geht es nicht mehr weiter, so verstopfen sie die Wege und behindern den Blutkreislauf. Von der Sauerstoff- und Nährstoffversorgung abgeschnitten, verhungert und erstickt das Gewebe jenseits der Blockade. Auch im Blut selbst herrscht völlige Verwirrung. Die patrouillierenden weißen Blutkörperchen, die eigentlich Infektionskeime bekämpfen sollen, interpretieren die Eindringlinge als neue Art von Bakterien und lösen folglich eine Entzündungsreaktion aus, wie sie zur Infektionsbekämpfung nötig ist. Die Blutplättchen, die für die Gerinnung zuständig sind, spüren die Nähe von Luft. Für sie heißt das, dass ein Blutgefäß verletzt wurde und repariert werden muss. Sie aktivieren den Gerinnungsmechanismus, um eine Blutung zu stoppen, die es gar nicht gibt. Außerhalb des Blutes läuft es auch nicht besser. Luftblasen drücken den Inhalt der Zellen so sehr zusammen, dass die elastischen Membranen nicht weiter nachgeben können. Überall im Körper platzen Zellen.

Die einzige Möglichkeit, diese anatomische Katastrophe zu umschiffen, ist ein ganz allmählicher Druckabbau. Man kann eine Sprudelflasche ohne viel Gezische öffnen, indem man den Schraubverschluss langsam und mit Gefühl aufdreht. Ein Taucher, der unverletzt aus der Tiefe aufsteigen will, muss dies ebenfalls peu à peu tun und die vorgeschriebenen Pausen einhalten. Deshalb bewegten sich unsere Teammitglieder in Etappen an die Oberfläche zurück und hielten sich zwischendurch an verschiedenen Stellen des Ankerseils oder der Sicherheitsleinen fest, die an Bojen hingen. In bestimmten Tiefen waren Lufttanks an die Seile gebunden. An diesen Dekompressionsstationen konnten wir den zusätzlichen Sauerstoff einatmen, den wir während dieser Verzögerung benötigten. Die Zahl der erforderlichen Pausen, die Tiefe, in der man sie einlegen muss, und die jeweilige Verweildauer sind in den Dekompressionstabellen festgehalten, die die US-Marine herausgibt. Das Schema hängt von der größten erreichten Tauchtiefe, der unter Wasser verbrachten Zeit und der Schwere der verrichteten Arbeit ab. Jeder von uns hielt seinen individuellen Plan ein, um der Taucherkrankheit zu entgehen.

Immer, wenn ich versucht bin, eine Abkürzung zur Oberfläche zu nehmen, denke ich an meinen langjährigen Freund und Tauchpartner Bernie Chowdhury, der vor ein paar Jahren schwer an der Caissonkrankheit litt, aber überlebt hat, um davon zu berichten. Bernie ist der Herausgeber des erstklassigen Tauchmagazins »Immersed«, und wir sind uns begegnet, als er mich einlud, einen Artikel zu schreiben. Er ist außerdem ein erstklassiger Taucher. Als er eines Tages vor der Küste von Delaware das Wrack eines Ozeandampfers untersuchte, geriet er jedoch an seine Grenzen. Er erzählt diese Geschichte in seinem Buch »Der letzte Tauchgang«, und ich habe sie oft aus seinem Munde gehört. Jedes Mal frage ich mich, ob Bernie nicht sogar die Grenzen des Menschenmöglichen überschritten hat – und trotzdem zurückgekehrt ist.

Das fragliche Wrack, die »Northern Pacific«, steckte mit dem Bug voran in 45 Metern Tiefe im Sand fest. Bernie tauchte zum dritten Mal hinunter. Er fühlte sich an diesem Morgen nicht wohl, und als vorsichtiger Taucher hätte er normalerweise auf seinen Instinkt gehört und verzichtet. Aber er war ja schon zweimal unten gewesen, und das brachte ihn zu dem Schluss, dass es beim dritten Mal auch keine Probleme geben würde. Als er das nach oben ragende Heck erreichte, schnallte er den Ersatzlufttank ab, den er später für die Dekompression benötigen würde. Er schwamm an dem 150 Meter langen Schiff entlang und dann am Bug in den Rumpf hinein, wo er nach Bullaugen,

Tellern und anderen Artefakten oder zumindest ein paar Hummern suchte. Er fand keine Souvenirs, und als er den zweiten Hummer eingesackt hatte, war seine Tauchzeit um. Er verließ den Bug und wollte zu seiner Dekompressionsflasche zurückkehren, die an der Abstiegsleine am Heck befestigt war. Die Strömung war jedoch stärker geworden, sodass Bernie gezwungen war, sich immer heftiger zu bewegen, um voranzukommen. Um aus der Strömung zu kommen, ließ er sich unter das Schiff sinken, auf den sandigen Grund, wo er besser vorankam. Aber die zusätzliche Tiefe und seine Anstrengung reichten aus, um ihm eine Stickstoffnarkose zu verpassen. Bernie sagt, es habe sich angefühlt, als hätte er einen Martini hinuntergestürzt. Sein Kopf war nicht mehr klar – ebenso wie das Wasser über dem Meeresboden. Als er das Heck erreichte, fand er die Ankerleine nicht. Er schwamm weiter herum und suchte verzweifelt nach seiner Ersatzflasche, bis er entsetzt feststellte, dass er wieder am Bug des Schiffes war. Er war irgendwie unter dem aufragenden Heck hindurchgeschwommen und hatte das Schiff komplett umrundet. Bernie schätzte seine Chancen ab, rechtzeitig zum Heck zurückzukehren und den Ersatztank zu finden, bevor sein Luftvorrat zu Ende ging. Er hatte noch genug Luft, um aufzutauchen, aber nur, wenn er nicht innehielt, um zu dekomprimieren. Er war körperlich und geistig erschöpft. Das Heck war 150 Meter entfernt, und er konnte im trüben Wasser nicht weiter als 10 Meter sehen. Die Chancen, den Tank zu finden, waren zu gering. Bernie entschied sich dafür, direkt nach oben zu schwimmen.

Der Schmerz setzte ein, als er die Oberfläche erreicht hatte und seine Freunde ihn in das Tauchboot zu ziehen versuchten. Sie überlegten, ob sie Bernie mit neuen Tanks wieder nach unten und dann langsam erneut nach oben bringen sollten, um die Luftbläschen vielleicht wieder aufzulösen, aber sein Schmerz wurde schnell so stark, dass er ertrunken wäre, hätte er länger im Wasser bleiben müssen. Also wuchtete man ihn heraus, legte ihn auf den Ausrüstungstisch und verabreichte ihm Sauerstoff. Er hatte Atemprobleme, und der Schmerz war überall. Er sah Dreifachbilder. Er wurde auf beiden Ohren taub. Die Kraft und jedes Empfinden schwanden allmählich aus seinen Armen und Beinen. Sein Puls wurde immer schwächer. Er erkannte, dass er dem Tod ins Auge blickte.

Bernie schreibt in seinem Buch: »Ich hatte die Augen zugemacht und verlor das Bewusstsein… Mich überkam ein Gefühl des Glücks und des Wohlbefindens. Vor meinen immer noch geschlossenen Augen erschien ein helles weißes Licht. Mein Körper stieg nach oben, und ich sah die ›Seeker‹ aus der Vogelperspektive, alle waren an Deck, und ich selbst lag armselig auf der Mittelplattform. Ich betrat einen weißen Tunnel. … Ich brauchte nur noch bis zum Ende des Tunnels zu schweben, und alle meine Sorgen, alle Schmerzen und Widrigkeiten wären ein für allemal vorbei.« Dann erinnerte sich Bernie an Frau und Sohn und daran, wie sehr sie ihn brauchten. »Ich unterbrach meine schwebende Reise zum Ende des Tunnels und versuchte mit aller Kraft, mich umzuwenden. Ich *musste* umkehren. Das weiße Licht wurde schwächer, dann erlosch es gänzlich. Ich öffnete die Augen. Rasende Schmerzen schienen meinen Körper zu zerreißen.«

Der Eindruck, über der Szene zu schweben, die außerkörperliche Erfahrung, ist immer wieder von Menschen geschildert worden, die scheinbar im Sterben lagen und dann ins Leben zurückkehrten. Sie erinnert an Pablo Valencia, der sich in der Wüste verlaufen hatte, und Beck Weathers, den Everest-Bergsteiger, den ich nach seinem Zusammenbruch im Schnee behandelt habe. Sie erinnert auch daran, wie mein Urwaldfreund Antonio die Wirkung seiner halluzinogenen Drogen beschrieb. Diese Erfahrungen haben etwas gemeinsam: Wenn die Körperfunktionen zusammenbrechen, bleiben die höchsten Hirnzentren aktiv und erschaffen, da sie von allen äußeren Signalen abgeschnitten sind, aus sich heraus eine lebhafte Szenerie, in der die üblichen zeitlichen und räumlichen Beschränkungen keine Rolle spielen. Das Bild hat eine elektrisierende Wirkung und kann, wenn es intensiv genug ist, den Rest des Körpers wieder in Gang setzen.

Bernie zwang sich, auf das Tauchboot zurückzukehren. Er konzentrierte sich darauf, Schritt für Schritt zu überleben. Als Erstes musste er durchhalten, bis der Rettungshubschrauber eintraf. Dann musste er den Flug zur Druckkammer überstehen. Vielleicht würde er sich nach der Rekompression besser fühlen, vielleicht auch nicht. Er wusste nicht, wie viel von seinem Körper bereits unwiderruflich zerstört war. Das Atmen fiel ihm schwer, weil sich in den kleinen Kapillaren rings um die Lunge Bläschen festgesetzt hatten und den Gasaustausch behinderten. Er konnte nicht gehen, da Blasen in seine Gelenke eingedrungen waren. Er hörte nichts, weil beide Innenohren direkt in Mitleidenschaft gezogen worden waren. Am unheilvollsten waren die Nervenprobleme. Ein Teil des feinen Gespinstes aus Blutgefäßen, das das Rückenmark umhüllt, war verstopft, sodass die Nerven durch den Sauerstoffmangel geschädigt wurden. Da die Signalübertragungswege gestört waren, verlor Bernie die Kontrolle über die Willkürmuskulatur und spürte seine Haut nicht mehr. Auch in verschiedenen Teilen des Gehirns versagten Nervenzellen, sodass er weder das Gleichgewicht halten noch beide Augen auf dasselbe Objekt richten konnte. Er war etwas verwirrt, aber sein Geist war noch klar genug, um seine missliche Lage zu begreifen und den Tod zu fürchten: eine gesunde Angst, die ihn zweifellos in seinem Entschluss bestärkte, am Leben zu bleiben.

Eine Dreiviertelstunde nach seinem Auftauchen wurde Bernie in einen Helikopter der Küstenwache gehoben und zu einer Rekompressionskammer im Krankenhaus der University of Pennsylvania geflogen. Bei einer Rekompression wird der Körper erneut dem höchsten Druck ausgesetzt, den er beim Tauchen erfahren hat, sodass die Gasblasen wieder in Lösung gehen. Danach senkt man den Druck so langsam, dass keine neuen Blasen entstehen. Bernie blieb sechs Stunden in der Kammer. Als er herauskam, hatten die Schmerzen nachgelassen, er sah und hörte wieder besser, aber er hatte immer noch kein Gleichgewichtsgefühl, konnte nicht gehen und hatte Mühe, sich zu konzentrieren. Ein Teil seines Nervengewebes war dauerhaft zerstört: Sein Gehirn und sein Körper mussten sich an neue Methoden gewöhnen, die alten Aufgaben zu erledigen. Es dauerte über ein Jahr, aber so unglaublich es klingt: Bernie hat sich voll und ganz erholt. Er taucht sogar wieder.

Selbst wenn sie gut ausgehen, sind solche Geschichten wirkungsvolle Mahnungen, die Dekompressionszeit nicht zu verkürzen. Vierzig Minuten nachdem ich den Grund verlassen hatte, hing ich immer noch am Seil und sah zum Rumpf des Forschungsbootes hinauf, der nur drei Meter über mir im Wasser lag. Endlich waren meine berechnete Dekompressionszeit und die Sicherheitsspanne abgelaufen, aber ich war immer noch nicht frei, einfach zum Boot hinaufzuschwimmen. Es gab eine weitere unsichtbare Barriere zwischen mir und der Oberfläche, die ich sehr vorsichtig überwinden musste, wenn mir mein Leben lieb war.

Als ich aus meiner größten Tauchtiefe von 38 Metern bis auf 19 Meter aufgestiegen war, hatte sich der Druck auf meine Lungen halbiert (vom Druck der Atmosphäre über dem Wasserspiegel einmal abgesehen). Wenn ich jetzt aus drei Metern Tiefe auf anderthalb aufstieg, würde er sich erneut halbieren. Aber ein rascher Druckabbau auf dem Weg zur Oberfläche heißt auch, dass sich das Volumen des Gases in meiner Lunge ebenso rasant ausdehnt. Diese Luft muss entweder absorbiert oder ausgeatmet werden. Wenn expandierende Luft in der Lunge hängen bleibt, reicht ein Druckabfall von nur gut einem Meter aus, um die Dehnbarkeit der Lungenbläschen zu überschreiten, die dünnen Membranen zu zerreißen und Luft in den Lungenkreislauf eindringen zu lassen. Von dort strömt sie durch die Halsschlagadern und bleibt im Gehirn stecken, wo sie dieselben Symptome hervorruft wie ein Schlaganfall.

Die einzige sichere Weise des Aufstiegs besteht darin, ständig auszuatmen und hinter den kleinsten so erzeugten Luftblasen zurückzubleiben. Die Blasen steigen langsam genug auf, um der überschüssigen Luft in der Lunge die nötige Zeit zum Entweichen zu geben. Ein Taucher, dem die Luft ausgeht oder der in Panik ist, hält vielleicht versehentlich die Luft an und versucht, von seinem Überlebensinstinkt in die Irre geleitet, so schnell wie möglich an die Oberfläche zurückzukehren. Seine Lunge platzt, kaum dass er in die Nähe des Ziels kommt. Die letzten drei Meter der Unterwasserwelt sind eine trügerische Zone.

Endlich hatten wir die Grenze sicher passiert und konnten unseren Erfolg auf wahrhaft französische Weise feiern: Champagner für alle. Das System hatte funktioniert, alle waren wieder an Bord, und die einzigen Blasen perlten in unseren Gläsern. Hätte die Quelle ein Stück tiefer gelegen, dann hätten wir immer noch an den Aufstiegsleinen gehangen – zumindest diejenigen, die nicht der Stickstoffnarkose erlegen und von Meerjungfrauen fortgelockt worden wären. Die Dekompressionszeit steigt mit der Tiefe steil an, ebenso die Gefahr eines Tiefenrausches. Bald übersteigt die Aufstiegszeit die Verweildauer am Boden, die so genannte Grundzeit. Das Denken kann wirr werden, und man muss den größten Teil seiner Luftvorräte für den Rückweg aufbewahren. Der gnadenlose Druck des Stickstoffs in der Pressluft setzt dem Eindringen in die Tiefsee unsichtbare, aber sehr reale Grenzen.

Aber wenn Stickstoff ein Edelgas ist, das im menschlichen Körper keine Funktion erfüllt und ihm unter Druck sogar echte Schwierigkeiten bereitet, wieso entzieht man es dann der Pressluft nicht einfach? Das Problem ist, dass man es durch irgendetwas ersetzen muss, erklärte mir mein Kollege und Tauchphysiologie-Mentor Bernard Gardette von Comex. Die Firma Comex, weltweit führend bei Unterwasserplanungs- und -konstruktionsarbeiten, verfolgt in jedem Meer der Welt Bauvorhaben, aber ihre Zentrale liegt in Marseille, nur ein paar Bootstunden von unserem Tauchplatz entfernt. Der Gründer und Leiter des Unternehmens, Henri Delauze, hatte Pierre Becker sein hochmodernes Forschungsschiff und seine Ausrüstung vermietet. Und mir hatte er Gardette ausgeliehen, den Leiter der medizinischen Abteilung.

Eine mögliche Lösung des Stickstoffproblems, die mir unmittelbar einfiel, war die Inhalation von reinem Sauerstoff. Wie die meisten Bergsteiger praktiziere ich sie weit oben im Himalaya, weil sie die Atmung in einer Umgebung mit niedrigem Luftdruck erleichtert. Das Meer ist andererseits eine Umgebung mit hohem Wasserdruck, und unter Hochdruck wirkt konzentrierter Sauerstoff giftig. Er wird zwar rasch verstoffwechselt und bildet daher keine Blasen, aber wenn er in hohen Dosen absorbiert wird, greift er die Nerven an und kann Krämpfe und Bewusstlosigkeit auslösen – keine gute Kombination, gerade unter Wasser.

Nein, der Sauerstoff muss verdünnt bleiben, und daher muss man den Stickstoff durch ein anderes Edelgas ersetzen, wie mir Gardette erklärte: Helium. Bei dem Sauerstoff-Helium-Gemisch namens Heliox tritt das Narkoseproblem überhaupt nicht auf. Da sich Helium viel schlechter in Wasser löst als Stickstoff, kann der menschliche Körper viel höheren Druck ertragen, bevor seine Flüssigkeit das Gas absorbiert. Helium ist ein sehr leichtes Gas – leicht genug, um einen Zeppelin schweben zu lassen –, und so ist es noch in Tiefen leicht einzuatmen, in denen alle Gase stark komprimiert werden. Es hat jedoch auch Nachteile. Taucher, die Helium atmen, kühlen aus, weil es zu leicht ist, um viel Wärme zu halten. Außerdem lässt seine geringe Dichte die Stimmbänder schneller schwingen. Helium-Taucher reden wie Mickymäuse. Das ist kein Spaß: Sie verstehen einander nicht mehr und brauchen digitale Entzerrer, um zu kommunizieren.

Dennoch hat Heliox die Unterwassergrenze für den Menschen auf über 250 Meter unter Normalnull hinabgedrückt. Noch tiefer befällt eine bizarre neue Beschwerde die Taucher: das Hochdruck-Nervensyndrom, bei dem einem schwindelig wird und man zittert, entweder weil schließlich doch Helium absorbiert wird oder aufgrund des schieren Drucks. Ironischerweise hilft es, dem Atemgemisch wieder Stickstoff zuzufügen, denn sein narkotisierender Effekt beruhigt die Taucher. Sogar Helium wird in diesen Tiefen schwer, vor allem wenn es mit Stickstoff kombiniert wird. Um noch weiter nach unten zu gelangen, haben Gardette und andere mit Wasserstoff experimentiert, einem hochexplosiven Gas, das nur halb so viel wiegt wie Helium. Der Umgang mit ihm erfordert, wie ich bei einer Besichtigung der Comex-Fabrik sehen konnte, größte Vorsicht: überall Gasmelder, riesige Entlüftungsschächte und Rauchverbotsschilder. Aber bei der Erkundung des Weltalls wird Wasserstoff inzwischen routinemäßig als Treibstoff eingesetzt; bestimmt kann es ebenso sicher als Atemgas zur Erforschung der Tiefsee genutzt werden.

Es kann allerdings sein, dass wir nie erfahren werden, wie tief uns Wasserstoff bringen könnte. Dem Vordringen des Menschen in noch größere Tiefen steht ein Hindernis im Weg, das vielleicht schwieriger zu überwinden ist als alles, was man in dieser feindseligen Umwelt antrifft: die Marktwirtschaft. Mit dem Aufkommen unbemannter Unterseeboote, die mit ihren TV-Kameras und Roboterarmen kilometertief in die Tiefsee hinabtauchen können, ist es einfacher und billiger geworden, diese Aufgabe den Maschinen zu überlassen. Es ist nicht mehr notwendig, Menschen in solch extreme Tiefen zu schicken.

In »moderaten« Tiefen werden sie aber noch gebraucht, vor allem bei Arbeiten an Ölbohrinseln und Pipelines. Überall in der Welt leben und arbeiten Leute im Inneren der Ozeane, 300 Meter oder noch mehr unter dem Meeresspiegel. Es sind Schweißer, Mechaniker oder Elektriker, die etwa einen Monat in einer Taucherglocke arbeiten und dann, nach wochenlanger Heimreise, wieder an Land gehen. Sicherheitshalber erhalten diese Menschen auch eine gute Tauchausbildung, sodass sie sich vor allem mit der Kunst und Technik des Sättigungstauchens gut auskennen.

Mit den Standardtauchtechniken werden unterhalb von 50 Metern die Grundzeit so kurz und die Dekompressionszeit so lang, dass es sehr mühsam wird, in diesen Tiefen zu arbeiten. Kommerzielle Taucher benötigen eine effizientere Methode, zu ihrem Arbeitsplatz zu gelangen und dort ihren Auftrag zu erfüllen, ohne ständig auf die Uhr schielen zu müssen, um nicht zu viel Gas zu absorbieren. Zum Glück ist die Gasabsorptionsfähigkeit einer Flüssigkeit begrenzt. Nach vierundzwanzig Stunden in einer gegebenen Tiefe sind menschliche Körper vollständig gesättigt. Danach nehmen sie kein weiteres Gas auf, ganz gleich, wie lange sie bleiben. Das heißt, dass die anschließend nötige Dekompressionszeit nicht weiter anwächst. Wenn man bereits so lange unten ist, kann man getrost noch länger bleiben.

Ein dickes, gläsernes Bullauge war alles, was mich von dem Sättigungstaucher trennte, den ich im Meer traf. Ich atmete frische, salzige Luft. Er atmete Heliox, und auf seinem Körper lastete der Druck von 180 Metern Wassersäule. Er lächelte, sagte »bonjour« und drehte sich wieder zu dem Kartenspiel um, das er mit seinem Tauchgefährten spielte. Sie saßen in einer Überdruckkammer im Inneren des Schiffsrumpfs, einem dickwandigen Metallkanister, der ein Wohnzimmer, ein Schlafzimmer, ein Badezimmer und eine Luftschleuse enthielt. Diese lag direkt über dem »Moon Pool«, einem Loch im Schiffsboden. Zu Beginn ihrer Schicht hatten sie die Kammer bei atmosphärischem Druck betreten. Dann war der Druck allmählich auf das Niveau ihres künftigen Arbeitsplatzes angehoben worden. Die beiden Taucher legten ihre aufwändige Ausrüstung mit der Unterstützung eines »Glockenmannes« an, der die Tauchglocke bediente und zugleich als Krisenmanager und Kammerdiener fungierte. Alle drei schlüpften durch eine Luke in die Tauchglocke, die hermetisch an die Schleusenkammer angeschlossen ist und über dem Moon Pool hängt. Die Tauchglocke wurde ins dunkle, kalte Meer hinabgelassen, befestigt an Kabeln, die Pressluftschläuche, Strom- und Telefonleitungen sowie Röhren zur Heißwasser-Zirkulation enthielten. Als sie die gewünschte Tiefe erreicht hatte, war der Druck innerhalb und außerhalb der Glocke gleich. Die Tür am Boden schwang leicht nach außen auf. Die Taucher schwammen zu ihrem Arbeitsplatz, jeder durch ein Kabel mit der Glocke verbunden – wie mit einer Nabelschnur, durch die er mit Atemgas, Licht und Wärme versorgt wurde, durch die der Gegensprechverkehr lief und seine biologischen Werte gemessen wurden. Der Glockenmann blieb in der Glocke zurück, überwachte die Lebenserhaltungssysteme und behielt seine beiden Schützlinge im Blick. Ständig passte er die Länge ihrer Nabelschnüre an, damit sie sich frei bewegen konnten, ohne dass die Kabel durchhingen und Verhedderungsgefahr bestand. Als zusätzliche Sicherung führte jeder Taucher eine Notfallflasche mit Atemgas mit sich, falls das Kabel riss oder er irgendwo festsaß und es von sich aus kappen musste. Die so gewonnenen Minuten mussten dann ausreichen, um zur Tauchglocke, dem einzigen Zufluchtsort, zurückzukehren.

Notfälle treten überraschenderweise sehr selten ein. Dank der sorgfältigen Vorbereitung und der intensiven Überwachung ihres Umfeldes haben kommerzielle Tiefseetaucher viel weniger Unfälle als selbst die vorsichtigsten Flachwassertaucher. Sie müssen allerdings komplett in ihre Umwelt eingebettet bleiben: Ein rascher Druckabfall durch einen Riss in einem der Verschlüsse ihres Systems würde sofort die Taucherkrankheit auslösen. Durch eine Luke in der Überdruckkammer hat ein Arzt Zugang zu ihnen, aber bei schweren medizinischen Problemen, Feuer oder anderen Notsituationen können die Taucher nicht schnell genug herauskommen. Um sie zu evakuieren, müssen sie sich in eine transportable Kapsel begeben, die in einen Helikopter mit Überdruckkammer gehoben und dort luftdicht angeschlossen werden kann. Dann müssen sie – immer noch unter Druck – zur Behandlung in eine medizinische Rekompressionsanlage überführt werden.

Allerdings verlassen die wenigsten Sättigungstaucher ihren Arbeitsplatz auf diese Weise. Statistisch sind ihre Berufe nicht gefährlicher als dieselben Tätigkeiten an Land. Wenn sie ihr Tagwerk verrichtet haben, schwimmen die Taucher zur Glocke zurück, fahren in diesem Aufzug zur Oberfläche und betreten die Überdruckkammer, wo sie duschen, sich ausruhen, entspannen und auf den nächsten Einsatz warten – alles unter Hochdruck. An dieser Grenze der lebensfeindlichsten Umwelt auf Erden zur Arbeit zu gehen wird bald zur Routine. Nachdem sie diesem Schema ein paar Wochen gefolgt sind, enden ihre Tauchgänge, und sie müssen sich auf eine längere Ruhe- und Erholungsphase einstellen. Obwohl sie nur ein paar Meter von allen anderen entfernt sind, trennt sie doch der enorme Druck der Wassersäule von der Welt, der ganz allmählich reduziert werden muss. Die Rückkehr in ihren normalen Lebensraum ist eine lange, langsame, langweilige Reise. Je nach Tiefe, in der sie eingesetzt wurden, kann ihre Dekompression sieben, zehn oder noch mehr Tage in Anspruch nehmen. Erst danach dürfen sie wieder frische Seeluft atmen.

Bei großen Bauvorhaben werden mehrere Teams von Sättigungstauchern an Bord des Schiffes bei unterschiedlichem Druck »verwahrt«, sodass sie gleichzeitig in unterschiedlichen Tiefen an demselben Projekt arbeiten können. Man kann sich jede Gruppe dieser Sättigungstaucher ohne weiteres als eigene, künstlich geschaffene Meerestierart vorstellen, deren Lebensraum auf ein schmales Tiefenspektrum beschränkt ist. In einem Querschnitt durch das Meer wären sie genauso übereinander geschichtet wie die Tiefseefische, die ihre Habitate mit ihnen teilen, weil sie sich im Laufe vieler Jahrtausende an bestimmte Druckverhältnisse angepasst haben.

Die meisten Fische haben Schwimmblasen, Hohlräume, mit denen sie ihren Auftrieb steuern. Wenn ein Fisch Gas in diese Blase absondert, dehnt sie sich aus, und der Fisch steigt auf. Absorbiert er das Gas wieder in sein Blut, so schrumpft die Blase, und er sinkt. So kann er sich mühelos in der Vertikalen durchs Wasser bewegen. Die Blase hat jedoch eine begrenzte Kapazität – aufgrund ihrer evolutionären Anpassung funktioniert sie nur in einem engen, artspezifischen Tiefenspektrum. Sättigungstaucher führen auch so etwas wie Schwimmblasen mit sich: Tarierwesten, also Jacken zur Auftriebskompensation, die man mit Luft aus dem Atemgerät aufblasen kann und aus denen sie durch Ventile abgelassen wird.

Im Meer heißt tiefer zugleich dunkler. Viele Tiefseefische haben entsprechend große Augen, und etliche leuchten: Mit chemischen Reaktionen, wie sie ähnlich auch in Glühwürmchen ablaufen, erzeugen sie ihr eigenes Licht. Menschen haben keine riesigen Augen, und ihre Linsen sind daran angepasst, Lichtstrahlen zu bündeln, die aus der Luft kommen. Da Wasser das Licht so stark streut, dass es in veränderten Winkeln auf die Linse trifft, erscheinen uns Unterwasserbilder verschwommen. Um im Wasser scharf zu sehen, müssen Menschen Luft vor ihren Augen einschließen, also Taucherbrillen tragen. Die Brille fokussiert das Bild nicht nur, sie intensiviert und vergrößert es, weil Licht, das aus dem dichten Wasser in die dünne Luft übertritt, auf dieselbe Weise gebrochen wird wie beim Durchgang durch eine Lupe. Die Bilder erscheinen uns näher, größer und heller. Wenn es kein Licht gibt, bringt der Taucher Stirn- und Taschenlampen mit. Er kann auch einen Leuchtstab dabeihaben, ein transparentes Kunststoffrohr, das in zwei getrennten Kammern unterschiedliche Flüssigkeiten enthält. Zerbricht man die empfindliche Trennwand, indem man den Stab leicht knickt, reagieren die Substanzen und senden ein kaltes Licht aus.

Es gibt ein paar Anpassungen, die der Mensch nicht imitieren kann. Jede lebende Zelle in jedem Lebewesen ist von einer Zellmembran umgeben und geschützt, einer in Grenzen flexiblen Hülle aus Proteinen und Lipiden. Beim Menschen sind die Lipide gesättigte Fettsäuren, die wie Butter bei Kälte erstarren und sich unter Druck verformen. Die Zellmembranen von Tiefseefischen sind aus ungesättigten Fettsäuren gemacht, die wie Olivenöl bei niedrigen Temperaturen flüssig bleiben und daher der Kälte und dem hohen Druck im Meer viel besser widerstehen.

Ein weiterer Unterschied zwischen Tiefseefischen und Menschen ist subtil, aber essenziell: Die permanenten biochemischen Prozesse in lebenden Organismen bewirken ständige Veränderungen in der dreidimensionalen Gestalt der Proteine und dem Gesamtvolumen der Moleküle, die bei diesen chemischen Reaktionen produziert werden. Wenn sie unter großen Druck gesetzt werden, können sich die Proteine nicht entfalten, und Reaktionen, die das Volumen erhöhen, werden beeinträchtigt. Tiefseefische haben evolutionäre Veränderungen im Proteindesign durchlaufen, und ihr Stoffwechsel ermöglicht den Formwechsel von Proteinen und die Energieproduktion ohne jeden Volumenzuwachs. Im menschlichen Körper würden diese chemischen Reaktionen in derselben Tiefe durch den Umgebungsdruck unterbunden.

Tiefseefische sind so hervorragend an ihren extremen Lebensraum angepasst, dass sie in der Nähe der Oberfläche, wo sie »ungesunden« Einflüssen wie Licht, Wärme und niedrigem Druck ausgesetzt sind, nicht überleben können. Sie würden zwar keine Taucherkrankheit bekommen, weil ihre Kiemen dem Wasser, das sie atmen, nur den benötigten Sauerstoff entzogen haben. Aber ihre flüssigen Zellmembranen fangen an auszulaufen, wenn ihnen nicht mehr der zu ihrer Stabilisierung nötige Druck entgegengesetzt wird. Manche Fische fallen regelrecht auseinander, wenn ihre Körperchemie verrückt spielt. Andere explodieren, weil sich ihre Schwimmblase ausdehnt und platzt, wie die Lunge eines Tauchers, der beim Auftauchen die Luft anhält. Genau genommen wissen wir sehr wenig über diese Bewohner der Tiefsee. Sie sind außerordentlich schwer zu fangen und zerstören sich selbst, bevor man sie untersuchen kann.

Wir wissen nicht nur sehr wenig über das Leben im Meer, sondern auch über das Meer selbst. Riesige Meeresströmungen verbinden und umrunden die Kontinente, Strömungen, derer wir uns nur vage bewusst sind, obwohl sie unser Klima und die Großwetterlage massiv beeinflussen. Der am besten untersuchte Strom, der Golfstrom, schafft aufgeheiztes Äquatorialwasser nach Norden in den Atlantik, wo es den europäischen Kontinent wärmt. Wie stark diese Wirkung ist, erkennt man, wenn man die französische Riviera mit dem kanadischen Neuschottland vergleicht, die auf demselben Breitengrad liegen. In den 1970er-Jahren tauchte knapp unter der Oberfläche des Nordatlantiks ein gigantischer See aus kaltem Süßwasser auf, wahrscheinlich die Folge einer Eisschmelze vor der Küste Grönlands. Das Wasser kühlte den Golfstrom für mehrere Jahre ab – Jahre, in denen Europa einige seiner kältesten Winter überhaupt erlebte. Als der See sich schließlich auflöste, herrschte wieder milderes Wetter vor.

Es gibt ein sehr ambitioniertes Vorhaben, um mehr über die Vorgänge im Meer und seine bekannten wie unbekannten Bewohner in Erfahrung zu bringen: Man plant den Bau einer internationalen Unterwasser-Forschungsstation, die zwei Jahre lang durch die großen Meeresströmungen treiben soll. Die 37 Meter lange Aluminiumkonstruktion, »Sea Orbiter« getauft, wird wie ein Schiff aussehen, das bojenartig senkrecht aus dem Wasser ragt. Auf der oberen Hälfte wird sich eine Plattform für Atmosphärenmessungen und Satellitenkommunikation befinden, die untere Hälfte wird ein einziges großes Untersee-Labor sein, in dem man die Biologie, Chemie und Physik des Ozeans erforschen kann. Die Station reicht 15 Meter unter den Meeresspiegel und ist nahe dem Boden mit einem Panoramafenster ausgestattet, durch das man seltsame Meeresgeschöpfe beobachten kann – nicht zuletzt die Sättigungstaucher, die aus der Überdruckkammer im untersten Deck herausschwimmen oder in sie zurückkehren. In jeder Phase der Reise werden sich ständig sechs Taucher im Druckgleichgewicht befinden, sodass sie jederzeit schnell und bequem die Umgebung erkunden können und man gleichzeitig an ihnen selbst neue Erkenntnisse über die Auswirkungen einer verlängerten Sättigung gewinnen kann.

Als Mitglied des wissenschaftlichen Beirats der »Sea Orbiter« habe ich mit dem leitenden Architekten Jacques Rougerie ausführlich über das Projekt diskutiert und viele der beteiligten Wissenschaftler und Ingenieure kennen gelernt. Und als Crew-Mitglied der »Sea Orbiter« werde ich, wenn sie vom Stapel läuft, selbst an die Grenzen des Meeres reisen und helfen, seine tiefsten Geheimnisse zu ergründen. Sogar an seiner tiefsten Stelle wird der Meeresgrund weniger als elf Kilometer unter unserer Forschungsstation liegen. Und doch bleibt die Tiefsee die am wenigsten erforschte, am schlechtesten verstandene Region der Welt, weil sie dem Menschen am feindseligsten gegenübertritt. Wasser, das Medium, aus dem alles Leben hervorgegangen ist und von dem noch immer alles Leben abhängt, ist für uns Menschen durch die nahezu unmerklich kleinen Schritte der Evolution zum extremsten Lebensraum der Erde geworden.

Hochgebirge – Im Reich der Götter

Eine halbe Schüssel warmes Wasser ist keine üppige Mahlzeit, aber um Mitternacht in einem Zelt in 7900 Metern Höhe war ich froh, überhaupt etwas zu bekommen. Als einer von drei Bergsteigern, die in einem Zwei-Mann-Zelt zusammengepfercht waren, versuchte ich, mich auszuruhen, aber die Temperatur betrug schon im Inneren des Zelts minus 34 °C, und der Gedanke, wie kalt es draußen sein musste, ließ mich erst recht schaudern. Das Wetter war jedoch stabil. Eine so gute Gelegenheit konnten wir nicht ungenutzt verstreichen lassen. Nach zwei Monaten in dieser feindseligen Umgebung waren wir dehydriert, unterernährt, von Sauerstoffmangel geplagt und erschöpft, aber wenn unsere Körper noch weitere sechzehn bis zwanzig Stunden durchhielten, konnten wir den höchsten Punkt der Welt erreichen.

Wir waren zu neunt in den drei Zelten, die wir auf dem Südsattel aufgeschlagen hatten, knapp 1000 Meter unter dem 8850 Meter hohen Gipfel des Mount Everest. In solchen Höhen überqueren normalerweise Jumbojets die Weltmeere. Geschöpfe, die beinahe auf Meereshöhe aufgewachsen sind, haben hier nichts zu suchen. Mit unseren Körpern ging es schnell bergab: Sie verbrannten sich selbst, um genug Energie für den Betrieb in einer Welt zu produzieren, in der es kaum Wärme und keinen nennenswerten Luftdruck gibt. Obwohl unsere Expedition dieses Lager nach Tagen unablässiger Kletterei erst vor sechs Stunden erreicht hatte, wurde es schon Zeit, weiterzuziehen. Eine allzu lange Ruhe konnte leicht zur letzten Ruhe werden.

Ich nahm meine Sauerstoffmaske ab, koppelte mich von dem sperrigen Tank ab, der auf dem Boden lag, öffnete den Zeltreißverschluss und krabbelte aus meiner dünnen Nylon-Herberge heraus. Der Himmel war schwarz, abgesehen von einem klaren Silbermond, zu zwei Dritteln voll, der gerade genug Licht abstrahlte, um dem Eis ringsum einen dunkelblauen Schimmer zu verleihen. Die ruhige Luft war im Grunde nicht viel kälter als im Zelt. Unsere Isolierkleidung und die Spezialschlafsäcke hielten die Körperwärme so effektiv zurück, dass nur wenig Energie entweichen und das Zelt aufwärmen konnte. Eine Isolierschicht kann aber nur Wärme zurückhalten, nicht erzeugen. Dazu muss der Körper Treibstoff verbrennen. Zum Verbrennen benötigt man Sauerstoff, und jetzt, da ich von meiner Zusatzversorgung abgeschnitten war, würde mein Körper mit dem auskommen müssen, was er aus der Luft gewinnen konnte. Deren Sauerstoffgehalt lag bei etwa einem Drittel des Wertes auf Meeresniveau.

Meine Atemzüge wurden tiefer, die Frequenz stieg und mein Puls beschleunigte sich, als ich meine Kletterausrüstung anlegte. Das lag zum Teil an den Nerven – ich stand kurz davor, den Gipfel des Mount Everest zu besteigen –, aber vor allem reagierte mein Körper automatisch auf den Sauerstoffmangel. Meine Lunge arbeitete härter, um mehr Luft aufzunehmen, und mein Herz schlug schneller, um den spärlichen Sauerstoffnachschub dorthin zu transportieren, wo er am nötigsten gebraucht wurde. Dennoch fühlte ich mich ausgekühlt, als ich meine Gurte angelegt und meinen Rucksack aufgesetzt hatte. Die Außentemperatur hatte sich nicht verändert, wohl aber die Fähigkeit meines Körpers, mit ihr fertig zu werden. Ohne den zusätzlichen Sauerstoff verlangsamte sich meine Treibstoffverbrennung. Kraftstoff kann nur dann Energie liefern, wenn genug Sauerstoff für die Oxidation vorhanden ist. Mein Stoffwechsel verkümmerte zu einem Schwelbrand, der mich nicht warm halten konnte.

Eine Gruppe zerbrechlicher Menschen hatte sich vorgenommen, eine Reise durch einen besonders dunklen, kalten, luftarmen und leblosen Teil dieses Planeten anzutreten, und unser Überleben hing ganz von den Ressourcen ab, die wir mitgebracht hatten: Licht, Kleidung, Essen, Wasser und Sauerstoff. Bei jedem Schritt mussten wir mit Widrigkeiten kämpfen. Wir konnten nur hoffen, dass unsere tragbaren Mikroumwelten unsere Körper über den Ernst der Lage hinwegtäuschen würden.

Der erste Verteidigungswall ist die Kleidung. Meine bestand aus drei Schichten: direkt am Körper Polypropylen-Unterwäsche, die mich warm hielt, aber den Schweiß aufsaugte, der sich sonst auf meiner Haut angesammelt und meine Körperwärme dreißigmal schneller abgeleitet hätte als bei trockener Haut; dann ein Overall aus weichen Daunen, jenem Feder-Unterkleid der Gänse, das von der Natur mit Millionen winziger, Wärme zurückhaltender Lufttaschen ausgestattet worden ist; ganz außen schließlich eine Nylonrüstung, die den Wind abblocken und die inneren Schichten trotz ständigen Kontakts mit Eis und Schnee trocken halten sollte.

Der Wärmeverlust ist an den »Enden« des Körpers am höchsten – Kopf, Hände, Füße –, denn dort ist die Oberfläche im Vergleich zum umschlossenen Gewebevolumen am größten. Unter meiner Kapuze trug ich eine engmaschige Wollmütze: eine Skimaske, die ich über das ganze Gesicht und den Hals hinabrollen konnte, wobei nur Schlitze für die Augen, die Nase und den Mund frei blieben. Meine Augen schirmte ich mit einer Schutzbrille gegen den Wind und die ultraviolette Strahlung ab, Nase und Mund wurden von der Sauerstoffmaske abgedeckt.

Wie man beim Bergsteigen seine Hände warm halten soll, ist ein ungelöstes Problem. Finger sind als lange, dünne Anhänge besonders erfrierungsgefährdet. Um sie zu schützen, bedarf es einer dicken Isolierschicht, aber Handschuhe rauben einem Bergsteiger die dringend benötigte Geschicklichkeit. Kein Handschuh hält die Finger warm, wenn er nicht getragen wird. Der übliche Kompromiss besteht aus zwei Paaren: dünnen, eng anliegenden Fingerhandschuhen und darüber unförmigen Fäustlingen, die aufgrund ihrer Form eine viel kleinere Oberfläche haben und viel Wärme zurückhalten. Bei allen Aufgaben, die Fingerspitzengefühl erfordern, legt man die Fausthandschuhe ab und lässt sie – damit sie nicht vom Wind davongeweht werden – an Schnüren von den Jackenbündchen baumeln, wie man es von Kleinkindern kennt. Das klingt theoretisch gut, aber in der Praxis sind Fäustlinge lästig und werden viel seltener getragen als vorgesehen.

Füße sind leichter abzuschirmen als Hände, weil Zehen gedrungener sind als Finger und man sie nicht einzeln bewegen muss. Zwei

Paar Socken – das innere aus Polypropylen, das äußere aus Wolle – und Schalenstiefel aus Kunststoff mit Innenschuh reichen völlig aus. Unter den Sohlen werden Metallplatten mit Spikes – Steigeisen – befestigt, um auf dem Eis Halt zu finden. Zwar leitet Metall Wärme schnell ab, und die Steigeisen sind fast ständig mit Schnee oder Eis in Kontakt, aber die Stiefel mit der isolierenden Luftschicht zwischen Außen- und Innenschuh funktionieren wie doppelwandige Thermoskannen und lassen die Körperwärme nicht entweichen.

Selbst eine perfekte Isolierung kann einen Körper, der keine Wärme produziert, nicht schützen. Als wir herumstanden, um unsere Ausrüstung zu kontrollieren – die eigene wie die der anderen –, und darauf warteten, dass auch der Letzte seine Feineinstellungen vorgenommen hatte und sich seiner Sache ganz sicher war, ließ mich die relative Unbeweglichkeit bald zittern – nicht in Erwartung dessen, was uns bevorstand, sondern weil meine Körpertemperatur stark genug abgesunken war, um den Thermostat in meinem Hypothalamus zu alarmieren. Er wies meine Muskeln an, zu vibrieren, um Wärme zu erzeugen. Mein Körper schürte sein inneres Feuer.

Das Feuer würde erheblich heller lodern, sobald wir unterwegs wären. Die großen Muskeln in meinen Armen und Beinen würden ihre Arbeit aufnehmen und sowohl die Wärme liefern, die meinen Körper wieder aufheizen würde, als auch die Kraft, um mich – wie ich hoffte – zum Gipfel hinauf- und wieder herunterzubringen. Diese Rundreise würde aber eine ganze Menge Sauerstoff, Treibstoff und Wasser erfordern, und unsere Vorräte waren begrenzt. Mein Rucksack enthielt zwei Leichtgewicht-Sauerstoffzylinder und ein paar Schokoladenriegel. Eine Flasche mit heißem Wasser steckte unter meinem Daunenanzug, um sie warm zu halten. Wir mussten uns selbst versorgen und genügsam sein. Es würde kein Essen geben und, weil wir weder Brennmaterial noch Zeit zum Schneeschmelzen hatten, kein Wasser. Am gefährlichsten war aber, dass es viel zu wenig Luft gab.

Ich schaltete mein Atemgerät ein, stellte den Regler auf zwei Liter pro Minute und überprüfte, ob der Schlauch, der den Sauerstoff vom Rucksack unter meinem Arm hindurch zu Nase und Mund strömen ließ, keinen Knick hatte. Dann zog ich mir die Maske über den Kopf und zog ihre Gurte straff, bis sie luftdicht an meinem Gesicht anlag. Nach ein paar beruhigenden Atemzügen schob ich mir die Schutzbrille über die Augen, schaltete die Stirnlampe an und machte meine ersten Schritte auf den Gipfel des Mount Everest zu.

Wir verließen Lager IV, das Lager auf dem Südsattel, voller Hoffnung und Entschlossenheit. Ohne diese Motivation hätte keiner von uns überhaupt bis hierher durchgehalten. Pure Willenskraft kann einen tief in ein feindseliges Umfeld eindringen lassen, aber auch der Organismus muss mitspielen, und obwohl der Tag gerade erst anbrach, waren unsere Körper schon fast am Ende ihrer Kräfte. Seit zwei Monaten waren wir Berge hinauf- und hinabgewandert und hatten riesige Energiemengen verbrannt, ohne die Treibstoffvorräte angemessen wieder aufzustocken. In großen Höhen vergehen einem Hunger und Durst. Wenn alles glatt lief, würde ich heute 12 000 bis 15 000 Kalorien verbrennen müssen: zehnmal so viel, wie der Körper an einem normalen Tag braucht, und vielleicht mehr, als ich in Reserve hatte.

Die Route zum Everest-Gipfel verläuft zunächst quer über den Sattel, ein breites, flaches Eisfeld, das in einer Schneerinne endet. In der Dunkelheit wurde unsere Expedition zu einer Lichterprozession, deren Teilnehmer sich als gelbe Punkte vor dem Dunkelblau des Eises abzeichneten. Die Luft war kalt, aber die Anstrengung und die Sauerstoffzufuhr sorgten dafür, dass mein Körper warm blieb. Kein Windhauch störte die Stille. Ich lauschte dem Rhythmus des Eises, das unter meinen Steigeisen knirschte, und des Sauerstoffs, der in meine Lungen hinein- und wieder hinausströmte.

Wir erreichten die Schneerinne, die zunächst gemächlich, dann steil zu einer Formation hin ansteigt, die als Dreieckige Wand bekannt ist. Unsere Lichterkette streckte sich immer mehr in die Senkrechte und verzerrte sich, als jeder seinem eigenen Tempo folgte. Während ich zu der Wand aufstieg, kam ich der Stirnlampe vor mir immer näher. Diesem Bergsteiger ging offenbar schon früh die Puste aus. Schließlich blieb das Licht stehen. Bald strahlte meine Lampe den Rücken seiner schweren Daunenjacke an – und damit auch gleich den Grund für seine Erschöpfung: Er war zu warm angezogen. Er hatte sich so überanstrengt, dass er sich trotz einer Außentemperatur unter -34 °C überhitzt hatte.

Die Diagnose war einfach, auch wenn ein Hitzschlag nicht gerade das Gesundheitsproblem ist, das einem bei einer Aufzählung der Gefahren einer Hochgebirgstour als Erstes einfällt. Die Behandlung war ebenso simpel: ihm die Jacke ausziehen und warten, bis die kalte Luft ihn stabilisiert. Aber nahe dem Gipfel des Mount Everest ist nichts wirklich leicht. Der Schnee, durch den wir gestapft waren, war zu pulverig, um Stufen hineinzutreten, und wir verließen uns vor allem auf unsere Hände, um Halt zu finden. Um die Jacke des Bergsteigers zu öffnen und abzustreifen, mussten wir die Hände frei haben, also unser ganzes Gewicht von den Füßen tragen lassen, und wir fürchteten, dass der Schnee wegrutschen würde. Hinter mir versammelten sich weitere Kletterer, und wir besprachen unseren Behandlungsplan. Ich war zwar der Expeditionsarzt, aber bei weitem nicht der routinierteste Bergsteiger. Auf der Grundlage meiner Diagnose verschrieb ich dem Kranken eine angemessene Behandlung, aber ausführen würden sie zwei meiner stärkeren Teamkameraden, während ich noch ein Stück den Hang hinaufkletterte, um sie im Blick zu behalten. Sie steckten über ihm eine Eisschraube in den Schnee, führten ein Seil hindurch und hakten es in ihre Klettergurte ein. An dem Seil hängend, an dem sie auch den Kameraden mit dem Hitzschlag gesichert hatten, hatten sie die Hände frei, um ihm die Jacke auszuziehen. Sobald sie entfernt war, erholte sich der Patient sehr schnell in der kalten Luft, sodass er schon bald an mir vorbeikletterte, als wir uns wieder in Bewegung gesetzt hatten.

Aufgrund dieser Verzögerung war die Lichterkette nun ziemlich weit über mir. Ich versuchte, mein Tempo zu steigern, aber dafür hatte ich nicht genug Sauerstoff. Als ich einen Kamm in der Dreieckigen Wand erreichte, war ich vorübergehend erleichtert, weil der Weg ab hier weniger steil verlief und ich die anderen nicht allzu weit vor mir entdeckte. Beim Überqueren des Kamms wurde mir jedoch sofort klar, warum die anderen nicht schneller vorangekommen waren: Ich versank in viel tieferem, trockenerem Schnee. Wir würden mehr Energie und mehr Zeit brauchen und trotzdem langsamer vorwärts kommen, und die zusätzliche Anstrengung würde unseren Sauerstoffverbrauch steigern. Mit höheren Schritten und tieferen Atemzügen kämpften wir uns zur Spitze der Dreieckigen Wand vor. Unsere Atemgeräte waren auf »kontinuierlicher Zustrom« statt »bedarfsgesteuert« eingestellt, und da wir alle dieselbe Durchflussrate – zwei Liter pro Minute – gewählt hatten, würden unsere Tanks alle ungefähr zur selben Zeit leer sein. Einige Bergsteiger hielten bereits an, um ihre zweite Flasche anzuschließen. Mein Druckmesser zeigte schon fast auf leer, aber ich wollte jedes bisschen Sauerstoff nutzen, das ich dabeihatte, und kletterte daher weiter auf eine kleine Felsnase zu, die nahezu waagerecht aus dem Hang ragte. Zwei andere Bergsteiger hatten diese Terrasse bereits erreicht und halfen einander gerade, die Tanks auszutauschen, als ich auf sie zuging.

Plötzlich verdoppelte sich mein Körpergewicht und zog mich in den Schnee hinab. Die beiden Männer vor mir konnte ich noch sehen, nicht aber den Fels, auf dem sie standen. Ein flackernder Lichterring engte mein Gesichtsfeld massiv ein. Ich fühlte mich von allem losgelöst – als gehörte ich nicht mehr dazu. Mein Verstand blieb jedoch ungetrübt: Ich wusste, dass mir der Sauerstoff ausgegangen war. Ein Teamkollege trat hinter mich, schraubte den Regler ab und befestigte ihn an meiner zweiten Flasche. Mein Kopf und mein peripheres Gesichtsfeld waren sofort wieder klar, und die Kraft kehrte in meine Beine zurück. Sauerstoff ist eine Wunderdroge.

Ich erreichte die Oberkante der Dreieckigen Wand zur selben Zeit wie alle anderen: eine Stunde nach Sonnenaufgang. Eigentlich hatten wir genau bei Tagesanbruch hier ankommen wollen. Wir hatten die erste Tageslichtstunde verloren, die wir zur Besteigung des tückischen Südostgrates hatten nutzen wollen, der zum Gipfel führt. Und wir hatten schon zu viel Sauerstoff verbraucht: Die Flaschen hätten auf dem Grat ausgetauscht werden sollen, nicht früher. Um unsere Vorräte zu schonen, reduzierten wir die Zufuhr auf anderthalb Liter pro Minute. Mit weniger Sauerstoff würden unsere chemischen Reaktionen – die zum Denken, Reden, Urteilen nötig waren – weniger effizient ablaufen, unsere Körper würden auskühlen, wir würden noch langsamer vorankommen. Aber wir hatten keine andere Wahl. Es wäre viel schlimmer gewesen, womöglich tödlich, in einer noch größeren Höhe plötzlich ganz ohne Sauerstoff dazustehen.

Nur der Südostgrat war noch zwischen uns und dem Gipfel, der 450 Meter über uns lag. Der Grat ist ein langer, schmaler, verwinkelter Felskamm mit 30 Grad Steigung, der außerdem von links nach rechts um 15 Grad geneigt ist. Nach ein paar Minuten Pause für Wasser und Schokolade kletterten wir auf den Grat. Die Welt lag mir zu Füßen. Auf einer kaum zweieinhalb Meter breiten Kante stehend blickte ich auf die eisbedeckten Berge hinab. Ich konnte die Krümmung des Horizonts erkennen. Ich war ins Weltall aufgestiegen.

Als wir den Grat in Richtung Gipfel hinaufstarrten, sahen wir noch mehr von dem Tiefschnee, durch den wir die ganze Nacht gestapft waren. Der Grat würde erheblich schwieriger werden als die Dreieckige Wand, und wir würden mit weniger Sauerstoff auskommen müssen. Der Gedanke, dass wir es nicht schaffen würden, zog jedem durch den Kopf, aber niemand sprach ihn aus. Im Gänsemarsch liefen wir vorsichtig den Grat entlang, ohne Seil und im vollen Bewusstsein, dass uns weiter unten bereits ein nicht angeseilter Bergsteiger abgestürzt war. Aber der Hang war hier so steil, dass ein Fehltritt zu einem freien Fall führen würde, den andere Kletterer nicht aufhalten konnten. Ein Seil würde nur noch einen zweiten Kletterer mit ins Verderben reißen, wenn jemand über die Kante fiel.

Der Schnee war am Anfang des Grats knietief, aber bald pflügten wir bis zur Hüfte durch das Pulver, das so trocken und körnig war, dass sich die Rinne sofort wieder hinter uns schloss und sich jeder Bergsteiger aufs Neue seinen Weg bahnen musste. Wir bestiegen einen Berg aus Zucker. Ohne meine Beine oder gar meine Stiefel zu sehen, ohne zu wissen, wohin genau ich trat, lief ich im Zickzack. Bei jedem Schritt versuchte ich, mit dem Steigeisen einen trittfesten Flecken Schnee zu ertasten, bevor ich mein Gewicht verlagerte. Nach einigen Stunden vorsichtig bemessener Schritte waren wir immer noch nicht weit vorangekommen. Wie um uns weiter zu entmutigen, stieg der Grat nun noch stärker an, und der Schnee wurde tiefer. Zumindest das Wetter blieb uns gewogen. Es gab kaum Wind, und von gelegentlichen »Nebelfeldern« abgesehen, die in dieser Höhe tatsächlich Wolken waren, war die Sicht gut. Jedes Mal, wenn uns eine Wolke umhüllte, musste ich anhalten, bis sie sich verzog; sonst hätte ich nicht gewusst, ob mein nächster Schritt in den Schnee oder in die Luft zielte.

Wir waren auf 8570 Metern Höhe, am Fuße des Südgipfels, einer Erhebung im Grat, hinter der die Steigung geringer wird. Der Gipfel lag nur noch 280 Meter über uns. Bei normalen Schneeverhältnissen hätten wir in weniger als zwei Stunden auf dem Gipfel gestanden. Aber wir steckten jetzt bis zur Brust im Schnee. Der Aufstieg war zermürbend gewesen und hatte sowohl unsere Sauerstoff- als auch unsere Energiereserven aufgefressen. Wie viel Sauerstoff uns noch blieb, wussten wir. Wie viel Energie noch in uns steckte, konnten wir nur raten. Es war Mittag. Wir schätzten, dass wir den Gipfel bei unserer gegenwärtigen Geschwindigkeit in vier bis fünf Stunden erreicht hätten. Das hätte bedeutet, dass wir den Abstieg im Dunkeln, höchstwahrscheinlich erschöpft und sicherlich ohne Sauerstoff hätten bewältigen müssen. Durchgefrorene, durstige, sehr müde Bergsteiger, deren Gehirne seit Stunden zu wenig Sauerstoff bekommen haben, tun sich schwer, Entscheidungen zu treffen. Aber eine Entscheidung musste fallen.

Als wir das letzte Mal auf dieser Höhe gewesen waren, hatten wir viel klarer gedacht. Wir hatten in einem Flugzeug gesessen, das gerade zu seinem Sinkflug ins Königreich Nepal ansetzte. Vor den Fenstern ragte in unserer Augenhöhe eine gigantische Felspyramide durch die Wolken auf, allein im leeren, schier endlosen Raum. Wie konnte ein mickriger Mensch sich einbilden, hier überleben zu können? Dann durchstieß unser Flugzeug die Wolkendecke und brachte uns in die Zivilisation zurück, in der wir uns wieder den unzähligen banalen Details der Expeditionsplanung widmeten. Wir waren hier, um für »National Geographic« den Mount Everest zu vermessen und – Traum aller Bergsteiger – *uns* an ihm zu messen. Schritt für Schritt, wörtlich und im übertragenen Sinne, hatten wir uns wieder an diesen Ort vorgekämpft, den wir vom Flugzeug aus gesehen hatten, und jetzt krallten wir uns an die gefährlich abschüssige Dreiecksfläche an der Spitze der düsteren Pyramide. Uns war klar, dass wir nicht hierher gehörten – niemand gehört hierher. Der Blick aus dem Flugzeug hatte uns das vor Augen geführt.

Der Everest ist ein Riese zwischen den zahllosen zerklüfteten Bergen, die in diesem Teil der Welt in den Himmel aufragen. Der Himalaya ist jung und wächst noch. Der Prozess, durch den er entstanden ist, hat vor 80 Millionen Jahren begonnen, als der damals einzige Superkontinent auseinander brach und die Bruchstücke über das Meer davontrieben. Die Kontinentalplatte, die wir heute Indien nennen, trieb nach Norden und stieß 30 Millionen Jahre später mit der noch größeren Eurasischen Platte zusammen. Die Vorderseite Indiens schob sich unter die Südkante Asiens, die sich anhob und Falten warf. Diese Falten sind heute die Himalaya-Gebirgskette, die 2500 Kilometer lang und bis zu 280 Kilometer breit ist und zehn der vierzehn höchsten Berge der Welt enthält. Indien schiebt sich immer noch unter Asien, sodass der Himalaya weiter wächst – mit der (für Geologen) unglaublich hohen Geschwindigkeit von einem halben Zentimeter im Jahr. Wir sollten diese Geschwindigkeit und die Prozesse, die das Wachstum antreiben, so genau wie möglich erfassen, den Everest kartieren und seine exakte Höhe bestimmen.

Man benötigt Tonnen von Geräten, um den Everest zentimetergenau zu vermessen. Unsere Expedition hatte neben dem üblichen Kontingent an Seilen, Zelten und Kletterzeug auch Laserteleskope, GPS-Sender und Computer dabei. Wir hatten zwanzig Träger angeheuert und vierzig Yaks gemietet, um unser Gepäck zu transportieren. Allein meine medizinische Ausrüstung nahm vier Yaks in Anspruch. Wir brachen gut 2400 Meter über Normalnull auf, von der Landebahn im Vorgebirge, wo unsere Transportmaschine uns abgesetzt hatte, und marschierten zu Fuß durch eine der abgelegensten, einsamsten und atemberaubend schönsten Gegenden der Welt. Schmale, steile Pfade führten zwischen eisbedeckten Bergen hindurch, die mit den Wolken verschmolzen und dann plötzlich über ihnen, vor strahlend blauem Himmel, wieder zum Vorschein kamen. Da sich das Land seit 50 Millionen Jahren stetig anhebt, hat die Gletscher-Erosion tiefe Schluchten in den Fels geschnitten. Über diese spannen sich in Schwindel erregender Höhe klapprige Hängebrücken aus Holz und Seilen, die im Wind schaukeln, wenn man sie überquert. Die morschen Bretter und ausgefransten Taue führen einem nur zu gut vor Augen, welche Kräfte in dieser feindseligen Umgebung herrschen – und wie lange die letzte Wartungsinspektion zurückliegt.

Wir kletterten an der Flanke eines Berges hinauf, an der anderen wieder hinunter, dann den nächsten hinauf, wieder hinunter und so weiter, wobei wir allmählich immer höher stiegen. Ein zu rascher Aufstieg bringt akute Höhenkrankheit mit sich, das am weitesten verbreitete Gesundheitsproblem von Flachländern im Hochgebirge. Die Symptome – pochender Kopfschmerz und Übelkeit – erinnern sehr an einen Kater, und vermutlich ist auch die Ursache dieselbe: eine Ausweitung der Blutgefäße und eine Ansammlung von Flüssigkeit im Gehirn, die den Druck im Schädel erhöht. In einer Bar weiten sich die Gefäße infolge von zu viel Alkohol, auf einem Berg aufgrund von zu wenig Sauerstoff. Starker Kaffee hilft bei einem Kater, weil Koffein die Blutgefäße strafft. Bei akuter Höhenkrankheit besteht die Behandlung darin, wieder ein Stück nach unten zu gehen oder zumindest nicht weiter aufzusteigen, bis sich die Gefäße angepasst haben. Das dauert normalerweise ein bis zwei Tage. Man kann die Höhenkrankheit verhindern, indem man einfach langsam aufsteigt: eine Lektion, die Skifahrer auf die harte Tour lernen, wenn sie aus dem Flachland in einen Urlaubsort in den Bergen fliegen und am nächsten Morgen gleich auf die Piste wollen. Manche begreifen es nie und glauben fälschlich, sie vertrügen einfach keine Höhe, während sie es in Wirklichkeit lediglich etwas langsamer angehen müssten.

Unsere Expedition hielt jeden Tag am frühen Nachmittag an, und wo auch immer wir gerade waren: Überall bildeten sich Trauben von Sherpas vor meinem Zelt, die zum Teil mehr als einen Tagesmarsch hinter sich hatten, um die Gelegenheit zu nutzen, einen westlichen Arzt zu sprechen. Unter akuter Höhenkrankheit litt keiner von ihnen, aber es gab reichlich andere Erkrankungen. Die häufigsten Beschwerden waren Magenschmerzen, größtenteils durch einseitige Ernährung bedingt, und Husten. Sherpas haben keine Kamine in ihren Hütten, und der Rauch, der sich im Inneren sammelt, verursacht chronische Lungenprobleme wie Emphyseme. Manche Frauen brachten ihre ganze Familie mit, um die einmalige Chance, alle Kinder untersuchen zu lassen, beim Schopf zu ergreifen. Bei einem Kind diagnostizierte ich eine Lungenentzündung. Da ich keine Kindermedikamente dabeihatte, zermahlte ich Antibiotika-Tabletten mit einem Stein, teilte das Pulver in kindgerechte Portionen auf und wickelte diese einzeln in Toilettenpapier. Es gab auch eine Menge Zahnprobleme. Um ihren faulen Zahn zu ziehen, verabreichte ich einer Frau eine Lidocain-Spritze. Doch sobald das Betäubungsmittel wirkte und der Schmerz verschwunden war, glaubte sie, ich hätte sie geheilt. All meine Überredungskraft reichte nicht aus, um sie vom Gegenteil zu überzeugen; sie weigerte sich strikt, den Zahn ziehen zu lassen.

Ich tat für jeden, was ich konnte, und im letzten Dorf, durch das wir kamen, bewiesen die Menschen mir ihre Dankbarkeit, indem sie mein Stethoskop auf einen Steinaltar legten, wo es vom örtlichen Lama gesegnet wurde.

Wir setzten unseren Aufstieg jenseits der Dörfer und Pfade fort, hinauf auf den Khumbu-Gletscher, dem wir bis an seine Quelle folgten: den Hang des Mount Everest, an dessen Fuß wir das Basislager errichteten. Mit über 5300 Metern waren wir bereits höher als jeder Berg in den Vereinigten Staaten (außer Alaska) und doch erst am Fuß des Everest, der noch etwa 3500 Meter höher aufragte. Den leichten Teil hatten wir geschafft; in zehn Tagen waren wir gut 2800 Meter aufgestiegen: ziemlich langsam also. Ein schnellerer Aufstieg hätte uns aber das Leben gekostet. Wir waren zwar kurzatmig, müde und durchgefroren, konnten jetzt aber fast unbegrenzt in dieser Höhe überleben. Wären wir von einem Hubschrauber hier abgesetzt worden, so wären wir nach wenigen Stunden tot gewesen. Die zehn Tage hatten unseren Körpern die Zeit gegeben, sich zu akklimatisieren, sich also umzustellen, um den Mangel an Sauerstoff auszugleichen.

Die Luft unserer Atmosphäre besteht zu 21 Prozent aus Sauerstoff, ob nun auf Meereshöhe oder an ihrem Übergang zum Weltraum. Da Luft etwas wiegt, presst sie die darunter liegenden Luftschichten zusammen und erzeugt den Luftdruck. Je höher die Luft in der Atmosphäre ist, desto dünner ist die darüber liegende Schicht und desto geringer folglich der Luftdruck. Im Basislager am Mount Everest, in gut 5300 Metern Höhe, hat die Luft nur halb so viel Druck wie auf Meereshöhe. Auf dem Gipfel, 8850 Meter über Normalnull, geht der Luftdruck auf ein Drittel zurück. Die Lungen brauchen diesen Druck, um die Luft hineinzupressen. Muskeln dehnen beim Einatmen die Lungenwände aus, und das entstehende Vakuum wird von der Luft gefüllt, die durch die Luftröhre und die Bronchien in die Lungenbläschen oder Alveolen einströmt. Wenn der Außendruck zu gering wird, dringt die Luft so langsam ein, dass sie manche Alveolen gar nicht mehr erreicht.

Um den Körper zu versorgen, muss der Sauerstoff von den Alveolen in das Blut gelangen. Ein enges Netz winziger Blutgefäße, so genannter Kapillaren, umhüllt jedes Lungenbläschen. Sowohl die Bläschen als auch die Kapillaren haben sehr feine Membranen, die direkt aneinander liegen und eine dünne Wand bilden. Durch einen Vorgang, den man Diffusion nennt, dringt Sauerstoff leicht durch diese Wand. Diffusion ist ein passiver Prozess, dessen Geschwindigkeit einzig durch den Druckunterschied zwischen den beiden Seiten bestimmt wird. Ein niedriger Druck in der Lunge führt dazu, dass der Sauerstoff langsamer ins Blut übertritt. Arterielles Blut – frisches Blut, das die Lunge verlässt – ist normalerweise komplett mit Sauerstoff gesättigt. Zwei große Arterien im Hals, die so genannten Halsschlagadern, transportieren etwas von diesem Blut direkt zum Gehirn, einem unersättlichen Sauerstoffkonsumenten. In diesen Arterien sitzt ein Sensor, der Karotiskörper, der den Sauerstoffgehalt des vorbeiströmenden Blutes misst. Sobald diese Sensoren einen Abfall registrieren, senden sie Signale an den stets wachsamen Hypothalamus, der daraufhin Maßnahmen zur Steigerung der Sauerstoffversorgung veranlasst. Die Lunge dehnt sich weiter, um ein stärkeres Vakuum zu bilden und so trotz eines reduzierten Außendrucks genug Luft einzusaugen. Das Herz schlägt schneller, damit das Blut den verfügbaren Sauerstoff schneller aufnehmen und verteilen kann.

Tiefere Atemzüge und ein beschleunigter Puls: Das war genau das, was mir zu Beginn unseres Gipfelsturms widerfahren war, als ich auf dem Südsattel meine Sauerstoffflasche abgeklemmt hatte und aus dem Zelt ins Freie getreten war. Die Sauerstoffsättigung meines Blutes war plötzlich abgefallen, auf vielleicht 80 Prozent. Als mir später in der Dreieckigen Wand der Sauerstoff ausging, war der Luftdruck noch niedriger und der Abfall der Sauerstoffsättigung noch kritischer. Ich war zu schwach gewesen, um mich auf den Beinen zu halten, hatte mein äußeres Blickfeld eingebüßt und mich von meinem Körper losgelöst gefühlt: typische Auswirkungen des Sauerstoffverlusts auf die Muskeln, die Augen und das Gehirn. Mein Sättigungsgrad betrug vielleicht noch 70 Prozent. Ich war noch imstande, zu denken, eine Funktion, die bei etwa 50 Prozent unterbrochen wird. Sinkt die Sättigung unter 30 bis 40 Prozent, so wird man bewusstlos und stirbt.

Der Körper hat außer einer verstärkten Atmung und einem beschleunigten Blutdurchfluss keine direkten Möglichkeiten, ein Sauerstoffdefizit zu beheben, und ganz sicher keine Mittel, um einen sehr raschen oder sehr starken Druckabfall zu überleben, wie er bei einem Flugzeugunglück mit sinkendem Kabinendruck oder aber in einem Hubschrauber auftritt, der vom Meeresspiegel direkt ins Basislager fliegt. Er verfügt jedoch – bis zu bestimmten Grenzhöhen – über eine hervorragende Langzeitstrategie, um mit einem allmählich fallenden Luftdruck fertig zu werden, wie wir ihn während unseres zehntägigen Marsches ins Everest-Basislager erfahren hatten. (Das Basislager befindet sich zufällig genau auf dieser Grenzhöhe.) Diese Maßnahme nennen wir Akklimatisierung.

Der Prozess setzt wenige Stunden nach der »Erkenntnis« des Hypothalamus ein, dass das Sauerstoffdefizit durch eine erhöhte Aktivität von Herz und Lunge nicht völlig ausgeglichen werden kann. Er setzt dann Notrufe an andere Organe ab. Eine der ersten Botschaften ergeht ausgerechnet an die Nieren. Die Nieren sind die Kläranlage des Körpers: Sie filtern das Blut und steuern die Entsorgung von Abfallstoffen. Ein Abfallstoff, über den sie keine Kontrolle haben, ist das Kohlendioxid, ein Produkt der Atmung, das durch die Lungen entsorgt wird. Eine tiefere Atmung wäscht mehr Kohlendioxid aus dem Blut aus, sodass mehr Platz für die Aufnahme von zusätzlichem Sauerstoff bleibt. Aber Kohlendioxid ist eine Säure, und wenn man zu viel davon einbüßt, wird das Blut alkalisch, was seine chemischen Reaktionen stört. Die Nieren können die Abgabe des Kohlendioxids nicht beeinflussen, aber sie können das Blut wieder ins Säure-Basen-Gleichgewicht bringen, indem sie mehr Bikarbonat freisetzen, eine alkalische Verbindung, die ihrer Kontrolle unterliegt. Die Harnbildung wird gesteigert, bis die chemischen Verhältnisse wieder stimmen. Die Lunge kann weiter hart arbeiten. Unglücklicherweise trägt der zusätzliche Wasserverlust durch den Urin und den ausgeatmeten Dampf zur Austrocknung bei.

Die Nieren spielen noch eine zweite Schlüsselrolle. Sie setzen (wie andere Organe, vor allem die Lunge) das Hormon Erythropoietin frei, das zum Knochenmark wandert. Das Mark ist die Produktionsstätte für die roten Blutkörperchen, die den Sauerstoff transportieren; Erythropoietin regt ihre Bildung an. Mehr rote Blutkörperchen im Kreislauf bedeuten mehr Sauerstofftransport, aber die Kapazität massiv zu steigern, dauert Wochen. Es wäre sinnvoll, ein »Schnelleinspritzsystem« zu haben. Bei manchen Tieren stellt die Milz, in der rote Blutkörperchen gelagert werden, so ein System dar. Die Milz von tief tauchenden Meeressäugern kann sich zusammenziehen und dabei ihre Blutkörperchen-Reserven in die Blutbahn entlassen. Früher glaubte man, auch Südsee-Perlentaucher hätten diese Fähigkeit, aber das scheint nicht der Fall zu sein. Und bis jetzt gibt es auch keine Hinweise darauf, dass dieses Phänomen bei Bergsteigern auftritt.

Eine erhöhte Sauerstoffzirkulation im Blut bringt gar nichts, wenn das Gas nicht ins Gewebe gelangt. Rote Blutkörperchen transportieren Sauerstoff, indem sie ihn an ein eisenhaltiges Proteinpigment namens Hämoglobin binden: Dieses Eisen ist es, das das Blut rot färbt. Die Bindung erfolgt in der Lunge, wenn der Sauerstoff, dem Druckgefälle folgend, aus den Alveolen in die Kapillaren übertritt und von einem vorbeikommenden roten Blutkörperchen aufgenommen wird. Es ist auch Druck nötig, um den Sauerstoff an seinem Ziel wieder loszulösen, sodass er aus den Kapillaren ins Gewebe diffundieren kann.

Der Transfer verlangsamt sich, wenn der atmosphärische Druck sinkt, aber der Körper reagiert darauf mit der Herstellung größerer Mengen des Enzyms 2,3-Diphosphoglycerat (2,3-DPG), das die Bindung zwischen Sauerstoff und Hämoglobin schwächt und es dem Sauerstoff ermöglicht, sich auch bei geringem Druck zu lösen. Je größer die Höhe, desto mehr 2,3-DPG wird produziert, um den Druckabfall zu kompensieren und zu verhindern, dass der Sauerstofftransfer ganz zum Erliegen kommt. Auch die Gewebe tragen ihren Teil bei: Sie bilden mehr Kapillaren aus, sodass die Zellen dichter an die Sauerstoffversorgungsleitungen angeschlossen sind. Sie vergrößern ihre Mitochondrien, die winzigen Kraftwerke in den Zellen, in denen der Sauerstoff verbrannt wird. Sie modifizieren die Enzyme, die diese Verbrennung steuern – alles, um aus ihrer reduzierten Sauerstoff-Ration möglichst großen Nutzen zu ziehen.

Der Körper setzt noch einen weiteren Trick ein, um sich zu akklimatisieren: einen, den auch tauchende Säugetiere anwenden. Muskeln verbrauchen sehr viel Sauerstoff, und in Notsituationen benötigen sie einen schnell verfügbaren Vorrat. Muskeln enthalten ein Protein namens Myoglobin, das dem Hämoglobin ähnelt, aber den Sauerstoff nicht so fest bindet. Myoglobin stellt ein lokales Speichermedium für Sauerstoff dar, der den Muskeln sofort zur Verfügung steht, wenn sie zusätzliche Energie brauchen. Die menschliche Muskulatur enthält normalerweise nur wenig Myoglobin, während schwimmende Säuger es in großen Mengen einlagern und bei ihren Tauchgängen auf seinen Sauerstoff zurückgreifen. Die Einlagerung von Myoglobin in die menschliche Muskulatur steigt in großen Höhen stark an und bietet so einen zusätzlichen Schutz gegen die dünne Luft.

Während unsere Körper damit beschäftigt waren, all diese Anpassungen an ein Leben in 5300 Metern Höhe vorzunehmen, von denen manche erst nach Monaten oder gar Jahren abgeschlossen sind, waren wir damit beschäftigt, das Basislager zu errichten. Jeder hatte sein eigenes Zelt: Auf einer langen, anstrengenden Gruppenexpedition sind Rückzugsmöglichkeiten besonders wichtig. Es gab ein Küchenzelt, in dem Sherpas unsere Mahlzeiten zubereiteten, und ein Messezelt, wo wir sie einnahmen. Niemand durfte sein Essen mit in sein Zelt nehmen; wir mussten alle herauskommen und gemeinsam speisen: Ein Gemeinschaftsgefühl zu entwickeln war ebenso wichtig, wie allein sein zu können.

Als Expeditionsarzt hatte ich die Aufgabe, ein leeres Zelt in eine Praxis zu verwandeln und mich auf alle Eventualitäten gefasst zu machen. Das Kuppelzelt war hoch genug, um in der Mitte aufrecht zu stehen, und so groß, dass zwei oder drei Menschen nebeneinander darin liegen konnten. Schaumstoffmatten auf dem Boden sollten die Patienten vom Eis unter ihnen abschirmen. Ich baute mir Regale, indem ich leere Holzkisten für Sauerstoffflaschen an den Wänden aufstapelte. An das Dachgestänge hängte ich Karabinerhaken, um bei Bedarf Infusionsbeutel daran befestigen zu können. Meine vier Yak-Ladungen Ausrüstung waren schon abgeladen und unsanft auf den Zeltboden geworfen worden.

Bevor ich New York hinter mir ließ, hatte ich mir unglaublich viele Gedanken über diese Ausrüstung gemacht. Was ich nicht selbst mitbrachte, wäre später einfach nicht da und auch nicht zu beschaffen gewesen. Ich musste völlig autonom sein. Doch das Gewicht und das Volumen waren begrenzt, mehr als vier Yaks konnte ich wirklich nicht in Anspruch nehmen. Ich hatte eine Liste mit jeder Verletzung und jeder Krankheit aufgestellt, mit der ich konfrontiert werden konnte: vom Scheitel bis zur Sohle, von Schädelbruch bis

Fußpilz. Dann hatte ich alle Instrumente, Materialien und Medikamente aufgeschrieben, die ich zur Behandlung benötigen würde: vom Pulsoximeter bis zum Stethoskop, vom Fiberglasverband bis zum Heftpflaster, von Herzstimulans bis zur Hämorrhoidensalbe. Für alle Medikamente und einige der Geräte musste ich mir überlegen, wie sie das nächtliche Einfrieren und tägliche Auftauen verkraften würden. Es würde nicht möglich sein, alles warm zu halten. Tabletten erschienen mir sicherer als Flüssigkeiten; sie waren auch leichter und kleiner. Jeder Gegenstand musste sein Gewicht wert sein. Ich packte Operationsbesteck ein, aber keinen Defibrillator: zu groß und zu schwer, und ein Bergsteiger, der einen brauchte, würde vermutlich ohnehin sterben.

Nicht nur *was*, sondern auch *wie viel* ich mitnehmen sollte war schwierig zu entscheiden, vor allem bei schweren, aber unentbehrlichen Dingen wie Infusionsbeuteln. Ein einziger Bergsteiger im Schockzustand konnte mühelos zehn Beutel verbrauchen. Wie viele Menschen sollte ich retten können? Ich musste mich in die Erkenntnis schicken, dass es Katastrophen geben konnte, mit denen ich nicht fertig werden würde.

Als ich meine endgültige Liste zusammengestellt hatte (zehn Schreibmaschinenseiten), bat ich Pharmafirmen und Sanitätshäuser um »kostenlose Proben«. Mir war bei der Spendenbettelei etwas unwohl, weil ich Pharmavertreter ansonsten gerne meide. Die Gespräche verliefen meist ungefähr so:

»Ich brauche eine Menge Tabletten.«

»Wie viele? Ich habe zehn oder zwanzig in meinem Koffer.«

»Ich brauche eintausend.«

Wenn ich erläuterte, dass es um eine Mount-Everest-Expedition ging, dass ich auch die Dorfbevölkerung am Wegesrand damit behandeln wollte und alles, was ich nicht benötigte, einer örtlichen Klinik spenden würde, lautete die Antwort meistens: »Eine Minute bitte, ich rufe den Bezirksgeschäftsführer an.« Und sie schafften es immer. Fast meine ganze medizinische Ausrüstung bestand aus Spenden. Die gesamte Sammlung wurde in meinem Büro gebunkert. Meine Frau, meine Kinder und ich hockten tagelang auf dem Boden, um alles umzupacken und zu beschriften.

Jetzt saß ich wieder auf dem Boden, in einem Zelt, machte erneut Inventur und prüfte jede Packung auf Beschädigung. Vor allem bei unseren Sauerstoffzylindern, die direkt von einer Firma in Russland geliefert worden waren, war ich heikel. In den USA sind sie illegal, weil sie nur aus einer dünnen Schicht Titan gefertigt werden: leicht, aber auch anfällig für Lecks und Explosionen. Die meisten Zylinder waren für den Einsatz in großen Höhen vorgesehen, aber ich musste einige in meinem Medizinzelt im Basislager lassen. Sauerstoff würde in dieser Umgebung bei den meisten lebensbedrohlichen Erkrankungen meine wichtigste Arznei sein.

Ich hatte meine ganze Ausrüstung so auf die Yaks verteilt, dass meine Behandlungsmöglichkeiten nicht zu sehr eingeschränkt wurden, falls eines davonlief oder auf einem schmalen Pfad abstürzte. Jetzt ordnete ich alles systematisch neu und legte ein komplettes Notfallset an, in dem alles vertreten war, was ich unbedingt brauchen würde. Das dauerte Tage. Ich arbeitete langsam, weil ich leicht außer Atem geriet und mein Kopf nicht ganz klar war. Die Akklimatisierung war noch nicht abgeschlossen. Mein Körper nutzte den Sauerstoff schon besser, aber selbst wenn er sich völlig angepasst hätte, würde er weiterhin langsam abbauen. Dieser Verfall ist der Grund, warum in dieser Region der Welt niemand lebt.

Das Basislager liegt an der physiologischen Grenze des menschlichen Körpers. Jetzt höher zu gehen wäre tödlich gewesen. Sobald wir aber ganz akklimatisiert waren, würden wir kurze Ausflüge über die Grenze unternehmen können, in größere Höhen. Kurzfristig noch dünnerer Luft ausgesetzt zu sein, würde unsere Körper dazu anregen, ihren Widerstand zu maximieren. Eine weitere Akklimatisierung war zwar nicht möglich, wohl aber eine Steigerung der Fähigkeit, der tödlichen Umgebung noch etwas länger zu trotzen. Das ist der physiologische Hintergrund der intuitiven Bergsteigertaktik »hoch aufsteigen – tief schlafen«, also tagsüber die größte Höhe zu erreichen und nachts in sicherere Regionen zurückzukehren. Aber der Everest ist zu groß, um ihn an einem Tag vom Basislager aus zu erklimmen. Um den Gipfel zu erreichen, würden wir Stützpunkte entlang des Wegs benötigen: vier Lager, in die wir uns zurückziehen konnten, während wir immer weiter vordrangen. Um die Lager zu errichten, mussten wir jedes Mal einen Teil unserer Ausrüstung vom Basislager mit nach oben schleppen. Die Notwendigkeit, immer wieder ein Stückchen weiter nach oben vorzudringen, um die Expeditionslager auszustatten, deckt sich hervorragend mit der Notwendigkeit, den Körper immer wieder für kurze Zeit noch sauerstoffärmerer Luft auszusetzen.

Nach vier Tagen war das Medizinzelt einsatzbereit – und mein Körper auch. Wir machten uns daran, Vorräte an den Ort des untersten Lagers zu schaffen, dort zu übernachten und dann zur Basis zurückzukehren. Die Teams, die schon länger dort waren, waren bereits weiter vorgedrungen. Eine indische Vier-Mann-Expedition, die das Basislager einige Tage früher verlassen hatte, stieg gerade vom Lager III in 7000 Metern Höhe in Lager IV auf 7900 Metern auf, das letzte Lager vor dem Gipfel. Dieser Wegabschnitt führt quer über eine steile Eiswand, die mit waagerechten, im Eis verankerten Seilen überspannt ist, an denen sich die Kletterer mit ihren Gurten einhaken, um sich seitlich voranzuhangeln. Diese Befestigung verhindert einen 900 Meter tiefen Absturz, aber wer ausrutscht, findet sich am Ende eines Seils baumelnd wieder – Eis, Wind und Kälte schutzlos ausgeliefert. Viele Teams setzen bei dieser Querung Sauerstoff ein. Die Inder hatten jedoch nur einen kleinen Vorrat, den sie bereits für den Gipfelvorstoß ins Lager IV gebracht hatten. Um noch mehr Sauerstoff zu sparen, querten sie die Wand erst am späten Morgen, sodass sie weniger Zeit in Lager IV verbringen würden, wo man die ganze Nacht Sauerstoff atmen muss. Obwohl sie sich so warm wie möglich angezogen hatten, war ihre Kleidung kaum angemessen, und sie hatten keine Funkgeräte dabei. Bald würden sie erfahren, dass sie ihre Sicherheitsspanne zu schmal bemessen hatten.

Als der Tag voranschritt, fiel die Temperatur. Eisiger Wind jagte über die Wand und beraubte die Kletterer ihrer Körperwärme. Erst wurde ihnen kühl, dann tat die Kälte richtig weh, denn ihre Körper sandten immer eindringlichere Alarmsignale an ihre Köpfe, um dem Missstand abzuhelfen. Aber mitten auf dem glatten, fast strukturlosen Steilhang, an den sie mit kurzen Seilen angebunden waren, hatten die Bergsteiger keine Chance, schnell Unterschlupf zu finden. Mit fallender Körpertemperatur fingen sie an zu zittern: ziellose Muskelzuckungen in dem Rumpf und den Armen, die einfach nur Wärme freisetzen sollen. Die Krämpfe dehnten sich zu den Kiefern aus, und sie klapperten mit den Zähnen. Zittern produziert nur etwa so viel Wärme wie Gehen. Energische Bewegungen der großen Arm- und Beinmuskeln sind viel effektiver, um die Kälte zu vertreiben, vor allem, wenn die so freigesetzte Kraft genutzt wird, um aus der Gefahrenzone zu kommen.

Wenn die Hitzefreisetzung die Abkühlung nicht mehr ausgleichen kann, bewahrt sich der Körper seine Wärme, indem er in den Teilen, die für die größten Verluste verantwortlich sind, die Blutgefäße eng stellt: Hände und Füße, Nasen und Ohren werden blass und kalt. Der Kopf und der Hals ragen ebenfalls aus dem Rumpf hervor, aber der Körper setzt Prioritäten. Trotz des Wärmeverlusts bleibt die Blutzufuhr zum Kopf hoch, um das Gehirn weiterhin ausreichend zu versorgen. Wissenschaftler haben diese Rangfolge der Körperteile erst kürzlich nachgewiesen – Mütter, die ihren Kleinen an den kältesten Tagen Mützen und Schals aufzwingen, kennen sie instinktiv schon lange.

Da sie nichts mehr anzuziehen hatten, um den Wind abzuhalten, versuchten die vier Inder, sich schneller am Seil entlangzuhangeln. Sie produzierten mehr Wärme und bewegten sich auf besser geschütztes Terrain zu, aber sie verbrannten auch große Mengen Treibstoff – ein Zustand, den der Körper nicht lange aufrechterhalten kann. Die einzige andere Schutzmaßnahme, die der menschliche Organismus gegen die Kälte ergreift, ist die Gänsehaut. Sie stellt sich ein, wenn die winzigen Muskeln, die an den Haarbälgen ansetzen, sich zusammenziehen und die Härchen aufrichten, damit sich über der Haut eine windgeschützte Luftschicht bildet. Das funktioniert gut, wenn man ein Vogel oder ein Polarfuchs ist. Bei Menschen fällt das Aufplustern angesichts der spärlichen Körperbehaarung eher kläglich aus.

Unsere Körper sind für die Tropen gebaut und zur Kälteabwehr erbärmlich schlecht ausgerüstet. Wir überleben nur dank unserer Kleidung und Wohnungen, sind somit auf Intelligenz und manuelle Geschicklichkeit angewiesen. Jede Absenkung der Körpertemperatur um 1 °C reduziert die Gehirnstoffwechselrate um zehn Prozent. Die chemischen Reaktionen laufen langsamer ab. Das Denken wird träge, die feinmotorische Gewandtheit geht verloren; beides beeinträchtigt unsere Chancen, der Situation zu entfliehen, die die Probleme verursacht. Wenn uns die Energie ausgeht, die das innere Feuer speist, übermannt uns die Kälte. Die elektrische Übertragung der Nervenimpulse verzögert sich und schwächt sich ab. Körperteile werden taub, die Gliedmaßen bewegen sich unkoordiniert, der Geist wird apathisch.

Zwei der indischen Bergsteiger legten an ihren Seilen eine Erholungspause ein. Die anderen beiden kletterten langsam weiter schräg bergauf. Keiner dachte daran, umzukehren. Als ihre Körpertemperatur unter 32 °C sank, fehlte ihnen sogar die Energie zum Zittern. Sobald das Frösteln aufhört, fällt die innere Temperatur sprunghaft ab, und der Organismus gerät in eine Abwärtsspirale. Kalte Muskeln büßen ihre Elastizität ein. Die Lunge kann sich nicht mehr dehnen, die Gliedmaßen werden steif. Die Muskelaktivität sinkt, sodass noch weniger Wärme produziert wird. Bald würden sich die Bergsteiger gar nicht mehr bewegen können.

Einer der beiden Kletterer, die eine Ruhepause eingelegt hatten, war noch geistesgegenwärtig und beweglich genug, um seinen Schlafsack auszupacken und ihn über seinen Kopf und Brustkorb zu stülpen. Da sein Klettergeschirr an der Hüfte mit dem Seil im Eis verbunden war, konnte er den Schlafsack nicht tiefer schieben. Der andere Mann hing nur erschöpft am Seil. Um drei Uhr morgens hatte sich der Bergsteiger mit dem Schlafsack über dem Kopf ein wenig erholt. In der völligen Finsternis konnte er seinen Kameraden nicht sehen, aber es gelang ihm, ins Lager III zurückzukehren. Dort fand er ein Funkgerät und verständigte das Basislager.

Als uns die Nachricht erreichte, wussten wir, dass einige unserer Leute ebenfalls im Lager III waren, weil sie nach dem Abladen unserer Ausrüstung dort übernachteten. Wir funkten Todd Burleson an, unseren Expeditionsleiter. Er ging zum indischen Zelt hinüber, in dem der erschöpfte, unterkühlte Bergsteiger lag. Todd brachte ihn ins Zelt unseres Teams, und während er gewärmt und verpflegt wurde, erzählte der Mann Todd, dass er sich umgedreht und den Abhang hinaufgeschaut hatte, kurz bevor er Lager III erreicht hatte. In der Morgendämmerung hatte er seinen Teamkollegen am Seil baumeln sehen. »Seine Arme bewegten sich, und nicht wie vom Wind.« Er glaubte, dass der Mann vielleicht noch lebte.

Bevor Todd und die anderen Bergsteiger in Lager III jedoch einen Rettungsversuch starten konnten, erreichte uns eine Nachricht, die diesen Versuch überflüssig machte. Einer der beiden indischen Bergsteiger, die weiter nach oben geklettert waren, war am Morgen wieder ins Lager III abgestiegen. Er hatte Lager IV am Vorabend noch erreicht. Einige Zeit später war auch sein Partner ins Lager IV gestolpert. Seine Körpertemperatur hatte wahrscheinlich noch über 30 °C gelegen, denn er war bei Bewusstsein und konnte sich bewegen, aber es war nicht zu übersehen, dass er seine physischen Grenzen überschritten hatte. Die Abwehrmechanismen seines Körpers waren zusammengebrochen, er brachte nicht mehr die nötige Energie auf, um Wärme zu erzeugen. Ohne eine äußere Energiequelle, an der er sich aufwärmen konnte, war er dem Tod geweiht. Seine Temperatur sank weiter. Als sie 30 °C unterschritten hatte, wurde er ohnmächtig und büßte damit die letzte Chance ein, sich selbst zu retten. Sein Herz schlug noch regelmäßig, wenngleich nur zweimal pro Minute. Unter 27 °C wich der schwache Puls einem unregelmäßigen Flattern, und bei etwa 21 °C stand sein Herz still.

Am Morgen ließ der Überlebende seinen leblosen Partner im Zelt zurück und kletterte an den Seilen bergab. Er kam am Leichnam des anderen erschöpften Bergsteigers vorbei, der noch in seinem Klettergeschirr hing – erfroren. »Er war unser Expeditionsleiter«, erklärte uns der Bergsteiger. »Den Everest zu besteigen war sein Traum.«

Träume entspringen zwar dem Geist, aber man braucht ein funktionierendes Gehirn und einen gesunden Körper, um sie zu verwirklichen. Der Traum des Expeditionsleiters verging, als die chemischen Prozesse stoppten und das Feuer erlosch. Wir anderen auf dem Berg wurden von unseren Körpern noch mehr oder weniger vor der Umgebung beschützt – alle chemischen Reaktionen, die Wärme, Herzschlag, Bewegung, Gefühle, Gedanken und Träume antreiben, waren noch in Gang.

Was den Menschen ausmacht, ist der Umstand, dass die subtilsten dieser Reaktionen – diejenigen, die unsere abstrakten Gedanken hervorbringen (oder vielleicht von ihnen hervorgebracht werden) – in der Lage sind, selbst unsere mächtigsten Selbsterhaltungsinstinkte auszuhebeln. Der menschliche Körper kann nicht nur durch praktische Notwendigkeit wie Nahrungssuche oder Flucht vor Feinden zu riskanten Taten angetrieben werden, sondern auch durch abstrakte, dem individuellen Überleben nicht dienliche Motive wie wissenschaftliche Neugier, Abenteuerlust und Ehrgeiz. Wenn der am höchsten entwickelte Teil des Gehirns, der Stirnlappen – Sitz des Urteilsvermögens, des Denkens und Wollens –, den Befehl ausgibt, in eine feindselige Umwelt einzudringen, unterdrückt der Rest des Organismus den Überlebensinstinkt und führt die Anweisung pflichtschuldigst aus, wobei er sich so gut wie möglich vor den Konsequenzen schützt.

Menschliche Köper unterscheiden sich in ihrer Widerstandskraft gegen Kälte ganz erheblich. Die Yagan, Feuerland-Indios, trugen selbst im Winter keine Kleidung, und in ihren offenen Booten sollen die Frauen ihren Säuglingen auch während der Eisstürme in aller Ruhe die Brust gegeben haben. Die Aborigines in Australien und die Kalahari-Buschmänner in Afrika können in den kältesten Wüstennächten nackt auf dem Boden schlafen. Diese Wüstenbewohner haben dieselbe Taktik entwickelt wie die Kamele, nur in die andere Richtung: Sie lassen ihre Körpertemperatur um einige Grade absinken, näher an die Außentemperatur, sodass sie dann aufgrund des geringeren Unterschieds leichter zu halten ist. Kamele sparen Energie, indem sie nicht schwitzen, sondern ihre Temperatur tagsüber ansteigen lassen. Sie halten die Wärme bis zum Abend, wenn der Wüstenwind sie wieder abkühlt. Für die Menschen in der Wüste, die Wärme nicht so gut speichern können wie Kamele, birgt dieselbe kalte nächtliche Brise das Risiko der Unterkühlung. Sie sparen Energie, indem sie nicht zittern, ihren Stoffwechsel verlangsamen und zulassen, dass ihre Temperatur nachts bis auf 35 °C absinkt. Das ist fast ein Mini-Winterschlaf, und sie nehmen dabei keinen Schaden. Am Morgen lassen sie sich einfach von der Sonne wieder aufwärmen.

Wir anderen können das nicht. Wir würden uns unterkühlen und vielleicht gar nicht mehr aufwachen. Wie manche Menschen diese Kunst beherrschen, ist ein Rätsel. Womöglich spielen dabei dieselben Chaperone-Proteine eine Rolle, die die Hitzeresistenz von Marathonläufern erhöhen. Die Bildung dieser Proteine wird durch Kälte ebenso stimuliert wie durch Hitze, und wenn sie einmal da sind, verhindern sie eine kältebedingte Inaktivierung anderer Proteine ebenso wie ihre hitzebedingte Verformung. Diese Toleranz scheint nicht vererbt zu werden, sondern aus der gesteigerten körperlichen Anpassung an wiederholte Kälteeinwirkung zu resultieren. Vor seiner Antarktis-Durchquerung hatte der französische Entdecker Jean-Louis Etienne zu frösteln angefangen, sobald seine Körpertemperatur leicht sank, genau wie jeder andere Franzose. Nach seiner Rückkehr entdeckte er dann, dass er ein Absacken der Körpertemperatur auf 35 °C aushielt, bevor das Zittern einsetzte. Auch wenn der genaue Mechanismus noch nicht geklärt wurde, ist die Vorstellung, dass der Körper den Umgang mit Kälte »erlernen« kann, schon lange in der Extremmedizin verankert. Zur Vorbereitung auf ihre Expeditionen hat man den frühen Arktis-Forschungsreisenden kalte Duschen empfohlen, die von Tag zu Tag – bis zur Abreise – länger und kälter wurden. Außerdem riet man ihnen, sich nach dem Aufbruch gar nicht mehr zu waschen, denn eine Schmutzschicht auf der Haut hilft Wärme zu speichern. Dieser Rat hat sich ebenfalls bestätigt, und ich weiß aus eigener Erfahrung, dass Bergsteiger keine Skrupel haben, diese Regel einzuhalten.

Eskimos sind die Kaltwetterspezialisten schlechthin. Sie produzieren nicht nur Chaperone-Proteine, sondern haben auch eine dicke, gut isolierende Unterhautfettschicht. Auch das scheint eher eine Reaktion auf die Umwelt als eine erbliche Eigenschaft zu sein.

Menschen in gemäßigten Zonen nehmen oft im Winter zu und im Sommer ab. Eskimos neigen dazu, ihr Gewicht konstant zu halten. Da sie praktisch nur von Tieren leben, ist die Nahrung der Eskimos reich an tierischen Fetten, die im Stoffwechsel leicht in menschliches Fett umgewandelt und unter der Haut eingelagert werden können. Mit so begrenzten Ressourcen in einer so unwirtlichen Umgebung zu leben gelingt den Eskimos nur, weil sie mit dem Fett den effizientesten aller Treibstoffe aufnehmen.

Eskimos profitieren auch von ihrer Gestalt. Sie sind kompakt gebaut: kurze Arme, Beine, Finger und Zehen. Ihr Design ist für die Arktis ähnlich gut geeignet wie das der Pinguine für die Antarktis. Allerdings geht die Anpassung der Menschen längst nicht so weit wie die vieler Tiere. Unsere Muskeln zum Beispiel können sich unterhalb von 21 °C nicht mehr zusammenziehen, während die des Polarfuchses noch bei -15 °C funktionieren. Das Fett der Karibus unterscheidet sich je nach Lage in seiner Zusammensetzung. Im Rumpf ist es gesättigt wie Butter, also nur bei hohen Temperaturen flüssig. Wo es der Kälte stärker ausgesetzt ist – wie in den Beinen –, enthält es mehr ungesättigte Fettsäuren wie Olivenöl, das auch bei niedrigen Temperaturen nicht erstarrt. Kein Tier kann jedoch mit dem Waldfrosch konkurrieren. Wenn die Temperatur unter 0 °C fällt, gefriert er. Steigt sie wieder an, so taut er einfach auf und lebt normal weiter.

Den Menschen hat die Evolution keine vergleichbaren Talente mit auf den Weg gegeben. Wir haben stattdessen ein großes Gehirn – entweder, weil wir es brauchten, um unsere begrenzten physischen Fähigkeiten zu kompensieren, oder, weil wir es zu nutzen gelernt haben, nachdem es sich einmal entwickelt hat. Wie auch immer, Menschen verlassen sich vor allem auf ihr Verhalten, um die Kälte zu überleben. Sie imitieren Tiere und schneiden dabei oft besser ab als diese, indem sie alles nutzen, was ihr Lebensraum zu bieten hat. Sherpas bauen Steinhütten und schlafen oft sogar übereinander liegend, um sich gegenseitig zu wärmen. Eskimos bauen Iglus und tragen Kleidung aus umgestülpten Tierhäuten, weil die warme Luft besser über der Haut festgehalten wird, wenn das Fell innen liegt. Die ultimative menschliche Verhaltensanpassung zum Überleben in kalten Lebensräumen ist die Wanderung. Während der letzten Eiszeit sind die Menschen in die äquatornahen Zonen zurückgewichen. Viele von uns reisen immer noch im Winter nach Süden, um der Kälte zu entfliehen.

Dieser letzte Gedanke war für jene unter uns, die sich allmählich fragten, was wir eigentlich auf dem Mount Everest trieben, besonders relevant. Das Dasein im Basislager war wie ein Leben im Kühlschrank. Wir hatten Eis unter uns und rings um uns. Die sehr kalte, sehr trockene Luft zirkulierte über diesem Eis und drang dann in unsere Lungen ein. Jeder Atemzug musste auf Körpertemperatur angewärmt und mit 100 Prozent Luftfeuchtigkeit versehen werden, um die Lungen nicht zu schädigen. Die Wärme und das Wasser, die dazu nötig waren, konnten unsere Körper auf die Dauer nicht liefern, sodass unsere Atemwege, die Luftröhre und die Bronchien, gereizt und trocken wurden und sich der unter Bergsteigern bekannte »Khumbu-Husten« entwickelte. Jeder, der den Mount Everest besteigt, bekommt ihn. Zwar teilte ich Lutschbonbons und Hustensaft aus und instruierte die Expeditionsteilnehmer, über einem Topf heißen Wasserdampf zu inhalieren, aber es gibt nur ein echtes Gegenmittel: den Abstieg. Hätte ich jeden hinuntergeschickt, der Husten bekam, so wäre niemand mehr übrig geblieben. Aber hätte ich nicht einige – wenigstens vorübergehend – nach unten geschickt, so hätten ihre ständigen Hustenkrämpfe sie sehr geschwächt, andere hätten sich bei dieser Anstrengung sogar die Rippen gebrochen und einer oder zwei wären an Lungenödemen gestorben.

Es war nicht leicht, aus dem Hustenchor, der jeden Abend beim Essen angestimmt wurde und dem Messezelt eine Geräuschkulisse wie in einer Tuberkuloseabteilung verlieh, die schlimmsten Fälle herauszuhören. In einer besonders geräuschvollen Nacht teilte ich, nachdem ich die lautesten Huster allesamt mit meinem Stethoskop abgehorcht hatte, viele Medikamente aus. Alle schienen sie zu brauchen. Selbst unser Küchenjunge Koncha, der den ganzen Abend um unseren Tisch geeilt war, bat um Tabletten. Ich hatte ihn kein einziges Mal husten hören, gab ihm aber trotzdem welche. Ich glaubte, es ginge ihm nur um ein wenig Aufmerksamkeit.

Kurz vor Sonnenaufgang wurde ich durch eindringliche Rufe direkt vor meinem Zelt geweckt: »Dr. Ken! Schnell kommen, jetzt kommen!«

Draußen stand unser Koch Ong-Chu und zeigte mit einer Hand auf das Küchenzelt, mit der anderen auf seine Brust und schüttelte dabei den Kopf. Als ich das Küchenzelt betrat, erblickte ich im gelben Licht der Laterne Koncha. Er war wie üblich auf seiner Schlafmatte in der hintersten Zeltecke, saß aber aufrecht und hatte offenbar größte Schwierigkeiten, Luft zu holen. Sogar am anderen Ende des Zeltes konnte ich das feuchte Blubbern in seinem Brustkorb hören. Seine Atmung war flach und schnell und wurde von heftigen Hustenanfällen unterbrochen, bei denen er schaumige, vom Blut rosa getönte Schleimklumpen ausspuckte. Seine Lippen waren geschwollen und blau, seine Haut feuchtkalt und bleich, seine Augen vor Angst weit aufgerissen. Er hatte ein Lungenödem – ein typischer Todbringer in großen Höhen. In der Frühzeit der Extremmedizin hatte man geglaubt, es werde durch den Atem von Drachen ausgelöst, die hinter den Gebirgspässen lauerten. Seit der Entdeckung des Sauerstoffs gilt diese Theorie jedoch als widerlegt, auch wenn wir die wahre Ursache immer noch nicht genau kennen. Lungenödeme treten nur oberhalb von 2400 Metern auf, und zwar ganz plötzlich, nachdem sich das Opfer bereits mehrere Tage in dieser Höhe aufgehalten hat. Normalerweise entwickeln sie sich aus einem Husten oder nach einem großen Kraftakt und verschlimmern sich über Nacht oder bei schlechtem Wetter, was die Behandlung oder die Evakuierung in geringere Höhen noch schwieriger gestaltet.

Gesunde Lungen tun sich in den Niederungen, wo der hohe Luftdruck ausreicht, um die Alveolen zu füllen und den Sauerstoff ins Blut zu treiben, mit dem Atmen leicht. Sie nehmen viel mehr Sauerstoff auf, als sie brauchen, und versorgen so jedes andere Organ im Körper mit einem großen Überschuss. Sie können sich sogar schonen: Der Überschuss ist so groß, dass viele Lungenbläschen während der normalen Atmung geschlossen bleiben. In größeren Höhen macht jedoch der geringere Luftdruck der Lunge die Arbeit schwer. Wenn das Blut und dann alle anderen Organe dem Hypothalamus signalisieren, dass sie nicht genug Sauerstoff erhalten, leitet der Hypothalamus diese Beschwerde an die Lunge weiter. Bei einem weiteren Aufstieg wird der Protest lauter, und die Lunge wird das am stärksten geforderte Organ des Körpers. Ihre erste Reaktion sind schnellere und tiefere Atemzüge. Dieses Keuchen beschleunigt die Luftaufnahme und ruft die ruhenden Alveolen auf den Plan. Um etwas von dem stärkeren Luftzustrom zu haben, muss die Lunge auch die Durchflussmenge des Blutes erhöhen. Das bewerkstelligt sie durch einen erhöhten Druck in der Lungenarterie, jener Leitung, die das Blut vom Herzen in die Lungen befördert.

Um die Sauerstoffaufnahme effizienter zu machen, hat die Lunge noch einen weiteren Mechanismus, der auf Meereshöhe sehr gut funktioniert, aber in großen Höhen nach hinten losgeht: In jedem Abschnitt der Lunge wird der Sauerstoffgehalt des hindurchströmenden Blutes gemessen. Wenn bestimmte Lungenbläschen nicht genug Sauerstoff liefern, verengen sich die Gefäße, sodass das Blut in »produktivere« Regionen umgeleitet wird. Dieses Feedback-System hat sich entwickelt, um Menschen zu helfen, deren Lungen durch eine Infektion oder Verletzung geschädigt sind. Mit solchen Belastungen kann der Körper umgehen. Einen gefährlich niedrigen Luftdruck kennt er hingegen nicht. Die Lunge ist nicht darauf ausgelegt, in großen Höhen zu funktionieren. Wenn die Sauerstoffwerte überall niedrig sind, verhält sich jeder Teil der Lunge, als wäre nur er allein betroffen, und stellt die Gefäße eng, um das Blut anderswohin umzuleiten. Aber das geschieht überall – dem Blut bleibt kein Ausweg. Was die Sache noch schlimmer macht: Die Lungenarterie liefert es mit hohem Druck an, weil sie immer noch versucht, mit der hohen Atemfrequenz mitzuhalten. Einen ähnlichen Effekt erzielt man, wenn man den Hahn eines Gartenschlauches aufdreht und dann das Ende zuklemmt. Die Flüssigkeit schießt durch die verengten Gefäße und wird mit viel zu hohem Druck in die empfindlichen Alveolarkapillaren gepresst. Die dünnen Membranwände zwischen den Kapillaren und den Alveolen werden undicht und brechen dann auf wie ein Staudamm. Plasma, der flüssige Bestandteil des Blutes, läuft in die Lungenbläschen. Das Opfer ertrinkt an seiner eigenen Körperflüssigkeit.

Genau das würde gleich mit Koncha geschehen, wenn ich nichts unternahm. Er musste ins Medizinzelt geschafft werden. Zwei Sherpas wollten ihm auf die Beine helfen, aber ich bestand darauf, dass er getragen wurde, obwohl das Zelt nur wenige Meter entfernt war. Die Anstrengung, über das Eis zu laufen, hätte den Druck in seiner Lungenarterie noch weiter erhöht.

Die Sonne war noch nicht aufgegangen. Im Medizinzelt war es düster, abgesehen von einem einzigen kräftigen Scheinwerfer. Koncha wurde auf zwei Schaumstoffmatten gesetzt und gegen eine Sauerstoffkiste gelehnt, genau in den Lichtkegel. Ich kniete mich neben ihn, inmitten meiner Vorräte und einer Gruppe besorgter Zuschauer, und setzte mein Stethoskop auf, obwohl die Turbulenzen in seinem Brustkorb auch so deutlich zu hören waren: Das Gurgeln der durch Flüssigkeit blubbernden Luft erfüllte drei Viertel seiner Lunge. Um genug Sauerstoff aufzunehmen, hatte sich sein Puls verdoppelt und seine Atemfrequenz verdreifacht. Die Sauerstoffsättigung des Blutes (normalerweise fast 100 Prozent) war auf 26 Prozent abgesackt – ein Niveau, das ich bis dahin bei einem Lebenden für völlig unmöglich gehalten hatte. Nur wenige seiner Alveolen funktionierten noch. Wir hielten ihn aufrecht, damit die Flüssigkeit, die in seine Lunge eindrang, nach unten sackte, und hofften, dass die obersten Alveolen so lange trocken blieben, bis wir die Lecks verschlossen hatten und der Wasserspiegel wieder sank.

Diese Behandlung wirkt der Ursache entgegen: Man muss die Kraft reduzieren, mit der die Flüssigkeit durch die Kapillaren in die Alveolen gepresst wird. Ich setzte Koncha eine Atemmaske auf, sodass er – bei normalem atmosphärischem Druck – 100 Prozent Sauerstoff statt der natürlichen 21 Prozent einatmete. Sofort registrierten die Körpersensoren diese Verfünffachung des Sauerstoffgehalts und stellten ihre Notrufe an die Lunge und das Herz ein. Die Puls- und die Atemfrequenz sanken. Das Druckventil der Lungenarterie entspannte sich, weil mehr Sauerstoff verfügbar war. Aber viele der Alveolen standen noch unter Wasser und konnten den Sauerstoff nicht aufnehmen. Als Reaktion auf ihren niedrigen Sauerstoffgehalt blieben die angrenzenden Kapillaren verengt, sodass der Flüssigkeitsdruck gegen die Wände immer noch hoch war und sie weiter leckten. Konchas Atmung blieb angestrengt, und er hustete weiterhin blutigen Schaum aus. Ich wollte sofort mit einer Infusion beginnen, aber so früh am Morgen war die Infusionslösung noch gefroren, sodass ich einige Beutel zum Auftauen in die Küche hatte bringen lassen. Der erste kam gerade zurück. Ich hatte keine Handschuhe getragen; daher waren meine Hände zu kalt, um die Temperatur des Beutels zu beurteilen. Also hielt ich ihn gegen meine Wange, um sicherzustellen, dass ich Koncha nicht mit Eiswasser umbringen würde.

Koncha zitterte so heftig, dass zwei Leute ihn festhalten mussten, damit ich einen Katheter in seine Ader einführen, den Infusionsschlauch anschließen und ihm die erste Lösung verabreichen konnte. Seine Lungen mochten zwar geflutet sein, aber der Rest seines Körpers war dehydriert – zum Teil, weil so viel Flüssigkeit in die Lunge umgeleitet worden war. Eine Infusion senkt das Risiko, das mit dem Einsatz von Nifedipin einhergeht, einem Medikament, das die Muskeln der kleinen Blutgefäße entspannt. Es würde helfen, die Verengungen aufzuheben, die sich als Reaktion auf die überfluteten Alveolen in Konchas Lunge gebildet hatten, aber es würde auch alle anderen Blutgefäße in seinem Körper weiten. Dieser Effekt führt bei manchen Patienten zu einem extremen Blutdruckabfall, den man verhindern kann, wenn man dem Blutkreislauf per Infusion mehr Flüssigkeit zufügt, wie ich es gerade mit Koncha tat.

Als der Sauerstoff den Druck der Lungenarterie drosselte und das Nifedipin die Gefäße weitete, verlangsamte sich die Blutzirkulation. Der Gartenschlauch wurde nicht mehr zugedrückt. Konchas Lungen leckten nicht mehr. Sein Husten ließ nach, die blaue Farbe wich aus seinen Lippen und die Angst aus seinem Blick. Er war jedoch auf Hilfe angewiesen. Ohne Sauerstoff, Infusion und Medikament würden seine Symptome zurückkehren. Wir mussten ihn hier fortschaffen.

Das Basislager des Mount Everest liegt an der Flughöhengrenze für Rettungshubschrauber, und eine Evakuierung auf dem Luftweg ist nur bei idealen Wetterbedingungen möglich. Dieser Tag war alles andere als ideal: Die Sonne war aufgegangen, aber der Himmel war bedeckt, und es schneite leicht. Wir mussten Koncha weiter nach unten bringen: Schon tausend Meter tiefer war der Luftdruck vermutlich hoch genug, um seine Lungen aufzupumpen. Wir hatten vor, ihn den Gletscher hinunterzutragen und dann auf den Wegen abzusteigen, die durch die Dörfer führen. In 4300 Metern Höhe gab es eine kleine Krankenstation; wenn es ihm bis dahin nicht besser ging, würden wir ihn dorthin bringen.

Koncha atmete jetzt leichter und wirkte aufgeweckt, aber wenn wir ihn gehen ließen, würde die Anstrengung seinen Lungenarteriendruck so schnell wieder ansteigen lassen, dass er kollabieren würde, noch bevor er das Lager hinter sich hatte. Er musste getragen werden. Aber solange wir nicht sicher waren, dass seine Lungen trocken waren, musste er weiterhin sitzen. Ich grübelte noch, wie das zu bewerkstelligen wäre, aber die Sherpas hatten das Problem schon gelöst. Ein leichter Aluminium-Klappstuhl wurde aufgeklappt und mit der Lehne am Rücken eines Freiwilligen festgeschnallt: Seile wurden durch den Rahmen und um die Hüfte und die Schultern des Trägers gewunden. Ein weiteres Seil wurde von der Oberseite der Lehne um seine Stirn gespannt. Der Sherpa hockte sich hin, sodass die Stuhlbeine den Boden berührten, und Koncha nahm Platz. Sobald Koncha festgebunden war, stand der Sherpa auf, wobei das Gewicht gleichmäßig durch die Seile um seinen Bauch, den Brustkorb und die Stirn verteilt wurde. Ein zweiter Sherpa packte einen Sauerstoffzylinder in seinen Rucksack und führte den Schlauch nach vorne, sodass die Atemmaske über Konchas Mund platziert werden konnte. Obwohl er den längsten verfügbaren Schlauch verwendete, würde es nicht einfach sein, so dicht bei Koncha zu bleiben. Zwei weitere Sherpas luden sich zusätzliche Sauerstoffflaschen und einen Teil meiner medizinischen Ausstattung auf. Unsere Bergambulanz war reisefertig.

Wir kamen viel schneller voran, als ich erwartet hatte. Die vier

Sherpas, die Koncha abwechselnd schulterten, legten ein Tempo vor, mit dem ich nicht mithalten konnte. Ich fiel immer wieder zurück und holte sie erst ein, wenn sie anhielten, um ihre Lasten umzuverteilen. Nach ein paar Stunden hatten wir den Gletscher hinter uns und waren auf den Pfaden. Koncha hielt sich wacker, benötigte aber weiterhin Sauerstoff. Obwohl wir die Infusion unterwegs nicht fortsetzen konnten, verabreichte ich ihm weiter Nifedipin. Er sah aus, als könnte er es gebrauchen. Wir hatten noch nicht viele Höhenmeter hinter uns. Der nächste Wegabschnitt war steiler; ich hoffte, dass es ihm bald besser gehen würde.

Nach etlichen Stunden erblickten wir Vorposten der Zivilisation: ein Yak, noch ein paar Yaks, einen Yakhirten, dann endlich ein Dorf, Pheriche, das mit 4300 Metern die höchste ständig bewohnte Siedlung im Himalaya ist und aus ein paar Steinhäuschen und zwei Teehäusern mit Unterkünften für die vorbeikommenden Wanderer besteht. Als wir den Ort betraten, wurden wir von einer Gruppe junger deutscher Bergsteigerinnen frenetisch begrüßt, die sich vor einem der Teehäuser ausruhten. Koncha atmete jetzt viel leichter, nahm nur ab und zu noch einen Zug Sauerstoff und genoss die Aufmerksamkeit, die die Mädchen ihm schenkten. Das warme Teehaus lud zum Übernachten ein. Zwar waren alle Zimmer belegt, aber auf dem Boden war noch Platz. Zwei der deutschen Mädchen sorgten dafür, dass Koncha etwas zu essen bekam, und organisierten ein paar Bodenmatten, auf denen er schlafen konnte. Ich war dankbar für die unerwartete Krankenpflege und erfreut über Konchas Fortschritte. Lungenödeme werden jedoch nachts oft schlimmer, und ich machte mir Sorgen, wie es ihm am nächsten Morgen gehen würde.

Mein erster Blick nach dem Aufwachen galt Koncha: Lebte er noch? Sein Schlafplatz war leer. Ich fand ihn in der Küche, wo er Tee schlürfte und mit den Wanderinnen flirtete. Er sprach kein Deutsch, sie sprachen kein Nepali, aber ich hatte den Eindruck, dass er gerade eines der Mädchen um ein Date bat. Koncha benötigte offensichtlich keine weitere Behandlung. Der Abstieg um gut 1000 Meter hatte ihn in eine Region gebracht, deren Luftdruck hoch genug ist, um darin zu leben. Solange er unterhalb dieser unsichtbaren Grenze blieb, war er in Sicherheit. Sie wieder zu überschreiten hätte bedeutet, das Schicksal herauszufordern.

Koncha war wochenlang im Basislager gewesen, bevor er plötzlich das Lungenödem bekommen hatte. Ganz lehrbuchmäßig hatte es nachts zugeschlagen, als das Barometer wie üblich absank, und ein paar Stunden zuvor hatte er sich in der Küche überanstrengt. Außerdem war schlechtes Wetter im Anzug gewesen: eine Tiefdruckfront. Das wirkte sich genauso aus, als wäre das Lager weiter nach oben verlegt worden. Der zusätzliche Druckabfall hatte Koncha, der bereits seine physiologischen Grenzen erreicht hatte, den Rest gegeben. Aber er hatte oft zuvor größere Höhen und schlimmere Stürme überstanden. Was war diesmal dazwischengekommen? Vielleicht wirklich Drachenatem.

Ich überließ Koncha der Obhut seiner neuen Freundinnen und kehrte in das Reich der Lungenödeme zurück, in jenes Niemandsland oberhalb der 4300-Meter-Marke, das einst von Mongolenkriegern durchquert worden war und heute von Wanderern und Bergsteigern besucht wird. Vor über siebenhundert Jahren haben tibetische Ärzte bei den mongolischen Eindringlingen Symptome wie »Druck auf der Brust« und »weißer Schaum aus dem Munde« beschrieben. Sie hielten auch fest, dass das Übel unerklärlicherweise nur Fremde zu befallen schien. Moderne Ärzte haben die Beobachtungen ihrer frühen tibetischen Vorgänger bestätigt. Deswegen fragte ich mich, warum es Koncha erwischt hatte und nicht einen der Besucher, mich beispielsweise. Ich hätte anfälliger sein sollen. Auf dem Weg zurück ins Basislager wälzte ich diesen Gedanken und hielt nach Drachen Ausschau.

Als ich ankam, erwähnte ich gegenüber unserem Koch Ong-Chu, dass ich noch nie zuvor einen Sherpa mit Lungenödem erlebt hatte.

»Koncha ist kein Sherpa«, klärte Ong-Chu mich auf. »Er ist ein Rai. Er ist schon oft über hohe Gebirgspässe gegangen, und er wollte unbedingt mein Küchenjunge werden, um viel Geld zu verdienen. Also habe ich ihm eine Chance gegeben.«

Ong-Chu hatte das Rätsel gelöst. Die Rai sind eine ethnische

Gruppe aus dem Flachland Nepals. Die Sherpas stammen aus Tibet und sind vor etwa fünfhundert Jahren aus dem tibetischen Hochland in den Himalaya eingewandert, um den mongolischen Horden zu entgehen. Ihre Fähigkeit, der Höhe und der Kälte zu trotzen, ist die Folge einer natürlichen Auslese über unzählige Generationen, kombiniert mit der größtmöglichen Anpassung jedes Einzelnen während seines ganzen Lebens in den Bergen. Wie das im Detail funktioniert, ist immer noch rätselhaft. Manche Möglichkeiten drängen sich auf: ein größeres Lungenvolumen, um die Sauerstoffaufnahme zu steigern, ein größeres Herz, um das Blut schneller zirkulieren zu lassen, viel mehr rote Blutkörperchen, um mehr Sauerstoff zu transportieren. Aber nahe liegende Antworten sind oft falsch. Die Sherpas haben keine dieser Veränderungen durchlaufen: ihre Anpassungen an die Höhe sind weitaus subtilerer Natur. Wie auch immer, zusammengenommen ergeben sie einen Körper, der hervorragend auf ein Leben im Hochgebirge abgestimmt ist.

Sherpa-Lungen sind nicht besonders groß oder kräftig, aber so empfindlich für Sauerstoffmangel, dass sie sogar im Schlaf schneller atmen, das heißt, sie haben eine höhere Ruhestoffwechselrate. Sherpa-Herzen sind nicht stärker, aber das müssen sie auch nicht. Um weiterzupumpen, ist der Herzmuskel normalerweise auf Fett angewiesen, einen Treibstoff, der bei Sauerstoffmangel nicht gut brennt. Der Herzmuskel eines Sherpas kann Glukose aufnehmen, die er 50 Prozent effizienter verbrennt, sodass er mit viel geringerem Aufwand dieselbe Leistung erbringen kann. Das Blut eines Sherpas hat nur einige rote Blutzellen mehr, aber deren Sauerstofftransportkapazität wird durch besondere Enzyme, die das Hämoglobin begleiten und die Aufnahme und Abgabe des Sauerstoffs beschleunigen, deutlich gesteigert.

Sherpas haben noch weitere Vorteile. Ihre Lungen sind imstande, viel Stickoxid zu produzieren, eine chemische Verbindung, die in allen menschlichen Lungen auftritt, aber bei Sherpas in doppelt so hoher Konzentration. Sie wirkt als Vasodilator, weitet also die verengten Gefäße in der Lunge. Vielleicht ist ihr hoher Stickoxid-Ausstoß der Grund, warum Sherpas fast immun gegen Lungenödeme sind.

Ein Überlebensmechanismus, über den alle Menschen verfügen, dreht sich um eine Abfolge chemischer Reaktionen, die als anaerobe Atmung bezeichnet wird. Sie ist zwar nicht so effizient wie die normale Atmung und führt zur Anhäufung von Milchsäure, die später abgebaut werden muss, aber die anaerobe Atmung stellt in Notfällen rasch Energie zur Verfügung, ohne Sauerstoff zu verbrauchen. Sie wirkt wie ein maßgefertigtes System, das die Sherpas nutzen könnten, um sich an ihre Umwelt anzupassen, und könnte erklären, warum sie in großen Höhen noch derart hart arbeiten können. Eine hübsche Theorie – aber leider falsch. Sherpas, die an ihrer Belastungsgrenze agieren, produzieren weniger Milchsäure als andere Menschen, ein Zustand, der als Milchsäure-Paradoxon bezeichnet wird. Wahrscheinlich liegt das daran, dass Sherpas selbst bei Sauerstoffmangel die effizientere aerobe Atmung weiterbetreiben – mit Hilfe von Enzymen, die wir noch nicht identifiziert haben.

Wenn sich Populationen aufspalten und voneinander getrennt weiterexistieren, können die Anpassungsreaktionen auf sehr ähnliche Extremumwelten ganz unterschiedlich ausfallen. Die Sherpas im Himalaya und die Quechua- und Ayamara-Indios in den Anden hatten vor etwa 250 000 Jahren den letzten gemeinsamen Vorfahren. Die Sherpas leben seit 30 000 Jahren auf den Hochplateaus Asiens, während die Quechua und Ayamara lange brauchten, um in die Berge Südamerikas einzuwandern: Sie sind erst vor ungefähr 10 000 Jahren in Peru beziehungsweise Bolivien angekommen. Seither sind sie mit denselben Umwelthärten konfrontiert wie die Sherpas, aber ihre körperliche Adaption hat eine nahezu entgegengesetzte Richtung eingeschlagen.

Die Andenvölker haben einen breiten Brustkorb und eine große Lunge mit zusätzlichen Alveolen und mehr Kapillaren. Ihr Herz ist größer und hat starke Muskeln um die rechte Herzkammer, die das Blut mit hohem Druck durch die Lungenarterie in die Lunge pumpt. Sie haben viel mehr rote Blutkörperchen, um Sauerstoff zu transportieren, und mehr Plasma, sodass das Blut dennoch nicht zu dick wird.

Ihre Anpassungen wirken wie eine ins Extrem getriebene Akklimatisierung: Es sind eher mechanische Veränderungen als biochemische wie bei den Sherpas. Man findet jedoch auch ein paar Adaptionen auf molekularer Ebene. Wie bei den Sherpas tritt bei ihnen das Milchsäure-Paradoxon auf, und ihre Herzen können Glukose nutzen. Ihre Lungen produzieren mehr Stickoxid als unsere, allerdings nicht so viel wie die Lungen der Sherpas. Aber sie haben weder die erhöhte Sauerstoffmangelempfindlichkeit der Sherpa-Lunge noch deren zusätzliche, Hämoglobin bindende Enzyme.

Beide Wege – der mechanische und der biochemische – führen ans Ziel, und das nicht nur beim Menschen. Auch andere große Säugetiere sind großartig an das Leben im Hochgebirge angepasst. Die Sherpas teilen ihren extremen Lebensraum mit den Yaks, die Quechua und Ayamara mit den Lamas. Yaks haben ähnliche Hämoglobin bindende Enzyme entwickelt wie die Sherpas. Lamas haben starke Muskeln um die rechte Herzkammer, genau wie die Indios. Die anderen menschlichen Anpassungen fehlen ihnen offenbar, aber sie schlagen sich gut, solange sie in den Höhen bleiben, an die ihre Physiologie angepasst ist. Nur Menschen überschreiten mutwillig die Grenzen, die ihre Körper ihnen setzen, und zwar aus Gründen, die nichts mit verbesserten Überlebenschancen zu tun haben.

Auf dem Berg Aucanquilcha in den Anden gibt es 5330 Meter über dem Meeresspiegel eine ständig bewohnte Schwefelbergwerkssiedlung – ungefähr so hoch wie das Basislager auf dem Everest. Das Bergwerk selbst liegt in einer Höhe von 5940 Metern, doch ständig dort oben zu leben ist den Bergleuten zu unangenehm. Sie schlafen lieber in einer geringeren Höhe, auch wenn sie dafür täglich gut 600 Meter auf- und wieder absteigen müssen. Sherpas können nicht dauerhaft oberhalb des Basislagers leben und müssen nach jedem Kurzaufenthalt in einem der oberen Lager wieder unter die Grenze zurückkehren, um sich zu erholen. Obwohl Indianer und Sherpas unterschiedliche Wege zur Anpassung an große Höhen eingeschlagen haben, sind offenbar beide an derselben physiologischen Grenze angelangt.

Zwar gibt es in den Anden mehr permanente Siedlungen in großer Höhe als im Himalaya, aber man nimmt gemeinhin an, dass die Sherpas gründlicher an ihre Umgebung angepasst sind. Sie haben 20 000 Jahre Vorsprung. Wenn die Abweichungen zwischen den Sherpas und den Andenindios aus Unterschieden in den Genpools resultieren, dann werden sich die beiden Gruppen weiterhin entlang verschiedener Linien entwickeln. Wenn diese Anpassungen hingegen langfristige Konsequenzen eines Umweltdruckes sind, der die natürliche Auslese und die individuelle Entwicklung prägt, dann werden sich die Indios vielleicht in Richtung der Sherpas weiterentwickeln. Allerdings ist es angesichts der schwindenden Isolation und der zunehmenden Mobilität beider Populationen viel wahrscheinlicher, dass durch die Vermischung der Gene und den geringeren Kontakt mit der extremen Umwelt keine der beiden Entwicklungen stattfinden wird.

Jetzt, da ich wusste, dass Koncha kein Sherpa war (und auch kein Indio, kein Yak oder gar Lama), begriff ich, warum er ein Lungenödem entwickelt hatte – allerdings nur in groben Zügen. Andere Erkrankungen, mit denen ich konfrontiert wurde, waren leichter zu verstehen und zu behandeln. Neben Husten, Kopfschmerzen und Durchfall befielen zwei weitere Beschwerden meine Expedition, die für diese Umgebung typisch sind. Das eine waren Hochgebirgszahnschmerzen. Oft sammelt sich in kariösen Zähnen unter Füllungen Luft an. Wenn der Luftdruck der Umgebung sinkt, dehnt sich das Gas im Zahn aus und verursacht Schmerzen. Die Behandlung besteht im Abbau des Überdrucks: Man führt eine Hohlnadel in den befallenen Zahn ein. Das andere Problem waren Hochgebirgsblähungen. Der Grund ist derselbe: Luft, die in den vielen Windungen des Darmes festsitzt, dehnt sich aus und entweicht durch das Rektum. Aber die Behandlung ist anders: Pepto-Bismol und vorübergehende Isolation.

Die Gesundheitsprobleme, die ich auf dem Mount Everest bekämpft habe, reichten von alltäglich bis bizarr. Eines Nachmittags wollte ich mich gerade in mein Zelt zurückziehen, als ich in der Ferne einen unserer Sherpa-Träger entdeckte, der langsam über den Gletscher zu mir heraufwankte. Ein heftiger Seitenwind blies mir Schneeflocken ins Gesicht; es war zu kalt, um draußen zu warten. Als der Träger mein Zelt betrat, hatte er nur Gummisandalen an den Füßen. Er erzählte mir, dass er sehr früh am Morgen durch das Eis gebrochen war und bis zu den Knien im Wasser gestanden hatte. Er hatte keine Chance gehabt, sich abzutrocknen, und war noch mehrere Male eingebrochen, bevor er solideres Eis erreichte. Seine Füße waren taub und angeschwollen, und er konnte seine Zehen nicht mehr bewegen. »Den ganzen Tag«, erklärte er mir, »bin ich mit den Füßen eines anderen Mannes gelaufen.«

Die Füße des Trägers waren nicht erfroren. Tatsächlich stellte ich erstaunt fest, dass sie wärmer waren als meine Fingerspitzen. Und sie waren nicht weiß oder blau, sondern rosig. Er war bei Temperaturen unter null schätzungsweise zehn Stunden lang mit nassen Füßen durch einen Schneesturm gestapft – und trotzdem waren seine Füße warm. Ich erkannte, dass der Sherpa von einem primitiven, aber genau abgestimmten Gliedmaßen-Rettungsreflex profitierte, dem so genannten »hunter's reflex«, der bei allen Warmblütern auftritt, aber normalerweise nur bei Gliedmaßen voll ausgeprägt ist, die häufig kaltem Wasser ausgesetzt sind, zum Beispiel bei arktischen Watvögeln und Fischern in Neuschottland. Die erste Reaktion des Körpers auf einen Kaltwasserkontakt der Hände oder Füße ist die Verengung der Blutgefäße, um den Wärmeverlust zu reduzieren. Wenn das Tier oder der Mensch den Körperteil nicht zurückziehen kann oder will und dieser weiter abkühlt, dehnen sich die Gefäße wieder aus, als wäre der Körper zu der Erkenntnis gelangt, dass es immer noch besser ist, ein bisschen Wärme zu verlieren, als eine Hand oder einen Fuß einzubüßen. Bei weiterer Auskühlung stellen sich die Adern immer abwechselnd eine Weile weit und dann wieder eng, sodass die Anbindung an den Körper periodisch unterbrochen wird: ein Kompromiss zwischen Wärmedämmung und Erhaltung des Gliedes. Wenn die Außentemperatur lange niedrig bleibt und der Hypothalamus spürt, dass die Körpertemperatur stark abzusinken droht, befiehlt er den Gefäßen, sich dauerhaft zusammenzuziehen, und der betroffene Körperteil erfriert.

Die Füße, die ich vor mir hatte, waren noch in der alternierenden Phase. Ich musste sie nur abtrocknen. Sobald sie der Kälte entkommen waren, ließ die Schwellung nach, die Zehen wurden wieder beweglich und das Gefühl kehrte zurück. Ich verfolgte diese Demonstration der Fähigkeit des Körpers, Kälte abzuwehren und den Schaden rückgängig zu machen, und hatte den Eindruck, dass ein Sterblicher wie ich nicht viel mehr tun konnte. Ich bot dem Mann ein Paar meiner Wollsocken an, aber seine Füße waren so empfindlich geworden, dass er sie nicht tragen konnte. Als der Sturm nachließ, stieg er wieder barfüßig in seine Sandalen und ging. Er nahm meine Socken mit und versprach, sie nächstes Mal zu benutzen. Für mich waren Wollsocken unabdingbar – für ihn waren sie schierer Luxus. Er war in dieser Umwelt geboren und aufgewachsen, und seine Füße waren ebenso unempfindlich gegen Kälte wie der Rest seines Körpers. Es gibt kein Sherpa-Gen für Kältetoleranz (zumindest wurde noch keines entdeckt), und trotzdem war dieser Träger imstande, beinahe barfüßig über den Neuschnee zu laufen, weil sein Körper ein Leben lang Zeit hatte, seine angeborene Anpassungsfähigkeit zu trainieren. Jeder seiner Vorfahren, dem diese Fähigkeit abgegangen wäre, wäre lange vor der Erfindung der Wollsocke von der natürlichen Auslese ausgemerzt worden.

Mit seinen von selbst genesenen Füßen wanderte der Träger den Gletscher hinab. Obwohl er viel besser an diese Umgebung angepasst war als ich, verspürte er keinen Drang, noch weiter aufzusteigen. Er war auf einem der »Großer-Kopfschmerz-Berge«, die Sherpas normalerweise meiden, nicht aber ihre Auftraggeber. Götter wohnen auf den Gipfeln dieser Berge, und sie entziehen den Tieren und Menschen, die ihnen zu nahe kommen, die Kraft und den Atem. Wer dann immer noch stark genug ist, weiter aufzusteigen, wird durch höllische Kopfschmerzen gewarnt. Und wer diese Drohung ignoriert, mit dem kennen die Götter kein Erbarmen. Die Strafe folgt auf dem Fuße.

Als ich ein paar Tage später erschöpft und atemlos auf 6400 Meter hinaufkletterte, begriff ich, dass ich die Götter verärgert hatte. Als ich mich Lager II näherte, hoffte ich, sie würden nicht noch wütender werden. Noch bevor ich mein Zelt erreicht hatte, erfuhr ich von den Bergsteigern, die vor mir im Lager eingetroffen waren, dass ein anderer den Zorn der Götter schon zu spüren bekommen hatte. Statt der üblichen Begrüßungen wie »schön, dich zu sehen« oder »gut gemacht« bekam ich zu hören: »Mann, bist du langsam. Los, schau dir Ricardo an. Er sieht schlechter aus als du.«

Ricardo war ein südamerikanischer Bergsteiger in einer anderen Expedition, und wir waren uns schon ein paar Jahre zuvor auf einem Berg in Patagonien begegnet. Seine Teamkameraden erzählten mir, dass er schon zum zweiten Mal ins Lager II aufgestiegen war, um Vorräte hochzuschaffen. Als er gestern eingetroffen war, hatte er sich noch wohl gefühlt und vorgehabt, heute früh ins Lager III weiterzuziehen. Aber er war mit einem pochenden Schädel erwacht. Er hatte zwei Kodeintabletten geschluckt und, als diese nicht anschlugen, noch zwei. Sein Kopfschmerz war schwächer geworden, aber er fühlte sich nicht wohl genug, um sein Zelt zu verlassen.

Noch in meinen Klettergurten kroch ich hinein, um mir ein Bild zu machen. Zusammengekrümmt lag er in seinem Schlafsack auf der Seite. Ich nahm an, er würde mich wiedererkennen, und wusste, dass er gut Englisch sprach, also begrüßte ich ihn mit einem fröhlichen »Hi, Ricardo, wie geht 's denn so?«

»Was wollen Sie?« Seine Feindseligkeit war ein schlechtes Zeichen.

Ich fragte: »Ricardo, wer hat die Fußball-WM gewonnen?« »Ich«, antwortete er.

In Ricardos Gehirn baute sich Druck auf. Das Gedächtnis und der Verstand waren ebenso beeinträchtigt wie seine Kontrolle über primitive Instinkte wie Aggression. Diese Funktionen sind in der Hirnrinde lokalisiert, der äußeren, gewundenen Schicht des Gehirns, die oben, vorne und seitlich am Schädel anliegt. Die Hirnrinde ist der evolutionär jüngste Teil des Gehirns und ist für alle höheren Denkprozesse zuständig. Sie reagiert extrem empfindlich auf Sauerstoffunterversorgung und nimmt als Erstes Schaden, wenn das Gehirn so stark anschwillt, dass es seine eigene Blutversorgung beeinträchtigt.

Wenn die Hirnrinde nicht mehr richtig funktioniert, verhält man sich wie Ricardo.

Ein Hirnödem, das Anschwellen des Gehirns, ist die schlimmste Strafe, die die Berggötter einem auferlegen können. Wenn sich Menschen dem Wohnsitz der Götter nähern, reagieren die Organe auf den stetigen Luftdruckabfall durch Weitstellen der Gefäße, die sie versorgen. Damit soll zum einen mehr Blut hineingelangen und zum anderen die Durchflussgeschwindigkeit reduziert werden, sodass mehr Zeit bleibt, um den Sauerstoff zu absorbieren. Das Gehirn als das wichtigste Organ des Körpers schwillt am stärksten an. Es ist zugleich als einziges Organ in einer festen Hülle eingeschlossen.

Wie eine Rüstung schützt der Schädel es vor Stößen von außen, aber wie eine Festung behindert er auch die Flucht, wenn die Bedrohung vom Inneren ausgeht. Wenn sich die Gefäße mit Blut füllen, einer nicht komprimierbaren Flüssigkeit, drücken sie die weiche Hirnsubstanz nach außen. Das zusätzliche Blut enthält nicht genug Sauerstoff, um das Gehirn zu versorgen, und so schwillt es weiter an. Die Zerebrospinalflüssigkeit, ein flüssiger Stoßdämpfer zwischen Hirn und Schädel, fängt einen Teil der Volumenzunahme ab. Die vom geschwollenen Hirn verdrängte Flüssigkeit fließt die Wirbelsäule hinab, aber bald gibt es keinen Platz mehr für eine weitere Ausdehnung, und die Hirnrinde wird gegen den festen, unnachgiebigen Schädel gepresst. Wenn der Druck steigt, wird Hirngewebe zusammengedrückt, Gefäße werden eingequetscht und verlieren Flüssigkeit. Letztere erhöht nicht nur das Volumen und den Druck noch weiter, sondern bildet zwischen den Gefäßen und den Nervenzellen eine Barriere, durch die sie nun vollends von der Sauerstoffversorgung abgeschnitten sind. Die Zellmembranen geben nach, Flüssigkeit dringt ein, die einzelnen Zellen schwellen an und tragen ihrerseits zum Überdruck in der Hirnschale bei. Auf Meeresniveau ist die Gefäßweitung eine Überlebensmaßnahme. Wenn der Mensch zu hoch hinauswill, wird sie zum inneren Feind.

Ein Hirnödem greift nicht nur die Großhirnrinde und damit das Denkvermögen an, sondern auch das Kleinhirn, jenen Gehirnteil an der Schädelrückseite, der die Motorik steuert. Lecks und Überdruck im Kleinhirn führen zum Verlust des Gleichgewichtssinns und der koordinierten Bewegung. An der Schädelbasis liegt das Markhirn, der primitivste Teil des Gehirns, der das limbische System und den Hypothalamus enthält. Es ist mit dem Rückenmark verbunden, verarbeitet einlaufende Sinnesdaten und erhält Körperfunktionen aufrecht. Wenn der Druck bis hierhin vordringt, fängt man an zu halluzinieren, und die elementarsten Körpersysteme laufen aus dem Ruder. Wenn dieser Vorgang nicht rasch rückgängig gemacht wird, ist der Tod unausweichlich.

Wir mussten Ricardo nach unten bringen. »Komm aus dem Zelt«, befahl ich ihm. Er fummelte am Reißverschluss seines Schlafsacks, bekam ihn aber nicht auf. »Ich gehe nicht ohne meine Freundin«, sagte er. Ricardos Freundin war in Südamerika. Wir mussten uns beeilen.

Die Bekämpfung von Ricardos »Kopfschmerzen« hatte viel zu viel Zeit gekostet. Ein Abstieg ist die einzige effektive Behandlung eines Hirnödems. Um ihn ins Basislager zu schaffen, musste man die heimtückischen Eisfälle in der Finsternis durchqueren. Ihn die Nacht über hier zu behalten hätte jedoch seinen Tod bedeutet. Während Ricardos Teamgefährten eine Leiter in eine Bahre verwandelten, brachten meine Kollegen mir die Angelzeugkiste mit der medizinischen Notfallausrüstung, die ich in Lager II aufbewahrte. Ich injizierte Ricardo Dexamethason, ein starkes Steroid, das Gewebsentzündungen hemmt. Es würde sein Gehirn für ein paar Stunden abschwellen lassen, vorübergehend den Druck mindern und, wie ich hoffte, seinen Zustand stabilisieren. Seine Retter würden ihm unterwegs eine weitere Spritze verabreichen, um ihm bis zum Ziel über die Runden zu helfen. Die Expedition hatte einen Arzt im Basislager, der sich dort seiner annehmen würde.

Wir hatten in Lager II keinen Sauerstoff gelagert, aber wir hatten einen brauchbaren Ersatz: einen Überdrucksack oder »Gamow bag«, eine tragbare Überdruckkammer, die fünf Kilogramm wiegt. Zusammengefaltet kann der Segeltuchsack wie ein Rucksack getragen werden. Mit einem Fußpedal aufgepumpt, wird er zu einem menschengroßen Zylinder. Wir legten Ricardo hinein und erhöhten den Luftdruck um ihn herum durch ständiges Betätigen des Blasebalgs so sehr, dass sein Körper den Eindruck gewinnen musste, er befinde sich 600 Meter tiefer. Diese Behandlung setzten wir fort, bis seine Retter zum Aufbruch bereit waren. Mehr konnten wir nicht für ihn tun. Ein rascher Abstieg behebt die Ursache, und die Symptome lassen normalerweise nach.

Unsere Expedition stieg am nächsten Morgen ins Lager III auf, um dort einige Vorräte zu deponieren. Erst nach drei Tagen kamen wir ins Basislager zurück. Bevor ich noch fragen konnte, sagte man mir, dass Ricardo gestorben war. Ich ging direkt zum Lager der Südamerikaner und fand ihren Arzt im Messezelt.

»Er ist nicht an seinem Hirnödem gestorben.« Der Arzt schenkte mir etwas Tee ein und erklärte: »Er sah gar nicht so übel aus, als er hier eintraf, und ich dachte, er schafft es, aber am nächsten Tag hatte er einen Herzinfarkt. Vor dem Aufstieg habe ich seinen Hämatokritwert gemessen. Er lag bei siebzig. Ich habe ihm geraten, nicht höher zu steigen, aber er hat nicht auf mich gehört.«

Was der Arzt mir mitteilte, war, dass die Konzentration der roten Blutkörperchen in Ricardos Blut fast doppelt so hoch war wie normal. Die Höhe hatte ihre Produktion angeregt und zugleich sein Durstgefühl gedämpft. Durch die harte Arbeit in trockener Kaltluft hatte er beim Ausatmen viel Wasserdampf verloren. Mit mehr Zellen in weniger Flüssigkeit bestand sein Blut zu zwei Dritteln aus Feststoffen und war so zäh wie Teer. Das sauerstoffreiche Blut verlässt das Herz durch die Aorta, eine Art Aquädukt, das sich verzweigt und wieder verzweigt, sodass jedes Organ des Körpers versorgt wird. Direkt am Anfang wird ein kleiner Teil des Blutes aus der Aorta in die Herzkranzgefäße abgezweigt, drei Adern, die den Herzmuskel selbst mit Sauerstoff und Nährstoffen versorgen. Die Gefäße sind schmal und allzu oft durch Stress noch weiter verengt oder durch Cholesterin verstopft. Ein Herzinfarkt ist eine plötzliche, totale Blockade dieser Gefäße, die normalerweise durch einen starken Krampf oder die Ablagerung einer vom Blut mitgeführten Fettplaque verursacht wird. Im Hochgebirge jedoch, in dem Extremmedizin zum Normalfall wird, bekommen auch junge, gesunde Bergsteiger Herzinfarkte, weil ihr Blut wortwörtlich zu dick wird, um noch durch die Arterien zu fließen.

Die Todesursachen auf einem hohen Berg können so unscheinbar sein wie ein Überschuss roter Blutkörperchen oder so evident wie ein 600 Meter tiefer Fall. Mein Team und ich kletterten langsam und konzentriert einen steilen Eishang unter dem Lager III hinauf, vielleicht noch zwei Tage vom Everest-Gipfel entfernt. Kami, einer unserer vier Sherpas, war uns ins Lager vorausgeeilt, um dort Proviant zu deponieren, und machte sich gerade wieder an den Abstieg. Plötzlich vernahm ich über mir ein Rumpeln, aber überhängendes Eis raubte mir die Sicht. Für eine lange Sekunde wurde das Geräusch immer lauter, und dann schoss ein Körper über meinen Kopf hinweg. Entsetzt sahen wir zu, wie Kami vom Eis unter uns abprallte, den glatten Abhang hinunterstürzte und -schlitterte, über eine Gletscherspalte katapultiert wurde und unten regungslos im Schnee liegen blieb.

Kami hatte einen simplen Fehler begangen. Um beim Abstieg Zeit zu sparen, hatte er seine Klettergurte nicht an der Sicherheitsleine eingeklinkt. Dann war er ausgerutscht, und seine Fehleinschätzung kostete ihn das Leben. Gehirne, die chronisch zu wenig Sauerstoff bekommen, arbeiten langsam. Das führt zu diffusem Denken. Man kann das durch gezielte Konzentration überwinden, aber wenn es an Sauerstoff mangelt, bringt man diese zusätzliche Anstrengung nur schwer zustande. In großen Höhen ist das Urteilsvermögen oft beeinträchtigt.

Tief erschüttert zogen wir uns ins Basislager zurück, um uns zu sammeln und uns zu einem schmerzlichen Entschluss durchzuringen. Ein Menschenleben ist durch nichts aufzuwiegen, aber wir alle hatten die Risiken und den Lohn dieses Abenteuers gekannt und akzeptiert. Jetzt abzubrechen würde Kami nicht wieder lebendig machen, und wir hatten noch wichtige Aufgaben zu erledigen. Der Einsatz der Gerätschaft, die »National Geographic« uns mitgegeben hatte, war ein bedeutender Schritt hin zu einem besseren Verständnis der Geologie der asiatischen Kontinentalplatte. Wir entschieden uns, die Expedition fortzusetzen, und nahmen uns vor, noch vorsichtiger zu sein.

Der Wiederaufstieg nahm fünf Tage in Anspruch. Wir kämpften uns durch den Eisfall zu Lager I vor, dann über die Gletscherspalte zu Lager II. Wir stiegen erneut den Eishang ins Lager III hinauf, wobei wir an der Unfallstelle vorbeikamen, und querten dann die Wand zum Südsattel, zum letzten Lager vor dem Gipfel.

Als wir vom Lager IV zum Gipfel – und zu jenem kritischen Moment der Entscheidung – aufbrachen, waren wir voller Hoffnung und williger Muskeln, aber unsere Kraft und selbst unsere Gedanken waren vom Brennstoff in unseren Körpern und dem Sauerstoff auf unseren Rücken abhängig. Da der tiefe Schnee unser Vorankommen während der Nacht und am Morgen beeinträchtigt hatte, ging uns beides allmählich aus. In einer Höhe von 8570 Metern mussten wir uns entscheiden, entweder weiter aufzusteigen oder umzukehren. Als wir auf der schmalen Kante des Südwestgrats balancierten, warfen wir wahrscheinlich wirklich unser Leben in die Waagschale. Der Gipfel, nur 280 Höhenmeter über uns, war verlockend nah. Dennoch: Bei unserer Marschgeschwindigkeit hätten wir wahrscheinlich noch fünf Stunden gebraucht. Das Tageslicht hätte dafür noch gereicht, aber wir hätten im Dunkeln wieder absteigen müssen. Bis zum Gipfel hatten wir genug Sauerstoff, aber dann wäre für den Rückweg nichts übrig gewesen. Ein Abstieg kostet viel weniger Energie als ein Aufstieg, aber wir würden erschöpft sein – tödliche Unfälle ereignen sich achtmal häufiger auf dem Weg nach unten als auf dem Hinweg. Man denke an Kami.

Uns schwirrte der Kopf. In einer gesünderen Höhe wäre uns die Entscheidung leicht gefallen, aber bei Sauerstoffmangel lassen die höheren Schaltzentralen des Gehirns die Zügel schleifen, sodass selbst nahe liegende Schlüsse unterbleiben. Allzu leicht erliegt man dem Lockruf des Mount Everest. Ganz nah am Ziel spürten wir immer noch den Sog nach oben. 280 Meter. Drei Football-Felder. Ein Häuserblock in New York City. Die Chance unseres Lebens. 280 Meter.

Dann endlich Klarheit: Unser Sauerstoff war zu knapp, um die Spitze sicher zu erreichen, aber er reichte noch, um das zu erkennen. Wir kehrten um.

Ich wusste, dass der Everest auch nächstes Jahr noch stehen würde, aber nicht, ob ich ihn noch einmal zu sehen bekäme. Wie sich zeigte, beschloss man bei »National Geographic«, das Projekt fortzusetzen, sodass ich die Chance erhielt, im nächsten Jahr zurückzukehren. Aber wieder konnte ich den Gipfel nicht erklimmen. Diesmal lag es daran, dass unsere Expedition sich in eine Rettungsmission verwandelte, als ein brutaler Sturm die schlimmste Katastrophe in der Geschichte des Everest heraufbeschwor und ich der einzige Arzt auf dem Berg war.

Wir hätten dem Kometen Hyakutake mehr Beachtung schenken sollen, der in jenem Jahr den Nachthimmel über dem Basislager erhellte. Die alten Heiler waren davon überzeugt gewesen, dass Kometenbesuche den Menschen Tod und Verderben bringen. Sie dachten zweifellos eher an Pest und Cholera als an Unterkühlung und Frostbeulen. Dennoch wünschte ich mir, als unsere Expedition vorüber war, wir hätten ihren Warnungen Glauben geschenkt.

In diesem Jahr waren mehrere große Teams auf dem Berg. Neben unserer National-Geographic-Expedition gab es ein amerikanisches Team, ein neuseeländisches Team und eine Filmcrew, die einen IMAX-Film drehte. Nachdem wir anderthalb Monate damit verbracht hatten, uns zu akklimatisieren und unsere Lager auf dem Berg zu errichten und auszustatten, brachen wir alle in Richtung Gipfel auf. Die andere amerikanische sowie die neuseeländische Gruppe waren uns eine Tagesreise voraus, das IMAX-Team einen Tag hinter uns. Vier Tage nach dem Aufbruch erreichten wir Lager III, und wir bereiteten uns darauf vor, am nächsten Morgen ins Lager IV auf dem Südsattel aufzusteigen. Die Amerikaner und die Neuseeländer hatten den Sattel am Vortag erklommen und waren jetzt auf der Gipfeletappe. Unsere einzige Verbindung zu ihnen war unsere jeweilige Funkverbindung zum Basislager. Wir warteten voller Spannung auf den verabredeten Funkkontakt, um zu erfahren, wie gut sie vorankamen. Als die Zeit gekommen war, teilte man uns mit, dass Rob Hall, der Leiter der neuseeländischen Expedition, und fünf andere Leute aus seiner Gruppe den Gipfel erreicht hatten. Wir hörten den Jubel im Basislager, tief unter uns. Aber es gab unheilvolle Vorzeichen. Fünf weitere Mitglieder der Gruppe waren wegen starker Winde früh umgekehrt, und die Gipfelstürmer waren erst um halb drei nachmittags oben angelangt: sehr spät für eine sichere Rückkehr. Und vom amerikanischen Team hatte man bis jetzt noch überhaupt nichts gehört. Wir blieben in Funkbereitschaft, um mitzubekommen, ob alle sicher ins Lager IV zurückkehrten. Unser Unbehagen wuchs, als der Wind immer launenhafter blies, die Temperatur plötzlich absackte und Sturmwolken über uns hinwegzogen. Das Funkgerät schwieg beharrlich.

Der nächste Bericht ließ uns in dem bereits viel zu kalten Zelt erzittern: Vom Sturm überrascht, war Rob noch immer auf dem Gipfel. Bei ihm war Doug Hansen, dem der Sauerstoff ausgegangen war und der zu schwach war, um den Hillary Step hinabzuklettern, eine technisch anspruchsvolle Felsklippe knapp unter dem Gipfel. Auch der Rest des neuseeländischen Teams hatte Schwierigkeiten mit der Rückkehr. Aus der amerikanischen Gruppe waren alle auf dem Gipfel gewesen – bis auf den Expeditionsleiter, Scott Fischer, den seit dem frühen Morgen seltsamerweise niemand gesehen hatte. Auch von Makalu Gau, einem taiwanesischen Bergsteiger, der zuletzt auf dem Gipfel gesichtet worden war, fehlte jede Spur. Über den ganzen Berg waren Bergsteiger verteilt, von denen einige offenbar immer noch versuchten, vom Südostgrat herunterzukommen. Ich konnte mir jeden Schritt vorstellen, den sie taten. Die Bilder von meinem eigenen Versuch, zum Gipfel vorzudringen, standen mir noch sehr lebhaft vor Augen.

In dieser Nacht lag ich in meinen Schlafsack gehüllt im Lager III und atmete Sauerstoff. Ich fand weder Schlaf noch Wärme. Während der Sturm mein Zelt durchschüttelte, waren da draußen, 600 Meter über mir, erschöpfte Bergsteiger ohne Sauerstoff dem Wüten des Windes und der Kälte schutzlos ausgeliefert. Sie standen an der Grenze zum Tod. Einige hatten sie vielleicht bereits passiert.

Der Lagebericht am nächsten Morgen war verwirrend und widersprüchlich. Rob steckte immer noch auf dem Hillary Step fest. Es war unklar, was mit Doug passiert war. Die Bergsteiger, die es geschafft hatten, Lager IV zu erreichen, bevor der Sturm richtig loslegte, berichteten, dass es bitterkalt war und der Höhenwind den Schnee in alle Richtungen blies, sodass die Sicht praktisch gleich null war. Niemand hatte den Überblick, wer in den anderen Zelten lag. Wer sich außerhalb des Lagers befand, hatte keine Chance, es zu finden. Achtzehn Menschen wurden noch vermisst, darunter das gesamte amerikanische Team. Wir hörten, dass zwei Mitglieder des Neuseeland-Teams, Yasuko Namba und Beck Weathers, bereits tot im Schnee unterhalb des Südsattels aufgefunden worden waren.

Der Wind drückte den Schnee regelrecht durch den Stoff in unsere Zelte, die so heftig schlugen, dass man sich selbst durch lautes Rufen nicht mit dem Nachbarzelt verständigen konnte. Unsere beiden stärksten Bergsteiger, Todd Burleson in meinem Zelt und Pete Athans in dem anderen, mussten sich per Funk über einen Rettungsplan verständigen. Sie diskutierten gar nicht darüber, *ob* sie raufgehen sollten, sondern nur darüber, *wie schnell* sie sich zum Aufbruch bereitmachen konnten. Obwohl ich der einzige Arzt auf dem Berg war, war nie die Rede davon, dass ich sie begleiten könnte. Nicht nur, dass ich kaum mit ihnen hätte Schritt halten können: Ich wäre da draußen höchstwahrscheinlich auch gestorben. Außerdem hatte ich mit beiden seit Jahren zusammengearbeitet; ich war überzeugt, dass sie jeden, den sie lebend antrafen, gut versorgen würden. Aber ich erinnerte sie daran, dass sie sehr genau prüfen mussten, ob jemand wirklich tot war. Meine Anwesenheit hätte wahrscheinlich gar nichts geändert: Die Behandlung vor Ort musste sich auf ein Minimum beschränken. Bevor ich irgendwelche medizinischen Vorräte in diese extreme Höhe gebracht hatte, hatte ich gnadenlos alles aussortiert, was zu groß oder zu schwer erschien, was nicht frostfest war, was wahrscheinlich doch nicht gebraucht würde und was nichts brachte, weil vermutlich niemand – ich eingeschlossen – gut genug beisammen wäre, um es richtig anzuwenden. Ich gab Todd alles an Medizin, was ich bei mir hatte: eine Hand voll.

In wirbelndem Wind und bitterer Kälte machten sich Todd und Pete daran, den Hang zum Lager IV hinaufzusteigen. Ich konzentrierte mich wieder auf unsere medizinische Situation. Wir hatten immer noch kein klares Bild von der Größenordnung der Katastrophe, aber ich wusste, wie dicht Überleben und Tod nahe dem Gipfel beieinander liegen. Als ich letztes Jahr durchgefroren und erschöpft von meinem eigenen Gipfelversuch zurückgekehrt war, hatte ich ins Innere meiner Daunenjacke gelangt, um einen Schluck aus meiner Wasserflasche zu nehmen, und feststellen müssen, dass das Wasser, das ich an meiner Brust getragen hatte, um es warm zu halten, gefroren war. Und bei unserem Anlauf war das Wetter vergleichsweise mild gewesen. Jetzt würde ich erfahren, was mit menschlichen Körpern geschieht, auf die diese fremde Welt mit voller Kraft einwirkt.

In Lager III zu bleiben war nur sinnvoll, wenn alle heil zurückkamen – oder aber niemand. Ich hatte hier weder das nötige Material noch den Platz, um jemanden zu behandeln. Lager III, 7300 Meter über Normalnull, ist nicht mehr als ein Loch, das mitten in einen ansonsten völlig glatten, 1500 Meter langen, 45 Grad geneigten Eishang gehauen worden ist. Die Plattform im Eis ist nicht größer als die Zelte, die darauf verankert sind. Es gibt keinen Platz, draußen zu stehen. Selbst wenn ich Medikamente dabeigehabt hätte, hätten wir jeden, der behandelt werden musste, um 45 Grad geneigt festbinden müssen. Alle ernstlich verletzten Überlebenden mussten ins Lager II hinuntergebracht werden, das sich auf einer viel flacheren, größeren Fläche in 6400 Metern Höhe befand. Dort konnte ich eine improvisierte Krankenstation installieren. Ich listete das medizinische Material für alle Fälle auf, die ich womöglich bald behandeln musste, kontaktierte dann das Basislager, las die Liste vor und bat darum, die Sachen ins Lager II zu schaffen. Vorerst blieb ich aber in Lager III: Ich wusste, dass nur hier Funkkontakt mit dem Südsattel bestand. Also wartete ich.

Todd und Pete schafften es bis zum Südsattel. Die Überlebenden des Neuseeland-Teams hatten sich in ihre zerfetzten Zelte gehüllt, viele zu schwach oder zu benommen, um Wasser zu kochen oder

Sauerstoffmasken aufzusetzen. Das amerikanische Team war bis auf Scott, der immer noch vermisst wurde, und seinen obersten Bergführer Anatoli Bookrev, der ihn noch suchte, ins Lager IV zurückgekehrt. Sie hatten zwar alle Frostblasen, waren aber in besserer Verfassung als die Neuseeländer und wollten, weil der Wind gerade nachließ, ihren Abstieg aus eigener Kraft fortsetzen. Eine Gruppe von Sherpas verließ Lager IV in Richtung Gipfel, um nach Überlebenden zu suchen und – nach Möglichkeit – Rob und Doug zu retten, die immer noch über dem Hillary Step feststeckten.

Aus Todds und Petes Schilderungen schlossen wir, dass keiner der Überlebenden stark unterkühlt war oder kurz davor stand, ein Lungen- oder Hirnödem zu bekommen. Aber sie waren ausgepowert. Das Risiko, ihnen in dieser Verfassung einen Abstieg über einen 1500-Meter-Eishang zuzumuten, musste gegen die Gefahr abgewogen werden, dass sich ihr Zustand bei einer Übernachtung in 7900 Metern weiter verschlechterte. Alles in allem erschien es klüger, sie bis zum Morgen auf dem Sattel zu lassen. Wir hofften, dass Ruhe, Nahrung und Flüssigkeit ihr Koordinations- und Konzentrationsvermögen so weit wiederherstellen würden, dass sie nach der Wetterberuhigung sicher absteigen konnten. Der Weg über den Eishang kann sogar einen starken Kletterer bei gutem Wetter das Leben kosten, wie wir im vorigen Jahr erlebt hatten.

Während Todd und Pete die Überlebenden in Lager IV aufpäppelten, machten wir in Lager III uns auf die amerikanische Gruppe gefasst, die bald auf ihrem Weg ins Lager II, in dem sie sich viel besser erholen konnte, an uns vorbeiziehen musste. Angehörige vom IMAX-Filmteam waren vom Lager II zu uns gestoßen, um uns zu helfen. Sie hatten Verpflegung mitgebracht und in einem ihrer Zelte eine Zwischenstation eingerichtet, in der sie Wasser, Essen und Sauerstoff austeilten und ein warmes Plätzchen zum Aufwärmen und Ausruhen boten. In keinem Zelt gab es genug Platz für Untersuchungen. Daher hockte ich mich neben die offene Tür meines Zeltes und sah zu, wie die Kletterer einer nach dem anderen am Seil herunterkamen und in das IMAX-Zelt gingen. Alle waren erschöpft, die meisten hatten

Erfrierungen, aber keiner wirkte durch ein Hirnödem verwirrt oder unkoordiniert, und niemand schien an Atemnot durch ein Lungenödem zu leiden. Ich hatte ein paar Dexamethason-Tabletten übrig, die ich an jene verteilte, die sie am meisten zu benötigen schienen. Im Zelt erhielten die Bergsteiger eine Tasse Tee, eine Schale Suppe, ein paar Atemzüge Sauerstoff und eine Menge Zuspruch. Dann wurden sie postwendend wieder hinausgeschickt. Wir befürchteten, wenn sie zu lange innehielten, wären sie nicht mehr imstande, weiterzuziehen.

Das Abklingen des Windes, das den Amerikanern den Abstieg ermöglicht hatte, entpuppte sich als nur vorübergehende Flaute. Der Sturm hatte eine Verschnaufpause eingelegt und kehrte mit noch größerer Kraft zurück. Ich fing an, unsere Entscheidung zu bereuen, das Neuseeland-Team noch einmal im Lager IV übernachten zu lassen, weil ich ahnte, dass die Bedingungen auf dem Sattel jetzt noch schlechter sein mussten.

Und so war es. Die Sherpas, die nach Überlebenden gesucht hatten, wurden vom eisigen Wind gezwungen, ins Lager IV zurückzukehren. Sie hatten Rob und Doug, die weit oben auf dem Südostgrat festsaßen, nicht erreicht. Sie hatten jedoch Scott und Makalu auf dem Südsattel im Schnee liegend gefunden, gar nicht weit voneinander entfernt. Scott war tot, aber Makalu atmete noch. Also schleppten sie ihn mit ins Lager.

Der Sturm hatte sich weiter aufgeschaukelt. Die Bergsteiger kauerten notgedrungen den ganzen Nachmittag in ihren Zelten. Als Todd zufällig durch sein Zeltfenster ins Schneegestöber hinaussah, hatte er eine Erscheinung. Da draußen war jemand. Da er dachte, es sei ein Bergsteiger, der zu den Toiletten wollte, ging er hinaus, um zu helfen. Der Bergsteiger taumelte mit offener Jacke auf ihn zu. Eine unbehandschuhte Hand baumelte leblos an seinem rechten Arm. Das Gesicht war aufgedunsen und von Frostbeulen geschwärzt, aber die Züge waren unverkennbar: Es war Beck Weathers, auferstanden von den Toten.

Todd brachte Beck in ein Zelt und bettete ihn in zwei Schlafsäcke. Aber noch so viele Schlafsäcke hätten nicht ausgereicht, um ihn aufzuwärmen. Schlafsäcke sind wie Thermoskannen: Sie bewahren Wärme, spenden aber keine. Beck hatte aufgehört, zu zittern. Er war zu stark ausgekühlt, um selbst noch Wärme zu produzieren, und musste von außen gewärmt werden. Todd und Pete füllten Flaschen mit heißem Wasser, so schnell sie den Schnee nur schmelzen konnten, und platzierten sie dort, wo sie nach ihrem Wissen am meisten bringen würden: in den Achselhöhlen, in der Leistengegend und um den Hals. Arme, Beine und der Kopf sind die Körperteile, die am weitesten vom Rumpf »abragen« und daher am kälteanfälligsten sind. Große Röhren leiten Blut hinein, um sie warm zu halten: eine Brachialarterie in jeden Arm, eine Femoralarterie in jedes Bein und zwei Halsschlagadern in den Kopf. Die Achselhöhlen, die Leiste und der Hals sind die Eingangstore für diese Gefäße. Die Haut ist hier dünn, und dicht unter der Oberfläche strömt viel Blut vorbei, weshalb dies die geeigneten Ausgangspunkte zum Erhitzen des Körpers sind. Eine weitere, wenngleich weniger effektive Möglichkeit ist die Erwärmung von innen. Todd und Pete füllten Becks Magen mit heißem Tee und seine Lungen mit Sauerstoff. Der Sauerstoff würde auch helfen, die Glut seines schwachen Stoffwechselfeuers wieder zu entfachen.

Sie taten bereits das Richtige, als sie mich anfunkten. Das Einzige, was ich ihnen noch empfehlen konnte, war, dass einer der beiden sich ausziehen und zu Beck in den Schlafsack kriechen sollte. Ein warmer Körper strahlt großflächig viel zusätzliche Wärme ab. Wie viel Energie auf diese Weise tatsächlich übertragen wird, ist umstritten, aber mir ging es darum, Beck so gleichmäßig wie möglich aufzuwärmen. Es wäre tragisch gewesen, wenn er die Unterkühlung überlebt hätte, nur um dann am Auftauen zu sterben. Seine Hände, die Arme und sein Gesicht hatten schwere Erfrierungen, vielleicht auch seine Füße. Das hieß, dass die Blutgefäße, die diese Gebiete versorgten, sich zusammengezogen hatten; wenn sich dort Blut gestaut hatte, war es ebenso kalt wie die Umgebung. Jetzt, wo wir seine Gliedmaßen erwärmten, würde dieses Blut wieder in den Gesamtkreislauf hineingespült. Solange seine Körpertemperatur niedrig blieb, liefen der Transport der Nervensignale und die Muskelkontraktionen langsam ab. Sein Herzmuskel war womöglich noch steif und unflexibel. Plötzlich von einem Schwall kalten Blutes erfüllt zu werden konnte dieses Herz aus dem Takt bringen und seinen regelmäßigen Schlag in unkoordinierte Muskelzuckungen verwandeln.

Ich wollte gerade meinen Vorschlag anbringen, sich zu Beck in den Schlafsack zu legen, als Todd mir mitteilte, dass er zu sich kam. Es war zu spät, um ihn am selben Tag ins Lager II hinunterzuschaffen. Er würde die Nacht auf dem Sattel verbringen müssen, genau wie Makalu, der ebenfalls noch lebte, aber, wie Beck, in einem kritischen Zustand war. Es sah nicht so aus, als würde sonst noch jemand lebend aus dem Schnee herauskommen. Dennoch weigerte sich Anatoli Bookrev, Scotts Bergführer, der bereits drei Menschen gerettet hatte, den Sattel zu verlassen. Man hatte ihm gesagt, dass Scott tot war, aber da Beck wieder zum Leben erweckt worden war, glaubte er, auch für Scott könnte es noch eine Chance geben. Er zog ein drittes Mal in den wütenden Sturm hinaus, um ihn zu suchen.

Anatolis Kraft, dem Sturm zu trotzen, demonstrierte die unglaubliche Leistungsfähigkeit des menschlichen Körpers: Er zeigte, was man in großen Höhen schaffen kann, wenn der Körper vollständig angepasst, seine Maschinerie gut getunt und der Geist hoch motiviert ist. Anatoli war ohne Sauerstoff geklettert. Da er als Bergführer für die Sicherheit der anderen verantwortlich war, hatte man ihn deswegen kritisiert, weil er so weniger stark sei und weniger Kälte ertrage. Aber er als Bergsteiger war vollständig an die Auswirkungen des Sauerstoffmangels angepasst. Als überragender Athlet leistete er ohne zusätzlichen Sauerstoff immer noch mehr als die meisten anderen Bergsteiger, die diese Ressource in Anspruch nahmen. Er war am besten darauf vorbereitet, sich der natürlichen Umwelt zu stellen, als die Katastrophe zuschlug und die künstlichen Hilfssysteme außer Kraft setzte.

Anatoli erreichte Scott. Er konnte jedoch nur noch bestätigen, dass der Freund seinen Kampf gegen die Umwelt verloren hatte. Weiter oben im Berg war auch Rob Hall dabei, die Schlacht zu verlieren. Die Sherpas, die ihn bergen wollten, waren vom Wind zurückgeschlagen worden. Sein Kamerad Doug hatte bereits vor der Kälte kapituliert, und jetzt war Rob allein und außer Reichweite. Er hätte sich noch retten können, wenn er Doug im Stich gelassen hätte, aber er hatte sich geweigert, den Sterbenden allein zu lassen, und war jetzt selbst zu schwach, um weiter abzusteigen. Das eigene Leben für einen anderen zu riskieren, wie es Anatoli und Rob getan hatten, wirkt wie ein falscher Zug im Spiel ums Überleben, und doch kommt er bei Tieren wie Menschen immer wieder vor. Eine erfolgreiche Art ist eine, die ihre Gene in möglichst vielen Individuen erhält, um sicherzustellen, dass genug Kopien an künftige Generationen weitergereicht werden. Jede einzelne Kopie ist entbehrlich, vor allem, wenn das Opfer dem Überleben der Gene in den anderen Trägern dient. Altruismus ist zwar für das Individuum von Nachteil, für die Art aber von Vorteil, und deshalb schätzen wir ihn so hoch.

Als Rob über Funk erfuhr, dass die Sherpas nicht zu ihm stoßen konnten, bat er darum, zu seiner schwangeren Frau in Neuseeland durchgestellt zu werden. Nachdem er sich von ihr verabschiedet hatte, schaltete er das Funkgerät aus. Er tat, was er konnte, um sich zu schützen: Er kroch in eine Kuhle im Eis, um aus dem Wind zu kommen, und bedeckte sich zum Teil mit Schnee, um sich gegen die Kälte zu isolieren. Er nahm seine metallischen Steigeisen ab, um die Wärmeableitung aus seinem Körper zu verlangsamen.

In jener Nacht wütete der heftigste Sturm, den ich je erlebt habe. Unsere Zelte in Lager III waren mit Eisschrauben im Hang verankert. Wir fürchteten jede Sekunde, dass die Schrauben herausgezerrt oder aber die Zelte in Stücke gerissen würden, sodass wir 900 Meter den Abhang hinabgeschleudert würden. Wir verbrachten die Nacht voll angekleidet und mit den Stiefeln an den Füßen auf dem Zeltboden, alle viere von uns gestreckt, um den Zug zu vermindern, dem die Eisschrauben ausgesetzt waren.

Am Morgen erfuhren wir, dass Beck und Makalu die Nacht überlebt hatten und zu mir ins Lager II heruntergebracht würden. Das Neuseeland-Team – oder was von ihm übrig war – würde den Abstieg aus eigener Kraft schaffen. Wir alle waren uns aber schmerzlich bewusst, dass Rob so weit oben und so stark exponiert unmöglich eine zweite Nacht überlebt haben konnte. Der Sturm war vorübergezogen und hatte Robs Leben mitgenommen, aber die eigentliche Todesursache war Altruismus.

Todd und Pete und die Gruppe Sherpas in Lager IV wurden ebenfalls von dem Instinkt getrieben, ihre Art zu retten, als sie sich darauf vorbereiteten, Beck und Makalu den Berg hinunterzuschaffen. Ich bat Pete, Beck etwas Dexamethason zu geben, bevor sie aufbrachen. Er würde die gefrorenen Ampullen vor der Injektion zunächst auftauen und anwärmen müssen und die restlichen im Inneren seiner Jacke verstauen, um sie später unterwegs verwenden zu können. Beck würde alle Hilfe benötigen, die er bekommen konnte. Mit seinen erfrorenen Händen konnte er das Seil nicht halten, ja, er konnte es kaum erkennen, was mich vermuten ließ, dass er schneeblind war. Sie stiegen zusammengeschnürt ab: Pete voran, als Becks Blindenhund, und Todd hinter ihm, um Becks Gurte festzuhalten, damit er nicht abstürzte. Die Sherpas waren mit Makalu vorangegangen. Beide Konvois kamen gut voran. Es wurde Zeit, dass ich aufbrach. Als ich das Lager verließ, kam ich an dem IMAX-Regisseur Dave Breashears und dem Extremkletterer Ed Viesturs – seinem Filmstar – vorbei, die auf dem Weg nach oben waren, um Todd und Pete abzulösen. Ich kletterte die 900 Meter ins Lager II hinab und bereitete mich auf die Ankunft meiner Patienten vor, die eigentlich in eine Intensivstation gehörten. Ich würde jedoch 6400 Meter über Normalnull komplexe medizinische Probleme lösen müssen, in einer Höhe, in der man oft schon mit dem Zubinden seiner Schuhe überfordert ist.

Ich beschlagnahmte das größte Zelt im Lager, das Messezelt der Neuseeländer, und sichtete die verfügbare Ausrüstung. Alles, worum ich am Vortag gebeten hatte, war heute Morgen heraufgeschleppt worden, einschließlich einer schweren Propangasheizung. Ich bekam auch reichlich Hilfe. Aus dem Basislager war der dänische Bergsteiger Henrik Hansen zu mir gestoßen, der ebenfalls Mediziner war. Die Sherpas und alle Bergsteiger, die noch kräftig genug waren, brannten darauf, sich nützlich zu machen. Wir säuberten die Klapptische und -stühle, breiteten Schaumstoffmatten und Schlafsäcke auf dem Boden aus, klinkten Karabinerhaken am Zeltgestänge ein, um Infusionsbeutel daran aufzuhängen, und legten Sauerstoffzylinder und Atemregler bereit, die wir auf maximalen Durchfluss einstellten. Die Bergsteiger sammelten zwei komplette Kollektionen trockener Kleidung ein, und die Sherpas gingen in die Küche, um so viel Wasser wie möglich aufzuheizen. Ich ordnete meine Medikamente und mein Verbandszeug und überprüfte, ob meine Instrumente beim Transport aus dem Basislager beschädigt worden oder eingefroren waren. Nur die Infusionsbeutel waren fest geworden. Die Sherpas nahmen sie mit in die Küche, tauten sie in kochendem Wasser auf und brachten sie mir zusammen mit einer Tasse Tee zurück, der mit demselben Wasser gebrüht worden war. Ich hängte zwei Beutel auf, schloss die Schläuche an und ließ die Enden über den Schlafsäcken baumeln. Dann schlürfte ich meinen Tee und wartete.

Makalu platze als Erster ins Zelt, in einen voluminösen Daunenanzug mit Kapuze gehüllt und mit einer Sauerstoffmaske im Gesicht. Er wurde von einigen Sherpas eskortiert, die ihn sofort auf einen der Schlafsäcke legten und ihn Schicht um Schicht aus seinen feuchten Kleidern schälten. Er war nass bis auf die Unterwäsche. Seine Füße waren in den Stiefeln festgeschwollen und quollen noch weiter auf, sobald wir sie befreit hatten. Wir würden später größere Schuhe für ihn auftreiben müssen. Er war bei Sinnen und nur leicht unterkühlt, aber er sah grauenhaft aus. Seine Nase fehlte. An ihrer Stelle gab es eine spröde schwarze Kruste, die sich über seine Wangen bis zu den Augen ausdehnte, die zugeschwollen waren. Alle seine Finger sahen wie dunkelgraue, pralle Würstchen aus. Seine Zehen und Fersen waren ebenfalls erfroren und grau. In seinen Handgelenken und Knöcheln war noch ein schwacher Puls zu spüren. Ich markierte die Stellen mit einem Stift, um seinen Kreislauf im Auge zu behalten, und bereitete mich darauf vor, die übelsten Erfrierungen zu behandeln, die ich je gesehen hatte.

Die meisten Schäden waren bleibend. Makalu war dem Höhenwind und dem Frost über vierundzwanzig Stunden ausgesetzt gewesen. In nasser Kleidung, ohne Rückzugsmöglichkeit und ohne jede Kraft hatte sein Körper versucht, das bisschen verbliebene Wärme um jeden Preis festzuhalten. Die Gefäße in seinen Armen, den Beinen und im Gesicht – den Regionen, die am meisten Wärme abgeben – hatten sich so fest zusammengezogen, dass das Gewebe praktisch gar nicht mehr mit Blut versorgt worden war. Da keine Wärme mehr angeliefert wurde, um der Kälte entgegenzuwirken, hatten sich die geopferten Körperteile auf Umgebungstemperatur abgekühlt – weit unter den Gefrierpunkt. Das Wasser im Gewebe hatte Eiskristalle gebildet, die weitergewachsen waren, indem sie den Zellen Wasser entzogen hatten. Mit anderen Worten: Makalus Hände, Füße und Nase waren gefriergetrocknet. Bis dahin sind Erfrierungen aber immer noch reversibel. Wärmezufuhr bringt das Eis zum Schmelzen, und wie gefriergetrocknetes Essen wird das Gewebe wiederhergestellt. Erst bei andauerndem Frost zerfallen die Zellen allmählich. Auch im Inneren der geschrumpften Zellen bildet sich nun Eis, und wenn die Kristalle wachsen, zerreißen sie die Membranen. Die Endothelzellen, die die Blutgefäße geschmeidig auskleiden, sind besonders empfindlich. Ihre Membranen platzen, ganz ähnlich wie bei einer von außen zugefügten Schnittwunde. Das Fibrin, ein im Blut zirkulierendes Protein, deutet den Schaden falsch und reagiert genauso wie bei einer blutenden Ader: Es bildet Klumpen, um ein Loch zu stopfen, das in Wirklichkeit gar nicht da ist. Wenn sich der Endothelschaden ausdehnt, lagern sich überall Gerinnsel ab und unterbinden jeden Blutfluss durch die Gefäße. Selbst wenn der Körperteil aufgewärmt wird, lösen sich die Klumpen nicht auf, und das Blut zirkuliert nicht mehr.

Für Makalus Nase kam jede Hilfe zu spät, aber Teile seiner Hände und Füße mochten noch zu retten sein, wenn sie rasch aufgewärmt wurden. Die Entscheidung, ihn aufzutauen, fiel mir jedoch nicht so leicht, wie es zunächst scheinen mag. Einmal aufgetaut, mussten seine Hände und Füße – wie der ganze übrige Körper – permanent warm gehalten werden. Das Blut würde wieder kreisen, auch durch Gefäße, die zwar Schaden genommen hatten, aber nicht völlig verklumpt waren. Wenn dieses Gewebe wieder einfror, würden sich rasch weitere Gerinnsel bilden, und mit einer zweiten Schicht toten Gewebes über der ersten wäre Makalu erheblich schlechter dran, als wenn seine Hände und Füße erst gar nicht aufgetaut worden wären. Es konnte durchaus sicherer sein – und bestimmt einfacher –, sie gefroren zu lassen, denn die Temperatur im Zelt lag deutlich unter null, und wir wussten noch nicht, wie wir ihn nach unten schaffen sollten. Aufgetaute Füße sind empfindlich und zerbröseln regelrecht, wenn sie belastet werden. Wenn Makalu laufen musste, würden gefrorene Füße ihn erheblich besser tragen. Bei der Behandlung von Erfrierungen in 6400 Metern Höhe ist die Logistik das größte Problem, aber ich hatte viele Helfer, das richtige medizinische Material, genug Brennstoff und mehr als genug Schnee zum Schmelzen. Wir würden die Logistik bewältigen. Ich würde ihn auftauen.

In die Infusion, die Henrik bereits gestartet hatte, injizierte ich Nifepidin, das Mittel, das die Blutgefäße in den Gliedmaßen weitet. So würde zwar mehr Blut in die Hände und Füße gelangen, aber im Rest des Körpers würde es fehlen. Da Makalu bereits stark dehydriert war, hatte ich Sorge, dass diese Maßnahme seinen Blutdruck abrupt senken könnte. Und weil ich keine Manschette hatte, um seinen Blutdruck zu messen, legte ich ab und zu meine Finger auf die Schlagader an seinem Hals, um zu prüfen, ob seine Pulsschläge noch stark genug waren. Bei der leisesten Abschwächung hätte ich das Infusionsventil ganz aufgedreht und seinen Blutdruck durch eine erhöhte Flüssigkeitszufuhr wieder stabilisiert. Um Makalu aufzutauen, waren drei Wannen mit warmem Wasser nötig: eine für jede Hand und eine für die Füße. Die Sherpas gossen das in der Küche erhitzte Wasser in die Wannen, und ich maß die Temperatur. Zunächst war das Wasser viel zu heiß, aber im eisigen Zelt kühlte es sich rasch auf die ideale Temperatur von 40 °C ab. Noch kühler wäre es nicht mehr wirksam gewesen, wärmer hätte es seine Haut verbrannt. Erfrorene Hände und Füße sind nicht schmerzempfindlich, weil Nerven bald ihre Arbeit einstellen, wenn sie der Kälte ausgesetzt werden. Die resultierende Taubheit erklärt, warum ein Eisbeutel ein guter Schmerzstiller ist, aber sie macht das Aufwärmen riskant. Ich habe schon Verbrennungen zweiten Grades auf Frostbeulen gesehen, weil das Gewebe zu energisch erhitzt worden und das Opfer erst durch den Verbrennungsgeruch der eigenen Haut darauf aufmerksam geworden war. Die ideale Wassertemperatur aufrechtzuerhalten ist mühsam, wenn die Luft ringsum unter 0 °C kalt ist. Während sich das Wasser in den Wannen abkühlte, wurde es mit leeren Flaschen abgeschöpft, um Platz für heißen Nachschub zu schaffen, der fast ununterbrochen herangeschafft wurde. Die Sherpas waren eifrige Assistenten, und obwohl kaum einer von ihnen je zuvor ein Thermometer abgelesen hatte, hatten sie den Dreh bald heraus, sodass sie selbst entscheiden konnten, wann welche Wanne neues Wasser benötigte.

Gerade als wir Makalus Zustand in den Griff bekamen, traf Beck ein, begleitet von Dave und Ed, die Todd und Pete abgelöst hatten. Ich hatte ein orientierungsloses, unkoordiniertes, halbblindes, steif gefrorenes Wrack von einem Menschen erwartet, aber als er auf dem Boden abgeladen wurde, sah er mich an und sagte leichthin: »Hi, Ken. Wohin soll ich mich setzen?«

Makalu hatte die schlimmsten Erfrierungen, die ich je gesehen hatte – aber nur, bis Beck kam. Seine ganze rechte Hand und ein Drittel des Unterarms waren ebenso dunkelrot und versteinert wie seine linke Hand. Sie strahlten eine Kälte ab, die ich sogar im Zelt bei unter 0 °C noch im Gesicht spürte. Sie hatten keinen Puls mehr und waren völlig gefühllos. Die Haut hatte nicht einmal Blasen geworfen: eine automatische Körperreaktion, die aber ein Minimum an koordinierter Nerven- und Blutgefäßaktivität erfordert. Dies waren die Hände eines Toten, aber eigenartigerweise konnte Beck sie noch bewegen. Hände sind sowohl auf feine als auch auf kräftige Bewegungen ausgelegt und werden daher von zahlreichen teils feinen, teils kräftigen Muskeln angetrieben. Sie sind jedoch so kompakt gebaut, dass die meisten Muskeln außerhalb, im Unterarm, platziert und durch seilartige Sehnen mit den Knochen in der Hand verbunden sind. Becks Unterarmmuskulatur war noch lebendig, daher konnten die Sehnen an seinen abgestorbenen Knochen ziehen und sie in Bewegung setzen, ganz so, wie man an den Fäden einer Marionette zieht.

Beck hatte am Gipfeltag sein Sehvermögen verloren, und ich hatte damit gerechnet, ihn wegen Schneeblindheit behandeln zu müssen: einer Erkrankung, die häufig bei Bergsteigern auftritt, die ihre Schutzbrille entweder verlieren oder aber abnehmen, sobald der Dampf aus der warmen Atemluft sie beschlägt. Hoch auf einem Berg wird die ultraviolette Strahlung der Sonne durch die dünne Luft kaum gefiltert. Wenn sie vom Eis und Schnee reflektiert wird und in die ungeschützten Augen trifft, bekommt die Hornhaut – das transparente Hautfenster über der Linse – einen heftigen Sonnenbrand und trübt sich ein. Das Licht dringt nicht mehr ins Auge, und man wird – zum Glück nur vorübergehend – völlig blind. Wie jeder Sonnenbrand ist auch dieser äußerst schmerzhaft, heilt aber ab. Das dauert jedoch einige Tage. Mich irritierte, dass Becks Augen nicht wehtaten und er mich klar und deutlich gesehen hatte, kaum dass er ins Zelt gekommen war. Die Hornhäute, die ich mit meinem Augenspiegel untersuchte, waren erstaunlich klar. Beide hatten jedoch je vier Narben, die wie die Speichen eines Rades von der Mitte ausgingen. Ich begriff nicht gleich, dass diese – und nicht etwa Schneeblindheit – Beck vorübergehend das Sehvermögen geraubt hatten. Er hatte eine radiale Keratotomie hinter sich, eine Operation, bei der die druckbedingte Krümmung der Linse durch Einschnitte in die äußere Hornhautschicht verändert wird, sodass man keine Brille mehr benötigt. Man hatte noch nie getestet, welche Spätfolgen dieser Eingriff in extremen Höhen hat. Die Hornhaut wird, da sie durchsichtig sein muss, nicht durch Blutgefäße mit Sauerstoff versorgt, sondern direkt aus der Luft. Beck hatte am Gipfeltag zusätzlichen Sauerstoff eingeatmet und sein Blut damit angereichert. Allerdings hatten seine Hornhäute davon nicht profitiert. Da sie der Luft nicht genug Sauerstoff entnehmen konnten, waren sie angeschwollen, aber die Narben hatten die Ausdehnung behindert und so Oberflächenunebenheiten geschaffen, die die einfallenden Lichtstrahlen abgelenkt hatten. Mit zunehmender Höhe waren die Bilder immer unschärfer geworden, bis Beck kaum noch etwas hatte erkennen können. Jetzt, in geringerer Höhe, gaben sich die Abbildungsfehler von selbst.

Bei Beck folgten wir demselben Prozedere wie bei Makalu, nur dass Becks Füße keine Erfrierungen hatten und wir deshalb auf die dritte Wanne verzichten konnten. Inzwischen waren die Sherpas routinierte Aufwärm-Experten, aber sogar mit nur zwei Wannen kamen sie kaum hinterher. Becks Hände waren Eisblöcke, die das Wasser unglaublich schnell abkühlten.

Beck war voll ansprechbar und klar im Kopf. Während wir arbeiteten, lieferte er uns einen Bericht über alles, was ihm passiert war. Er sagte, sein Sehvermögen habe sich auf dem Weg zum Gipfel immer weiter verschlechtert, und als er den Südostgrat erreicht habe, sei ihm klar gewesen, dass er kehrtmachen musste. Dann überraschte ihn der Sturm, und im Schneegestöber fand er den Weg zurück ins Lager nicht. Als er bemerkte, dass seine Hände taub waren, wollte er sie wärmen, indem er sie in die Jacke steckte. Er zog seinen rechten Handschuh aus, um den Reißverschluss hinunterzuziehen, aber der Handschuh wehte davon. Es gelang ihm zwar noch, die Jacke zu öffnen, nicht jedoch, seine Hand hineinzustecken. Erschöpft war er im Schnee zusammengebrochen.

Er erzählte, dass er in einen zeitlosen, traumartigen Zustand verfallen war, in dem er sich seiner Umgebung bewusst war, sich aber nicht rühren konnte. Eine Stimme drang in sein Bewusstsein, jemand beugte sich über ihn und sagte: »Er ist tot.« Bilder und Klänge aus seiner Heimat und von seiner Familie zogen ihm durch den Kopf, wurden immer lebendiger und realer, bis sie stark genug waren, um ihn zum Handeln zu motivieren. Er rappelte sich aus dem Schnee auf. Er überlegte sich, dass er gegen den Wind anlaufen musste, um zurückzugelangen, weil er ihn bei seinem Hinweg im Rücken gehabt hatte, und stolperte so durch das Schneetreiben, bis er zu jener Erscheinung wurde, die Todd vor seinem Zelt erblickt hatte.

Obwohl Beck seine Geschichte gelassen und nüchtern vortrug, ergriff mich Ehrfurcht. Die Windkälte oberhalb von Lager IV war wohl nur mit der auf dem Mars zu vergleichen. Ein menschlicher Körper, der bereits an Sauerstoffmangel leidet, ausgedörrt und erschöpft ist, kann einer derartigen Belastung unmöglich einen Tag, eine Nacht und einen weiteren Tag standhalten. Beck hätte eigentlich gar nicht überleben können. Als seine Temperatur sank, haben seine verlangsamten Nervenimpulse und die versteiften Muskeln ihm das Zittern unmöglich gemacht, sodass die Temperatur noch weiter abfiel. Er war nicht mehr imstande, die Bewegung seiner großen Muskeln zu steuern, die er zum Weitergehen benötigte, und damit konnten sie auch keine Wärme mehr freisetzen. Zu schwach, um sich auf den Beinen zu halten, war er im Schnee zusammengebrochen und hatte dem Wärmeverlust nichts mehr entgegensetzen können. Seine Körpertemperatur bewegte sich abwärts, unweigerlich zur Umgebungstemperatur hin. Er dürfte seine letzten Energiereserven verbrannt haben, um Wärme zu produzieren, aber die vor Kälte erstarrte Muskulatur seines Herzens und seiner Lunge musste immer schwerer in Schwung zu halten gewesen sein. Der Herzschlag und die Atemfrequenz waren auf vielleicht ein oder zweimal pro Minute gesunken, die Kontraktionen so schwach geworden, dass sich der Brustkorb nur mehr ungenügend hob und senkte. Dann dürfte eigentlich so wenig Sauerstoff zirkuliert sein, dass selbst sein privilegiertes Gehirn kaum noch die grundlegenden elektrischen Schaltkreise in Betrieb halten konnte. Wenn diese wenigen letzten Funken ersticken, erlöschen auch die Vitalfunktionen. Das ist die übliche Abfolge, die mit Becks Zusammenbruch im Schnee eigentlich hätte einsetzen müssen. Als ich Beck nun ansah – lebendig und lebhaft redend –, hatte ich das Gefühl, Zeuge eines übernatürlichen Ereignisses zu sein. Der Kontrast zwischen seiner eindrucksvollen Geschichte und der Beiläufigkeit, mit der er sie vortrug, machte seine Erzählung nur umso fantastischer.

Meine normalen Behandlungsbemühungen verblassten demgegenüber zur Bedeutungslosigkeit. Dennoch: Ich hatte hier zwei Patienten in instabilem Zustand, die wir in einem eiskalten Zelt sicher durch die kritische Nacht bringen mussten. Unsere Propangasheizung blieb die ganze Zeit auf Beck und Makalu gerichtet. Da sie nur in einer Richtung Wärme abstrahlte, profitierten weder wir anderen noch die vom Zeltdach hängenden Infusionsbeutel von ihr. Wenn die Beutel auskühlten, würde die Flüssigkeit unsere Patienten wieder in die Unterkühlung zurückreißen. Wir tauschten die Beutel regelmäßig gegen andere aus, die wir in Wannen mit heißem Wasser aufbewahrten. Um sie länger an den Karabinerhaken hängen lassen zu können, wickelten wir sie in chemische Handwärmer. Ich durchwachte die Nacht in bitterer Kälte und behielt die Tropfe, die Sauerstoffregler und die Atmung meiner Patienten im Blick. Meine Füße froren, obwohl ich mir Fäustlinge über die Socken gezogen und sie dann in eine Daunenjacke gehüllt hatte. Um warm zu bleiben, versuchte ich, so viel wie möglich zu arbeiten, ohne meinen Schlafsack zu verlassen.

Eine Stunde vor Sonnenaufgang teilte man uns über Funk mit, dass der Hubschrauber, auf den wir gehofft hatten, nicht kommen würde. Es war noch zu windig. Ohne jeden Hinweis darauf, wann er starten konnte, musste ich eine schwere Entscheidung fällen: Sollten wir Beck und Makalu noch einen Tag hier behalten oder sie sofort hinunterschaffen? Ein Transport setzte sie der Gefahr aus, sich weitere Verletzungen zuzuziehen. Außerdem würde er auch das Leben der Retter aufs Spiel setzen, die meine Anweisungen zweifellos unhinterfragt ausführen würden. Wir konnten natürlich warten, bis der Wind nachließ, aber in dieser Höhe heilen nicht einmal kleine Schnittwunden – der Zustand von Beck und Makalu mit ihren schweren Verletzungen würde sich schnell verschlechtern. Die Notwendigkeit, sie von hier fortzuschaffen, überwog die Risiken. Ich entschied mich dafür, sie auf die harte Tour ins Basislager zu bringen: mit einer Kombination aus Laufen, Schlittenziehen und Tragen, vor allem über die Gletscherspalten und beim Abstieg über den Eisfall. Rettungsteams wurden organisiert. Als wir aufbrachen, hielt sich Beck mit etwas Unterstützung selbst auf den Beinen, während Makalu gezogen und getragen werden musste, weil er seine erfrorenen Füße nicht belasten durfte.

Meine Gedanken kreisten so intensiv um die Frage, wie wir die beiden über den Eisfall bekommen sollten und was ich im Basislager mit ihnen anstellen konnte, dass ich gar nicht bemerkte, dass der Sturm nachgelassen hatte. Ein Geräusch ließ mich hochschrecken, und dann sah ich über mir einen Helikopter. Der Pilot versuchte das

Abflauen des Windes zu nutzen, um zwei Fluggäste nach oben zu befördern. Er setzte vorsichtig auf dem Eis auf und wagte es nicht, den Rotor auszuschalten. Der Hubschrauber und der Pilot waren beide weit oberhalb ihres Höhenlimits. Die Luft war zu dünn, um dem Drehflügel den nötigen Auftrieb zu verleihen und den Piloten ausreichend mit Sauerstoff zu versorgen. Wenn die Maschine nicht abheben konnte, wäre das für den Piloten ebenso tödlich gewesen wie ein Absturz. Da er völlig unakklimatisiert war, hätte er wahrscheinlich nur noch wenige Stunden zu leben gehabt.

In dieser Höhe konnte nur ein Passagier auf einmal abtransportiert werden. Da er nicht laufen konnte, wurde Makalu zuerst eingeladen. Der Pilot flog ihn ins Basislager, kehrte dann zurück und holte Beck ab. In der dichteren Luft am Basislager konnte er dann auch Makalu wieder aufnehmen und beide vom Berg hinunterbringen. Damit hatte er den höchsten Helikopter-Rettungsflug der Geschichte absolviert. Beck und Makalu lagen bereits in einem Krankenhaus in Katmandu, als wir anderen noch auf dem Weg ins Basislager waren.

Trotz ihrer verheerenden Verletzungen überlebten sowohl Beck als auch Makalu. Beck verlor die ganze rechte Hand und den größten Teil der linken, während Makalu große Teile beider Hände und Stücke seiner Füße einbüßte. Beide mussten sich ihre Nasen wieder aufbauen lassen. Ihre Genesung ist ein verblüffendes Beispiel für die unglaubliche Fähigkeit des menschlichen Körpers, in einer der unwirtlichsten Gegenden der Erde zu überdauern. Becks Überleben ist jedoch mit den Gesetzen der Medizin allein nicht zu erklären. Beck war in eine schwere Unterkühlung hineingeglitten – und dann irgendwie wieder herausgeklettert.

Weltraum – Jenseits aller Grenzen

Stellen Sie sich vor, Ihre Heimat und Ihre Familie zu verlassen, um mit fünf anderen Menschen in einem Wohnmobil zu leben. Sie arbeiten seit Jahren eng mit ihnen zusammen; manche mögen Sie wirklich, andere ertragen Sie nur. Essen, schlafen, waschen, duschen und auf die Toilette gehen: Alles wird sich in diesem Fahrzeug abspielen. Ihre Koje hat zwar einen Vorhang, aber Sie sind nie weiter als ein paar Meter vom Anblick, den Geräuschen und Gerüchen der anderen entfernt – und umgekehrt. Sie können die Fenster nicht öffnen. Sie können hinaussehen, aber man sieht nichts als schwarzen Himmel, immer gleich, von den Sternen einmal abgesehen. Es gibt keine frische Luft, draußen keine Geräuschkulisse, kein natürliches Licht, keinen täglichen Wechsel von Hell und Dunkel, kein Wetter und keine Jahreszeiten. Sie können nicht nach draußen gehen, von seltenen, kurzen Spaziergängen rings um das Fahrzeug einmal abgesehen. Es gibt keinen Besuch, keine Chance auf ein Gespräch mit jemandem außer den fünf anderen, und die wenigsten Unterhaltungen finden unter vier Augen statt. Es gibt nicht viel zu tun, aber wenn Sie ihre Gedanken treiben lassen, werden sie wahrscheinlich auf die Angst vor dem Sterben hinauslaufen. Dennoch hoffen Sie, dass Ihre selbst gewählte Isolation die vollen drei Jahre andauern wird, die dafür angesetzt sind: Jede Verkürzung würde den sofortigen Tod bedeuten. Sie sind auf dem Weg zum Mars – ohne Garantie auf einen Rückflug.

Ihr Wohnmobil ist auf eine Rakete montiert und somit ein Raumschiff. Es ist zwar ungefähr so groß wie ein Düsenverkehrsflugzeug, aber den meisten Raum nehmen Maschinen, Treibstoff und Vorräte ein. Wenn Mars und Erde einander am nächsten stehen, dauert die Hinreise neun Monate, die Rückreise ebenso lang. Die optimale Konstellation der beiden Planeten endet jedoch zwei Wochen nach Ihrer

Ankunft und wiederholt sich erst nach anderthalb Jahren. Da eine zweiwöchige Stippvisite den Aufwand wirklich nicht lohnt, haben Sie sich auf den längeren Aufenthalt eingestellt. Phasenweise werden Sie 400 Millionen Kilometer von zu Hause entfernt sein.

Astronauten müssen die Erde nicht verlassen, um zumindest einige der physischen und mentalen Härten zu erfahren, die das Zusammenleben einer kleinen Gruppe in der Beengtheit einer Raumkapsel mit sich bringt, aus der man nicht entfliehen kann. Auf einem Korallenriff vor der Küste Floridas gibt es eine Übungseinrichtung, die in vieler Hinsicht ein Dasein erzwingt, wie man es während einer Reise zum Mars führen würde. Nur 15 Kilometer von der quirligen und beliebten Urlaubsinsel Key Largo entfernt und 19 Meter unter dem Meeresspiegel liegt die Unterseestation Aquarius. 1996 im Meer versenkt und seither von der University of North Carolina unterhalten, dient sie der National Oceanographic and Atmospheric Administration (NOAA) als Forschungsstation und zugleich der NASA für ihre Raumfahrtsimulationen. Die Astronauten werden dort wochenlang eingeschlossen, um die Gruppenisolation zu erleben, Experimente durchzuführen und Trainingseinheiten zu absolvieren. Das Programm nennt sich NEEMO: NASA Extreme Environment Mission Operations.

Die Astronauten tauchen zum Habitat hinab und atmen im Inneren die ganze Zeit Pressluft. Das führt dazu, dass ihre Körper mit Stickstoff gesättigt sind, wie es bei jedem Sättigungstaucher der Fall ist, und dass sie erst über sechzehn Stunden in die Dekompressionskammer müssen, bevor sie an die Oberfläche zurückkehren können. Ihr Sättigungszustand ermöglicht es ihnen aber, bis zu neun Stunden täglich außerhalb ihres Wohnraumes unter Wasser unterwegs zu sein. Da das Gerätetauchen sie praktisch schwerelos macht, haben die Astronauten hier die Gelegenheit, die Fähigkeiten zu erlernen und die Techniken zu vervollkommnen, die sie bei ihren Raumspaziergängen benötigen werden. In der Unterwasser-Isolation lernen sie auch, wie man sich auf komplexe Aufgaben konzentriert, ohne die lebensfeindliche Umwelt, in der man sich befindet, völlig auszublenden.

Wenn die Astronauten den Meeresboden erkunden, schwärmen sie entlang von Sicherheitsleinen aus, an denen sie sich zurückhangeln können, wenn sie die Orientierung verloren haben oder nachts unterwegs sind. In regelmäßigen Abständen sind kleine Plastikdreiecke an diesen Seilen befestigt, die man ertasten kann: Die Spitzen zeigen stets in Richtung des Habitats. Genau wie Höhlentaucher können sie nicht einfach auftauchen, wenn ihnen die Luft ausgeht. Über ihren Köpfen gibt es eine unsichtbare Barriere, die sie aufgrund ihres Sättigungszustandes nicht überwinden können, ohne die Taucherkrankheit zu bekommen. Die strahlenförmig angeordneten Sicherheitsleinen haben Querverbindungen, sodass sie sich wie ein Spinnennetz über das Riff spannen: ein Gitter, das genutzt werden kann, um Felsformationen zu vermessen und die genaue Lage einer Pflanze oder eines Tiers festzuhalten. Die ozeanographische Arbeit ist für sich genommen schon wertvoll, weil sie viel zum Verständnis von Korallenriffen beiträgt, aber für die Astronauten ist sie außerdem von Nutzen, weil man mit den Techniken, die sie sich dabei aneignen, auch die Oberfläche eines fremden Planeten kartieren kann.

Neben ihrer Vermessungsarbeit rings um die Aquarius errichten die Astronauten unter Wasser komplizierte Gittergerüste, um in dieser beinahe schwerelosen Umgebung die Verfahren weiterzuentwickeln, mit denen derzeit die Internationale Raumstation (ISS) zusammengebaut wird. Die vorgefertigten Teile der Raumstation werden in kompakter Form in den Orbit transportiert und dort nach dem Baukastenprinzip auseinander geklappt und zusammengesetzt. Während einer Simulation im Rahmen von NEEMO 5 versuchte der Astronaut Clay Anderson eines Tages im Sommer 2003, ein Loch in einem Kunststoffrohr so zu weiten, dass ein Bolzen hineinpasste. Sein Messer rutschte ab, und er schnitt sich in die Seite des Daumens. Da ihm, wie er später erzählte, aufging, »dass es wohl nicht unproblematisch war, in einem haiverseuchten Gewässer vor sich hin zu bluten«, kehrte er mit der Wissenschaftlerin Emma Hwang, die ihn auf seinem »Raumspaziergang« begleitet hatte, rasch zur Station zurück. Was die Sache noch komplizierter machte: Das Team sollte am selben Nachmittag eine Live-Videosendung für Schulkinder in den ganzen Vereinigten Staaten bestreiten. Die beiden anderen Astronauten mussten für sie einspringen, weil die lieben Kleinen durch das viele Blut womöglich etwas abgelenkt worden wären. Und als ob das noch nicht genug gewesen wäre: Mitten während der Videoübertragung brach die Stromversorgung der Aquarius zusammen. Zwar sprang der Ersatzgenerator sofort an, aber der versorgte die Station nur mit Notstrom. Anderson und Hwang funkten Jay Sourbeer an, den Dienst habenden Navy-Arzt. Sourbeer war zufällig gerade auf einem Verpflegungsschiff fast direkt über dem Habitat und hatte soeben zwei Tauchgänge mit dem NEEMO-Projektleiter Bill Todd, dem wissenschaftlichen Leiter Otto Rutten und einem Besucher hinter sich gebracht, der sich für Extremmedizin interessierte und deshalb von der NASA eingeladen worden war, sich das NEEMO-Projekt anzusehen. Der Besucher war ich. Jay und ich berieten uns per Funk mit Clay und Emma. Aus ihrer Beschreibung schlossen wir, dass die Wunde genäht werden musste. Das NEEMO-Protokoll sieht für das Habitat die größtmögliche Isolation vor – auf einer Raumstation gibt es schließlich auch keine Besuche von außerhalb. Aber dies war ein Notfall, und zufällig war ein Handchirurg keine zwanzig Meter entfernt. Jay bat mich, einen Hausbesuch zu machen.

Wir hatten beide schon zwei Tauchgänge hinter uns, bei denen ich um die Kapsel herumgeschwommen war: einen Stahlzylinder, der auf vier stämmigen Beinen über dem Meeresgrund ruht. Der Zylinder hat ungefähr die Größe und Farbe eines großen Schulbusses, und an einem Ende befindet sich eine kastenförmige Eingangsschleuse. Mehrere große Bullaugen ermöglichten es mir, von außen zuzusehen, wie die Astronauten zu Mittag aßen und ihr Geschirr spülten. Ich war auch um das Riff geschwommen, hatte mir die Gitter und Markierungen angesehen, die Baugerüste und die »Lauben«: Luftkammern, die strategisch über das Gelände verteilt sind. Die Taucher können in sie hineinschwimmen, um ihre Tanks wieder aufzufüllen, oder sich in sie zurückziehen, wenn sie die Aquarius in einem Notfall räumen müssen. Wegen unserer beiden Tauchgänge waren Jay und ich schon dicht an der maximalen Stickstoffkonzentration, die wir ohne anschließende Kompression ertragen konnten. Ein dritter Tauchgang war nicht vorgesehen gewesen, und während wir auf die Ankunft eines Küstenbootes warteten, das uns zusätzliche medizinische Ausrüstung bringen sollte, berechnete Otto, wie lange wir unten bleiben konnten, ohne uns Probleme einzuhandeln. Uns blieben dreiundfünfzig Minuten.

Jay, Otto und ich tauchten zur Aquarius zurück, vorbei an dem vor Leben sprühenden Riff, auf dem sie steht, umgeben von Pflanzen und Fischen in den unterschiedlichsten Farben und Mustern. Ich schwamm in einem Aquarium. Otto wies mich an, unter der Eingangsbox am Ende des Habitats nach oben zu tauchen. Plötzlich war ich aus dem Aquarium heraus. Mein Kopf durchstieß die Oberfläche eines Wasserbeckens in einer luftgefüllten Metallkammer. Ein Mann in einem trockenen T-Shirt und Shorts beugte sich über ein Geländer und lächelte. Er streckte die Arme aus, um mir meine Tauchausrüstung abzunehmen, und hängte sie an die Wand – als wären wir in einer Garderobe. Ich kletterte an Deck. »Willkommen in der Aquarius«, sagte er. Ich fühlte mich, als wäre ich an Bord eines Raumschiffes gebeamt worden.

Wir waren im »Nassraum«, der Übergangszone zwischen dem Meer und dem Inneren der Station. Die Luft in der Aquarius übt genug Druck aus, um das Meerwasser daran zu hindern, von unten einzudringen, genau wie der Luftdruck verhindert, dass das Wasser aus einem verkehrt herum gehaltenen Glas herausläuft, das mit einem Stück Pappe abgedeckt ist. Das Ergebnis ist der »Moon Pool«, dessen Oberfläche genau auf der Höhe des Decks bleibt und einen offenen Zugang zum Meer bietet. Die Aquarius hat ihren Boden nicht, damit kein Wasser eindringt, sondern damit wir Landsäugetiere darauf stehen können. Wir waren jetzt zu viert im Schleusenraum. James Talacek, der mich empfangen hatte, bediente die Generatoren, Kompressoren und Heizungen, die die Aquarius in Betrieb hielten. Er wies mich an, die Heißwasserdusche in der Ecke zu benutzen, um das Salzwasser abzuspülen. Dann warf er mir ein großes, flauschiges Handtuch zu und bat mich, mich gründlich abzutrocknen, damit ich möglichst wenig Wasser in die bereits feuchte Luft des Habitats hineintrug. Jay tat dasselbe. Wir wickelten uns in trockene Handtücher. Otto blieb in der Schleuse und behielt die Uhr im Auge.

James zog einen hydraulischen Hebel an der Decke und öffnete so eine luftdichte Luke vor uns, und wir traten in einen kleinen Flur. An einer Seite waren ein Waschbecken und eine Arbeitstheke, an der anderen Messgeräte, Ventile, Computer und ein Knäuel von Kabeln untergebracht. Nahezu nackt stand ich inmitten der Hochtechnologie des einundzwanzigsten Jahrhunderts. Clay, der verwundete Astronaut, hatte seinen Arm auf die Theke gelegt und hielt den Daumen über das Becken, und Emma spülte die Wunde gewissenhaft mit Süßwasser aus. Sie trat beiseite, sodass ich einen Blick darauf werfen konnte. Wegen des Stromausfalls war das Licht etwas trübe. James fand eine Taschenlampe und hielt sie über uns.

Zum zweiten Mal in meinem Leben operierte ich beim Licht einer Taschenlampe. Ich dachte an Hermanigildo, den kleinen Jungen vom Amazonas, der sich die Hand aufgeschlitzt hatte, als er die Wasserpflanzen unter dem Einbaum seines Vaters abschneiden wollte. Jetzt war ich bei einem Astronauten, der unter Wasser einen Raumstation-Prototyp zusammenbaute. Diese beiden lebten an den entgegengesetzten Extremen der menschlichen Existenz, und doch führten mir ihre Verletzungen eindringlich vor Augen, wie verwundbar wir alle sind.

Clays Schnittwunde war nur etwa zweieinhalb Zentimeter lang und verlief schräg über die Außenseite des letzten Daumenglieds. Es waren weder Nerven noch Sehnen noch große Blutgefäße durchtrennt. Zwar waren ein paar Stiche nötig, aber der Schaden war leicht zu beheben. Ich reinigte die Wunde und legte ein steriles Tuch um die Hand, dann injizierte ich Lidocain in die Daumenwurzel, um die Nerven zu blockieren. Ich inspizierte das Innere der Wunde, und sobald ich sicher war, dass es keine weiteren Schäden gab, verschloss ich sie mit drei Nylonfädchen und deckte sie mit einer Kompresse ab. Es war eine Routineoperation, aber die erste, die ich nur mit einem Handtuch bekleidet durchgeführt hatte.

Jay und ich begleiteten Clay zu seiner Schlafkoje, wobei wir eine weitere Pforte zur Hauptkammer durchschritten, in der die Wohnräume lagen. Dort traf ich die beiden anderen Astronauten, Garrett Reisman und Peggy Whitson, die Einsatzleiterin, die einmal über sechs Monate auf der ISS gewesen war. Sie hatten ihre Videosendung gerade beendet. Während sich Clay ausruhte, setzten wir uns zum Entspannen ein paar Minuten an den Esstisch, unterhielten uns bei einer Tasse Kakao und sahen der endlosen Parade der Seegeschöpfe zu, die an dem großen Bullauge vorüberglitten. Vor nicht einmal einer Stunde war ich noch eines dieser Geschöpfe gewesen und hatte hineingeschaut.

Es klopfte an der Eingangsluke: Otto gab das Signal, dass uns nur noch zehn Minuten blieben. Meinem Patienten ging es jetzt gut genug, um mich zum Nassraum zu begleiten und mir zu sagen: »Schau mal wieder vorbei, wenn du in der Gegend bist.« Ich tauchte durch den Moon Pool ab und verließ diese winzige Insel im riesigen Ozean, aber was ich mitnahm, war ein Gefühl der Beklemmung – jetzt, da ich wusste, dass Astronauten praktisch in einer Sardinendose leben, die in einer riesigen und feindseligen Einöde treibt. Ich war nur dreiundfünfzig Minuten dort eingeschlossen gewesen. Sie hingegen – Sie in Ihrem Raumschiff-Wohnmobil auf dem Weg zum Mars – werden so drei Jahre zubringen.

Kann eine Gruppe von sechs Menschen so weit von der Erde entfernt so lange überleben? Im Weltraum hätten wir es zum Teil mit denselben Gegnern zu tun wie auf der Erde: Strahlung, Kälte, niedriger Luftdruck. Allerdings sind sie im All so extrem ausgeprägt, dass die Anpassungen, die unsere Körper langsam entwickelt haben, und unsere mühsam erworbenen Abwehrmethoden sich sofort als völlig nutzlos entpuppen würden. Die Hautpigmentierung, Sonnenschutzmittel, dicht gewebte Stoffe, ja sogar Regenschirme können uns am Strand oder in der Wüste vor der Sonneneinstrahlung schützen, aber dem stärksten radioaktiven Teilchenbombardement werden wir auf der Erde gar nicht erst ausgesetzt: der kosmischen und der solaren Strahlung, die von der Erdatmosphäre abgefangen und vom Erdmagnetfeld umgelenkt werden. Sobald wir diese Schutzschilde hinter uns lassen, sind wir leichte Beute für eine ganze Armee von energiereichen subatomaren Partikeln, die nahezu mit Lichtgeschwindigkeit fliegen und jedes Mal, wenn sie unsere Körper durchdringen, kleine Kernreaktionen auslösen.

Durch Zittern und zusätzliche Kleidungsschichten mögen wir imstande sein, unsere Kerntemperatur unter arktischen Bedingungen aufrechtzuerhalten, die ansonsten harsch genug wären, unsere lebensnotwendigen chemischen Reaktionen zu stoppen. Aber welche Chance haben wir, wenn wir Temperaturen nahe dem absoluten Nullpunkt ausgesetzt sind, der bei -273 °C liegt und bei dem nicht einmal Atome noch zittern?

Je geringer der Luftdruck, desto niedriger die Temperatur, bei der eine Flüssigkeit kocht. Menschen, die in den Bergen Colorados wohnen, müssen Schnellkochtöpfe verwenden, damit der Luftdruck ausreicht, um ihre Suppe zu garen, bevor sie völlig verdampft. Im höchsten Mount-Everest-Lager, acht Kilometer über Normalnull, kocht Wasser bei einer so niedrigen Temperatur, dass man es sofort trinken kann. Im Raum, 200 Kilometer über der Erde, liegt die Siedetemperatur unter 37 °C – was heißt, dass unser Blut allein durch die Körperwärme zum Kochen gebracht würde.

Es gibt einen weiteren feindlichen Umweltfaktor im All, auf den die Natur uns überhaupt nicht vorbereitet hat. Er ist zwar weniger tödlich als die anderen, aber zugleich teuflischer, weil er eine auf Erden unveränderliche Größe aushebelt: die Schwerkraft. Da die Schwerkraft auf der Erde überall gleich ist, hat kein Lebewesen irgendwelche Mechanismen ausgebildet, um ihre Schwankungen abzufangen. Sobald wir die Erde hinter uns lassen, geht der Ärger los: Erst ist die Schwerkraft zu groß, dann zu klein.

Obwohl Sie das alles wissen, haben Sie sich freiwillig für diese Pionierexpedition gemeldet. Jahrelang haben Sie dafür trainiert, und jetzt hebt Ihre Rakete zum Mars endlich ab. Während der Beschleunigung auf 16 Kilometer pro Sekunde erhöht sich das effektive Gewicht Ihres

Körpers pro Sekunde um 45 Kilogramm. Ihr Magen ist so schwer geworden, dass er in Ihren Unterleib absackt, obwohl er über eine zum Zerreißen gespannte Speiseröhre immer noch mit Ihrer Kehle verbunden ist. Die zarten Bläschen im unteren Teil Ihrer Lunge platzen unter dem Druck, und Luft entweicht. Ihr Blut wiegt nun neunmal schwerer als noch vor wenigen Pulsschlägen, und Ihr Herz ist nicht mehr stark genug, um es ins Gehirn hinaufzupumpen. Auch wenn der Start glatt verläuft, hat Ihr Körper die allergrößte Mühe, das Chaos in den Griff zu bekommen, das die rasch ansteigende Schwerkraft verursacht hat.

Die Gravitation zieht alles zur Erde hin. Wenn eine Rakete Sie in die entgegengesetzte Richtung zerrt, schwimmen Sie gegen den Strom. Je stärker sie beschleunigt, desto größer ist der Sog an ihrem Körper und desto schwerer wird der Körper. Um vom Boden abzuheben, sind 3 g nötig, also dreimal so viel wie die Erdbeschleunigung. Kampfflieger erfahren bei ihren Wendemanövern oft Kräfte von 7 bis 9 g. Eine Verdopplung der Schwerkraft bewirkt eine Verdopplung des Gewichts. Bei 2 g bekommt man Hängebacken, und die inneren Organe fangen an, zu verrutschen. Kommt ein weiteres g hinzu, sind die Flüssigkeiten im Körper (der ja zu 60 Prozent aus Wasser besteht) nur noch schwer zu heben. Sie sammeln sich in den Beinen, und das Herz hat große Mühe, sie in den Kopf hinaufzupumpen. Ein g mehr, und das Sehvermögen schwindet: Das Bild flimmert, weil die Blutversorgung der Augen zu einem Rinnsal schrumpft. Man gelangt an seine Grenzen. Wenn keine Gegenmaßnahmen ergriffen werden und sich weiter g auf g türmt, werden die Augen gar nicht mehr versorgt, und man sieht schwarz. Hören und denken kann man aber noch. Ein paar weitere g, und es gelangt kein Blut mehr ins Gehirn: Man wird ohnmächtig.

Genau wie im Hochgebirge beeinträchtigt der Sauerstoffmangel alle Hirnfunktionen, nicht nur das Bewusstsein. Auch in den niederen Zentralen, die den Körper in Betrieb halten, häufen sich die Fehlschaltungen, und die Befehle werden unkoordiniert. Die großen Muskelgruppen zucken wie bei einem epileptischen Anfall, und die inneren Organe winden sich in Krämpfen. Falsche Signale an Ihr Herz führen zu ineffizienten Pumpbewegungen oder gar zum Stillstand. Das Blut, das es noch im Körper verteilen kann, wird nicht so viel Sauerstoff enthalten wie gewöhnlich, weil die Lunge ebenfalls unter der Beschleunigung leidet. Ihre Luftröhre ist zusammengedrückt. Die Alveolen im unteren Teil der Lunge sind unter dem Druck geplatzt und lassen die Luft entweichen, bevor sie ins Blut gelangen kann. Die oberen Lungenbläschen sind zwar noch intakt, aber das Blut ist zu schwer, um sie zu erreichen.

Ihr ganzer Organismus geht in die Knie. Die Nieren filtern nicht mehr genug Blut, um Harn zu produzieren. Ihr Rückgrat wird derart zusammengepresst, dass die flüssigkeitsgefüllten Bandscheiben, die die Wirbel trennen und abpolstern, zu platzen drohen.

Ihre Reaktion auf diesen überwältigenden Ansturm wird tapfer, aber vergeblich sein. Die Druckrezeptoren in der Aorta und den Halsschlagadern nehmen (genau wie im Hochgebirge) eine Abnahme des Blutstroms wahr, senden Signale aus, die den Puls beschleunigen sollen, und sorgen für die Verengung der Gefäße. Mehr Blut wird durch schmalere Röhren gepresst; der erhöhte Druck soll das Blut eigentlich in die Gewebe zwingen. Dieses über Jahrtausende entwickelte System nimmt die auf der Erde angemessenen Druckkorrekturen vor, aber es ist nicht darauf ausgelegt, die sechs Sekunden lange Verneunfachung der Schwerkraft zu kompensieren, die ein Kampfflieger erfährt – oder auch nur die Verdreifachung, mit der Sie es gerade zu tun haben.

Um den Start zu überleben, werden Sie Hilfe brauchen: alles, was funktioniert. Keine Behandlung ist zu kompliziert oder aber zu primitiv. Auf dem Rücken liegend hält man die Gravitation viel leichter aus. Wenn Ihre Brust in Richtung Rücken gezerrt wird und nicht der Kopf in Richtung der Füße, ist die Beschleunigung erträglicher: »Augäpfel nach innen« statt »Augäpfel nach unten«. Das Körpergewicht wird über eine größere Fläche verteilt, und um das Blut zirkulieren zu lassen, muss das Herz es nicht weit nach oben pumpen. Wir alle sind mit der Strategie vertraut, die Schwerkraft in horizontaler Lage zu bekämpfen, denn so schlafen wir für gewöhnlich.

Sich hinzulegen reicht aber nicht aus. Sie sollten grunzen. Piloten lernen, das so genannte »Hook-Manöver« auszuführen: sich vorzubeugen, tief Luft zu holen und dann das Wort »Hook« zu grunzen. Das schließt die Kehle und erhöht den Blutdruck auf ganz ähnliche Weise wie das Pressen beim Stuhlgang.

Sie leiden unter der erhöhten Schwerkraft, Sie werden von einem mächtigen und unbekannten Feind angegriffen, und Ihre ganze Verteidigung besteht darin, sich hinzulegen und zu grunzen? Das wird nicht genügen. Um ins All zu reisen, muss man eine völlig andere Behandlungsform wählen: angewandte Technologie.

Wenn die Beschleunigung zunimmt, werden Ihr Blut und die anderen Körperflüssigkeiten sich immer schwerer tun, die Füße und die unteren Körperregionen zu verlassen. Ein Anti-g-Anzug – ein Overall mit einer Reihe von Blasen, die sich um die Beine und den Unterleib schmiegen – macht es ihnen leichter. Die Blasen schwellen sofort an, wenn die Beschleunigung zunimmt, ganz wie ein Airbag bei einem Aufprall. Der entstehende Gegendruck quetscht die Flüssigkeit wieder in den Oberkörper zurück, und durch periodische Pulse wird ständig Blut aus den Beinen herausbefördert. Ihr Blutdruck steigt wieder auf die normale Höhe an, und Ihr bedrängtes Herz kann den Kreislauf in Schwung halten. Ich habe solche Anzüge oft in Unfallstationen von Krankenhäusern eingesetzt, wo man sie »Antischockhosen« nennt. Sie retten Leben, indem sie die Schockzustände verhindern, die durch Blutverlust ausgelöst werden.

Auch Ihre Atmung ist unter Beschuss. Die Beschleunigung drückt Ihre Luftröhre zusammen und zerreißt Ihre Lungenbläschen, sodass die Lunge nicht genug Sauerstoff ins Blut schaffen kann. Die Behandlung besteht in einem Überdruckatemgerät, einer Luftpumpe, die Sauerstoff in hohen Konzentrationen tief ins Lungengewebe hineinbläst. Es vermindert die Kraft, die Sie zum Atmen aufbringen müssen, und erhöht die Sauerstoffausbeute pro Atemzug. Ähnliche Apparate werden unter der Bezeichnung Beatmungsgeräte in Intensivstationen eingesetzt, um die Lungen der Patienten zu entlasten.

Wo die Anti-g-Behandlung versagt, springt das so genannte Auto-Recovery-System ein. Ist man erst einmal bewusstlos geworden, kommt man nämlich nicht sofort wieder zu sich, wenn die Gravitation sich normalisiert. Es dauert zwölf bis fünfzehn Sekunden, bis das Bewusstsein wieder anspringt, und dann noch einmal etwa fünfzehn Sekunden, bis man sich hinreichend orientiert und gesammelt hat, um eine Rakete zu bedienen oder einen Düsenjäger zu fliegen. Raketen können vom Boden aus gelenkt werden, aber bei den hohen Geschwindigkeiten moderner Düsenflugzeuge sind dreißig Sekunden mehr als genug, um die Maschine zum Absturz zu bringen. Körpersensoren an einem ohnmächtigen Piloten starten daher einen Autopiloten, der das Flugzeug abbremst, bis sich der Pilot erholt hat. Theoretisch kann das System Abstürze verhindern. Viele Piloten wehren sich aber dagegen, weil es ihnen nicht behagt, ihre Arbeit von einer Maschine erledigen zu lassen.

Dieses Unbehagen hat sich in mindestens zwei Fällen als berechtigt erwiesen, als sowjetische Crews, die zur Raumstation Saljut 4 unterwegs waren, unfreiwillig getestet haben, wie viel g ein menschlicher Körper längerfristig aushält. Weniger als eine Minute vor dem Abheben der Sojus 10a entdeckten die Kosmonauten Wladimir Titow und Gennadi Strekalow Rauch und Flammen, nachdem sich verschütteter Treibstoff am Fuß der Trägerrakete entzündet hatte. Das automatische Startabbruchsystem versagte – seine Kabel waren bereits durchgeschmort. Bald umhüllte das Feuer die Rakete, und Titow fühlte, wie das Starttriebwerk unter ihm schwankte. Das Rettungssystem ließ sich nicht von der Crew betätigen. Die Einzigen, die es auslösen konnten, waren zwei Leute vom Bodenpersonal, die in unterschiedlichen Gebäuden saßen und zeitgleich Schlüssel in ihren Steuerpulten umdrehen mussten. Zwölf lange Sekunden später spürten die Kosmonauten, wie zwei Sprengbolzen explodierten: Die Kapsel war von der Trägerrakete abgesprengt worden. Per Funksignal wurde das Notfalltriebwerk gestartet, und Titow und Strekalow wurden augenblicklich einer gewaltigen Beschleunigung unterworfen, als ihre Kapsel von der brennenden Rakete fortgeschleudert wurde. Sechs Sekunden später explodierte die Trägerrakete. Der Flug dauerte weniger als sechs Minuten, und sie landeten in Sichtweite der brennenden Abschussrampe. Sie hatten 17 g ertragen müssen, aber nur fünf Sekunden lang. Keiner der beiden trug irgendwelche schweren Verletzungen davon. Lange bevor die Startrampe gelöscht war, hatten sie ihre medizinische Untersuchung schon hinter sich und tranken Wodka.

Den Rekord für die längste überlebte Belastung durch sehr große Schwerkraft halten die Kosmonauten Wasilij Lazarew und Oleg Makarow, die auf diese Ehre gerne verzichtet hätten. Die ausgebrannte Hauptstufe ihrer Sojus 18-1 hätte sich in einer Höhe von 115 Kilometern abtrennen und den weiteren Antrieb der zweiten Stufe überlassen sollen. Die Teile lösten sich nicht voneinander, aber die zweite Stufe zündete trotzdem. Von der Mitte aus angetrieben, fing die Rakete an, zu trudeln und zu wippen wie ein Taktstock. Die Flugbahnfernmessung konnte diese Fluganomalie nicht wahrnehmen; daher dauerte es eine Weile, bis die Kosmonauten das Kontrollzentrum durch immer lauteres Schreien dazu überreden konnten, das Rettungstriebwerk zu starten. Die Kapsel stürzte nach einem wilden, 21-minütigen suborbitalen Flug aus 190 Kilometern Höhe ab und landete im Altai-Gebirge, 1600 Kilometer vom Startplatz entfernt. Sie rollte einen Abhang hinunter und wäre beinahe über eine Felsklippe gestürzt, doch die Fallschirmschnüre verfingen sich noch rechtzeitig in ein paar Bäumen. Lazarew und Makarow überlebten wie durch ein Wunder mit relativ leichten Verletzungen, während das Beschleunigungsmessgerät zu Bruch gegangen war, nachdem es 20,6 g erreicht hatte.

Daran wollen Sie lieber nicht denken, während Sie den Beschleunigungsmesser in Ihrer Kapsel ansehen, der beruhigenderweise bei 3 g stehen bleibt. Die Kombination aus Liegen, Anti-g-Anzug, Überdruckatmung und gelegentlichem Grunzen reicht aus, um der Schwerkraftüberdosis entgegenzuwirken, der Sie ausgesetzt sind, während Ihre Rakete auf ihre zeitweilige Erdumlaufbahn zuschießt. Die Technologie hat Ihre erste Raumkrankheit geheilt und bewiesen, dass man Menschen unter hoher Beschleunigung am Leben erhalten kann.

Die Maschine dröhnt hinter Ihnen und Sie werden in Ihren Sitz gepresst, aber Sie fühlen sich den Umständen entsprechend wohl, als das Raumschiff seine Umlaufgeschwindigkeit von 29 000 Kilometern pro Stunde erreicht. Das Haupttriebwerk schaltet sich aus. Plötzlich spüren Sie, wie Sie auf den Kopf geschleudert werden. Aber mit dem Raumschiff ist alles in Ordnung, und Sie sind nicht von der Stelle bewegt worden. Das Problem sitzt in Ihren Ohren. Nachdem Sie bisher mit einem Zuviel an Schwerkraft zurechtkommen mussten, werden Sie jetzt mit einem Mangel derselben konfrontiert. Während Sie in die Umlaufbahn einschwenken, lernen Sie das nächste Weltraumübel kennen: Schwerelosigkeit.

Die Schwerkraft gehört zum Leben, seit es überhaupt Leben gibt: ein abwärts gerichtetes Ziehen, das während der gesamten Evolution auf unsere Körper eingewirkt und sich vor allem in der Entstehung unseres wichtigsten Gleichgewichtsorgans niedergeschlagen hat, des Vestibularapparats im Innenohr. Er besteht aus den Bogengängen und dem Makulaorgan mit seinen Otolithen. Um richtig zu funktionieren, sind beide Systeme darauf angewiesen, dass die Erdbeschleunigung sich nicht verändert, aber jetzt ist plötzlich jede Schwerkraft aus Ihren Ohren gewichen. Die Bogengänge sind drei zueinander senkrecht stehende Röhren, die Drehbewegungen wahrnehmen. Sie sind mit einer Flüssigkeit gefüllt, die sich verlagert, wenn man den Kopf dreht. Mit Nerven verbundene Härchen ragen in die Röhren und werden von der Strömung gekrümmt. Dreht sich der Kopf nach rechts, so schwappt die Flüssigkeit nach links, dreht er sich nach oben, so schwappt sie nach unten. Die Haare stimulieren die Nerven, und die Signale verraten dem Gehirn, in welche Richtung man sich wendet. Im Makulaorgan sind kleine Kalkkügelchen, die Otolithen, in eine Plattform aus Gallerte direkt über einem weiteren Härchenfeld eingelagert, das ebenfalls mit einem Nerv in Verbindung steht. Die Kügelchen bewegen sich zurück, wenn man den Kopf nach vorne schiebt, und drücken nach unten, wenn man sich erhebt. Sie sind also geeignet, Vor- oder Zurückbewegungen sowie Auf und Nieder zu registrieren. Sie können selbst überprüfen, wie fein der Vestibularapparat eingestellt ist. Wenn Sie vor Ihren Augen einen Finger vor- und zurückbewegen, wird das Bild bald verschwommen werden, weil Ihre Augen nicht mehr hinterherkommen. Als Nächstes halten Sie Ihren Finger starr und bewegen stattdessen mit derselben Geschwindigkeit den Kopf vor und zurück. Das Bild bleibt scharf. Die Vestibularreflexe können viel schneller reagieren als die Muskeln, die die Augenbewegung steuern, um ein Bild zu stabilisieren.

Unter normalen Bedingungen – also denen, die wir seit zwei Millionen Jahren kennen – arbeiten die Augen und der Vestibularapparat hervorragend zusammen. Die Augen allein sind schnell genug, um ein Tier, das unser Blickfeld durchquert, scharf im Blick zu behalten. Aber um es zu erlegen, muss man sich rasch über unebenes Terrain bewegen und gleichzeitig ständig die Beute fixieren, um den Speer mit der richtigen Kraft in die richtige Richtung zu schleudern. Das System ist jedoch nicht so eingerichtet, dass es mit hohen Gravitationskräften, großen Beschleunigungen oder Schwerelosigkeit zurechtkäme. In einer außerirdischen Umgebung werden die Beschränkungen unseres Gleichgewichtssinnes rasch deutlich. Mit der vertikalen Bewegung in einem Aufzug wird er noch fertig, aber eine Weltraumfahrt ist zu viel für ihn. Das Gehirn begreift nicht, dass die Schwerkraft sich so stark ändern kann; es ist nie so programmiert worden, dass es solch unwahrscheinlichen Input verarbeiten könnte. Stattdessen konstruiert es »wahrscheinlichere« Szenarien, um die widersprüchlichen Sinnesdaten zu erklären.

In der Startphase haben Sie eine plötzliche Beschleunigung wahrgenommen, weil Ihre Otolithen extrem nach hinten gezerrt wurden. Als jedoch die Umlaufbahn fast erreicht war, wurde das Haupttriebwerk abgestellt, weil die Fliehkraft die Erdanziehungskraft hier kompensiert. Ihre Otolithen, bisher von der permanenten Beschleunigung nach hinten gezwungen, wurden auf einmal erlöst und schossen nach vorn. Für ein Gehirn, das sich auf einem Planeten mit konstanter Schwerkraft entwickelt hat, kann das nur eines heißen: Ihr Kopf, der bislang nach hinten geneigt war, ist plötzlich vornüber gekippt. Die

Otolithen, die nicht mehr von der Gravitationskraft niedergedrückt werden, haben den Kontakt mit den Haarzellen unter ihnen verloren. Ihr Gehirn »weiß«, dass das nur passiert, wenn Sie Kopf stehen. Obwohl Ihr Raumschiff sanft in den Orbit einschwenkt, kommt das Gehirn zu dem Schluss, dass Sie gerade vornüber gekippt sind und jetzt mit dem Kopf nach unten hängen.

Für einen Piloten, der von einem Flugzeugträger startet, kann sich das Design der Otolithen und der Bogengänge als tödlich erweisen. Wenn die Jagdflieger von Deck katapultiert werden, werden sie praktisch übergangslos einem Schub von 5 g ausgesetzt. Die Otolithen schießen nach hinten, und das Gehirn deutet das als eine Aufwärtsneigung von mindestens 45 Grad. Wenn es keine optischen Eindrücke gibt, die dieser Fehldeutung entgegenwirken, besteht die Gefahr, dass der Pilot seine vermeintlich zu steile Flugbahn nach unten »korrigiert« – direkt ins Meer. Außerdem sind die Bogengänge nur dazu da, darüber zu informieren, wenn man seinen Kopf gedreht hat: Bei längeren Flugzeug-Wendemanövern mit Schräglage führen sie den Piloten in die Irre. Zu Beginn der Kurve setzt sich die Flüssigkeit in den Röhren in Bewegung, und der Jagdflieger weiß, dass die Maschine den Kurs ändert. Im weiteren Verlauf der gleichmäßigen Kurve »gewöhnt« sich die Flüssigkeit daran und bewegt sich nicht mehr. Beendet der Pilot das Wendemanöver schließlich, so treibt die Beschleunigung die Flüssigkeit in die Gegenrichtung, und er kann der Illusion erliegen, er habe den Kurs überkorrigiert. Wenn er dieses subjektive Überziehen ausgleichen will, wird er nach und nach an Höhe verlieren und das Flugzeug auf eine Abwärtsspirale bringen. Der Pilot kann die nötigen Kurskorrekturen vornehmen, wenn es einen erkennbaren Horizont gibt, aber wenn man aus dem Fenster nichts sieht, kann man nur auf seine Instrumente vertrauen. Ein solches Szenario kann durchaus den tragischen Tod von John F. Kennedy junior verursacht haben, der in einer nebligen Nacht vor Martha's Vineyard ins Meer gestürzt ist.

Ein Pilot kann die Einflüsterungen seines Innenohrs nur ignorieren, wenn er sieht, dass es falsch liegt. Das Gehirn schenkt den Augen auf jeden Fall mehr Glauben als den Ohren. Denken Sie daran, was passiert, wenn Sie einen Breitwandfilm von einer Achterbahnfahrt sehen. Obwohl Sie wissen, dass sich Ihr Sitz nicht bewegt, wird Ihnen schwindelig oder sogar richtig schlecht. Wenn die visuellen Informationen nicht mit den vestibularen Sinnesdaten übereinstimmen, vertraut das Gehirn auf das, was es sieht, und ordnet wohlkoordinierte Körperreaktionen auf ein Problem an, das gar nicht existiert.

Am Aufbau des Makulaorgans und der Bogengänge kann man nichts ändern, aber durch Trainingsstunden in einer Zentrifuge kann man lernen, die von ihnen erzeugten Illusionen zu überwinden. Während Ihrer Ausbildung sind Sie daher in einen Frisierstuhl geschnallt worden, der auf eine Drehscheibe montiert war. Der Stuhl wurde in Rotation und Schräglage versetzt, und Sie haben all die Auswirkungen einer erhöhten Beschleunigung erfahren und gelernt, welche Signale dabei vom Gleichgewichtszentrum im Kleinhirn zu erwarten sind und wie man ihnen durch logische Gedanken aus den Stirnlappen des Großhirns entegegenwirken kann. Sie haben, mit anderen Worten, gewisse Hirnfunktionen durch andere zu unterdrücken gelernt. Die Behandlung ist effektiv, aber nicht angenehm. Der Kosmonaut Viktor Savinykh hat mir erzählt, dass eine seiner Sitzungen abrupt beendet wurde – nicht durch ihn, sondern durch den Wissenschaftler, der ihn überwachte. »Ich halte das nicht mehr aus!«, hatte dieser gesagt.

Eine Zentrifuge erzeugt eine nach außen gerichtete Kraft (Zentrifugal- oder Fliehkraft), indem sie sich um eine feste Achse dreht, an der sie befestigt ist. Wenn Sie bei einem waghalsigen Wendemanöver gegen die Autotür gepresst werden, erfahren Sie genau diese Fliehkraft. Anders als die meisten Menschen glauben, rührt die Schwerelosigkeit eines Körpers in der Erdumlaufbahn nicht daher, dass es hier keine Erdanziehung mehr gibt, denn die Entfernung ist nicht einmal halb so groß, wie sie sein müsste, um dieser zu entkommen. Die Umlaufbahn befindet sich vielmehr in der Höhe, in der die Erdanziehungskraft so weit abgeschwächt ist, dass sie durch die beim Umlauf auftretende Zentrifugalkraft genau ausgeglichen wird. Die Rakete und ihr gesamter Inhalt werden immer noch durch die Gravitation festgehalten, aber die Fliehkraft, die aus ihrer schnellen Rotation um die Erde entsteht, zieht alles genauso stark nach außen. Würde die Schwerkraft ganz aussetzen, so würde die Rakete in den Raum hinausschießen, genau wie Sie aus dem Auto fallen würden, wenn die Tür plötzlich aufginge.

Wenn Sie nun um die Erde geschleudert werden, entdeckt Ihr Körper, der gerade eben noch 270 Kilogramm schwer war, dass er plötzlich gar nichts mehr wiegt. Sie lösen Ihren Gurt, schweben nach oben und genießen das Gefühl, so leicht wie Luft zu sein. Aber im Inneren Ihres Körpers schwebt auch alles Mögliche. Ihre Innereien treiben nach oben. Unbewusst ziehen Sie den Bauch ein, um sie wieder nach unten zu drücken. Der arme Vestibularapparat in Ihren Ohren, der eben noch von der erhöhten Schwerkraft nach hinten und nach vorne geschleudert wurde, empfängt nun gar keinen Input mehr. Auch die Druckrezeptoren in Ihren Füßen geben keine Impulse mehr. Infolge all dessen haben Sie das Gefühl, kopfüber zu schweben. Ihre Orientierung ist auf visuelle Informationen angewiesen, aber diese fehlen entweder, oder sie sind irreführend. Nichts in der Kapsel hilft Ihnen, die Decke vom Boden zu unterscheiden: Oben ist immer da, wo Ihr Kopf ist. Übelkeit steigt in Ihnen auf.

Ungefähr zwei Dritteln aller Astronauten wird im Raum schlecht, und die Anfälligkeit korreliert offenbar weder mit der für Seekrankheit noch mit der für Luftkrankheit. Man hat eine Menge Behandlungsmöglichkeiten durchprobiert, aber keine hat zufrieden stellend angeschlagen. Der Vestibularapparat gewöhnt sich jedoch irgendwann daran, keine Schwerkraftreize zu empfangen, und normalerweise lässt das Unwohlsein binnen weniger Tage nach. Zum Glück muss man bis dahin nicht ohne Medikamente auskommen. Präparate wie Phenergan oder Scopolamin verschaffen vorübergehend Erleichterung, und ein wenig Dexedrin bekämpft die Müdigkeit, die sie verursachen. Weltraumkranke Astronauten schlucken Beruhigungs- und Aufputschmittel, um ihre Arbeit erledigen zu können.

Sie sind immer noch in der niedrigen Erdumlaufbahn, sodass Sie an der Internationalen Raumstation andocken können. Dort haben frühere Missionen zusätzliche Treibstofftanks deponiert, die nun für die lange Reise an Ihre Rakete angehängt werden sollen. Gerade rückt die Raumstation durch das Fenster in Ihr Blickfeld. Ob sie nun über oder unter ihnen ist – die Begriffe sind hier bedeutungslos –: Sie müssen Ihr Raumfahrzeug abbremsen und ausrichten, damit die Vehikel, die beide mit 29 000 km/h um die Erde rasen, sanft aneinander gekoppelt werden können. Die Annäherung muss mit der Schnauze voran und einer Geschwindigkeitsdifferenz von höchstens 3 km/h erfolgen. Anderenfalls gibt es eine Kollision – und die würde nur zu deutlich machen, wie dünn die Wände sind, die Sie vom Vakuum draußen trennen.

Die Kosmonauten Vasili Tsibliyev und Alexander Lazutkin und der Astronaut Michael Foale wurden sehr unsanft an diesen Umstand erinnert, als ihre Raumstation »Mir« von dem unbemannten Versorgungsschiff »Progress M34« gerammt wurde. Tsibliyev steuerte das Andockmanöver per Fernbedienung: Mit zwei Joysticks brachte er das Raumschiff in die richtige Lage, und mit einem Hebel bremste er es ab, während er einen Echoimpuls auf einem Radarschirm beobachtete. Der letzte Teil des Manövers musste visuell kontrolliert werden, aber die Annäherung des Schiffes konnten Tsibliyev, Lazutkin und Foale durch das Fenster nicht sehen. Nachdem es an einer ausgedehnten Solaranlage vorbeigeflogen war, die ihnen die Sicht verstellte, kam es endlich in ihr Blickfeld. Es war sowohl größer als auch näher, als sie erwartet hatten, und der Abstand zwischen den beiden Objekten verringerte sich viel zu schnell. Tsibliyev zündete die Bremsrakete des Schiffes zu spät, um es rechtzeitig anzuhalten. Hilflos sahen sie zu, wie die sieben Tonnen schwere »Progress M34« mit einem Meter pro Sekunde an der Andockstation vorbeiflog und sich in den Rumpf der Raumstation bohrte.

Sie wurden gewaltig durchgeschüttelt. Foale spürte seine Ohren knacken, wie man es vom Luftdruckabfall in einem startenden

Flugzeug kennt. Dass er überhaupt noch lebte, verriet ihm, dass der Zusammenprall – noch – nicht katastrophal war, aber das Knacken bedeutete doch, dass die Kabine Luft verlor: Die »Mir« war leckgeschlagen. Als der atmosphärische Druck rasch abfiel, erfuhren die Körper der Raumfahrer denselben Stress, den sie auch im Inneren eines Ballons erlebt hätten, der immer höher in immer dünnere Luft aufsteigt. Wenn der Gegendruck von außen entfällt, kann sich die Luft in einem umschlossenen Raum ausdehnen. Die luftgefüllten Hohlräume im menschlichen Körper blähen sich auf. Wenn der Druck zu schnell oder zu stark absinkt, platzen sie wie zu stark aufgeblasene Ballons.

Zwar hat der Körper Ausgleichventile, mit denen er den Druck in den meisten seiner Hohlräume regulieren kann, aber ihre Wirkung ist zu schwach, um die Überlebenschancen bei einem dramatischen Druckverlust deutlich zu erhöhen. Ein Ventil im Mittelohr ist mit der Kehle verbunden und kann durch heftiges Schlucken geöffnet werden, um Überdruck abzubauen; manche Passagiere machen das automatisch, wenn ihr Flugzeug abhebt. Gas, das sich im Magen ausdehnt, kann durch Aufstoßen abgegeben werden, und der Druck im Darm entweicht als Darmwind. Zwar ist die meiste Luft in der Lunge in winzigen Lungenbläschen eingeschlossen, die weit von den Auslassventilen Mund und Nase entfernt sind, aber der Überdruck wird durch die normale Atmung effektiv reduziert. All diese natürlichen Überdruckventile funktionieren gut, wenn sich das Gas im Inneren nur langsam bildet oder ausdehnt, wie bei einer Bergwanderung oder nach einer schwer verdaulichen Mahlzeit. Sie sind jedoch nicht darauf ausgelegt, den Druckabfall in einem leckgeschlagenen Raumschiff zu kompensieren, und greifen dann zu kurz.

Außerdem haben manche Körperhöhlungen, die Gas enthalten, keinen Abzug. All unsere Gelenke sind in Schmierflüssigkeit eingebettet, die die Reibung zwischen den benachbarten Knochen reduzieren soll, so wie Schmierfett Zahnräder besser ineinander greifen lässt. Der in dieser Flüssigkeit enthaltene Stickstoff wird durch den atmosphärischen Druck in Lösung gehalten. Wenn der Druck plötzlich sinkt, dehnt sich das Gas aus, ohne dass für die Blasen ein Fluchtweg vorgesehen wäre. Sie können nur langsam durch den körpereigenen Enzymstoffwechsel abgebaut werden. Die Dekompression der »Mir«-Astronauten verlief genauso wie bei Gerätetauchern. An Bord der »Mir« hing ihr Überleben davon ab, ob sie es schafften, den Luftverlust durch das Leck so zu reduzieren, dass ihre schwerfälligen menschlichen Ausgleichsysteme mithalten konnten, dass ihre Gehirne die nötige Zeit gewannen, um einen Plan zur Behebung des Lecks auszuarbeiten, und dass ihre Körper ihn rechtzeitig umsetzen konnten, bevor der Druck so niedrig war, dass eine weitere Anpassung unmöglich wurde.

Die Raumstation war aus miteinander verbundenen Modulen aufgebaut. Wenn sie das aufgerissene Modul abdichten konnten, würde der Druck im Rest der Station konstant bleiben. Durch die Verbindungsgänge liefen jedoch etliche Kabel und ein Belüftungsschlauch, die allesamt durchtrennt werden mussten, damit sich die Luken luftdicht schließen ließen. Wie wild schuftend schafften es Lazutkin und Foale, die Leitungen und die Röhre zu durchtrennen, aber die Luke ließ sich trotzdem nicht zuklappen. Sie hing an der Innenseite des undichten Moduls in den Angeln, und die Männer konnten sie gegen den starken Luftstrom in Richtung des Loches nicht zuziehen. Tsibliyev öffnete einen weiteren Lufttank, um den stetigen Druckabfall zu verlangsamen und ihre »Selbstrettungs-Zeit« (time of useful consciousness, TUC) zu verlängern: das Zeitfenster, in dem sie noch sinnvoll handeln konnten, um die Situation zu retten. Lazutkin kam auf die Idee, den Durchgang mit einem Lukendeckel abzuriegeln, der die Öffnung ursprünglich bedeckt hatte, bevor das Modul richtig angeschlossen worden war. Sobald sie den Deckel vor die Luke geschafft hatten, saugte das Vakuum ihn gegen die Öffnung und bildete so einen luftdichten Verschluss. Der Druck stabilisierte sich, und die Männer überlebten.

Der Druckabfall war nicht so stark gewesen, dass jemand hätte explodieren können, aber es war mehr als genug Luft entwichen, um die Taucherkrankheit auszulösen. Merkwürdigerweise befiel sie keinen der Astronauten. Auch tiefer im Weltall hat es schon vergleichbare Druckverluste gegeben, wenn auch nicht in so dramatischen Situationen, aber bis heute ist keiner der Betroffenen je an der Taucherkrankheit erkrankt. Vielleicht verhindert die Schwerelosigkeit das – aber wie, das haben wir noch nicht ganz verstanden.

Die Sojus-11-Mission wurde als Beginn einer neuen Ära der Raumerkundung angekündigt. Ihre Crew war die erste, die in einer Raumstation wohnte, der »Saljut 1«, und dort die Auswirkungen der Schwerelosigkeit untersuchte. Nach vierundzwanzig Tagen ging sie für den Rückflug wieder an Bord der »Sojus 11«. In einer Höhe von 160 Kilometern, wo der Atmosphärendruck immer noch nahe null liegt, löste sie die Sprengbolzen aus, um ihre Wiedereintrittskapsel abzutrennen. Durch die Explosion riss sich ein Druckausgleichventil los, und die Kapsel verlor Druck. Das menschliche Überlebenslimit liegt bei etwa einem Drittel des normalen atmosphärischen Drucks, einem Niveau, das erst gut acht Kilometer über der Erdoberfläche erreicht wird. (Zufällig sind das ziemlich genau der Luftdruck und die Höhe des Mount-Everest-Gipfels, womit dieser gerade an der Grenze dessen liegt, was ein Mensch noch ertragen kann.) Das Druckausgleichventil soll sich erst vier Kilometer über dem Boden öffnen, etwa in der Höhe des Everest-Basislagers, wo der Außendruck – halb so groß wie auf Meereshöhe – schon zum Leben ausreicht. Zwei der Kosmonauten versuchten, das Ventil manuell zu schließen, aber sie waren durch die lange Schwerelosigkeit geschwächt und außerstande, es schnell genug zuzudrehen, um einen totalen Druckverlust zu verhindern. Wenn der Körper nicht mehr von einer Atmosphäre umgeben ist, wird die Luft aus der Lunge gesaugt, und das Blut kocht bei Körpertemperatur. Nachdem die Kapsel ihre automatische Wiedereintritts- und Landeprozedur abgeschlossen hatte, erreichten die Bergungsleute den Landeort. Sie wunderten sich, dass die Kosmonauten noch nicht ausgestiegen waren. Als sie die Luke öffneten, erfuhren sie den Grund. Die Kapsel war intakt geblieben, die dreiköpfige Besatzung jedoch hing tot in ihren Gurten.

Alle Gedanken an die Vorfälle auf der »Mir« und der »Saljut 1« verblassen, als Ihr Raumfahrzeug die Raumstation berührt und sanft in der Andockstelle einrastet. Sie und der Rest der Belegschaft konzentrieren sich auf die vor Ihnen liegenden Aufgaben, zum Beispiel die Anbringung der zusätzlichen Brennstofftanks und die Überprüfung der Weltraumtüchtigkeit aller Systeme vor Verlassen der Umlaufbahn. Dazu werden zahllose Weltraumspaziergänge nötig sein.

Weltraumspaziergänge sind sehr riskante Unterfangen, weil die Astronauten dabei auf viele Schutzmaßnahmen verzichten müssen. Sobald Sie ins Freie treten, ist ihre Sicherheitszone nur noch so dick wie der Raumanzug: Ihr persönliches Mini-Raumfahrzeug. Um Sie am Leben zu halten, muss der Anzug Ihnen so viel Druck entgegensetzen, dass Sie nicht dem Vakuum des Weltalls erliegen. Er muss Sie von Temperaturen zwischen minus 150 °C und plus 120 °C abschirmen, Sie mit Sauerstoff versorgen sowie das Kohlendioxid entfernen und Sie vor dem Bombardement mit Mikrometeoriten schützen. Ihr Raumanzug muss all das beherrschen und dabei doch so flexibel bleiben, dass Sie Solarzellen anbringen, Kameras installieren und alles Mögliche reparieren können.

Wäre Ihr Raumanzug bis zu demselben Normalnull-Druck aufgeblasen wie das Innere der Raumkapsel, würden Sie wie ein Michelin-Männchen hinausschweben. Gegen einen so hohen Druck könnten Sie vielleicht noch die Schultern und die Hüften bewegen, aber die kleinen Muskeln der Hand hätten keine Chance. Einen Bolzen festzudrehen, gar ein Teleskop zu reparieren oder auch nur eine Tür zu öffnen wird schwierig, wenn man seine Finger nicht bewegen kann. Kosmonaut Alexej Leonow machte seinen ersten Weltraumspaziergang aus der »Voskhod 2« in einem derart aufgepumpten Anzug. Als er wieder zurückkehren wollte, war er so unbeweglich, dass er den Türgriff kaum zu packen bekam und über ein Notventil Druck ablassen musste, um durch die Öffnung zu passen. Der Anzugdruck muss also niedriger sein. Ein Drittel des Normalnull-Drucks ist ein guter Kompromiss: niedrig genug, um flexibel zu bleiben, und doch hoch genug, um einen vom Raumvakuum abzuschirmen. Aber in der

Normaldruck-Kabine in einen solchen Anzug zu steigen entspräche einem Aufstieg vom Meeresniveau auf den Mount-Everest-Gipfel ohne jede Akklimatisierung. Und wir haben erfahren, wie der Körper auf so etwas reagiert.

Um sich zu akklimatisieren, muss die Dekompression – die allmähliche Reduzierung des Anzugdrucks – sich über mindestens vier Stunden erstrecken, und so lange kann man unmöglich auf jeden Spaziergang warten. Die Astronauten kürzen die Vorbereitungszeit auf vierzig Minuten ab, indem sie ihre Umwelt sowohl in der Kabine als auch im Anzug verändern, um die Differenz zu verringern. Je geringer der Druckunterschied, desto schneller die Anpassung.

Der Kabinendruck ist unmittelbar nach dem Andocken auf zwei Drittel einer Atmosphäre reduziert worden, sodass Ihr Körper sich bereits anpasst, während Sie noch andere Aufgaben erledigen. Stunden später schlüpfen Sie in Ihren Anzug, der mit einem Drittel des Atmosphärendrucks aufgepumpt ist, und fangen an, reinen Sauerstoff einzuatmen. Trotz der geringeren Luftmenge können Ihre Lungen so normal arbeiten. Die Miniakklimatisierung und der zusätzliche Sauerstoff funktionieren im Weltraum ebenso gut wie auf dem Everest.

Der Augenblick ist gekommen. Sie stehen in der offenen Luke und stürzen sich ins Nichts, indem Sie sich mit den Füßen abstoßen. Das Gefühl ist unheimlich und überwältigend, und Sie müssen sich erst an den Zeitlupen-Effekt gewöhnen. Sie treiben fort, um ein paar Instandhaltungsarbeiten auszuführen. Alle Arbeitsplätze sind mit einem Hand- oder Fußgriff ausgestattet, an dem man Halt findet. Wäre dem nicht so, so würden Sie bei jedem Knopf, den Sie drücken, rückwärts von der Rakete fortfliegen, und anstatt eine Schraube einzudrehen, würden Sie gegen den Uhrzeigersinn in den Weltraum trudeln. Das beides können Sie jetzt, und vieles andere mehr, aber die Arbeit ist anstrengend, und sie in einem Raumanzug zu erledigen, ist wie Gymnastik in Thermohosen. Das Problem der Überhitzung wird durch wassergekühlte Unterwäsche gemildert. In ihren Stoff sind Hunderte von Metern feinster Schläuche eingearbeitet, durch die über Eisbeutel geführtes Wasser gepumpt wird. Für besonders kraftraubende Arbeiten steht auch wassergekühlte lange Unterwäsche zur Verfügung.

Module, die viel Wartung benötigen oder voraussichtlich oft repariert werden müssen, werden mit abgerundeten Ecken gebaut und leicht zugänglich gehalten. Dennoch kommt es manchmal zu unerwarteten Komplikationen. Der Astronaut Jeff Hoffman hat mir erzählt, wie seine Kollegen und er bei der Reparatur des Hubble-Weltraumteleskops (dessen Kurzsichtigkeit der kostspieligste Schnitzer in der Geschichte der Optik war) teils in sehr verrenkter Haltung arbeiten und sich in Winkel quetschen mussten, in die eigentlich nie ein Astronaut hineinpassen sollte. Scharfe Kanten und spitze Werkzeuge können einen Raumanzug leichter durchdringen als ein Mikrometeorit. Passiert so etwas, registrieren Sensoren den Druckabfall sofort und injizieren mit Hochdruck Sauerstoff aus einem Reservebehälter, der eine halbe Stunde für ein gut einen halben Zentimeter großes Loch ausreicht. Das sollte reichen, um nach drinnen zurückzukehren. Wenn nicht, so würde der rasche Druckabfall theoretisch die Taucherkrankheit auslösen. Sollte dieser Fall je eintreten, dann würde die Behandlung darin bestehen, den Astronauten in einen intakten Raumanzug zu stecken, das Überdruckventil zu blockieren und den Anzug aufzupumpen, bis das Doppelte des normalen Drucks erreicht wäre. Der Anzug würde wie eine Rekompressionskammer wirken. Besser ist es jedoch, eine zu schnelle Dekompression zu vermeiden. Nicht nur, dass sie sehr schmerzhaft ist: Die Behandlung ruiniert den Anzug.

Die Anbringung der Treibstofftanks, Solarzellen, Kameras, Antennen und sonstiger Gerätschaften sowie die anschließende visuelle oder manuelle Kontrolle aller Systeme erfordert etliche Einsätze von je anders zusammengestellten Teams aus dem Raumschiff und der Raumstation. Endlich haben Sie alle Arbeiten an der Raumstation hinter sich. Es hat drei Tage gedauert – oder achtundvierzig Tage, je nachdem, wo man sich befindet. Die Erde hat sich dreimal um ihre Achse gedreht. Auf der Station, die mit 29 000 km/h um die Erde kreist, ist die Sonne indes alle neunzig Minuten auf- und untergegangen. Dieser Rhythmus bringt Ihre Zirbeldrüse hoffnungslos aus dem Konzept. Diese am Hirnstamm liegende Drüse war daran gewöhnt, dass die Abenddämmerung sie regelmäßig zur Ausschüttung des Schlaf auslösenden Hormons Melatonin anregt. Im Weltraum kommt Ihr Schlafrhythmus durcheinander – Sie sind sich nicht einmal sicher, ob Sie seit dem Start überhaupt schon geschlafen haben.

Das größte Schlafhemmnis sind jedoch nicht die Kapriolen der Zirbeldrüse, sondern Sie. Wie alle Astronauten, sogar die alten Hasen, sind Sie so aufgeregt, dass Sie sich nicht müde fühlen und keine Zeit mit Schlafen verschwenden wollen. Es ist Ihr letzter Tag (oder sind es sechzehn Tage?) in der Erdumlaufbahn, und obwohl man Sie für ein paar Erdumdrehungen zum Ausruhen abgestellt hat, würden Sie lieber aus dem Fenster sehen. Da Sie aber erschöpft sind, können Sie sich den visuellen Einflüssen nicht entziehen. Jedes Mal, wenn das Raumschiff in die Dunkelheit eintaucht, schlafen Sie augenblicklich tief ein. Sobald es wieder ins Sonnenlicht gerät, wachen Sie erfrischt und voller Energie auf. Sie durchlaufen alle neunzig Minuten den kompletten Schlaf-Wach-Zyklus. Um längere Zeit am Stück zu schlafen, müssten Sie nur die Rollläden herunterlassen – aber da draußen vor dem Fenster rotiert dieser großartige, wasserblaue Planet! Bald, wenn Sie zum Mars aufbrechen, werden Sie ihn aus den Augen verlieren. Die nächsten paar Umdrehungen könnten das Letzte sein, was Sie je von Ihrer Heimat sehen werden.

Für den Flug zum Roten Planeten werden die Hauptmotoren hochgefahren. Triebwerke feuern und drehen die Raketenspitze in Richtung Weltall. Sie spüren wieder die Beschleunigung: Das Kräftegleichgewicht im Orbit ist aufgehoben; aber diesmal ist es nur ein sanftes Ziehen. Das Raumschiff befreit sich aus der letzten Umarmung der Erde. Sie wenden den Blick vom Fenster ab, in dem nur noch das Schwarz des Alls zu sehen ist, und blicken sich in der Kabine um, die in den nächsten drei Jahren Ihr Zuhause sein wird.

Dank einer Kombination aus komplexer Maschinerie und raffinierten Einrichtungen kann man sich an Bord des Raumschiffes durchaus wohl fühlen. Der Luftdruck ist genauso hoch wie auf der Erde, die

Luftreinheit sogar höher. Die Temperatur bleibt konstant bei angenehmen 21 °C; Sie können sich leger kleiden. Ein Kühlschrank hält die Getränke kalt. Das Essen ist durch Gefriertrocknung konserviert. Die Speisekarte enthält 120 Posten. An einem Tag können Sie zum Beispiel Rührei zum Frühstück, ein Käse-Schinken-Sandwich zum Mittag und einen Krabbencocktail, Steak und überbackenen Brokkoli zum Abendessen zu sich nehmen. Sie haben die Wahl zwischen dreißig Getränken. Aus dem Hahn fließt reichlich heißes und kaltes Wasser, da die Treibstoffzellen ihre Energie praktischerweise aus der Reaktion von Wasserstoff und Sauerstoff gewinnen, wobei als Abfallprodukt Wasser anfällt. Es gibt keinen Esstisch, aber mit Klettbändern können Sie ein Serviertablett auf Ihren Knien befestigen. Trotz der Schwerelosigkeit können Sie mit normalem Metallbesteck essen, solange das Schiff nicht abrupt beschleunigt oder abbremst. Für das regelmäßige Duschen, zu dem alle verpflichtet sind, gibt es eine wasserdichte Duschkabine, aber sich mit einem Schwamm zu waschen ist praktischer. Alle zwei Tage ziehen Sie frische Socken und Unterwäsche an, die Schmutzwäsche versiegeln Sie bis zur nächsten Waschladung in luftdichten Tüten. Die Toilette funktioniert fast wie auf der Erde, nur dass nicht die Schwerkraft, sondern ein Luftzug Ihre Ausscheidungen in einen versiegelten Behälter zieht. Damit keine Haarschnipsel in der Luft treiben, sind die Rasierapparate der Männer mit kleinen Staubsaugern ausgestattet. Die Frauen tragen Haarnetze, damit sich ihre Haare nicht in den Apparaten verfangen, aber für Fotos und Videos dürfen sie sie frei schweben lassen, was ihren Frisuren ein auf Erden unerreichbares Volumen gibt.

Sie haben jeden Komfort wie zu Hause, sind aber hundertprozentig von einer künstlichen Umwelt abhängig. Diese wird durch eine Reihe von Maschinen aufrechterhalten, die zu komplex sind, als dass eine Einzelperson sie verstehen oder warten könnte. Ihr Heim ist eine winzige Oase im Inneren einer Metallbüchse, die durch die tödlichen Weiten des Weltalls segelt. Dieser Gedanke bleibt stets in einem Winkel Ihres Geistes lebendig und sorgt dafür, dass Sie sich nie ganz entspannen. Jedes ungewöhnliche Geräusch wird sofort Ihre

Aufmerksamkeit wecken, so wie es bei dem lauten Knall der Fall war, den die Astronauten Jim Lovell, Jack Swigert und Fred Haise auf ihrem Weg zum Mond in der »Apollo 13« vernahmen. Sie fanden schnell heraus, dass zwei ihrer drei Treibstofftanks explodiert waren. Lovell blickte zum Fenster hinaus und sah, dass die Explosion ein Loch in die Seite der Kommandokapsel gerissen hatte, aus dem Gas ausströmte. Der größte Teil der Energie-, Sauerstoff- und Wasservorräte war verloren. Dreihundertdreißigtausend Kilometer von zu Hause entfernt und in die verkehrte Richtung fliegend, würden sie vier Tage brauchen, um den Mond zu umrunden und zur Erde zurückzukehren. Swigert setzte seinen berühmten Funkspruch an das Kontrollzentrum ab: »Houston, wir haben ein Problem.«

Ein Körper kann einige Tage ohne Wasser auskommen, aber nur wenige Minuten ohne Sauerstoff. Die Vorräte im Kommandoteil der Apollo 13 waren verloren, aber zum Glück enthielt die Mondfähre mehr als genug Sauerstoff und gerade genug Energie und Wasser, um sie zurückzubringen. Wäre der Treibstofftank ein kleines bisschen stabiler gewesen und erst auf dem Rückflug explodiert, so wären die Vorräte in der Mondfähre bereits erschöpft gewesen, sodass sie als Rettungsboot untauglich gewesen wäre.

Die größte Bedrohung für das Überleben der Astronauten war ihr eigener Atem. Sie hatten genug Sauerstoff, aber bald hatten sie zu viel Kohlendioxid. Dieses natürliche Abfallprodukt der Atmung ist in hohen Konzentrationen tödlich. Auf der Erde ist das Problem wunderbar gelöst: Pflanzen nehmen Kohlendioxid auf und scheiden wiederum Sauerstoff als Abfallprodukt aus. Aber eine Raumkapsel ist kein Ökosystem. Um das Kohlendioxid herauszuwaschen, muss die Luft durch Behälter mit Lithiumhydroxid geführt werden. In der Mondfähre gab es nur zwei dieser Aggregate: nicht annähernd genug, um die Atemluft von drei Astronauten vier Tage lang zu filtern.

In einem abgeschlossenen Raum bringt einen das Kohlendioxid um, lange bevor einem der Sauerstoff ausgeht. Die Atmung wird nicht, wie man meinen könnte, durch eine zu niedrige Sauerstoffkonzentration im Blut stimuliert, sondern durch ein Übermaß an Kohlendioxid. Die Atmungszentren im Gehirn, die beide Gaskonzentrationen überwachen, reagieren auf das Kohlendioxid viel empfindlicher. Sobald sein Gehalt ansteigt, steigt auch die Atemfrequenz, um das Abgas loszuwerden. Bei toxischen Konzentrationen wird die Atmung sehr schnell und flach und damit zu ineffizient, um genug frische Luft in die Lunge zu befördern.

Um ihre Kohlendioxidproduktion zu minimieren, versuchte die Besatzung der »Apollo 13«, sich möglichst wenig anzustrengen. Dennoch waren die Lithiumhydroxidfilter, nur mit Notstrom betrieben, nach anderthalb Tagen gesättigt. Warnleuchten blinkten. Es gab weitere Aggregate in der Kommandokapsel, aber mit ihrem quadratischen Grundriss passten sie nicht in die runden Anschlüsse des Mondfähren-Filtersystems. In der Kontrollstation in Houston konstruierten Ingenieure und Astronauten einen improvisierten Adapter, wobei sie nur Material verwendeten, das sich auch an Bord befand. Die Crew der »Apollo 13« folgte Schritt für Schritt der per Funk übermittelten Bauanleitung und bastelte so eine behelfsmäßige Apparatur aus Plastiktüten, Pappe, Teilen eines ausgeschlachteten Raumanzugs und jeder Menge Klebeband zusammen. Eine Stunde später konnten sie wieder frei durchatmen – wie ihre Betreuer am Boden. Ohne diese Low-Tech-Lösung eines High-Tech-Problems hätte die Mission ein tragisches Ende genommen. Stattdessen wurde »Apollo 13« zum »erfolgreichsten Fehlschlag« in der Geschichte der NASA.

Die NASA ist zu Recht stolz auf ihre Leistung, aber das stimmt Sie und Ihre Mars-Begleiter nicht unbedingt zuversichtlicher. Genau genommen ist die Geschichte recht beunruhigend. Eine ähnliche Krise auf Ihrer Mission hätte höchstwahrscheinlich kein Happyend. Die Explosion auf der »Apollo 13« ereignete sich gerade einmal 330 000 Kilometer von der Erde entfernt: eine Distanz, die ein Raumschiff in vier Tagen zurücklegt und die eine fast verzögerungsfreie Funkkommunikation mit der Erde gestattet. Eine Explosion auf dem Weg zum Mars oder am Ziel selbst kann, je nach Planetenkonstellation,

160 bis 400 Millionen Kilometer von der Heimat entfernt erfolgen, und die Rückreisezeit kann sechs bis achtzehn Monate betragen. Ein Funkspruch kann bis zu vierzig Minuten unterwegs sein. In einem lebensbedrohlichen Notfall wären Sie ganz auf sich gestellt.

Im Augenblick haben Sie jedoch banalere Sorgen. Sie haben Schnupfen und Rückenschmerzen, und Ihre Blase ist voll. Ihre tapferen Schiffskameraden haben ebenso aufgedunsene Gesichter und finden auch keine Ruhe; dauernd müssen sie pinkeln gehen. Von den Fesseln der Schwerkraft befreit, wandert das Wasser durch Ihren Körper. Da es über 60 Prozent der Körpermasse ausmacht, verlagern sich größere Flüssigkeitsvolumina. Sie haben »Spinnenbeine« bekommen: Die etwa zwei Liter Wasser, die normalerweise von der Schwerkraft in ihnen festgehalten werden, sind nach oben getrieben, wo sie sich im Kopf breit machen, vor allem in der Nase und den Nebenhöhlen. Diese Verstopfung beeinträchtigt Ihren Geruchs- und Geschmackssinn, weshalb Sie sich fühlen, als hätten Sie eine Erkältung. Vom Zug nach unten erlöst, hat sich der Stapel der Knochen, aus denen Ihre Wirbelsäule besteht, ein wenig gelockert, sodass die durch den Körper vagabundierende Flüssigkeit in die Bandscheiben einsickern kann, die die Wirbel trennen. Der hydraulische Druck schiebt Ihre Wirbelsäule auseinander und macht Sie fünf Zentimeter größer als auf der Erde. Klingt gut, verursacht aber Rückenschmerzen. Keine Haltung ist wirklich bequem. Sie haben das Bedürfnis, Ihre Muskeln zu strecken, aber es ist nicht leicht, die nötigen Dehnungsübungen auszuführen: Wenn Sie sich in der Raumkapsel irgendwo gegenlehnen, treiben Sie einfach rückwärts. In den großen Blutgefäßen – der Aorta in der Brust und den Halsschlagadern – überwachen Rezeptoren die Blutmenge im Körper und geben ihre Information an das Wartungszentrum im Hypothalamus weiter. Da Ihr Gehirn die Schwerelosigkeit nicht versteht, deutet es die größeren Flüssigkeitsmengen, die an den Rezeptoren vorbeikommen, als Überlast. Es ordnet die Freisetzung von Hormonen an, die das Flüssigkeitsvolumen verringern, indem sie die Nieren anweisen, mehr Harn in die Blase abzusondern.

Sie sind also ein furchtloser Forschungsreisender mit verstopfter

Nase und einem Ziehen im Rücken, der öfter mal austreten muss. Außerdem haben Sie immer noch Anfälle von Weltraumkrankheit. Doch nach ein paar Tagen im All passen Sie sich erstaunlicherweise an. Sobald die überschüssige Flüssigkeit aus dem geschwollenen Gewebe abgeflossen ist und Ihre Muskeln sich entspannt haben, arbeitet Ihr Körper wieder normal. Die Nasennebenhöhlen sind wieder frei, der Rückenschmerz legt sich. Sie haben ein neues Flüssigkeitsgleichgewicht erreicht und müssen nicht mehr ständig Wasser ausscheiden. Ihre Übelkeit und das Schwindelgefühl haben sich ebenfalls gelegt. Der Vestibularapparat kann sich zwar selbst neu kalibrieren – sonst wäre er nicht imstande, sich auf unser Wachstum oder unsere Gewichtszunahme einzustellen. Aber diese Neueinstellung benötigt viel Zeit und ist auf Feedback durch die Schwerkraft angewiesen: Für einen Weltraumflug geht das nicht schnell genug. Daher stellt sich das Gehirn lieber auf visuelle Lageinformationen um. Sie haben gelernt, nach ganz neuen Regeln zu spielen.

Mit frischem Mut sind Sie und Ihre kleine Gruppe von Erdlingen nun bereit, sich Ihrem stärksten interplanetaren Feind zu stellen: der nuklearen Armee, die Ihnen jenseits der Festungswälle der Erde – der Atmosphäre und des Magnetfeldes – auflauert. Die tödlichen radioaktiven Partikel und Wellen entstammen zwei Quellen: der kosmischen Strahlung und der Sonne.

Die kosmische Strahlung kommt von jenseits des Sonnensystems. Sie entsteht bei den Explosionen von Supernovas und anderen Riesensternen, bei denen Wasserstoff-, Helium- und Eisenatome – die Hauptbestandteile der Sterne – zerfetzt werden und Protonen und Alphastrahlen freigesetzt werden: hochenergetische subatomare Teilchen, die nahezu mit Lichtgeschwindigkeit abgestrahlt werden. Sie schießen aus allen Richtungen durch die Milchstraße und weben so ein dichtes Gespinst, das den gesamten »leeren« Raum durchdringt. Die andere Quelle tödlicher Strahlung liegt näher an unserer Heimat: die Sonne. Sonnenschein ist die Folge einer permanenten thermonuklearen Reaktion, zu deren Abfallprodukten Protonen und Elektronen gehören, die in einem stetigen Strom nach außen fließen, der als Sonnenwind bezeichnet wird. Gelegentlich bricht auf der Sonne ein Sturm los, dessen Eruptionen – so genannte Flares – 1600 Kilometer hoch aufsteigen können. In ihnen werden zehn Milliarden Mal mehr Protonen fortgeschleudert als im normalen Sonnenwind. Der Ausbruch verläuft strikt gerichtet, kann Stunden andauern und ist bisher nicht vorhersagbar. Ein solcher Teilchensturm, der sich fast mit Lichtgeschwindigkeit ausbreitet, würde eine Rakete auf dem Weg von der Erde zum Mars nach etwa zwei Tagen erreichen.

Kosmische Strahlung und Sonnenstürme sind zwei galaktische Plagen, mit denen wir Erdbewohner früher nie konfrontiert waren. Ihre Heerscharen tödlicher Teilchen und Strahlen werden vom Schutzschild unseres Planeten in Schach gehalten. Die Erde ist von einer gasgefüllten Atmosphäre umgeben und in zwei Magnetfelder eingefasst, die als innerer und äußerer Van-Allen-Gürtel bezeichnet werden und beide an den magnetischen Nord- und Südpolen entspringen. Radioaktive Weltraumpartikel sind elektrisch geladen, und wenn sie sich den Grenzen der Erde nähern, werden die meisten von einem der beiden Magnetgürtel abgelenkt und abgefangen, die dadurch zwei Ringe intensiver Radioaktivität bilden. Manche der eingefangenen Teilchen werden zum magnetischen Nordpol gezogen, wo sie durch die Atmosphäre absteigen, mit Sauerstoff reagieren und ein grünliches Leuchten erzeugen, das als Aurora Borealis oder Nordlicht bekannt ist. Alle Teilchen, die den Van-Allen-Gürteln entwischt sind, werden prompt von der Atmosphäre absorbiert. Wenn diese Partikel mit Sauerstoff- oder Stickstoffatomen und vor allem Wasserdampf zusammenstoßen, verlieren sie ihre Energie und »verglühen«, bevor sie den Boden erreichen. Die einzigen Wellen, die es schaffen, diesen Hindernisparcours zu überwinden, sind das sichtbare Licht, das unseren Planeten erhellt, das UV-Licht, das unsere Haut bräunt, und die Infrarotstrahlen.

Innerhalb der Raumkapsel können Sie die Radioaktivität nicht sehen oder spüren, aber der Geigerzähler zeigt einen starken Anstieg an. Etwa 800 Kilometer über der Erde treten Sie in den inneren Van-

Allen-Strahlungsgürtel ein. Knapp 10 000 Kilometer später geht der Wert zurück, nur um bei 24 000 Kilometern wieder hochzuschnellen und dann über die nächsten 16 000 Kilometer allmählich abzusinken: Sie haben den äußeren Van-Allen-Gürtel durchquert. Jetzt sind Sie außerhalb des Schutzkäfigs der Erde und somit dem erbarmungslosen Bombardement der kosmischen Strahlung und den unvorhersehbaren Ausbrüchen der solaren Flares ausgeliefert. Jedes Teilchen, das mit Ihrem Körper zusammenstößt, wird eine Kernreaktion auslösen. Eine hohe Dosis wird genug Sprengkraft freisetzen, um die Molekülbindungen in Ihren Zellen aufzubrechen und Sie glattweg zu töten. Kleinere Dosen werden einige DNS-Stränge verändern, jene empfindlichen und komplexen Erbträgermoleküle in jeder Zelle, die die Zellteilung steuern. Schäden in den Keimzellen können zu missgebildetem Nachwuchs führen. Im Rest des Körpers löst der Kontrollverlust eine chaotische Vermehrung entarteter Zellen aus: Krebs.

Welche Strahlenbelastung Sie während dieser Mission hinnehmen müssen, ist nicht bekannt, aber sie wird viel größer sein als bei jedem bisherigen Flug. Nur bei den bemannten Mondflügen waren Astronauten jenseits des Van-Allen-Gürtels, und diese Missionen waren vergleichsweise kurz. Die Spaceshuttle-Flüge und Raumstation-Projekte spielen sich unterhalb des Strahlungsgürtels ab, sodass die Belastung relativ schwach bleibt. Eine Ausnahme war die Mission zur Reparatur des Hubble-Teleskops, das eine besonders hohe Umlaufbahn hat, damit so wenig atmosphärische Interferenzen wie möglich die Bilder stören. Die Astronauten waren der Strahlung im Van-Allen-Gürtel ausgesetzt, was ungefähr zwei Brustkorb-Röntgenaufnahmen am Tag entspricht: eine hohe Dosis. Doch bis jetzt waren die Flugzeiten für die Astronauten allesamt so kurz, dass ihre Gesamtstrahlenbelastung geringer ausfiel als bei Flugbegleitern, die zwar in geringeren Höhen arbeiten, aber viel mehr Zeit in der Luft verbringen. Was die solaren Flares angeht, so kann ein Astronom sie leicht erkennen und zwei Tage vor dem Eintreffen eine Warnung ausgeben: genug Zeit, um ein Raumfahrzeug zu landen oder eine Raumstation zu evakuieren.

Aber Sie sind auf dem Weg zum Mars. Die kosmische Strahlung summiert sich, und den solaren Teilchenstürmen können Sie nicht entfliehen. Eine solide Abschirmung würde das Raumschiff so schwer machen, dass es nicht abheben könnte. Ein dünnerer Schutzschild wäre noch schlimmer als gar keiner, denn wenn kosmische Strahlen Metallplatten durchdringen, reagieren sie mit dem Material und bilden hochradioaktive Neutronen. Da Neutronen keine elektrische Ladung haben, lassen sie sich nicht magnetisch ablenken. Sie haben eine hohe Affinität zu Wasserstoff, einem der beiden Elemente im Wasser, und Wasser ist der Hauptbestandteil des menschlichen Körpers. Aus diesem Grund würde eine Neutronenbombe sehr effektiv Menschen töten, aber die Gebäude stehen lassen.

Der kumulative Effekt einer Langzeitbelastung durch kosmische Strahlung mag unbekannt sein, aber die Wirkung einer solaren Eruption ist leicht zu berechnen: schon eine einzige ist tödlich. Der Strahlungsausstoß ist so intensiv, dass man binnen weniger Stunden stürbe. Sie brauchen einen Zufluchtsort, wenn ein solarer Flare auf Sie zielt, und Ihr Raumschiff bietet einen solchen: eine kleine, gut abgeschirmte Kammer, in die Sie sich mit der Crew für ein paar Stunden oder Tage zurückziehen können, bis der Teilchensturm vorbeigerauscht ist. Und was die kosmische Strahlung angeht: Der Weltraum enthält kein Wasser, das sie absorbieren könnte wie in der Erdatmosphäre, aber Ihr Raumschiff hat große Vorräte – verstaut in Tanks, die die Schlafquartiere und den Arbeitsbereich panzern und so zumindest einen gewissen Schutz vor dem Dauerbombardement bieten. Wie gut das funktioniert, werden Sie frühestens in ein paar Jahren erfahren. Wenn Sie aus dem All zurückkehren, werden Sie nur sagen können: »Ich habe die Reise zum Mars überlebt … bis jetzt.«

Monate verstreichen. Die Strahlung mag die größte Umweltbelastung auf ihrer Mission sein, aber die größte Gefahr kommt wahrscheinlich von innen. Womöglich funken Sie eines Tages ein Zitat der Comicfigur Pogo zur Erde: »Wir sind dem Feind begegnet, und der Feind sind wir.«

Wenn man sechs Leute drei Jahre in einen Container sperrt, kommen mächtige menschliche Faktoren ins Spiel. Die riesige blaue Kugel, die sich vor ein paar Monaten noch vor Ihrem Fenster drehte, ist jetzt nichts als ein Fleck in der schwarzen Leere. Jeder, den Sie gut gekannt haben, jeder, der Sie wirklich versteht, lebt auf diesem Fleck, der sich Ihnen jede Stunde um weitere 40 000 Kilometer entzieht. Ihre Familie hätte Sie lieber zu Hause behalten, hat aber Ihre Entscheidung mitgetragen, sich am größten Abenteuer der Menschheit zu beteiligen. Sie haben sie zurückgelassen – manche würden sagen: im Stich gelassen – und gegen eine Ersatzfamilie eingetauscht, mit der Sie es drei Jahre aushalten müssen.

Die neue Familie besteht aus einer streng ausgewählten Gruppe von Piloten und Wissenschaftlern, und die Auswahlkriterien waren nicht die, die Sie zunächst erwartet hatten – sonst wären Sie vielleicht gar nicht dabei. Sechs draufgängerische Testpiloten mit Dominanzgehabe wären der Garant für eine Katastrophe. Eine Gruppe kann nicht sechs Leiter haben. Die Crew ist eine ausgewogene Mischung: geborene Führer und Vermittler, Introvertierte und Extrovertierte, Redner und Zuhörer. Sie ist multinational, gemischtgeschlechtlich und ethnisch durchwachsen, wie bei jeder Unternehmung von dieser historischen Größenordnung – nicht nur aus geopolitischen Rücksichten, sondern auch, weil unterschiedliche Sichtweisen ein Team stärker machen. Eine so beengte Drei-Jahres-Reise von sechs Menschen mit demselben kulturellen und sozialen Hintergrund wäre außerdem unglaublich langweilig – und damit sehr gefährlich.

Langeweile könnte die tödlichste Krankheit sein, mit der Sie es zu tun bekommen. Ihre Symptome sind anfangs unauffällig; erste Warnzeichen sind Energie- und Antriebsschwächen. Bald fühlen Sie sich schlapp und reizbar, und allmählich büßen Sie Ihre Toleranz gegenüber den Kollegen ein. Sie ziehen sich vielleicht zurück und versinken in Schwermut, oder Sie werden aggressiv und – im Extremfall – offen feindselig. Man hat viel versucht, um Langeweile zu verhindern, rechtzeitig zu erkennen und zu behandeln. Die potenziellen Crewmitglieder sind in endlosen Befragungen und Persönlichkeitstest analysiert, bewertet und dann immer wieder neu zusammengewürfelt und umgruppiert worden, bis sich die Stücke wie bei einer Patchworkdecke zu einem harmonischen Ganzen verbanden. Die Wohnquartiere sind menschenfreundlich gestaltet. Scharfe Kanten und exponierte Metallteile sind, wo möglich, vermieden worden. Das Licht ist gedämpft, abgesehen von den Leselämpchen und den hell erleuchteten, vielfarbigen Instrumentenbrettern. Die Wände sind pastellfarben gestrichen und enthalten große Fenster, durch die man bequem hinausblicken kann, auch wenn es außer dem Sternenhimmel absolut nichts zu sehen gibt.

Sie haben viel weniger Kontakt zur Außenwelt als ein Häftling. Anregung kann nur von innen kommen, aber inzwischen nehmen die Instandhaltungsarbeiten und Experimente nicht mehr viel Zeit in Anspruch und haben ihren Reiz verloren. Sie haben die neusten Errungenschaften der Unterhaltungs- und Edutainment-Technologie dabei, aber so aufregend das alles anfangs war, so schnell wird es öde. Man hat Sie ermuntert, Hobbys zu pflegen, aber wie viel Zeit kann man damit totschlagen, seine Briefmarken neu zu sortieren oder die Sammlungen der anderen zu bewundern?

Der Schlüssel zur Bekämpfung von Langeweile ist dynamische und persönliche Ansprache. Mit einer vierzigminütigen Kommunikationsverzögerung kann man vielleicht mit jemandem auf der Erde Schach spielen, aber kein sinnvolles Gespräch mehr führen. Sie können zwar ab und zu Videoübertragungen von Ihrer Familie empfangen und ihre Stimmen über Funk vernehmen, aber echte Dialoge beschränken sich auf E-Mails und ziehen sich über Tage hin. Sie versuchen, am Familienleben teilzuhaben, ja sogar Konflikte zu lösen, aber die frustrierenden Verzögerungen machen es immer schwerer, auf dem Laufenden zu bleiben. Die Ereignisse auf der Erde laufen an Ihnen vorbei, Entscheidungen werden ohne Sie gefällt. Sie fühlen sich zunehmend überflüssig und isoliert.

Die Bodenkontrolle tut, was sie kann, um Ihren Draht zum Heimatplaneten nicht abreißen zu lassen. Sie schickt Ihnen Nachrichtensendungen, arrangiert Weiterbildungskurse und fordert Sie sogar auf, sich per Briefwahl am politischen Geschehen zu beteiligen. Aber die irdischen Wechselfälle erscheinen Ihnen immer unbedeutender. Ihre Welt ist hier, in dieser Raumkapsel.

Sie haben nicht einmal Tag und Nacht. Draußen vor dem Fenster ist es immer dunkel. Kein Tagesrhythmus stellt Ihre biologische Uhr. Dieses Problem habe ich, wenn auch mit umgekehrtem Vorzeichen, bei einem einmonatigen Antarktis-Aufenthalt kennen gelernt. Dort scheint die Sonne im Sommer ununterbrochen auf einen herab, wie eine nackte Glühbirne in einem fensterlosen Zimmer. Wenn die Lichtverhältnisse sich im Tagesverlauf kaum ändern, fehlt der Anstoß zur nächtlichen Melatonin-Ausschüttung. Ich schlief, wenn ich körperlich erschöpft war oder sonst nichts zu tun hatte. Ich wachte auf, wenn ich ausgeruht war oder es Zeit wurde, wieder an die Arbeit zu gehen. Ich hielt alle Ereignisse sorgfältig in einem Tagebuch fest, aber als ich nach Hause zurückkehrte, stellte ich fest, dass mein Tagebuch nur dreiundzwanzig Einträge enthielt, obwohl ich dreißig Tage fort gewesen war. Aller äußeren Hinweise beraubt, hatte sich mein Körper auf Sechsunddreißig-Stunden-Tage umgestellt; ich hatte im Schnitt vierundzwanzig Stunden gewacht und zwölf geschlafen. Damit hatte ich eher einem inneren Bedürfnis nach Zäsuren gehorcht als den üblichen Lebensnotwendigkeiten der Menschen – dieser lichtabhängigen Tiere, die tagsüber jagen und sammeln und sich nachts in Sicherheit bringen.

Auch die Umwelt in einem Raumschiff bietet nichts, was einen normalen Schlafrhythmus aufrechterhalten könnte. Sie stecken in einem Schlafsack, der an der Wand festgebunden ist, um nicht davonzutreiben. Ihnen fehlt der beruhigende Kontakt zur Unterlage, den Sie von daheim kennen. Pausenlos lärmen die Maschinen. Die Crews arbeiten in Schichten, sodass fast immer irgendwo eine Lampe brennt und sich jemand bewegt. Einzudösen, wann einem danach ist, mag einen Monat lang in der Antarktis funktionieren, aber nicht auf einem langen Flug durchs All. Hier wird der Schlaf – wie alles andere – durch einen Stundenplan geregelt, ganz gleich, wie sehr Sie nach Ihrer Zubettgehzeit noch aufbleiben möchten. Um die Ordnung wiederherzustellen, nehmen Sie Schlaftabletten, aber der Schlaf, den sie bringen, ist nicht sehr erholsam, und die Tabletten haben unangenehme Nebenwirkungen. Mehr als einmal sind Sie schon verwirrt und orientierungslos aufgewacht, ohne zu wissen, wo Sie sind. Oder waren.

Ihr Körper baut ab. Sie verlieren Muskelspannung, die Knochen werden schwach, und Sie haben weniger Blut. Die Muskeln und Knochen, die den Körper gegen die Schwerkraft stemmen sollten, sind arbeitslos. Ohne ständige Übung verkümmert jeder Muskel. Er schrumpft und wird schwächer. Knochen, die nicht regelmäßig belastet werden, bekommen Osteoporose: Sie bauen das Kalziumgerüst ab, das sie robust macht. Das frei werdende Kalzium wird ins Blut geschwemmt. Dessen Volumen hat bereits durch das viele Urinieren abgenommen, mit dem Sie anfangs auf die überschüssige Flüssigkeit reagiert haben, die beim Eintritt in die Schwerelosigkeit aus den Beinen nach oben geschwappt ist. Steigt die Kalziumkonzentration, so fällt das Mineral aus und bildet im Blut feste Klümpchen. Wenn ein jäher, quälender Schmerz Sie durchzuckt, ist wahrscheinlich so ein Ball in einem Filterkanal der Nieren hängen geblieben: ein Nierenstein.

Andere Veränderungen sind weniger leicht zu bemerken. Durch das reduzierte Blutvolumen ist die Konzentration der Sauerstoff transportierenden roten Blutkörperchen angestiegen. Der Körper, der diese Variante nicht kennt, deutet die höhere Dichte nicht etwa als Mangel an Flüssigkeit, sondern als Überschuss an Zellen. Er stellt den normalen Hämatokritwert wieder ein, indem er rote Blutkörperchen zerstört, wodurch Sie anämisch und müde werden. Ihr Herz muss weniger Blut in Schwung halten, und das, was es pumpen muss, wiegt nichts. Der Energie- und Sauerstoffbedarf der Organe ist stark reduziert, da Sie mit dem kleinen Finger große Objekte stemmen und sich selbst mit dem Zucken eines Zehs durch das ganze Raumschiff katapultieren können. Ihr Herz hat also ziemlich wenig zu tun, und wie alle anderen Muskeln baut es bei Minderbelastung ab.

Auch Ihr Immunsystem, die körpereigene Krankheitsabwehr, wird schwächer. Niemand weiß, warum. Das Phänomen, das in Antarktis-Forschungsstationen ebenso auftritt wie in Raumstationen, wird offenbar durch den längeren Aufenthalt in abgeschiedenen, geschlossenen Räumen ausgelöst. Der Weltraum birgt aber einige spezifische Infektionsrisiken. Wenn jemand ungehemmt niest, verteilen sich die Keime mangels Schwerkraft im ganzen Raum und bleiben in der Luft hängen. Die Organismen, die wir in und auf unseren Körpern von der Erde mitgebracht haben, sind hier vielleicht nicht mehr so harmlos wie dort. Wie die Astronauten sind die Keime der Strahlung und der Schwerelosigkeit ausgesetzt. Sie sind wahrscheinlich vielfach mutiert, haben sich über Tausende von Generationen weiterentwickelt und sich schnell angepasst, um ihre Überlebenschancen zu erhöhen – auf Ihre Kosten. Einst gutartige Bakterien und Viren könnten sich mittlerweile in bösartige Überträger unbekannter Krankheiten verwandelt haben.

Die Veränderungen Ihres Herzens, der Skelettmuskulatur und der Knochen sind keine Episoden eines chaotischen Zusammenbruchs Ihrer Körpersysteme. Vielmehr sind es zielgerichtete, koordinierte Reaktionen eines Körpers, der in einer fremdartigen, neuen Umgebung im Gleichgewicht zu bleiben versucht. Im Weltraum strengt man sich körperlich weniger an, also wird das Herz schwächer. Wären die Anforderungen höher als sonst, so würde es stärker werden. Raumfahrer müssen kaum gehen, aber sie erledigen vieles mit dem Oberkörper. Daher bauen sie in den Beinen Muskelmasse und Knochensubstanz ab, nicht aber in den Armen – ähnlich wie Menschen, die im Rollstuhl sitzen. Das sind durchaus angemessene Anpassungen, die der Körper mit allen Kräften zu bewahren versucht.

Allerdings werden sich ein schwaches Herz, schlaffe Muskeln und spröde Knochen, die beim Leben in einem schwerelosen Raumfahrzeug nicht weiter stören, auf dem Mars als nachteilig erweisen. Ihr Körper ist zwar unglaublich anpassungsfähig, wird sich aber viel zu langsam wieder an ein Leben mit der Schwerkraft und an die vermehrte physische Aktivität gewöhnen, sodass Sie außer Gefecht gesetzt werden, kaum dass Sie gelandet sind. Jede Behandlung, die Ihre

Anpassung an den Weltraum rückgängig machen soll, dürfte zum Scheitern verurteilt sein, weil sie gegen tief verankerte körperliche Überlebensmechanismen anarbeiten müsste. Und doch müssen Sie ein paar Gegenmaßnahmen ergreifen, solange Sie noch im All sind – sonst zerschellt Ihr Körper auf dem Mars, auch wenn die Rakete noch so sanft landet.

Sie treten, wie jeden Tag, zum zweistündigen Konditionstraining auf dem bordeigenen Heimtrainer an. Im winzigen Fitnessstudio riecht es wie in einem Umkleideraum. Der Letzte, der es benutzt hat, hat sich nicht besonders sorgfältig abgetrocknet; ein großer Klumpen Schweiß schwebt über der Maschine. Sie erkennen den Verursacher am Geruch. Mittlerweile glauben Sie, schon am bloßen Aussehen einer Schweißperle zu erkennen, von wem sie stammt. Sie haben diese Astronautenausdünstungen gründlich satt.

Und die Übungen ebenso. Sie legen Ihr Geschirr an und vertäuen sich mit elastischen Gurten am Heimtrainer, um nicht beim ersten Schritt davonzufliegen. Weitere elastische Bänder sollten sich über Ihre Knie, Hüften, Ellbogen und Schultern spannen und den Widerstand an diesen Gelenken erhöhen. In letzter Zeit haben Sie sich nicht die Mühe gemacht, sie anzulegen, denn sie machen das Training viel schwerer, und Sie sind bereits erschöpft. Es wird keiner bemerken. Wahrscheinlich machen es alle so. Noch fast ein Monat bis zur Marslandung: reichlich Zeit, um Ihren Körper wieder aufzubauen. Die Übungen sind langweilig, nach einer Stunde und fünfzehn Minuten hören Sie auf.

Nicht, dass Sie die gewonnene Zeit brauchen würden. Diese bedeutsame Reise hat sich in Eintönigkeit verwandelt. Am Anfang war alles neu, und es gab viel zu tun. Die täglichen Instruktionen aus dem Kontrollzentrum waren spannend; jetzt sind sie nur noch lästig. Alles Mögliche wird lästig, auch diese albernen Puzzles, die man Sie regelmäßig legen lässt, um Ihre geistige und körperliche Beweglichkeit zu testen. Und die allwöchentlichen Fragebögen. Wie oft sollen Sie denn noch Kästchen ankreuzen, um darüber Auskunft zu geben, wie es Ihnen geht, wie Sie über die Kollegen denken und wie die Kollegen Ihrer Meinung nach über Sie denken? Die Ärzte zu Hause haben keine Ahnung, wie das ist. Der Copilot hat so ein nervtötendes Lachen. Der Systemtechniker bittet Sie dauernd um Hilfe, wo Sie doch einfach nur in Ruhe gelassen werden wollen.

Nicht nur Menschen, auch Maschinen wachen über Sie. Klebepolster und Fühler auf Ihrer Haut registrieren Atemfrequenz, Puls, Blutdruck und Hautwiderstand: Die elektrische Leitfähigkeit der Haut nimmt zu, wenn Sie salzigen Schweiß absondern, zum Beispiel weil Sie nervös sind. Ein Sensor auf Ihrer Zunge überprüft Ihren Speichel auf Cortisol, ein Hormon, dessen Level bei Stress ansteigt. Eine Pille in Ihrem Inneren übermittelt die Körpertemperatur; jedes Mal, wenn sie den Verdauungstrakt passiert hat, müssen Sie eine neue schlucken. Den Einsatz mancher dieser Systeme habe ich bei der von der NASA geförderten Mount-Everest-Expedition erprobt. Dort waren die Bergsteiger froh über diese Sensoren, die physische Veränderungen in Echtzeit bemerkten und meldeten und in gefährlichen Situationen vielleicht Leben retten konnten. Hier im Raum, wo Sie sich relativ sicher und behaglich fühlen, zeigen veränderte Werte wahrscheinlich eher einen emotionalen Umschwung an, und die Überwachung hat etwas von einem ständigen Lügendetektortest.

Die aufdringlichste Apparatur ist die Gesichtskamera, die jeder von Ihnen an seinem Arbeitsplatz hat. Sie zeichnet Ihren Gesichtsausdruck auf und gleicht die Bilder mit abgespeicherten Vorlagen für Ihre unterschiedlichen Stimmungen ab. Die Kamera ist darauf programmiert, jede Veränderung im mimischen Muster oder in der Häufigkeit Ihrer Ausdrücke zu entdecken, die auf emotionale Probleme hindeuten könnte. Als Frühwarnsystem gedacht, kommt sie Ihnen und Ihren Kollegen wie eine Überwachungseinrichtung vor. Schon mehrmals haben Sie ein Handtuch über die Linse geworfen.

Dieser Akt der Rebellion würde den Leuten in der Kontrollstation nicht behagen, aber sie erfahren nichts davon. Die Fragebögen und die Ergebnisse der Leistungstests werden an die Erde übertragen, aber die Muster, die die Gesichtskamera entdeckt, werden gemeinsam mit den Daten Ihrer Körperfühler in einen Bordcomputer eingespeist, der die Informationen auswertet und mit einer entsprechenden Empfehlung aufwartet. Je nachdem, wie gravierend das Problem ist, erscheint einmal nur ein magerer Satz, dann wieder eine komplette virtuelle Persönlichkeit auf dem Bildschirm an Ihrem Arbeitsplatz, um einen interaktiven Dialog mit ihnen zu führen. Obwohl Sie wissen, dass Sie mit einer Maschine reden, kann diese Form der Therapie sehr effektiv sein. Der Computer ist nicht darauf ausgelegt, Ihre ungelösten Kindheitskonflikte aufzuarbeiten. Er versucht nur, Sie durch eine stressreiche Situation zu begleiten. Wenn Sie ein Handtuch vor die Linse hängen, läuft sofort ein Programm an, das Ihnen helfen soll, Ihr Temperament zu zügeln. Das löst bei Ihnen Schamgefühle aus, und so nehmen Sie das Handtuch wieder weg. Einmal haben Sie sich sogar entschuldigt.

Auch bei körperlichen Gebrechen helfen Maschinen. Es gibt einen Sensor an Bord, der den ganzen Körper abscannt, wenn Sie sich unwohl fühlen oder verletzt haben, und ein dreidimensionales Bild erzeugt, das zur Erde geschickt wird. Dort können Ärzte den 3-D-Scan drehen, öffnen und vergrößern, um eine Diagnose zu stellen und Ihnen eine Behandlung zu verschreiben. Wenn eine Operation nötig ist, kann ein Chirurg auf der Erde sie virtuell durchführen, direkt an dem Computerbild, und dabei unterschiedliche Ansätze und Techniken ausprobieren, die speziell auf Ihren Zustand zugeschnitten sind. Wenn er überzeugt ist, den bestmöglichen Eingriff gefunden zu haben, speist er ihn in den Rechner ein und funkt die Daten an das Raumschiff zurück, wo sie in einen Roboter heruntergeladen werden. Wie ein mechanisches Klavier führt der Chirurgie-Roboter Ihre Operation durch – effizient und fehlerfrei, wenn auch vielleicht etwas seelen- und mitleidslos. Das System hat bei Testläufen auf der Erde gut funktioniert, aber Sie möchten trotzdem lieber nicht herausfinden, wie es sich im Weltraum schlägt.

Ihre Stimmung steigt, als Sie sich dem Mars nähern. Ihre Umgänglichkeit und Ihr Humor kehren zurück, Sie fühlen, wie Sie ihr mentales Gleichgewicht wiedererlangen. Das ganze Raumschiff vibriert vor neu erwachten Lebensgeistern. Die Crew scheint – mit einer Ausnahme – aus ihrem Winterschlaf zu erwachen und bereitet sich auf das Einschwenken in die Mars-Umlaufbahn in ein paar Tagen vor. Weltraumpassagiere verwandeln sich wieder in Astronauten. Bis auf den Arzt. Er liegt die ganze Zeit in seiner Koje und weigert sich seit Wochen, irgendwen zu behandeln. Sein Computer-Psychotherapeut konnte ihm nicht helfen, ebenso wenig die Botschaften von seiner Familie und die Empfehlungen seiner Kollegen auf der Erde, die regelmäßig eintrudeln, seit er bei diesem Fragebogen geschummelt hat. Er schluckt einige selbst verordnete Medikamente und diejenigen, die Sie ihm auf Anweisung der Zentrale verabreichen, aber nichts scheint wirklich anzuschlagen. Die Crew macht sich Sorgen um ihn, aber in so beengten Verhältnissen eine Konferenz ohne ihn abzuhalten ist unmöglich, und so können Sie sich immer nur zu zweit oder dritt flüsternd austauschen, wenn Sie glauben, dass er schläft, oder wenn er trainiert. Alle hoffen, dass die Anziehungskraft des Mars ihn aus seiner Depression reißen wird.

Der Rote Planet vor dem Fenster rückt immer näher, und die Farbe wirkt umso intensiver, als Sie seit Monaten nur das schwarze All gesehen haben. Ganz anders als der Blaue Planet, dem Sie vor langer Zeit den Rücken gekehrt haben, ist er atemberaubend schön und zugleich abstoßend, sogar Furcht erregend. Obwohl Sie sicher sind, dass der Computer Ihre Angst bemerkt hat, erwähnen Sie Ihr Unbehagen nicht gegenüber den anderen, denen es nur kontraproduktiv erscheinen würde. Stattdessen ersticken Sie es mit Reflexionen über die Erhabenheit des Augenblicks. Dann wenden Sie Ihre Aufmerksamkeit der anstehenden Aufgabe zu: dem Einlenken der Rakete in die Umlaufbahn.

Der Eintritt in den Orbit gelingt reibungslos. Direkt vor dem Schiff befindet sich die Mars-Transitstation, die seit Jahren für Ihre Ankunft bereit ist. Sie ist während der letzten Periode mit einer günstigen Planetenkonstellation hierher geschossen worden, zusammen mit einer Bodeneinheit, die ein Kernkraftwerk enthält. Das Kraftwerk arbeitet seit Jahren auf der Oberfläche und stellt aus dem Wasserstoff und Kohlendioxid der Marsatmosphäre Sauerstoff und Wasser her. Sensoren haben der Erde bereits gemeldet, dass genug Atemluft und Treibstoff für den Rückflug der Mission bereitstehen. Anderenfalls wäre Ihr bemannter Flug natürlich erst gar nicht gestartet worden.

Das Rendezvous und das Andocken an die Transitstation gehen glatt vonstatten. Die Station besteht aus zwei Modulen: einem Umlaufmotor, der im Orbit bleibt, und einer Fähre, mit deren Hilfe die Kapsel auf dem Mars landen soll. Das wird aber erst in drei Wochen geschehen. Bis dahin müssen Sie sich noch auf den Übergang in eine Welt mit 0,4 g vorbereiten. Die Hometrainer-Übungen können, selbst wenn sie strikt eingehalten werden (was zumindest bei Ihnen nicht der Fall war), den Verfall, der mit 0 g einhergeht, nur verlangsamen, aber nicht verhindern. Sie waren sechs Monate in der Schwerelosigkeit. Ihre Muskeln sind schwach und träge; Ihre Knochen sind so dünn und brüchig wie bei einer Frau, die nach den Wechseljahren unter Osteoporose leidet. Diese Veränderungen rückgängig zu machen erfordert wochenlanges intensives Training und den Einsatz künstlicher Schwerkraft.

In einer Reihe von Weltraumspaziergängen sind die Raketentreibstofftanks von der Kapsel getrennt worden, an die nun der Umlaufmotor angeschlossen ist. Der Motor wird eingeschaltet. Die Kapsel fängt an zu rotieren, sodass eine Zentrifugalkraft entsteht. Im Inneren der Kapsel fühlen Sie einen Zug in Richtung der Außenwände, der die Schwerkraft simuliert. Es gibt plötzlich ein Oben und ein Unten. Gegenstände wiegen etwas. Ihr Körper passt sich gehorsam wieder einmal an. Die Umstellung ist leichter als nach dem Rückflug, weil die Schwerkraft auf dem Mars nicht einmal halb so stark ist wie auf der Erde. Dennoch muss die Kraft ganz langsam erhöht werden. Daher dreht sich die Kapsel erst langsam und dann von Tag zu Tag schneller.

Die Zeit ist zu knapp, als dass Sie passiv darauf warten könnten, dass Ihre Muskulatur und Ihr Skelett erstarken. Der Hometrainer ist jetzt rund um die Uhr in Betrieb: Jeder möchte seinen Körper wieder auf Vordermann bringen. Bis auf den Doktor. Er fühlt sich gut, so wie er ist. In einer langen Diskussion versuchen Sie, ihn umzustimmen und ihm taktvoll klar zu machen, dass die Crew sich ernste Sorgen um seine körperliche und psychische Verfassung macht. Die Sitzung endet abrupt mit seinem Ausruf: »Sag denen, dass ich okay bin, oder ich bring dich um!«

Die körperlichen Auswirkungen eines langen Flugs sind offenbar leichter zu kurieren als die mentalen. Der Rest der Crew fühlt sich fit und brennt darauf, den Mars zu betreten, obwohl sich alle bewusst sind, dass es kein Bergungsteam und kein Rettungsprogramm gibt, falls etwas schief laufen sollte. Als letzte Stärkung trinken Sie Hühnersuppe. Der hohe Salzgehalt zieht Wasser ins Blut, was das verringerte Blutvolumen ausgleicht. Außerdem hilft Hühnersuppe gegen jedes Wehwehchen.

In Vorbereitung auf die Marslandung wird der Umlaufmotor abgekoppelt und die Landefähre angedockt. Die Treibstofftanks werden erst zur Rückreise wieder eingefangen und gefüllt werden. Die nächsten anderthalb Jahre schweben sie einfach im Orbit. Aber was soll mit dem Doktor passieren?

Die Triebwerke der Fähre starten, und die Kapsel stürzt aus der Umlaufbahn. Der Mars rast von unten auf Sie zu, und im Fenster werden immer feinere Details erkennbar: breite rote Wüstenwellen, die von tiefen Schluchten zerpflügt und mit schwarzen Felsbrocken gesprenkelt sind. Der Flug ist überraschend kurz. Die Bremsraketen feuern, die Kapsel bleibt einen Moment in der Schwebe und setzt dann mit einem satten, dumpfen Geräusch sanft auf. Sie sind gelandet.

Jetzt wird die Kapsel Ihre Marsstation. Die Schwerkraft ist stärker als das, woran Sie sich im Orbit gewöhnt haben, daher gönnen Sie sich einen Tag Anpassungspause. Die Sonne geht auf und unter. Alle warten ungeduldig auf den Ausstieg. Als Erstes müssen die Treibstoff- und Sauerstoffvorräte auf dem Boden kontrolliert werden. Dazu ist nur ein kurzer Spaziergang nötig: Die Kapsel ist ganz in der Nähe der Nuklearanlage niedergegangen. Sie werden eingeteilt, als Erster rauszugehen.

Sie ziehen Ihren Raumanzug an, treten in die Schleusenkammer und warten zwanzig Minuten, während der Luftdruck sinkt. Eine Lampe zeigt an, dass die Dekompression abgeschlossen ist. Sie lösen den Riegel an der Außenluke und halten einen langen Augenblick inne. Sie sammeln Ihre Gedanken. Endlich stoßen Sie die Luke auf, und die Kammer füllt sich mit mattrotem, indirektem Licht. Jetzt sind Sie von Marsluft umhüllt, auch wenn Sie im Inneren des Raumanzugs keinen Unterschied spüren. Die quadratische Lukenöffnung ist wie ein auf Augenhöhe hängendes Gemälde einer endlosen, rostfarbenen Wüste. Die Felstrümmer werfen im kühlen Sonnenlicht auf dem festen, planen Untergrund harte, schwarze Schatten: eine stille, reglose, leblose Welt. Sie stecken den Kopf nach draußen. Die flache Einöde erstreckt sich in alle Richtungen bis zum Horizont, nur unterbrochen von den Fremdkörpern der vorgefertigten Nuklearanlage und des Sauerstoffsilos im Vordergrund.

Sie halten sich am Türrahmen fest und ziehen sich nach vorn, wobei Sie der Widerstand überrascht, den Ihr Gewicht Ihnen entgegensetzt. Beim zweiten Anlauf überwinden Sie die Trägheit und erreichen die Schwelle. Ihr Fuß stößt heftig auf, als Sie ihn auf die erste an der Schiffsseite eingelassene Leiterstufe setzen. Mit ihren geschwächten Muskeln sind Ihre Beine schwer zu kontrollieren. Zwei weitere Schritte bringen Sie auf eine kleine Plattform dicht über der Oberfläche. Dann drehen Sie sich mit dem Gesicht nach außen, wie es sich für einen Pionier gehört, der gleich den ersten Schritt auf den Marsboden macht.

In der Plattform, auf der Sie stehen, kulminieren zwanzigtausend Jahre Technologie und vier Millionen Jahre irdischer Evolution. Aus den ersten, primitivsten Lebensformen, die gegeneinander und gegen die Umwelt ums Überleben kämpften, haben sich pausenlos Myriaden neuer, verbesserter Organismen entwickelt, von denen einige schließlich komplex genug waren, um sich eigene Schöpfungen auszudenken und dann zu bauen. Die Menschen haben von ihren Erfindungen Gebrauch gemacht, um sich immer neue, immer extremere Lebensräume zu erschließen. Von den 15 Milliarden Menschen, die je gelebt haben, standen Sie genau an der Stelle in der Evolution, durch die Sie dazu auserkoren waren, als erstes Lebewesen ein Überleben jenseits des Heimatplaneten zu erproben.

Sie machen einen Schritt von Ihrer auf der Erde konstruierten Plattform, um den Mars zu betreten. Der harte Boden bewegt sich allzu schnell auf Ihren unerwartet schweren Fuß zu. Etwas knackt. Ein scharfer Schmerz schießt Ihre Wade herauf, Sie knicken ein und stürzen zu Boden. Kein Zweifel: Sie haben sich das Bein gebrochen.

Als Sie in der roten Wüste liegen, frösteln Sie bei dem Gedanken, dass Sie die Erde womöglich nie wiedersehen werden. Der Mars könnte sich als der Altar erweisen, auf dem Sie geopfert werden – ein Opfer des High-Tech-Größenwahns. Ganz gleich, was für wundersame Erfindungen Sie mitgebracht haben, um Ihr Wohlbefinden und Ihre Sicherheit zu gewährleisten: Ihr Körper hat sich als zu schwach erwiesen. Seine phänomenale Anpassungsfähigkeit war nie für den Export bestimmt. Zwar haben die künstlichen Schutzvorrichtungen Sie nicht im Stich gelassen, aber die Mission zum Mars könnte für sie schon hier zu Ende sein. Wird Ihr gebrochenes Bein geschient werden? Ohne ärztlichen Beistand? Wenn ja, wird es heilen? Und was wird aus diesem Doktor, mit dem Sie sich die nächsten zweieinhalb Jahre herumschlagen dürfen? Sie sind gerade erst eingetroffen. Was kommt als Nächstes? Wie anpassungsfähig kann Ihr irdischer Körper sein, wenn er auf einen anderen Planeten verfrachtet wird? Wie weit und wie lange wird Ihr Überlebenswille Sie noch tragen? Sie sind 160 Millionen Kilometer und drei Jahre von zu Hause entfernt. Sind Sie zu weit gegangen?

Darf ein Mensch, der mit einem gebrochenen Bein allein in der Marswüste liegt, hoffen, die Erde je wiederzusehen? Wie stehen seine Chancen?

Als Erstes muss er sich wieder in die Raumkapsel hinaufziehen. Trotz seines unförmigen Raumanzugs sollte ihm das gelingen, denn die Schwerkraft ist auf dem Mars viel geringer als auf der Erde. Seine Knochen werden nach Monaten der Schwerelosigkeit spröde sein; der Bruch wird daher höchstwahrscheinlich eine komplizierte Operation mit Wiedereinrichtung und Fixierung der Knochen erfordern, bei der Platten und Schrauben direkt auf dem Knochen anzubringen sind – wobei dieser womöglich noch weiter splittert. Selbst wenn wir annehmen, dass der Arzt trotz seines seltsamen Verhaltens fachlich noch auf der Höhe ist, wird es für ihn schwierig. Wenn er ausfällt, kann die Crew Empfehlungen von Ärzten auf der Erde einholen. Die Verzögerung zwischen jeder Frage und Antwort kann jedoch bis zu vierzig Minuten betragen, und der Astronaut, der den Eingriff vornimmt, macht das zum ersten Mal. Vielleicht kann der Chirurgie-Roboter die Operation durchführen, aber die Technologie hat ihre Tücken und wurde noch nie unter solchen Bedingungen erprobt.

Sie könnten durchaus den Rat erhalten, Ihr Bein amputieren zu lassen. So barbarisch das klingt, die Operation ist viel einfacher. Aber auch wenn ein Anfänger oder der Roboter das schon irgendwie hinbekommt, erhöht das Eingeschlossensein die Infektionsgefahr, und die reduzierte Schwerkraft wird vermutlich die Heilung verzögern. Vom gebrochenen Bein könnten weitere Infektionen wie Gasbrand oder eine Lungenentzündung ausgehen, oder Ihr erzwungener Bewegungsmangel löst ein Blutgerinnsel aus. Sie könnten sich erholen, aber das Szenario kann auch damit enden, dass Sie auf den Tod warten und dabei knappe Ressourcen verbrauchen, sodass Ihre Kollegen besser dran wären, wenn Sie schneller stürben.

Den menschlichen Körper gegen den Planeten Mars antreten zu lassen erscheint wie ein völlig aussichtsloser Kampf, aber im Verlauf dieses Buches haben wir viele Fälle kennen gelernt – und ich habe selbst viele weitere erlebt –, in denen ein Mensch bei einem scheinbar hoffnungslosen Kräftemessen mit seiner feindseligen Umgebung die Oberhand gewonnen hat. Warum überleben manche Menschen eine Krisensituation, während andere an einer vergleichbar intensiven Umweltbelastung sterben? Welche Faktoren haben zum Überleben von Antonio und Hermanigildo im Amazonas-Becken beigetragen, was half Steve Callahan, den Robertsons und den Baileys auf hoher See, Mauro Prosperi und Pablo Valencia in der Wüste, Bernie Chowdhury unter Wasser und Beck Weathers auf dem Mount Everest? Was würde jenen verletzten Marsforscher leben oder sterben lassen? Nach meiner Beobachtung spielen im Überlebenskampf vier Kräfte eine Rolle, von denen drei offensichtlich sind und die vierte nur an ihrer Wirkung erkannt werden kann.

Der erste Faktor ist Wissen. Antonios Kenntnisse über den Dschungel und Steve Callahans See-Erfahrung bestätigen die alte Redewendung »Wissen ist Macht«. Beide profitierten von der Weisheit derer, die vor ihnen aufgebrochen waren – seien es Stammesälteste oder altgediente Seemänner –, und hatten ihr Können ein Leben lang erweitert. Ihr wichtigstes Überlebenswerkzeug war das Gehirn.

Der zweite Faktor ist Kondition. Mauro Prosperi wusste zwar wenig über die Wüste, überlebte aber in dieser extremen Umgebung, weil sein Organismus vorbereitet war. Rigoroses Training hatte einen Körper geformt, der Belastungen mit Spitzenleistungen beantwortete. Die allmähliche Gewöhnung an die Wüste gab ihm die nötige Zeit, um sein Potenzial voll zu entfalten. Ebenso leistete Anatoli Bookrev während jener Rettungsaktion auf dem Mount Everest mehr als jeder andere. Als hervorragender Athlet, der ohne zusätzlichen Sauerstoff geklettert war, besaß er den Körper, der am besten an die brutale Umwelt angepasst war. Man vergleiche die Situationen von Prosperi und

Bookrev mit der jener schiffbrüchigen Hobbyseefahrer, die plötzlich und unvorbereitet aus ihren komfortablen Jachten ins Meer geworfen wurden.

Der dritte Faktor ist Glück. Ohne glückliche Zufälle kommt niemand aus, aber diese entschlossenen Überlebenskämpfer konnten die Menge des benötigten Glücks reduzieren und die Zeit, es zu finden, verlängern. Der Einzige, dem das Schicksal besonders unter die Arme griff, war Hermanigildo, der es schaffte, mitten im Urwald einem gut ausgerüsteten Handchirurgen über den Weg zu laufen.

In all diesen Fällen spielten – in unterschiedlichen Mengen – alle drei Zutaten eine Rolle, aber keiner der Betroffenen hätte sein Martyrium überstanden, wenn nicht auch die vierte im Spiel gewesen wäre: der Überlebenswille. Manchmal scheint der Wille allein auszureichen, um einen durchhalten zu lassen – wie im Fall eines siebzehnjährigen Mädchens im Minirock, das kaum Urwalderfahrung hatte und ohne Vorwarnung mitten ins Amazonas-Becken geschleudert wurde.

Juliane Köpke, die Tochter eines deutschen Zoologen, flog 1971 mit ihrer Mutter zu einer Forschungsstation im peruanischen Amazonas-Gebiet, damit die Familie Weihnachten gemeinsam feiern konnte. Das Flugzeug explodierte. Sie kam in einem Kapokbaum zu sich, immer noch an ihren Sitz geschnallt. Das Blätterdach des Dschungels hatte ihren 3000-Meter-Sturz abgefangen, aber von ihrer Mutter, die neben ihr gesessen hatte, fehlte jede Spur, ebenso von allen anderen Passagieren. Suchflugzeuge brummten über ihr, aber Juliane konnte sie durch das dichte Blattwerk ebenso wenig sehen wie diese sie. Um lebend hier herauszukommen, war sie auf sich gestellt. »Ich versuchte, meine Ängste so gut wie möglich zu unterdrücken«, sagte Juliane später, »und mich darauf zu konzentrieren, im Dickicht voranzukommen.«

In ihrem violetten Minirock und mit ihrer Makramee-Tasche machte sich die Jugendliche auf den Weg. Bald stieß sie auf einen Bach, dem sie abwärts folgte, um an einen Fluss zu gelangen. Die Flüsse sind die Straßen der Indianer durch den Wald, und an einem solchen Verkehrsweg würde sie vielleicht einen Reisenden treffen. Sie trank klares Wasser aus schnell strömenden Bächen und Wasserfällen und aß nur ein paar Süßigkeiten, die sie in ihrer Handtasche hatte. Sie schlief im Sitzen, den Kopf auf die angezogenen Knie gestützt, weil sie fürchtete, ihre Körperwärme und der Geruch des Blutes aus ihren Insektenbissen könne Tiere anlocken.

Pausenlos wurde sie von Moskitos gestochen. Einige von ihnen trugen Dasselfliegeneier auf ihren Körpern. Durch den Mückenstich gelangen die Fliegeneier unter die menschliche Haut, wo sie sich rasch zu Larven entwickeln. Der Einstich dient ihnen als Luftloch. Wenn die Wunden mit Körperflüssigkeit bedeckt sind und die Maden ganz untertauchen, atmen sie kleine Luftbläschen aus. »Ich konnte sogar spüren, wie sie krochen und sich von meinem Gewebe und Fett ernährten«, berichtete Juliane. »Mein ganzer Körper wimmelte von Parasiten.«

Juliane zog sich einen Ring vom Finger und formte ihn zu einem Haken, mit dem sie die mehr als zwei Zentimeter langen Maden herausziehen konnte. Sie entfernte einunddreißig; an die restlichen kam sie nicht heran.

Gedanken an ihren Vater gaben ihr die nötige Kraft, denn er sollte nicht alleine bleiben. »Er wird seine Tochter nicht verlieren«, schärfte sie sich ein. »Ich werde überleben.«

Nach neun Tagen wurde Juliane von einem Indianer gefunden, der an dem Fluss jagte, dessen Lauf sie so entschlossen gefolgt war. Ihr Wille – nicht ihr Können, ihre Anpassung oder ihr Glück – hatte sie am Leben gehalten.

Ein Teenager im Minirock entspricht nicht unbedingt unserem Bild von einem abgehärteten Überlebenskünstler. Aber der Überlebenswille muss in jedem von uns existieren, denn wir alle sind Nachfahren von Überlebenden. In Gesellschaften, in denen das Leben bequem geworden ist, bleibt dieser Wille verborgen. Es ist heute durchaus möglich, sein ganzes Leben zu verbringen, ohne je in eine existenzbedrohliche Lage zu geraten. Weich gebettet zwischen Sozialleistungen, Gesundheitssystemen, Sicherheitsgesetzen und Sicherheitsdiensten kann es uns passieren, dass wir nie ernstlich unter

Hunger, Kälte, Krankheiten oder Gewalttaten zu leiden haben. Sogar wenn jemand einer lebensfeindlichen Umwelt ausgesetzt ist, muss das kein echter Survival-Trip sein. Um mit extremer Kälte fertig zu werden, muss man oft nur die nächste Skihütte betreten. Ein Wüstenwanderer kann sein Handy zücken, wenn es ihm zu viel wird. Die Idee einer Überlebensprüfung verkommt zur Farce, wenn ein Scheitern weiter nichts bewirkt, als dass man aus dem Wettbewerb einer TV-Show ausscheidet.

Zu den wenigen Schauplätzen, auf denen die Fähigkeit zum Überleben immer noch scharf analysiert und auf die Probe gestellt wird, zählen militärische Ausbildungslager wie die der Navy SEALs, einer US-Sondertruppe, die zu den elitärsten und am besten ausgebildeten Kampftruppen der Welt zählt. Obwohl die Kandidaten schon nach Stärke, Ausdauer und Intelligenz ausgewählt wurden, halten nur 50 Prozent das ganze Programm durch. Die Ausbilder sagen, die erfolgreichen Kandidaten sind im Allgemeinen die stilleren, die die innere Kraft haben, ihren Körper und ihren Geist die Erschöpfung überwinden zu lassen. Ein Ausbilder der Navy SEALs hat mir verraten, dass die Matrosen am Ende der »Höllenwoche«, einer strapaziösen Abschlussprüfung voller körperlicher und mentaler Herausforderungen und mit sehr wenig Schlaf, am Strand zusammenbrechen dürfen. Dann sagt er: »Okay, alles aufstehen zum Zehn-Meilen-Lauf.« Gelaufen wird nicht, sondern nur getestet, wer die Bereitschaft aufbringt, weiterzumachen. Diejenigen, die sich aufrappeln, werden als SEALs angenommen.

Von den gut sechs Milliarden Menschen, die heute leben, gehören die wenigsten einer Elitetruppe an. Die Weltbevölkerung wächst exponenziell an, seit die Menschen sich in Zivilisationen zusammenfanden. Ohne diese Entwicklung läge unsere Zahl wahrscheinlich immer noch unterhalb der Milliardengrenze. Vermutlich sind inzwischen mindestens fünf von sechs Menschen von der Unterstützung und dem Schutz der Gesellschaft abhängig. Um zu erkennen, wie stark wir auf die Zivilisation angewiesen sind, denke man nur an Brillen: In der Wildnis kann der Verlust einer Sehhilfe durchaus zum Tode führen. Jede kleine Behinderung, jede ererbte oder erworbene Schwäche würde einen rasch aus dem Konkurrenzkampf ums Dasein eliminieren. Aber wer von uns ist der eine unter den sechs, der es aus eigener Kraft schaffen könnte?

Da wir so abgeschirmt von der natürlichen Auslese leben, verteilt sich die Prädisposition zum Überlebenskünstler zufällig und unbemerkt über die Bevölkerung. Manche Menschen haben sie noch, andere nicht. Zur ersten Gruppe gehört Aron Ralston, ein siebenundzwanzigjähriger Maschinenbauer, der im Frühjahr 2002 zu einer Tageswanderung durch einen entlegenen Canyon in Utah aufbrach. Als er durch einen 90 Zentimeter breiten Spalt zwischen zwei Felsformationen schlüpfen wollte, drückte er gegen einen Felsbrocken, der in Bewegung geriet und seine Hand unter sich begrub. Er saß fest, geriet aber nicht in Panik. »Es hat mich große Denkanstrengungen gekostet, mich zu beruhigen«, erinnerte sich Ralston. Gelassen probierte er all seine Optionen durch: Er wartete, aber er hatte niemandem gesagt, wohin er wollte, und ihm fehlte das modernste Survival-Werkzeug: ein Handy. Er bearbeitete den Fels mit seinem Mehrzweckmesser. Er versuchte, den Brocken anzuheben, indem er aus seinem Kletterseil einen Flaschenzug improvisierte. Der über 350 Kilo schwere Stein rührte sich nicht vom Fleck.

Nachts sanken die Temperaturen auf knapp über null, und am dritten Tag gingen ihm das Essen und das Wasser aus. Er sagte, er habe phasenweise resigniert, aber »die meiste Zeit konzentrierte ich mich ganz darauf, eine der Möglichkeiten zu verfolgen«. Am fünften Tag ging ihm auf, dass er nur noch eine Überlebenschance hatte, wenn er seine letzte Option umsetzte: sich die Hand zu amputieren. Sein Taschenmesser war zwar viel zu stumpf, um den Knochen zu durchtrennen, aber indem er seinen Arm drehte, konnte er beide Unterarmknochen am Handgelenk ausrenken. Dann band er sich den Arm ab – und schnitt die Hand ab. Es dauerte etwa eine Stunde. Er sagte, die Kraft, um den Schmerz zu ertragen, habe er von einer höheren Macht empfangen. »In diesem Canyon war außer mir noch etwas Größeres zugegen.«

Nachdem er sich befreit hatte, musste Ralston sich noch über eine 20 Meter tiefe Steilwand abseilen und 10 Kilometer den Canyon entlanglaufen, bis ihn Wanderer entdeckten und er von einem Suchhubschrauber aufgenommen wurde. Zum Zeitpunkt seiner Rettung war er nur noch anderthalb Kilometer von seinem Pritschenwagen entfernt. Er hätte fast noch selbst ins Krankenhaus fahren können.

Um die eigene Überlebensfähigkeit zu erproben, muss man sich nicht zwingend in unwirtliches Gelände begeben. Jeder von uns, ob wir nun abgeschieden leben oder im Schoße einer modernen Gesellschaft, ist zwar nicht von physischen, aber doch von emotionalen und mentalen Widrigkeiten umgeben. Die meiste Zeit bleiben wir diesseits der Barrieren, auch wenn wir uns danach sehnen, sie zu überwinden. Wir wählen den Weg des geringsten Widerstands und rechtfertigen das – oft zutreffend – damit, dass das viel sicherer und praktischer ist. Wenn wir aber den Willen aufbringen, ein Hindernis anzugehen, uns also dem Gefühl zu stellen oder das Problem zu lösen, so gehen wir gestärkt daraus hervor. Die Wahrheit zu sagen, ein Opfer zu bringen, eine Aufgabe zu erledigen, obwohl es dafür keine Anerkennung gibt – das sind mentale Übungen, die den Willen ebenso stärken, wie Sport die Muskeln stählt. Solche Anstrengungen schaffen im Gehirn tatsächlich Nervenverbindungen, die es uns leichter machen, auch das nächste Hindernis zu überwinden. Außerdem erleben wir angesichts einer Widrigkeit oft einen »zweiten Impuls«, genau wie ein Ausdauerläufer, der sich weigert aufzugeben. Dieser unerwartete Energiestoß kann uns viel weiter tragen, als wir es für möglich hielten, und uns gegen alle Wahrscheinlichkeit zum Triumph führen.

Ich habe den Einfluss eines starken Willens – oder seines Fehlens – nicht nur in extremen Lebensräumen erlebt, sondern auch in Krankenhäusern und Privatwohnungen, wo der Kampf um Leben und Tod oft genauso wütet: Da gibt es die sterbenskranke Mutter, die Monate länger lebt als vorhergesagt, weil sie an der Hochzeit ihrer Tochter teilnehmen will – und umgekehrt den älteren, aber äußerlich gesunden Ehemann, der kurz nach seiner Frau stirbt, weil er ohne sie nicht sein kann. Ob eine junge Frau, die einen Flugzeugabsturz überlebt hat, auch den Urwald überleben wird, hängt von ihrer Fähigkeit ab, all die geistige Stärke zu mobilisieren, die sie in ihrem zivilisierten Dasein erworben hat.

Willenskraft ist in unwirtlichen Gegenden, in denen brutal deutlich wird, was auf dem Spiel steht, und man sich nicht auf andere verlassen kann, offenbar leichter heraufzubeschwören. Die Gewinnstrategie der Überlebenskünstler wirkt zunächst widersprüchlich: Sie sind imstande, sich strikt auf die unmittelbaren Erfordernisse ihrer Umgebung zu konzentrieren, und behalten zugleich ein Ziel im Auge, das ihre Lage transzendiert und ihnen ein mächtiges Motiv zum Durchhalten liefert. Maralyn Bailey ging es darum, mit ihrem Mann ein neues Leben anzufangen. Lynn Robertson hielt sich an der Überzeugung fest, es sei ihre Pflicht, »die Jungs an Land zu schaffen«. Bernie Chowdhury und Beck Weathers schafften es, indem sie an ihre Angehörigen dachten. Andrew Hughes ging bis zum Äußersten, um seine Familie zu retten. Der Antrieb muss nicht unbedingt edler Natur sein: Pablo Valencia bezog seine Kraft aus dem Verlangen, den Partner zu erdolchen, der ihn verraten hatte.

Aber selbst mit den besten Überlebenstechniken und den höchsten Zielen geht die Rechnung nicht immer auf. Mein Freund Rob Hall, ein Bergsteigerexperte, der von dem Wunsch beseelt war, einen geschwächten Freund zu retten, und noch ein Telefonat mit seiner schwangeren Frau führen konnte, hat den brutalen Sturm auf dem Everest nicht überlebt. Rob war weniger ein Opfer der Umgebung als das seiner Gene. Er hätte dem Sturm entfliehen können, wenn er nur seine Haut hätte retten wollen, aber als Mensch versuchte er, einem Mitmenschen zu helfen. Sich selbst zum Wohle der Art zu opfern ist im Tierreich weit verbreitet – wir haben das eindringliche Beispiel der Pfeilgiftfrösche kennen gelernt. Aber bei höheren Lebewesen erfordert dieses Verhalten eine bewusste Entscheidung. Die Hirnrinde muss den mächtigen Überlebensinstinkt durch das noch mächtigere Motiv des Altruismus überwinden. Dieser Antrieb ist umso stärker, je besser die Gene, die in Gefahr sind, mit den eigenen übereinstimmen: Eltern sind bereit, für ihre Kinder zu sterben. Bei anderen Verwandten ist das Motiv fast ebenso stark, bei anderen Mitgliedern der eigenen ethnischen Gruppe ist es auch noch deutlich, und je unterschiedlicher die Gene sind, desto schwächer wird es. Es gibt auch eine nicht genetische Version, die bei einem Soldaten zum Tragen kommt, der für sein Land stirbt, oder bei einem Menschen, der sich für ein Prinzip opfert.

Sechshundert Meter unter Rob Hall war ein weiterer Freund von mir von demselben Sturm überwältigt worden, Beck Weathers. Beck war weiter unten als Rob, aber dennoch dem mörderischen Wind und der Kälte ausgesetzt. Mit Sauerstoffmangel, dehydriert und erschöpft brach er im Schnee zusammen. Den Elementen schutzlos ausgeliefert, mussten seine Vitalfunktionen sich verlangsamen und dann erlöschen. Der Ausgang erschien unvermeidlich. Beck lag einen Tag, eine Nacht und einen weiteren Tag im Schnee. Sein erkalteter Körper schaltete sich ab, nicht aber sein Geist. Er lebte nur noch in Gedanken – Gedanken an zu Hause und die Familie. Er weigerte sich, zu sterben. Gedanken gehen mit Elektrizität einher. Starke Gedanken enthalten mehr Elektrizität. Becks Wille, zu überleben, erzeugte genug Strom, um seinen Körper wiederzubeleben, sich aus dem Schnee zu erheben und durch den Sturm zu laufen. Aber wie und woraus war dieser Wille erwacht?

Um die Quelle des Überlebenswillens zu erkunden, müssen wir eine Reise ins menschliche Gehirn antreten: einen drei Pfund schweren Klumpen, der gerade 25 Watt Leistung hervorbringt. Das reicht kaum aus, um eine schwache Glühbirne zu betreiben, und doch birgt das Gehirn mehr unerklärte Kräfte und unerforschtes Terrain als jeder andere Ort auf Erden.

Der Mensch ist nicht die schnellste oder stärkste Art: Wir haben überlebt, weil wir die Klügsten sind. Auf denselben Strukturen aufbauend, die man bei niederen Tieren findet, haben wir als Reaktion auf die Anforderungen unserer Umwelt zusätzliche Schichten und unzählige neue Verbindungen hinzugefügt und so die komplexesten Gehirne der Welt entwickelt.

Der primitivste Teil des Gehirns ist der an der Basis gelegene Hirnstamm. Wie an jedem Stamm laufen an ihm die Wurzeln zusammen – in diesem Fall die Nerven, die sich in alle Teile des Körpers hinein verzweigen. Die Nerven schicken elektrische Signale an den Hirnstamm, der die internen Informationen über den Herzschlag, die Atmung und den Blutdruck verwaltet. Externe Informationen, die von den Sinnesnervenzellen ermittelt werden, gelangen über eine Schaltstation namens Thalamus ins Gehirn. Wenn der Thalamus den Input als Gefahr interpretiert, schickt er der Amygdala – der Gefühls- und Angstzentrale im Hirnstamm – eine Botschaft, die einen Alarm auslöst und die Abwehrmechanismen des Körpers aktiviert. An den Hirnstamm ergeht die Aufforderung, den Puls und die Atemfrequenz zu erhöhen und entweder stockstill zu stehen oder die Muskeln für einen Angriff oder einen Fluchtversuch zu aktivieren. Das System funktioniert automatisch, ohne Einschaltung des Bewusstseins. Es ist nach einem uralten Entwurf konstruiert und entspricht dem gesamten Gehirn eines Reptils.

Während die Gehirne der Reptilien seit Jahrmillionen mehr oder weniger gleich geblieben sind, hat sich das menschliche Gehirn dramatisch über den alten Plan hinausentwickelt. Die größte Veränderung war die Entstehung des Cortex oder der Hirnrinde – jener Schicht, die wie ein Blumenkohl aussieht und die primitiveren Teile überzieht. Sie ist für die höhere Signalverarbeitung zuständig, die zur genaueren Einschätzung von sensorischen Daten nötig ist und präzisere, besser auf die Lage zugeschnittene Reaktionen ermöglicht. Dieser Verarbeitungsprozess braucht seine Zeit, daher hat das Reptiliensystem nach wie vor seinen Nutzen: Eine schnelle Reaktion kann Leben retten. Aber jetzt muss die Schaltstation im Thalamus das Signal an eine weitere Instanz schicken. Der Cortex kann die erste, instinktive Reaktion außer Kraft setzen, sobald er die Sinnesdaten genauer analysiert und mit Gedächtnisinhalten abgeglichen hat und zu dem Schluss gelangt ist, dass das gekrümmte Ding, vor dem man gerade zurückgeschreckt ist, doch keine Schlange, sondern nur ein Ast ist. Er schickt dann ein Signal an die Amygdala, das den Alarm abschaltet, und sofort schwindet das Angstgefühl.

Da höhere Tiere eine größere Hirnrinde haben, können sie die

Rohdaten gründlicher verarbeiten und folglich ein komplexeres Verhalten an den Tag legen. Jeder Teil des Cortex ist für die Überwachung und Steuerung einer Funktion zuständig, zum Beispiel Sehen, Hören oder Bewegung. Die Abschnitte müssen natürlich verbunden sein, sodass die Körperreaktionen koordiniert sind: Anderenfalls würde ein Vogel vielleicht in eine Richtung schauen und in eine andere fliegen. Aber die meisten Tiere, ganz gleich, wie vielfältig die Verbindungen zwischen den Teilen sind und wie komplex ihre Verhaltensweisen, reagieren automatisch auf einen externen Reiz. Bären fallen in Winterschlaf, wenn es kalt wird, und Antilopen fliehen, wenn sie einen Löwen sehen. Diese unbewussten Reaktionen auf Bedrohungen in der Umwelt sind, so komplex sie auch sein mögen, reine Überlebensinstinkte.

Das Verhalten bleibt vorhersagbar, solange nicht ein anderes System das Signal aufhebt. Bei den am höchsten entwickelten Tieren sind die vorderen Teile der Hirnrinde, die Stirnlappen, enorm vergrößert. Dies sind die tertiären Verarbeitungszentren, wo aufbereitete Informationen aus allen Teilen der Hirnrinde zusammenlaufen und mit Daten aus den Zentren verknüpft werden, die das Gedächtnis und die Gefühle verwalten. Die Stirnlappen bewerten jede Komponente und schaffen ein Gleichgewicht, das in jedem Individuum etwas anders ausfällt. Sie sind imstande, das fest verschaltete Instinktverhalten zu modifizieren. Das Aufkommen dieser Fähigkeit war die Morgendämmerung des Denkens.

Denken erfordert einen Geist, ein Softwareprogramm, das auf der Hardware des Gehirns läuft. Der Geist nimmt denselben Raum ein wie das Gehirn und ist an dessen Topologie gebunden. Gedanken bilden sich an spezifischen Orten, und ihre Entstehung verbraucht Energie. Deshalb kann einen Denken ermüden, und deshalb kann man das Gehirn auch mit empfindlichen Maschinen kartieren, zum Beispiel mit der Positronen-Emissions-Tomographie (PET) oder der Magnet-Resonanz-Tomographie (MRI), die das jeweilige innere Energieniveau der einzelnen Teile präzise lokalisieren und messen. Wenn Sie ein Geräusch hören, leuchtet Ihre Hörrinde auf dem PET-

oder MRI-Monitor auf. Wenn Sie den Lärm als Löwengebrüll erkennen, wird auch Ihre Erinnerungszentrale aktiv. Und wenn Sie gelernt haben, dass Löwen gefährlich sind, regt sich zudem Ihr Angstzentrum. Energie strömt zwischen den Zentren hin und her und auch zu den Stirnlappen, in denen Informationspakete geschnürt werden. Die Stirnlappen entwickeln Optionen und gewichten die Daten, aber sie treffen keine Entscheidungen und fügen keine Beweggründe hinzu. Wenn wir zum Handeln nur auf unsere Stirnlappen angewiesen wären, wären wir wie der sprichwörtliche Esel, der gleich weit von zwei Heuhaufen entfernt ist und verhungert, weil er sich nicht entscheiden kann, von welchem er fressen soll.

Entscheidungen kann nur jemand oder etwas fällen, der oder das die Vollmacht hat, Handlungen auszulösen: eine höhere Macht, eine treibende Kraft. Das daran beteiligte Denken hinterlässt Spuren, denen man folgen kann. Man kann einen Energiestrom von den Stirnlappen in ein kleines Gebiet tief im Inneren des Cortex verfolgen, das aufleuchtet, wenn Entscheidungen gefällt werden – und dann kehrt sich der Strom um: Eine Kaskade elektrischer Impulse wird zum Cortex zurückgefunkt und löst alle Schritte aus, die zum Überleben notwendig sind. Dieses Signale erzeugende Gebiet wird als anteriorer cingulärer Cortex oder kurz ACC bezeichnet, und es ist offenbar der Oberbefehlshaber.

Der ACC ist der Entscheidungsträger und Motivator, der einen Menschen zielgerichtet handeln lässt. Ohne ihn verharrt der Körper in einem Zustand gelassener Gleichgültigkeit. Man denke nur an bestimmte Schlaganfallpatienten, bei denen ein Zusammenbruch der Blutversorgung des Gehirns den ACC zeitweilig lahm gelegt hat. Sie können nicht mehr körperlich auf die externen Reize reagieren, die sie empfangen. Sobald sie sich wieder mitteilen können, berichten sie, dass sie zwar wach und aufmerksam waren, aber kein Bedürfnis verspürten, zu reagieren. Wenn sie einen Löwen näher kommen gehört oder gesehen hätten, hätten sie ihn erkannt und sich gefürchtet, aber sich nicht weiter darum gekümmert – ein Zustand, der einem langen Leben nicht gerade zuträglich ist. Der anteriore cinguläre Cortex könnte der Schlüssel zum Ursprung des Überlebenswillens sein.

Auch wenn er sich nur als kaum wahrnehmbares Glimmen in den tiefsten Winkeln des Gehirns bemerkbar macht, ist sein überlebensfördernder Effekt doch deutlich, dramatisch, ja manchmal unbegreiflich stark. Er wirkt sich auf das ganze Spektrum großer und kleiner Umweltwidrigkeiten aus: auf alles, was einen Körper belastet, wenn er sich aus seinem vertrauten Lebensraum herauswagt – von schrecklichen Schneestürmen bis zu abscheulichem Essen.

Die mit Insekten bedeckte Schüssel Spaghetti, die mir im Urwald serviert wurde, stellte auf ihre bescheidene Weise auch eine Herausforderung an meine Überlebenskraft dar. Das Bild dieser Masse langer weißer, mit schwarzen Punkten gesprenkelter Stränge wurde von meinen Augen an die Thalamus-Schaltstation übermittelt. Da offenbar keine direkte Gefahr im Verzug war, wurde das Bild zur näheren Auswertung an die Sehrinde weitergeleitet. Dort wurde bestätigt, dass es sich um Spaghetti mit Insekten handelte, und die Information wurde zu den Stirnlappen hinaufgeschickt. Diese zapften mein Gedächtnis an, das mich daran erinnerte, dass ich normalerweise keine Insekten esse. Mein Gefühlszentrum fügte noch einen Anflug von Übelkeit hinzu, und dann war das Informationspaket komplett. Zu Hause hätte ich das Essen weggeworfen. Aber gleichzeitig hatte sich ein zweites Informationspaket gebildet. Dieses enthielt die Daten aus meinem Hirnstamm und besagte, dass mein Blutzuckerspiegel niedrig, ich mithin hungrig war. Meine Sinne erinnerten mich daran, dass ich im Dschungel war, und das Gedächtnis ergänzte, dass die Insekten nicht giftig waren. Mein ACC wog die beiden Optionen gegeneinander ab und entschied zu Gunsten meines Überlebens: Er wies mich an zu essen und delegierte die Koordination dieser Aktivität an den motorischen Cortex. Sicherheitshalber schickte er auch einen Aufhebungsbefehl an meine emotionalen Zentren, um das Übelkeitsgefühl zu unterdrücken. Die Umgebung, der Urwald, hatte in meinem Gehirn genug Willen freigesetzt, um mein Verhalten zu ändern.

In Antonios Hütte brachte ich es hingegen nicht über mich, auch nur einen Bissen vom Kopf jenes mit Haut und Haar gekochten Pakas zu essen, das mich so sehr an eine Ratte erinnerte. In diesem Fall gab der mächtige emotionale Input bei der Entscheidung des ACC über Hunger oder Sättigung den Ausschlag. Wäre ich völlig ausgehungert gewesen, so hätte ich wohl den nötigen Willen aufgebracht, mich zu überwinden, aber hier ging es nicht um Leben oder Tod, und gegen meinen Ekel hatte der Wille keine Chance. Die Spaghetti konnte ich essen, die »Ratte« nicht.

Es ist nicht verwunderlich, dass Gefühle die Logik überstimmen können. Wir erleben das täglich bei uns und bei anderen, zum Beispiel bei meinem Patienten, der sich die Hand gebrochen hatte, als er ein Knöllchen an der Windschutzscheibe seines Autos gefunden und der Parkuhr einen Fausthieb versetzt hatte. Emotionen können über den Verstand siegen, weil die Pfade vom Gefühlszentrum in der Amygdala zum ACC-Entscheidungszentrum sehr gut ausgetreten sind. Hier werden mehr Signale transportiert und somit Einflüsse ausgeübt als über die weniger gut entwickelten Signalwege in die Gegenrichtung. Emotionale Impulse können die Vernunftbegabung viel leichter überwältigen, als die Logik die primitiven Reaktionen unterdrücken kann. Die Evolution ist jedoch noch nicht abgeschlossen: Bei höheren Tieren mehren sich die Verbindungen vom ACC zur Amygdala, sodass sie ihre Gefühle besser im Griff haben. Dennoch trägt die Amygdala selbst beim Menschen oft genug den Sieg davon.

Der Flugzeugabsturz hoch in den Anden, nach dem das Rugby-Team von Uruguay monatelang verschollen blieb, zwang den Überlebenden einen Kampf zwischen ihren Stirnlappen und Amygdalas auf. Angesichts des Hungertodes hielten sie sich am Leben, indem sie ihre toten Kameraden aßen: laut Stirnlappen-Analyse eine hervorragende Nahrungsquelle und damit für den ACC die nahe liegende Wahl. Kannibalismus ruft jedoch in der Amygdala ein sehr intensives Abscheu-Signal hervor. Diese Anpassung stellt, wie der Altruismus, das Wohl der Art über das des Individuums. Es wäre schwierig, eine Gesellschaft zu organisieren, wenn ihre Angehörigen einander ständig als potenzielle Mahlzeiten betrachten würden. Wer einen Gegenimpuls hervorbringen kann, der die Amygdala zum Schweigen bringt, gehört zu jenem Menschenschlag, dessen Überlebenswille stark genug ist, um sich über kulturelle und emotionale Hemmungen hinwegzusetzen. Dieselben qualvollen Entscheidungen bestimmten auch das Schicksal der Schiffbrüchigen von der »Essex« und der vom Winter überraschten Siedler der Donner Party.

Bei jedem Betroffenen in den angeführten Fällen hat der Geist darüber befunden, ob der Organismus fortbestehen wollte oder nicht. Wenn der Wille dazu da ist, löst das Gehirn die nötigen Handlungen aus, um angemessen auf den Umweltdruck zu reagieren. Manchmal löst es aber auch Schritte aus, die »unangemessen«, aber zugleich dem Überleben dienlicher sind. Der Geist ist imstande, sich über die Gesetze der Physiologie hinwegzusetzen und Reaktionen anzuordnen, die scheinbar gegen alle Regeln sind: Er kann »mogeln«, um seinen eigenen Fortbestand zu fördern.

Wenn ich wegen eines offenen Fensters in meinem Haus im Luftzug sitze, bekomme ich mit frustrierender Regelmäßigkeit Nackenschmerzen. Als ich mich aber einen Monat lang den eisigen Winden der Antarktis ausgesetzt habe, hat mein Nacken sich kein einziges Mal gemeldet. In dieser extremen Umwelt habe ich mir unbewusst alles verboten, was meine Funktionsfähigkeit beeinträchtigt hätte. Wie ist das möglich? Worin besteht der Trick? Nach dem, was wir gerade gelernt haben, liegt die Antwort vermeintlich auf der Hand: Ein Signal wird losgeschickt, um das Schmerzzentrum lahm zu legen. – Nur gibt es im Gehirn kein Schmerzzentrum. Schmerzsignale sind von derselben Art wie Informationen über Berührungen oder Temperaturen, allerdings so stark, dass sie jenseits des grünen Bereichs liegen. Schmerzdaten sind weiter nichts als ein Zustandsbericht, auf den der Körper rasch reagieren muss, um Schaden zu vermeiden. Die sicherste Methode dazu ist die Erzeugung einer unangenehmen Empfindung, und für diesen Schritt müssen sowohl die Aufmerksamkeits- als auch die Gefühlszentren aktiviert werden. Erst wenn beide auf den Plan gerufen wurden, verspürt der Körper den Drang, zu reagieren. Die Gefühlszentren haben Reizschwellen, die vom Wesen des Individuums (hart im Nehmen oder zimperlich) ebenso abhängen wie von kulturellen Einflüssen (Sherpas klagen zum Beispiel nie über kalte Füße). Wenn der Schmerz stark genug ist, um das Gefühlszentrum zu aktivieren, wird das Signal an die Stirnlappen weitergeschickt, wo es mit zahllosen anderen Signalen um die Aufmerksamkeit des Gehirns konkurriert. Der ACC wird dann eine angemessene Strategie beschließen und die richtigen Schutzmaßnahmen in die Wege leiten. Als ich in der Antarktis war, lag der Fall klar. Mein Gehirn hatte mehr als genug Hinweise darauf erhalten, dass es kalt war. Mein Aufmerksamkeitszentrum widmete sich ganz diesem Problem und löste die passenden Verhaltensweisen und physiologischen Reaktionen aus, um mich am Leben zu halten. Zu Hause hätte mich ein Kältegefühl im Nacken dazu veranlasst, das Fenster zu schließen oder einen Schal umzulegen, aber hier konnte es mein Verhalten nicht weiter beeinflussen, und so verwarf mein Gehirn den Schmerz, bevor er das Bewusstsein erreichen konnte, wo er mich nur abgelenkt hätte. Im feindlichen Klima der Antarktis hatte ich schlicht keine Zeit für Schmerzen.

Der Schmerz bricht nur dann auf die Bewusstseinsebene durch, wenn man sein Verhalten ändern muss, um die Überlebenschancen zu verbessern. Wenn die eingehenden Daten weit außerhalb des grünen Bereichs liegen, wird der Thalamus das Signal automatisch aufspalten, den einen Teil an den motorischen Cortex schicken, um eine sofortige Schutzreaktion auszulösen, und das andere Signal an die Stirnlappen senden, um eine besser regulierte, aber langsamere Handlung zu erwirken. Wenn Sie eine Tasse mit viel zu heißem Tee in die Hand nehmen, wird Ihr erster Impuls wahrscheinlich darin bestehen, sie fallen zu lassen. Ihr zweiter Impuls, in den die Umweltbedingungen und Ihr Erfahrungsschatz eingeflossen sind, wird Sie vielleicht davon abhalten, den Tee zu verschütten, weil das den Teppich ruinieren würde, den Ihre Frau gerade gekauft hat, und ein Teefleck ein größeres Risiko für Ihr Überleben darstellen könnte als eine verbrannte Fingerspitze.

Kultur, Erziehung und Umweltbedingungen erschaffen im Stirnlappen ein einzigartiges Schaltmuster, das die Reaktionen eines Individuums auf extreme Belastungen determiniert. Nichts hebt Ihre Schmerzgrenze stärker an und erhöht das Konzentrationsvermögen Ihrer Stirnlappen besser als ein Leben im Urwald. Deshalb konnte Hermanigildo, nachdem er sich mit einem ungeschickten Machetenhieb das Handgelenk aufgeschnitten hatte, so ruhig bleiben, obwohl seine Schmerzrezeptoren wie wild Signale aussandten. Seine Augen empfingen ein Bild, das sofortige Aufmerksamkeit erforderte und in der Sehrinde, an die sie es schickten, durch Ergänzungen aus der Amygdala mit Furcht und Schauergefühlen angereichert wurde. Sein Thalamus verarbeitete wie wahnsinnig Signale, um die Ordnung zu wahren. Wenn die Gefühlszentren außer Kontrolle geraten wären, hätte Angst regiert und einen Kurzschluss ausgelöst: einen stimmigen, aber kontraproduktiven Panikanfall. Der ACC, der bereits gut über das Problem informiert war, entschloss sich, den Schmerz zu ignorieren, und schickte Störsignale an die Amygdala, um den Angstalarm zu beenden.

Die im ACC generierten Impulse beherrschen das Gehirn so sehr, dass sie eine Wahrnehmung leicht in Wirklichkeit verwandeln können. In Stresssituationen reißt er die Kontrolle über Funktionen an sich, die normalerweise an den »Autopiloten« des Körpers delegiert sind: das autonome Nervensystem. Das autonome Nervensystem überwacht Körperzustände wie die Innentemperatur oder den Hydrierungsgrad, und seine Daten werden normalerweise nur in den Hirnstamm weitergeleitet, wo sie automatisch verarbeitet werden. Die Ergebnisse werden dann in die ausführenden Organe zurückgeschickt, die Korrekturen vornehmen, zum Beispiel die Wärme ableitenden Blutgefäße unter der Haut verengen, das Schwitzen auslösen oder ein Durstgefühl erzeugen. Es gibt zwar Verbindungen zum Bewusstsein, aber diese werden normalerweise nur durch Emotionen aktiviert. Wird man durch einen kühlen Drink in Versuchung geführt, so verstärkt sich der Durst; wird man verlegen – eine Reaktion, die als Bedrohung gedeutet wird –, so verstärkt sich der Kreislauf und man errötet; plötzliche Furcht wird die Transpiration anregen und so den

Körper für Aktivitäten vorkühlen; fühlt man sich zu einem Menschen des anderen Geschlechts hingezogen, so pocht einem das Herz. Input aus der Amygdala in den ACC einzuspeisen ist ebenso einfach, wie sich von seinen Gefühlen hinreißen zu lassen.

Die Körperreaktionen durch Gedanken zu steuern ist viel schwieriger, aber erlernbar. Sowohl das uralte Yoga als auch die moderne Methode des Biofeedback bringen den Bewusstseinszentren bei, die Kontrolle über primitive Funktionen zurückzuerlangen, die längst an die automatischen Systeme delegiert worden waren. Ein Gehirn, das diese Kunst beherrscht, kann den Körper zu Verhaltensmustern bewegen, die aus dem Rahmen fallen. Yoga und Biofeedback erfordern eine Menge Zeit und Übung, aber wenn man auf Gedeih und Verderb einer extremen Umwelt ausgesetzt ist, werden offenbar manchmal dieselben verschütteten Kommunikationskanäle reaktiviert. Das bewusste Denken kann eine Reaktion übermitteln, die das Überleben fördert, gerade indem es die Signale der Wahrnehmungsorgane ausschaltet. Der Geist erschafft somit eine »Realität«, die nur in der Vorstellung existiert, aber mächtig genug ist, um dem Körper echte Reaktionen zu verordnen, so wie Soldaten auch den Befehlen eines irregeleiteten Generals Folge leisten.

Die Täuschung und auch ihre Auswirkungen können subtil sein, wie es bei mir war, als ich in meinem stickig heißen Urwaldzelt ein Reißverschlussgeräusch fälschlich als Öffnen der Zeltklappe gedeutet hatte. Kurz darauf hatte ich eine kühlende Brise verspürt, die es nicht gab, die aber dennoch meine Hauttemperatur senkte und mein Schwitzen reduzierte. Solche unbewussten Steuermechanismen können die Haut im Dschungel kühlen und in den Bergen anwärmen, so wie bei dem Sherpa, der in mein Zelt kam, weil er an einem Frosttag ins Eis eingebrochen war, und dennoch warme Füße hatte. Seine Hirnrinde hatte die automatische Anweisung, die Blutzirkulation zu stoppen, aufgehoben und sich entschieden, lieber etwas Körperwärme zu verschwenden, als die Füße zu opfern.

In höheren Dosen können sich Täuschungen dramatischer auswirken. Wenn sich der Geist weiter von seiner tatsächlichen Umgebung entfernt, wird er eindeutige sensorische Warnsignale in den Wind schlagen und mit riskanten Aktionen auf eine Wirklichkeit reagieren, die es nicht gibt. Opfer schwerer Unterkühlungen haben berichtet, dass sie ein überwältigendes Wärmegefühl verspürt haben. Zusammen mit Verwirrung und Desorientierung kann das zum Phänomen des »paradoxen Entkleidens« führen. Man weiß, dass sich manche erfrierende Bergsteiger oder Wanderer kurz vor dem Zusammenbruch ihrer Kleider entledigen. Retter und oft auch Polizisten, die dieses eigentümliche Verhaltensmuster nicht verstehen, kommen oft zu dem Fehlschluss, dass ein allein aufgefundenes weibliches Unterkühlungsopfer vergewaltigt worden sei.

So ein Verhalten läuft dem Überleben eindeutig zuwider, aber die Kontrolle des Geistes über den Körper ist so mächtig, dass er manchmal zu sagen scheint: »Ich habe mich entschieden. Mit Tatsachen will ich nicht behelligt werden.« Es gibt dafür kein eklatanteres Beispiel als die Brandblasen, die ein hypnotisierter Mensch ausbildet, der einen Stift mit Raumtemperatur anfasst, aber suggeriert bekommt, das sei ein heißer Schürhaken.

Gedanken haben Macht. Intensives Denken kann diese Macht so vermehren, fokussieren und lenken, dass sie sowohl im Körper als auch außerhalb physikalische Effekte hervorruft. An Verstärker angeschlossene Gelähmte können lernen, ihre Hirnwellen zu verändern, bis sie genug Energie freisetzen, um einen Cursor gezielt über einen Bildschirm zu bewegen: eine eindrucksvolle Demonstration, was Willenskraft bewirken kann.

In jenem rasenden Schneesturm unter dem Gipfel des Mount Everest erlebte ich einen noch überzeugenderen Beleg für diese Macht. Ich war mir sicher, dass Beck Weathers an diesem Tag gestorben war – und vielleicht war es so. Vielleicht sind auch Bernie Chowdhury und Pablo Valencia gestorben. Am Ende ihrer Martyrien hatten sie alle intensive Visionen, in denen sie ihren Körper verließen. Solche Empfindungen dürften aufkommen, wenn die Verbindungen zur Hirnrinde heruntergefahren werden, um das letzte bisschen Energie für die Steuerung der wichtigsten Körperfunktionen im Hirnstamm aufzusparen. Die Hirnrinde wird dann nicht mehr von außen angeregt. So eine innere Stille dürfte die Erregungsschwelle der Nerven absenken, die dann zufällig Signale senden. Diese elektrischen Entladungen können auch durch Angst, Übermüdung, Sauerstoffmangel und einen niedrigen Blutzuckerspiegel ausgelöst werden: lauter häufige Zustände in Überlebenskrisen. Manche der Entladungen könnten die Schläfenlappen erregen, die unter den Schläfen gelegenen Teile der Hirnrinde, die das begriffliche Denken sowie Sprach- und Bildassoziationen kontrollieren. Andere Impulse könnten die Hinterhauptslappen anregen, in denen visuelle Eindrücke verwaltet werden. Das könnte bewirken, dass man geliebte Menschen vor sich sieht oder die Stimme Gottes vernimmt: Phänomene, von denen viele Überlebende sagen, sie hätten ihnen die Kraft gegeben, sich aufzuraffen. Wenn die Hirnrinde nicht mehr angebunden ist, kann das Opfer auch jenes Gefühl der Losgelöstheit vom Körper durchmachen, das Beck, Bernie und Pablo Valencia verspürt haben: die Out-of-body-Erfahrung, die häufig von Menschen beschrieben wurde, die »starben und wiederkehrten«.

Ich war überzeugt, dass Beck unmöglich überleben konnte, aber Beck hat anders darüber gedacht. Eine Vorstellung besteht aus einem Stromstoß im Gehirn – oder geht zumindest mit einem solchen einher. Todesangst lässt in der Amygdala, dem Gefühlszentrum, eine Menge Strom fließen. Erinnerungen an zu Hause und die Familie bilden in den Stirnlappen elektrische Impulse, die umso stärker werden, je lebendiger die Bilder sind. Die Nervenzellen oder Neuronen in allen Hirnzentren sind über Axone – lange, drahtartige Auswüchse, die Strom leiten können – mit allen anderen Zentren verknüpft. Axone enden in Verzweigungen, die keinen anderen Nerv direkt berühren. Sie liegen jedoch sehr dicht an Hunderten von Dendriten, den Rezeptorzweigen anderer Neuronen. Wenn der elektrische Impuls das Ende eines Axons erreicht, wird dort ein chemischer Neurotransmitter ausgeschüttet, der das Signal über den so genannten synaptischen Spalt zwischen Axon und Dendrit bringt. Der Neurotransmitter hat das Potenzial, in jedem Dendriten, mit dem er in Berührung kommt, wiederum elektrische Impulse auszulösen. Jedes dieser Rezeptorneuronen kann wiederum in Hunderten von anderen Neuronen Signale hervorrufen. Die 100 Milliarden Neuronen im Gehirn bilden 100 Billionen Synapsen aus.

Aber eine Kettenreaktion kann ebenso wenig eine koordinierte Reaktion auslösen wie ein elektrisches Signal, das durch ein Knäuel nicht isolierter Drähte kreist, eine Maschine einschalten wird. Nicht jeder Gedanke führt zu effektivem Handeln. Ein Mikroampere-Gedankensplitter, der durch den synaptischen Spalt treibt, wird nicht jeden Dendriten anregen, mit dem er in Berührung kommt. Ob ein Neurotransmitter im nächsten Neuron wieder ein elektrisches Signal auslöst oder nicht, hängt davon ab, wie er bei seiner Ankunft aufgenommen wird. Erinnerungen, Lernen, Erfahrungen und Übung modifizieren die Wirkung, indem sie Substanzen in den Neuronen einlagern, die die Zurückverwandlung des chemischen Signals in einen Stromstoß fördern oder hemmen. Außerdem ist das Feuern eines Neurons eine Alles-oder-Nichts-Reaktion. Sobald eine gewisse Grenzspannung überschritten wird, wird das Signal übertragen. Diese Grenze kann entweder durch ein einziges, starkes Eingangssignal erreicht werden oder durch die Summe mehrerer Signale aus verschiedenen Axonen, die am selben Dendriten eintreffen. Ein Neuron, das emotionalen Input aus der Amygdala empfängt, mag knapp unterhalb der Spannungsschwelle verharren. Dann kann ein winziges Gedankenfragment, das aus dem Frontalcortex eintrifft, es über die Schwelle heben, sodass es doch noch reagiert. Das so generierte Signal kann eine unproduktive Panikreaktion lostreten oder aber so kanalisiert und zugespitzt werden, dass es lebensrettendes Verhalten auslöst. Ein einziger Stromstoß kann, in die richtigen Bahnen gelenkt, eine elektrische und chemische Symphonie erschaffen. Der modulierende Gedanke, der die nötige Energie bereitstellt, um das Ruder herumzureißen, ist die Willenskraft. Sie kann einen Körper wieder zum Leben erwecken.

Obwohl Beck regungslos im Schnee lag, tat sich etwas in seinem Gehirn. Seine Nervenzellen versprühten Gedankenfunken und erzeugten Zufallsströme wie in einem Traum. Wäre Beck an einen PET-Scanner angeschlossen gewesen, so hätte dieser Energieströme zwischen der Amygdala und den Stirnlappen sowie zu den primitivsten Zentren aufgezeichnet, die den Herzschlag und die Atmung steuern. Aber seinen Schaltkreisen ging allmählich der Saft aus, und ohne Energienachschub würden sie bald erlöschen. Die PET-Bilder wären nach und nach verblasst, wenn Beck in jene friedvolle Bewusstlosigkeit hineingeglitten wäre, die dem Tod vorangeht.

Beck weigerte sich jedoch, zu sterben, und das zog eine Veränderung nach sich. Plötzlich wurden die immer dünneren Signale, die im ACC zusammenliefen, dem Sitz des Willens, verstärkt und umgelenkt; sie wurden stark genug, um jene Teile des Gehirns wiederzubeleben, die die Bewegung und das Urteilsvermögen steuern, also die zum Überleben notwendigen Funktionen. Beck erhob sich aus dem Schnee. Er konnte klar genug denken, um zu berechnen, in welche Richtung er laufen musste. Er brach auf und wurde errettet.

In seiner äußeren Umgebung hatte sich nichts verändert. Woher also bezog Beck seinen Energieschub? Wie konnte das Signal, das aus dem ACC kam, plötzlich größer sein als die Summe der Signale, die dort eintrafen? Was hatte den Funken gezündet, der seine Nerven über die Schwelle schob? Vielleicht kam es aus irgendeiner unbekannten Energiequelle in seinem Nerv, vielleicht aus einer Interferenz von Hirnwellen, deren Frequenzen sich plötzlich verschränkten und eine Amplitude erzeugten, die viel höher war als die der Einzelwellen – genau wie ein Resonanzlaut viel lauter sein kann als die Summe der Schwingungen, die ihn erzeugen. Aber trotzdem: Wie hat Beck es geschafft, dass das genau in diesem Moment geschah?

Die Gesetze der Physik erfordern für jede Wirkung eine Ursache. Geht man immer weiter zurück, so muss man schließlich einen letzten Urgrund erreichen: irgendeine fundamentale Energiequelle, die nicht aus etwas noch Früherem abzuleiten ist, eine Urkraft, die nicht direkt beobachtbar ist, aber vielleicht die natürlichste und grundlegendste Kraft überhaupt darstellt. Im Kosmos wird der Herkunftsort aller Energie als »Singularität« bezeichnet, und die Kraft, die diese hervorbringt, wurde »Big Bang« getauft. Im Geist ist der Herkunftsort der anteriore cinguläre Cortex, und die Kraft ist der Wille.

Das wahre Wesen des Willens bleibt rätselhaft. Ist er eine elektrobiochemische Ressource, die tief im Gehirn versteckt ist, oder eine Kraft, die uns von einer höheren Macht eingehaucht wird? Der elektrische Funke im ACC ist entweder der Ursprung des Willens oder aber das erste messbare Ergebnis eines Glaubensaktes. Die Antwort liegt in unseren Körpern, aber jenseits unseres Begriffsvermögens.

Jeder Naturwissenschaftler weiß, dass man aus einem Phänomen heraustreten und es von außen betrachten muss, um hoffen zu dürfen, es ganz zu verstehen. Wir sind auf unsere Gehirne angewiesen, um unsere Gehirne zu untersuchen, sodass die Erkenntnisse, die wir gewinnen, nie völlig objektiv sein werden. Da wir unsere Gehirne nicht hinter uns lassen können, wird unser Verständnis unserer selbst immer durch eine unüberwindliche, geheimnisvolle Barriere beschränkt sein. Das grundlegende Wesen des menschlichen Willens bleibt im Dunkeln. Letzten Endes werden unsere Erklärungen für das Überleben in Extremsituationen nie rein wissenschaftlich ausfallen, sondern auch Glaubenssache bleiben.

Der Entdeckergeist ist eine starke Kraft, die Menschen in aller Welt verbindet. Er überwindet geografische, ethnische, kulturelle, religiöse, politische und soziale Grenzen und überhaupt alles, was uns voneinander trennt. Die Bindungen und Gemeinsamkeiten, die er schafft, bilden ein unsichtbares Netzwerk, das die Welt umspannt. Als ein Fädchen in diesem Netz hatte ich die Möglichkeit, nicht nur die entlegensten Ecken unseres Planeten kennen zu lernen, sondern auch die Menschen, die dort forschen oder leben. Ich habe sehr davon profitiert, die Natur aus nächster Nähe zu beobachten – mit meinen eigenen Augen, aber ebenso sehr oder noch mehr aus der Perspektive anderer, mögen sie nun Forschungsreisende mit Diplom oder Doktortitel sein oder einfache Menschen, die nie lesen gelernt haben. Meine Lehrer waren Ärzte und Wissenschaftler, die in Universitäten und Forschungslabors ausgebildet wurden, Feldforscher, die ihre Erfahrungen in der Praxis gesammelt haben, und Einheimische, die von der Weisheit ihrer Vorfahren erfüllt waren. Der Wissensschatz, den dieses Buch präsentiert, ist die Frucht ihrer Lehren, ihrer Begeisterung für die natürliche Welt und der Beherztheit, mit der sie sich den Extremen gestellt haben, um zu überleben.

Die Idee zu diesem Buch erwuchs aus meiner doppelten Leidenschaft für Forschungsreisen und Medizin. Im Laufe sowohl beiläufiger Gespräche als auch formeller Vorträge stellte ich immer wieder fest, dass viele Menschen von der Funktionsweise des menschlichen Körpers ebenso fasziniert sind wie von den unbekannten, entlegenen Ecken der Welt. Ich dachte, es würde sie sicher faszinieren, ein Werk über eine kontinuierliche Reise zu lesen, die sie von den äußersten Rändern der Erde bis an die inneren Grenzen des Körpers führt. Diesen Gedanken behielt ich zunächst für mich, bis mich mein Tischnachbar bei einem Dinner des Explorers Club nicht gar so beiläufig fragte, ob ich vielleicht Ideen für Bücher hätte. Es war der Literaturagent Andrew Stuart, und das Buch, das mir vorschwebte, begeisterte ihn auf Anhieb. Er gab meiner Idee den nötigen Schwung und lieferte mir immer wieder Impulse, um mich am Schreiben zu halten, und konstruktive Kritik, um meine Bemühungen in Bahnen zu lenken. Gemeinsam entwickelten wir den Rahmen und das Grundthema des Buches. Als er mit dem Manuskript zufrieden war, wurde er mein Führer durch den Extremlebensraum Verlagswesen, zeigte mir, wo es langging, machte mir Mut und stärkte mir den Rücken. Er weiß haargenau, was Lektoren und Verleger suchen, und seine vorausschauenden Ratschläge haben mich oft in Erstaunen versetzt. All seine optimistischen Vorhersagen haben sich bewahrheitet. Jetzt weiß ich: Wenn Andrew etwas sagt, kann man es glauben.

Um die zusätzlichen Informationen zu sammeln, die ich benötigen würde, um meine eigenen Akten zu ergänzen, nahm ich Alison Mitchko an Bord, eine Rechercheassistentin mit einem Händchen für Computer und einem trockenen Humor. Oft genug wurden beide Begabungen aufs Äußerste strapaziert – ganz besonders, als ich sie einmal mitten in der Nacht anrief, um sie über irgendeine abseitige Besonderheit in der Anatomie der Pinguine auszufragen. Ich beharrte darauf, dass sie mir die Informationen sofort faxte, weil ich aus einer sechs Zeitzonen entfernt gelegenen Bäckerei anrief, die gleich schließen würde. Und sie erledigte das, wahrscheinlich weil sie sich daran erinnerte, was unsere Nachforschungen ergeben hatten: dass es in extremen Situationen überlebensförderlich ist, seinen Humor zu bewahren.

Ich habe mein Manuskript abschnittsweise diktiert und zum Abtippen eingereicht: immer ganz knapp, immer zu spät. Meine Schreibkraft Rochelle Garmise hat diese Aufgabe stets mit bewunderungswürdiger Geschwindigkeit und Genauigkeit erledigt.

Gleich drei Lektoren gehörten zu meinem Team. Mein langjähriger Freund und Nachbar Sam Weiss, Redakteur bei der Tageszeitung »New York Times«, hatte mir angeboten, das Manuskript zu lesen, und ich habe vom analytischen Blick und den rechtzeitigen Hinweisen eines Zeitungsmannes sehr profitiert. Mein freier Lektor und Hintergrundinformant war David Groff. Wir beide funkten während der ganzen Manuskriptphase auf derselben Wellenlänge. Er bewies ein intuitives Gespür für meinen Stil und las den Text einfühlsam und mit außergewöhnlichem Verständnis. Seine unaufdringlichen Vorschläge und großen Ideen waren immer punktgenau und haben das Buch erheblich verbessert. Beim Verlag »St. Martin's Press« hat der Cheflektor Tim Bent von Anfang an viel Vertrauen in mein Buch gesetzt. Obwohl ich kein ausgebildeter Autor bin und er sich selbst als »bekehrten Akademiker« bezeichnet, hatte er den Weitblick, zu erkennen, dass wir eine Synergie entwickeln konnten, um das Buch in die Sphären der Literatur zu heben. Wenn uns das geglückt ist, verdanke ich es ihm. Aber noch dankbarer bin ich Tim dafür, dass er mir gezeigt hat, was für eine beglückende Erfahrung es sein kann, ein Manuskript zu entwickeln und zu überarbeiten, von der Festlegung des Themas bis hin zur Anerkennung der Wirkung von Semikolons. Wir haben voneinander gelernt, und unser Ideenaustausch hat uns während des langen Schreib- und Redigiervorgangs stimuliert und beflügelt. Aus unseren Marathonsitzungen bin ich manchmal erschöpft, aber immer mit einem Hochgefühl herausgegangen.

Ich habe dieses Buch als Gelegenheit gesehen, anderen meine Ehrfurcht vor den erstaunlichen Kräften zu vermitteln, die im menschlichen Körper wirken. Je besser wir den Körper verstehen, desto faszinierender wird er. Daher habe ich versucht, so viele Einzelheiten wie möglich zu nennen, ohne dass der Text unverständlich wird oder man den Überblick verliert. Wenn man aus dicken Bänden voller medizinischer Informationen geradlinige, logische Beschreibungen und Erklärungen herausdestilliert, läuft man Gefahr, versehentlich irreführend oder allzu ungenau zu werden. Um diese Risiken abzuwenden, wurde der Text freundlicherweise von einer Reihe von Ärzten und Naturwissenschaftlern gelesen: ausgewiesenen Experten in den jeweiligen Gebieten. Alle, die ich darum bat, haben diese Aufgabe nicht nur bereitwillig, sondern auch eifrig und begeistert auf sich genommen. Meine Fachgutachter waren, in alphabetischer Reihenfolge: Michael V. Callahan, Professor für Infektionskrankheiten und Erkennung von Biogefahren, Massachusetts General Hospital, Boston, Massachusetts; William Forgey, ehemaliger Präsident der Gesellschaft für Wildnismedizin, Grown Point, Indiana; John J. Freiberger, Professor am Zentrum für Überdruckmedizin und Umweltphysiologie, Taucheralarmnetzwerk, Medizinisches Zentrum der Duke University, Durham, North Carolina; Bernard Gardette, Medizinischer Leiter und Chefarzt für Überdruckmedizin, Comex, Marseille, Frankreich; Davidson Hamer, Leiter des Medizinischen Dienstes für Reisende, New England Medical Center, Boston, Massachusetts; R.W. (Bill) Hamilton, Direktor des Nationalen Rats für medizinische Tauch- und Überdrucktechnologie, Tarrytown, New York; Michael Hawley, Leiter der Sonderprojekte, Massachusetts Institute of Technology, Cambridge, Massachusetts; Jeffrey Hoffman, Astronaut, Professor für Luft- und Raumfahrt, Massachusetts Institute of Technology, Cambridge, Massachusetts; Charles Houston, Professor emeritus für Medizin, University of Vermont, Burlington, Vermont; David Johnson, Präsident und Medizinischer Leiter der Wilderness Medical Associates, Bryant Pond, Maine; Harold Koenig, Professor für Psychiatrie und Medizin, Medizinisches Zentrum der Duke University, Durham, North Carolina; Michael J. Maynak, Professor für Mikrobiologie und Tropenmedizin, George Washington University, Washington, D.C.; Victoria McKiernan, Gerätetauchlehrerin, Washington, D.C.; Christian F. Ockenhouse, Lt. Colonel der U.S. Army, Abteilung für Immunologie, Walter Reed Army Hospital, Silver Springs, Maryland; Peter Pressman, Professor für Medizin, University of Southern California, Los Angeles, Kalifornien; Richard Satava, Lt. Colonel a.D. der U.S. Army, Projektleiter des Büros für hoch entwickelte Verteidigungsforschungsprojekte, Professor für Chirurgie an der University of Washington, Seattle, Washington; William Todd, Leiter der Raumflugsimulation im Johnson Space Center, Houston, Texas; Richard Williams, Medizinischer Leiter des NASA-Astronautenprogramms, Washington, D.C. Ich bin diesen Fachleuten dankbar für ihre sorgfältige Durchsicht meines Werks. Ihre Kommentare, Korrekturen und Empfehlungen haben viel zur Genauigkeit dieses Buchs beigetragen. Für verbleibende Fehler bin allein ich verantwortlich.

Bei meinen zwangsläufig ausgiebigen Streifzügen durch die Geografie und die Wissenschaften habe ich die Hilfe einer bemerkenswert vielfältigen Schar von Persönlichkeiten genossen, von denen einige, die ich ausdrücklich um ihre Unterstützung gebeten hatte, oben genannt sind. Es folgen einige, die vielleicht überrascht sind, ihre Namen hier zu finden, weil sie sich ihrer Beiträge zu meiner Bildung oder meinem Erfahrungsschatz vielleicht gar nicht bewusst sind. Der logische Startpunkt dieser Dankesliste ist der Explorers Club. Ich werde den Clubpräsidenten, die während ihrer jeweiligen Amtszeit mein Interesse an Forschungsreisen gefördert und unterstützt haben, ewig dankbar sein. Es sind dies: Charles Brush, der Anthropologe und Archäologe, der mich auf den Club aufmerksam gemacht und in ihn eingeführt hat; John Levinson, der Schiffschirurg und Berater für Hochseemedizin, der mich in meiner Idee bestärkt hat, die medizinischen Erfahrungen der Clubmitglieder zusammenzustellen; John Loret, der Professor für Meereswissenschaften und Direktor des Wissenschaftsmuseums von Long Island, der mich Tauchen gelehrt hat, als ich auf dem College war, und mich schon damals mit seiner Begeisterung für Entdeckungen und für die Unterwasserwelt angesteckt hat; schließlich Alfred McLaren, der Nuklear-U-Boot-Kapitän und Polarforscher, der mir die Forschung und Lehre im Club anvertraut hat, eine ideale Position, um Menschen zu begegnen (und von ihnen zu lernen), die sich tatsächlich an den Rändern der bekannten Welt herumtreiben.

Ich habe viel von Sylvia Earle gelernt, Explorer-in-Residence bei der National Geographic Society und ehemalige Wissenschaftliche Leiterin der National Oceanographic and Atmospheric Administration. Ihre Kenntnisse über die Meere sind so gewaltig wie die Meere selbst, und ihr Enthusiasmus für mein Projekt hat mir immer Auftrieb gegeben. Ich habe viele Gespräche mit Jim Fowler geführt, einem der Gastgeber der TV-Show »Wild Kingdom« und Direktor des Wildlife Conservation Center. Er hat mir tiefe Einsichten in den Urwald und die Wechselbeziehung von Mensch und Natur vermittelt. Mit Donn Haglund, dem Vorsitzenden der Abteilung für Geografie an der University of Wisconsin, habe ich die Lebensweisen der Völker und Tiere der Arktis studiert. Mit Max Galimore, Flugzeugkapitän und Gerätetaucher, habe ich die Lebensformen auf den und um die Galapagos-Inseln untersucht. Der Astronom Jeff Hoffman, einer der NASA-Astronauten, die das Hubble-Teleskop repariert haben, hat mir persönlich über das Leben im Weltraum berichtet.

Der Erfolg einer Forschungsreise hängt nicht nur davon ab, wohin, sondern wesentlich auch davon, mit wem man reist. Ich hatte das seltene Glück, den Widrigkeiten der extremen Lebensräume in der Begleitung einiger der großartigsten Persönlichkeiten auf Erden zu trotzen, an deren Vorbild ich gewachsen bin. Expeditionen sind Ansammlungen von Menschen unterschiedlichster Herkunft, und ich bin stolz auf die bunte Gruppe von Freunden, die ich im Laufe der Jahre gefunden habe.

Im Dschungel lernte ich Antonio kennen, für den das Überleben eine alltägliche Herausforderung war. Zu ihm geführt hat mich Sebastian, mein eingeborener ecuadorianischer Führer, der zwei Welten miteinander verband und mir so helfen konnte, die Menschen um uns herum besser zu begreifen. Die Leiter dieser Expedition waren Bill Jahoda, Professor für Biologie an der Eastern Connecticut State University, und sein Sohn John Jahoda, Professor für biologische Wissenschaften am Bridgewater State College, Massachusetts. Ich bin ihnen ebenso zu Dank verpflichtet wie all den anderen Zoologen und Botanikern, die mir ihre Forschungsvorhaben geduldig erklärt haben und so dafür sorgten, dass ich den Dschungel nicht nur anschaute, sondern wirklich wahrnahm.

Meine französischen Kontakte zur Unterwasserwelt verdanke ich meinem guten Freund Louis Potié, dem Hydrologen und ehemaligen Stellvertretenden Bürgermeister von Marseille, der mich mit den Pionieren der Tiefe bekannt machte. Ich habe Hunderte von Tauchgängen hinter mir, und am meisten haben diejenigen zur Vorbereitung dieses

Buches beigetragen, die ich in Zusammenarbeit mit der Firma Comex und ihrem Gründer und Vorsitzenden Henri Delauze im Mittelmeer absolvierte. Der Medizinische Leiter von Comex, Bernard Gardette, ist ein Extremmedizinwissenschaftler, der mich – akademisch – an die äußerste Grenze des Ozeans führte. Besonders dankbar bin ich Pierre Becker, dem Präsidenten von Nymphea Water, weil er mich in sein Tauchteam zur Erkundung der Ressource Meeresgrund aufgenommen hat. Ein Dankeschön geht an den Meeresarchitekten Jacques Rougerie, dessen Einladung, mich mit der Sea-Orbiter-Crew auf dem ersten Teil ihrer Reise durch die Weltmeere treiben zu lassen, ich gerne angenommen habe.

Aus den Tiefen in die Höhen. Mein erster Kletterlehrer, der ehemalige Green Beret Rob Blathewick, ging das Wagnis ein, einen unerfahrenen Arzt auf eine Tour mitzunehmen, die meine allererste Expedition wurde. Seitdem bin ich in allen Teilen der Welt auf Berge gestiegen und habe die Grenzen der Extremmedizin auf sechs Mount-Everest-Expeditionen ausgetestet. Die erste Tour wurde von Todd Burleson von Alpine Ascents International geleitet, und Pete Athans war der Bergführer. Sie wurden zum Teil von der National Geographic Society gesponsert, deren Direktor damals Brad Washburn war, der ehemalige Oberste Kartograph der Gesellschaft und emeritierte Präsident des Boston Museum of Science. Ich habe viele Jahre eng mit Brad zusammengearbeitet. Er ist ein ehemaliger Weltklasse-Bergsteiger und verkörpert für mich und viele andere den wissenschaftlichen Forschungsreisenden schlechthin.

Meine letzten beiden Expeditionen zum Everest wurden im Auftrag des NASA Commercial Space Center durchgeführt, das von Ron Merrill von der Yale University geleitet wird. Die Expeditionen wurden von Scott Hamilton geleitet, einem Direktor des Explorers Club, und waren darauf ausgelegt, Raumfahrtausrüstung und -kommunikationssysteme an den Grenzen der menschlichen Lebensfähigkeit zu erproben. Über Satellit wurden wir in Yale von Peter Angood und von Richard Satava unterstützt, der außerdem dem Büro für hoch entwickelte Verteidigungsforschungsprojekte angehört. Auf dem Everest, wo ich als Leitender Hochgebirgsarzt fungierte, kooperierte ich mit den Leitenden Medizinwissenschaftlern Vincent Grasso, einem Yale-Fellow, und Major Chris Macedonia, den die U.S. Army vom Verteidigungsministerium ausgeliehen hat. Unser Gerätepark wurde von Mike Hawley und seiner Gruppe von Technikfreaks vom Medienlabor des Massachusetts Institute of Technology betreut.

Der Everest ist ein schwieriger und gefährlicher Arbeitsplatz. Ein großes Unterstützerteam aus amerikanischen Bergsteigern und Sherpas hat dafür gesorgt, dass wir unseren Forschungsauftrag rasch und zugleich sicher erledigen konnten. Ich muss vor allem die gewissenhaften und manchmal heldenhaften Bemühungen von Wally Berg und Jim Williams hervorheben, zwei Elite-Bergführern, die sogar in extremen Höhen noch einen klaren Verstand und die nötige Stärke zu wahren vermögen. Ganz besonders möchte ich aber meinem Sherpa-Kletterfreund Nima Tashi danken, der sich viele Jahre mit stiller Loyalität und professioneller Hingabe auf dem Berg um mich gekümmert hat.

Um ein Buch über das Überleben schreiben zu können, muss man lebend aus den Extremgebieten zurückkehren. Nicht jedem war das vergönnt. Ich möchte an einige Freunde erinnern, die während ihrer Expeditionen ihr Leben ließen: Der neuseeländische Everest-Bergsteiger Gary Ball verstarb auf dem Dhaulagiri an Lungenödem; Rob Hall erlag auf dem Everest seiner Unterkühlung. Der Amerikaner Muggs Stump, mit dem ich in der Antarktis geklettert bin, stürzte auf dem Mount McKinley in eine Spalte, und mein britischer Pilot in der Antarktis, Giles Kershaw, geriet mit seiner Maschine in einen Fallwind und zerschellte auf dem Eis. Ein argentinisches Mitglied des Explorers Club, Adrian Hutton, stürzte beim Tiefflug über gebirgigem Gelände in den Anden ab, wo er gerade seine nächste Forschungsreise vorbereitete.

Ich kann froh sein, dass ich von jeder Expedition, auf der ich war, heil zurückgekehrt bin, froh, loyale Freunde zu haben, die mich gerne wiedersehen wollten, und vollends glücklich, dass ich eine loyale Familie habe, die zu Hause auf mich wartet: meine Mutter Ethel, mein

Bruder Jerry, meine Schwägerin Marilyn, meine beiden Kinder Jonathan und Jennifer und mein Vater Willie, der über uns alle wacht. Sie alle sind bei jedem Abenteuer gedanklich bei mir, und sie haben mich in schwierigen Zeiten unterstützt, in der Ferne wie daheim. Sie haben meine wochen- und monatelange Abwesenheit ertragen und auch die endlosen Stunden, in denen ich geschrieben habe. In jenen Stunden haben meine Kinder und ich in meinem Arbeitszimmer gesessen, ich schreibend auf der Couch, sie mit den Hausaufgaben an ihren Schreibtischen: Wir haben Gedanken, Meinungen und Ratschläge ausgetauscht und zusammen gelacht. Die Erinnerung an jene gemeinsamen Tage werde ich als ewigen Schatz bewahren. Ich hoffe, dass wir all unsere Abenteuer und den Stolz auf unsere jeweiligen Fähigkeiten immer miteinander teilen werden. Meine Familie und meine vielen Freunde geben mir die Kraft, die ich zur Erforschung extremer Lebensräume brauche, und vor allem schenken sie mir den wertvollsten Schlüssel zum Überleben: den Wunsch zurückzukehren.

Urwald

Brainbridge, J.S., Jr.: Frogs That Sweat. In: Smithsonian Magazine. Januar 1989. S. 70–77.

Cambell, Jackson: Forest Medicine. In: Explorers Journal. Mai (Sommer) 1997. S. 18–25.

Eckholm, Erik: Secrets of the Rain Forest. In: The New York Times Magazine. 17. Januar 1988. S. 20–30.

Forsythe, Adrian und Kenneth Miyata: Tropical Nature. New York 1971.

Hooper, Joseph: The Gringo Chief. In: Outside. August 1989. S. 35–40, 85–87.

Hughes, Carol und David: Teeming Life of a Rain Forest. In: National Geographic. Januar 1983. S. 49–65.

Jahoda, John C. und Donna L. O'Hearn: The Reluctant Amazon Basin. In: Environment. 17. Jg. 1975. H. 7 (Oktober). S. 16–20 und 25–30.

Kansil, Prince Joli: The Black Caiman of Zaucudo Cocha. In: Explorers Journal. 66. Jg. 1988. H. 2. S. 50–53.

King, Steven R.: Among the Secoyas. In: Nature Conservacy Magazine. Januar-Februar 1991.

Krichner, John C.: A Neotropical Companion. Princeton 1989.

Levy, Charles Kingsley: Evolutionary Wars. New York 1999.

Perry, Donald: Leben im Dach des Dschungels. Frankfurt/Main 1988.

Plotkin, Mark J.: Medicine Quest. In Search of Nature's Healing Secrets. New York 2001.

Plotkin, Mark J.: Der Schatz der Wayana. Abenteuer bei den Schamanen im Amazonas-Regenwald. Berlin/München/Wien 1994.

Peck, Robert McCraken: Headhunters and Hummingbirds. New York 1987.
Moffett, Mark W.: Poison-Dart Frogs. Lured and Lethal. In: National Geographic. Mai 1995. S. 98–111.
Raver, Anne: Adventures in the Amazon. In: Newsday. 19. Juli 1987. S. 14.
Rennisi, Elizabeth: All Things Bright and Bitter. In: International Wildlife. November/Dezember 1989. S. 46–50.
Schreter, A. Harvey: The Jivaro (Shuar) Indians. In: The Explorers Journal. März 1986. S. 12–17.
Schultes, Richard Evan: Burning the Library of the Amazonia. In: The Sciences. März/April 1994. S. 24–31.
Sterling, Tom: Der Amazonas. Amsterdam 1976.
Trupp, Fritz: Die letzten Indianer. Kulturen Südamerikas. Wörgl/Österreich 1981.
Van Dyk, Jere: Rainforest. In: National Geographic. Februar 1995. S. 2–39.
Wallace, Robert A.: Searching for Medicines in the Vanishing Amazon. In: Explorers Journal. Herbst 1993. S. 133–139.
White, Peter T.: Nature's Dwindling Treasures. In: National Geographic. Januar 1983. S. 2–48.

Hochsee

Askenasy, Hans: Cannibalism. From Sacrifice to Survival. New York 1994.
Bailey, Maurice und Maralyn: 118 Tage den Tod vor Augen. Bielefeld 1994.
Bombard, Alain: Im Schlauchboot über den Atlantik. Berlin, Darmstadt 1953.
Callahan, Steven: Im Atlantik verschollen. Der 76tägige Überlebenskampf eines schiffbrüchigen Seglers. München, Zürich 1994.
Center for the Study and Practice of Survival: A Practical Guide to Lifeboat Survival. Annapolis, Md. 1997.

Cosquer, Henri: La Grotte Cosquer. Paris 1992.
Craighead, F.C.: How to Survive on Land and Sea. Annapolis, Md. 1984.
Duerenberg, P.M. Yap und W.A. van Stavern: Body Mass Index and Percent Body Fat. A Meta-Analysis among Different Ethnic Groups. In: International Journal of Obesity. 22. Jg. 1998. S. 1164–1171.
Earle, Sylvia und Henry Wolcott: Wild Ocean. In: National Geographic. 1999.
García Márquez, Gabriel: Bericht eines Schiffbrüchigen, der zehn Tage lang, ohne zu essen und zu trinken, auf einem Floß trieb, der zum Helden des Vaterlandes ausgerufen, von Schönheitsköniginnen geküßt, durch Werbung reich, gleich darauf durch die Regierung verwünscht und dann für immer vergessen wurde. Frankfurt/Main 2004.
Garn, S.M. und W.D. Block: The Limited Nutritional Value of Cannibalism. In: American Anthropologist. 72. Jg. 1970. H. 106. S. 106f.
Gill, Paul G., Jr.: Waterlover's Guide to Marine Medicine. New York 1993.
Hanson, Neil: Nur das Meer war Zeuge. Der Kampf ums Überleben und das Gesetz der See. München 2000.
Henderson, S. und T. Bostock: Coping Behavior after Shipwreck. In: British Journal of Psychiatry. 5. Jg. 1977. S. 543–563.
Heyerdahl, Thor: Kon-Tiki. Ein Floß treibt über den Pazifik. München 2000.
Heyerdahl, Thor: Expedition Ra. Mit dem Sonnenboot in die Vergangenheit. München 1988.
Leslie, Edward E.: Desperate Journeys, Abandoned Souls. True Stories of Castaways and Other Survivors. Boston 1988.
Lum-McCunn, Ruthanne: Sole Survivor. New York 1985.
McGarvey, Stephen: Obesity in Samoans and a Perspective on Its Etiology in Polynesians. In: American Journal of Clinical Nutrition. 53. Jg. 1991. H. 1. S. 1586–1594.

Philbrick, Nathaniel: Im Herzen der See. Die letzte Fahrt des Walfängers Essex. München 2000.
Read, Piers Paul: Überlebt. Die Anden-Passion. Bergisch Gladbach 1977.
Robertson, Dougal: Und kämpften um ihr Leben. München 1973.
Ryan, Donald P.: Kon-Tiki 50 Years Later. In: Explorers Journal. Frühjahr 1997. S. 11–21.
Stewart, George R.: Ordeal by Hunger. The Story of the Donner Party. Boston 1988.
Takada, Shiguro: Contingency Cannibalism. Superhardcore Survivalism's Dirty Little Secret. Boulder, Co. 1999.

Wüste

Adolph, E.F.: Physiology of Man in the Desert. New York 1947.
Adolph, E.F.: Seasons of Sand. New York 1993.
Bergstrom, J., L. Hermansen, E. Hultman und B. Saltin: Diet, Muscle Glycogen and Physical Performance. In: Acta Physiologyca Scandinavica. 71 Jg. Oktober-November 1967. S. 140–150.
Burgen, Michael: Life Is Cool in a Town Down Under. In: National Geographic World. August 2000.
Cabanac, M.: Keeping a Cool Head. In: News in Physiological Science. 1. Jg. 1986. S. 41–44.
Case, R.M. und J.M. Waterhouse: Human Physiology. Age, Stress and the Environment. New York 1994.
Clark, R.P. und O.G. Edholm: Man and His Thermal Environment. London 1985.
Crawshaw, L.I.: Temperature Regulation in Vertebrates. In: Annual Review of Physiology. 42. Jg. 1980. S. 473–491.
Johnson, Kirk: To the Edge. A Man, Death Valley, and the Mystery of Endurance. New York 2001.
Kluger, M.J., D.H. Ringler und M.R. Anver: Fever and Survival. In: Science. 188. Jg. 11 April 1975. S. 166–168.

McArdle, W.D., F.I. Katch und V.L. Katch: Essentials of Exercise Physiology. Philadelphia 1994.
McGee, W.J.: Desert Thirst as Disease. In: Interstate Medical Journal. 13. Jg. 1906.
Schmidt-Nielsen, K., B. Schmidt-Nielsen, B. Jarum, S.A. und T.R. Houpt: Body Temperature of the Camel and Its Relation to Water Economy. In: American Journal of Physiology. 188. Jg. 1957. S. 103–112.
Sides, Hampton: Crazy in the Desert. In: Men's Journal. Oktober 1999. S. 119.
Taylor, C.R. und C.P. Lyman: Heat Storage in Running Antelopes. Independence of Brain and Body Temperature. In: American Journal of Physiology. 222. Jg. 1972. S. 114–117.
Wolf, A.: Thirst. Springfield, Ill. 1958.

Unter Wasser

Becker, Pierre: Tapping Submarine Freshwater Springs. Aubagne/Frankreich Oktober 2002.
Biax, Jeves: The Conquest of Ocean Depth. Marseille 1990.
Butler, P.J. und D.R. Jones: Physiology of Diving Birds and Mammals. In: Physiological Reviews. 77 Jg. 1997. S. 837–899.
Chowdhury, Bernie: Der letzte Tauchgang. Drama im Atlantik. München 2002.
Falke, K.J., R.D. Hill, J. Qvist, R.C. Schneider, M. Guppy, G.C. Liggins, P.W. Hochachka, R.E. Elliot und W.M. Zapol: Seal Lungs Collapse During Free Diving. Evidence from Arterial Nitrogen Tensions. In: Science. 229. Jg. 1985. S. 556–558.
Gardette, Bernard und Xavier Fructus: Hyperbaric Experiment Center. 36 Years of Deep Diving from Helium to Hydrogen. Marseille 1991.
Hamilton, R.W. (Hg.): Development of Decompression Procedures for Depths in Excess of 400 Feet. WS: 2–28–76. Bethesda, Md. 1976.

Hamilton, R.W., R.D. Heimbach und A.A. Bove: Abnormal Pressures. Hyperbaric and Hypobaric. In: Patty's Toxicology. 5. Aufl. hg. von E. Bingham, B. Cohrssen und C.H. Powell. New York 2001.
Hindell, M.A., D.J. Burton, H.R. und M.M. Bryden: Physiological Implications of Continuous, Prolonged and Deep Dives of the Southern Elephant Seal (Mirounga leonina). In: Canadian Journal of Zoology. 70. Jg. 1991. S. 370–379.
Hong, S.K. und H. Rahn: The Diving Women of Korea and Japan. In: Scientific American. 220. Jg. 1967. S. 88–95.
International Association of Free Divers: Final Report on Audrey Mestre.
Joiner, James T.: NOAA (National Oceanographic and Atmospheric Administration) Diving Manual. 4. Aufl. Springfield, Va. 2001.
Kamler, Kenneth: Balancing Risk and Reward. In: Immersed: The International Technical Diving Magazine. 2. Jg. 1997. H. 4 (Winter). S. 24–27.
Mayol, Jacques. Homo Delphinus. Florenz 1986.
Rhan, H.: Physiology of Breath-Hold Diving and the Ama of Japan. Pub. 1341. Washington, D.C.: National Academy of Sciences.
Rougerie, Jacques: Expedition Sea Orbiter. Paris 2001.
Schmidt-Nielsen, K.: Physiologie der Tiere. Heidelberg, Berlin 1999.
Shilling, Charles W., Catherine B. Carlston und Rosemary A. Mathias: The Physician's Guide to Diving Medicine. New York 1984.
Smith, E.B.: On the Science of Deep-Sea Diving. Observations on the Respiration of Different Kinds of Air. In: Undersea Biomedical Research. 14. Jg. 1987. S. 347–369.
Smith, Gary: The Deadly Dive. In: Sports Illustrated. 16. Juni 2003.
U.S. Navy Diving Manual: Air Diving. Flagstaff, AZ 1996.
Zaferes, Andrea: Rethinking the Hit. In: Immersed: International Technical Diving Magazine. 2. Jg. 1997. H. 1 (Frühjahr). S. 24–36.

Hochgebirge

Coburn, Broughton: Everest. Gipfel ohne Gnade. Augsburg 1998.
Hillary, Sir Edmund: Ich stand auf dem Everest. Wiesbaden 1956.
Houston, Charles: Going Higher. Seattle 1998.
Hultgren, Herb: High Altitude Medicine. Stanford, Calif. 1997.
Hunt, John: Mount Everest. Kampf und Sieg. Wien 1956.
Irving, L.: Human Adaptation to Cold. In: Nature. 185. Jg. 1960. S. 572–574.
Jefferies, Margaret: Mount Everest National Park. Seattle 1986.
Kamler, Kenneth M.: Doctor on Everest. Emergency Medicine at the Top of the World. A Personal Account Including the 1996 Disaster. Guilford, Conn. 2000.
Klesius, Michael: The Body. Adjust or Die. In: National Geographic. Mai 2003. S. 30–33.
Krakauer, Jon: In eisige Höhen. Das Drama am Mount Everest. München, Zürich 2000.
Monge, C. und F. Leon-Velarde: Physiological Adaptation to High Altitude. Oxygen Transport in Mammals and Birds. In: Physiological Reviews. 71. Jg. Oktober 1991. S. 1135–1172.
Radomski, M.W. und C. Boutelier: Hormone Response of Normal and Intermittent Cold-Preadapted Human to Continuous Cold. In: Journal of Applied Physiology: Respiration Environment Exercise Physiology. 53. Jg. 1982. S. 610–616.
Sherwood, Peter: Everest. Legacies of Victors and Vanquished. Hong Kong 2003.
Siebke, H., T. Rod, and B. Lind: Survival after 40 Minutes Submersion without Cerebral Sequelae. In: The Lancet. 7. Juni 1975. S. 1275.
Unsworth, Walt: Everest. London 1991.
Ward, M., J.S. Milledge und J.B. West: High Altitude Medicine and Physiology. 2. Aufl. London 1995.
Washburn, Brad: On High. The Adventures of Legendary Mountaineer, Photographer, and Scientist Brad Washburn. Washington, D.C. 2002.

West, J.B.: High Life. A History of High Altitude Physiology and Medicine. New York 1998.
Wilkerson, James A. (Hg.): Medicine for Mountaineering and Other Wilderness Activities. Seattle 2001.

Weltraum

Buckley, J.C., Jr.: Preparing for Mars: The Physiological and Psychological Effects. In: European Journal of Medical Research. 4. Jg. 1999. S. 531–556.
Burrough, Bryan: Dragonfly. NASA and the Crisis aboard Mir. New York 1989.
Clark, Phillip: The Soviet Manned Space Program. An Illustrated History of the Men, the Missions, and the Spacecraft. New York 1988.
Czeisler, Charles A. und D.J. Dijk: Human Physiology and Sleep-wake Regulation: Handbook on Behavioral Circadean Neurobiology. New York 2001.
Fienberg, Richard Tresch: Endeavour's Excellent Adventure. In: Sky and Telescope. April 1994. S. 24–27.
Hoffman, Jeffrey A.: How We'll Fix the Hubble Telescope. In: Sky and Telescope. November 1993. S. 23–29.
Hoffman, Stephen J. und David L. Kaplan (Hg.): Human Exploration of Mars. The Reference Mission of the NASA Mars Exploration Study Team. Houston, TX. 1997, 1998.
Jones, Eric M.: Frustrations of Fra Mauro. In: Apollo Lunar Surface Journal. 1995.
Long, Michael E.: The Body in Space. Washington, D.C. 2001.
NASA: Extreme Environment Mission Operations 5, 6. Houston, TX. 2003.
Nicogossian, Arnauld E., Carolyn Leach Huntoon und Sean L. Pool: Space Physiology and Medicine. 4. Aufl. Philadelphia 2003.
Oberg, James E.: Red Star in Orbit. The Inside Story of Soviet Failures and Triumphs in Space. New York 1981.

O'Brien, K. und J.E. McLaughlin: The Radiation Doses to Man from Galactic Cosmic Rays. In: Health Physics. 22. Jg. 1972. S. 225–232.

Polk, Milbry C.: A Brave New World. In: Explorers Journal. Winter 2002. S. 10–12.

Remmers, J.E. (Hg): Applied Physiology in Space. In: Journal of Applied Physiology. 8. Jg. 1996. H. 1 (Juli).

Satava, Richard: The BioIntelligence Age. Medicine after the Information Age. Amsterdam S. 2000–2007.

Satava, Richard: Emerging Technologies for Surgery in the 21st Century. In: Archives of Surgery. 134. Bd. November 1999. S. 1197–1202.

White, Ronald J.: Weightlessness and the Human Body. In: Scientific American. September 1998.

www.nasa.gov

www.marssociety.org

Zorpette, Glenn: A Taste of Weightlessness. In: Scientific American. November 1999.

Neurobiologie

Begley, Sharon: Religion and the Brain. In: Newsweek. 7. Mai 2001. S. 50–57.

Begley, Sharon: Thinking Will Make It So. In: Newsweek. 5. April 1999. S. 64.

Cainsworth, A.G.: Secrets of the Mind. Copernicus 1999.

Carter, Rita: Atlas Gehirn. Entdeckungsreisen durch unser Unterbewusstsein. München 1999.

Czerner, Thomas: What Makes You Tick? New York 2001.

Damasio, Antonio: Descartes' Irrtum. Fühlen, Denken und das menschliche Gehirn. München, Leipzig 1995.

Dawkins, Richard: Das egoistische Gen. Reinbek bei Hamburg 1996.

Evars, Stephen: The Cerebral Hemodynamics of Music Perception. In: Brain. 122. Jg. 1999. S. 1.

Kamler, Kenneth, Harold Koenig und Peter Pressman: The Group Room. The Role of Faith, Belief, Prayer, and Hope in the Face of Cancer or Any Life Threatening Situation. 4. Mai 2003.

Koenig, Harold: The Link between Religion and Health. Psychoneuroimmunology and the Faith Factor. New York 2002.

LeDoux, Joseph: Das Netz der Gefühle. Wie Emotionen entstehen. München, Wien 1998.

Nunan, David: The Ultimate Remote Control. In: Newsweek. Juni 2001. S. 71–75.

Pert, Candace B.: Moleküle der Gefühle. Reinbek bei Hamburg 1999.

Pressman, Peter: Religion, Anxiety, and Fear of Death. In: Schumaker, John F. (Hg.): Religion and Mental Health. New York 1992.

Ramachandran, V.S. und Sandra Blakeslee: Die blinde Frau, die sehen kann. Rätselhafte Phänomene unseres Bewusstseins. Reinbek bei Hamburg 2001.

Wade, Nicholas (Hg.): The New York Times Book of the Brain. New York 1998.

Allgemeines

Ashcroft, Frances M.: Life at the Extremes. The Science of Survival. Berkeley, Calif. 2000.

Auerbach, Paul S. (Hg.): Wilderness Medicine. St. Louis 2001.

Bennet, Glin: Beyond Endurance. Survival at the Extremes. New York 1983.

Boorstin, D.: Die Entdecker. Das Abenteuer des Menschen, sich und die Welt zu erkennen. Basel, Boston, Stuttgart 1985.

Burnham, Terry und Jay Phelan: Unsere Gene. Eine Gebrauchsanleitung für ein besseres Leben. Frankfurt/Main 2003.

Case, R.M. und J.M. Waterhouse: Human Physiology. Age, Stress and the Environment. New York 1994.

Coleridge, Samuel Taylor: Der alte Seefahrer. Übertragen und hg. von H. Politzer. Frankfurt/M. 1963.

Department of the Army: U.S. Army Survival Manual. New York 2001.
Forgey, William: Wilderness Medicine. Beyond First Aid. Guilford, Conn. 2003.
Gross, M.: Life on the Edge. New York 1998.
James, William: The Energies of Men. In: The American Magazine. 1902.
James, William: Die Vielfalt religiöser Erfahrung. Eine Studie über die menschliche Natur. Frankfurt/Main, Leipzig 1997.
Maniguet, Xavier: Survival. New York 1999.
Schmidt-Nielsen, K.: Physiologie der Tiere. Heidelberg, Berlin 1999.
Solschenizyn, Alexander: Im ersten Kreis. Vollständige Ausgabe der wiederhergestellten Urfassung des Romans »Der erste Kreis der Hölle«. Frankfurt/Main 1992.
Stark, Peter: Zwischen Leben und Tod. Extreme Erfahrungen, letzte Abenteuer. Reinbek bei Hamburg 2003.
Stilwell, Alexander: Survival. Das illustrierte Handbuch der Überlebenstechniken. Königswinter 2001.
Stroud, M.: The Survival of the Fittest. London 1998.
Troebst, Cord Christian: Auf Wunder ist kein Verlass. Das Abenteuer des Überlebens. Düsseldorf, Wien 1983.
Wharton, David: Life at the Limits. Organisms in Extreme Environments. Cambridge 2002.
Widmaier, Eric P.: Why Geese Don't Get Obese. New York 1999.
Wright, Robert: Diesseits von Gut und Böse. Die biologischen Grundlagen unserer Ethik. München 1996.
www.explorers.org

Leben im Schatten der Achttausender: die unbekannte Welt der Sherpas

Sherry B. Ortner
DIE WELT DER SHERPAS
Leben und Sterben
am Mount Everest
Übersetzung Anni Pott
432 Seiten
Mit Abbildungen und Karten
im Text
ISBN-10: 3-404-60506-3
ISBN-13: 978-3-404-60506-4

Der Mount Everest: Schauplatz von Tragödien und Triumphen westlicher Extrembergsteiger auf der Suche nach Ruhm, Abenteuer und Selbstverwirklichung. Die Sherpas sind ihre Diener, Kameraden, Vertrauten und Lebensretter. Sie führen ihr Leben im Spannungsfeld zwischen Ehre und Überleben, Spiritualität und Kommerz.

Die Bergsteiger gehen, die Sherpas bleiben. Das Reich der Achttausender ist ihre Heimat. Erstmals eröffnet sich uns in diesem fesselnd und brillant geschriebenen Buch die faszinierende und unbekante Lebenswelt der Sherpas.

Wenn Sie hier rauskommen werden Sie nur noch kriechen können …

Lance Armstrong
mit Sally Jenkins
TOUR DES LEBENS
Wie ich den Krebs besiegte und
die Tour de France gewann
Übersetzung Peter A. Schmidt,
Bringfried Schröder,
Cornelia Stoll, Karlheinz Dürr
Erfahrungen
336 Seiten
mit 16 Seiten Bildteil s/w
ISBN-10: 3-404-61496-8
ISBN-13: 978-3-404-61496-7

Er war der kommende Mann im internationalen Radrennsport, doch dann kam der Krebs: Hodenkrebs – mit Metastasen in der Lunge und zwei Tumoren im Gehirn. Überlebenschancen: nahezu keine. Der Profiradsportler Lance Armstrong erzählt seine unglaubliche und bewegende Geschichte, die aus ihm einen anderen Menschen gemacht hat.

Eine Geschichte von Zusammenbruch und Durchhaltewillen, von Verrat und Freundschaft, von Verzweiflung und Liebe, von der Hölle der Chemotherapie und dem Zusammenbruch aller Lebenspläne – eine Geschichte, die mit der Rückkehr ins Leben endet und vielfachen Siegen in der Tour de France.

Bastei Lübbe Taschenbuch

»Man braucht keine zwei gesunden Beine, um die höchsten Berge der Erde zu bezwingen!«

TOM WHITTAKER

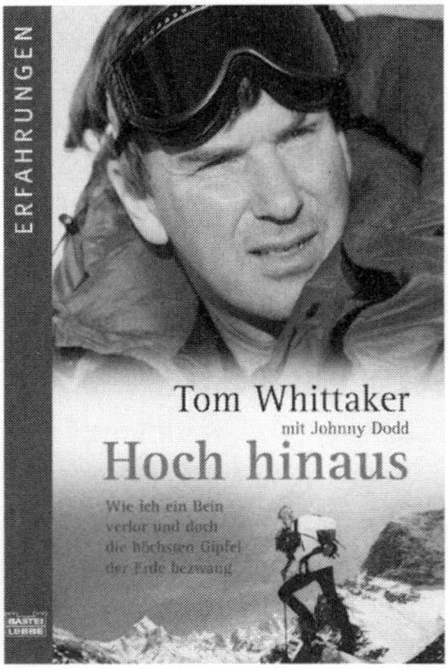

Tom Whittacker
mit Johnny Dodd
HOCH HINAUS
Wie ich ein Bein verlor
und doch die höchsten Gipfel
der Erde bezwang
Übersetzung Bernd Rullkötter
336 Seiten mit 29 s/w-Fotos
ISBN-10: 3-404-61534-4
ISBN-13: 978-3-404-61534-6

Tom Whittakers Wunsch war es immer, Bergsteiger zu sein. Ein Weltklasse-Bergsteiger. Bis er eines Tages bei einem Autounfall seinen rechten Fuß verliert. Zuerst scheinen Whittakers Kletter-Tage vorbei zu sein, doch dann siegt sein Wille: Er will es schaffen. Er will den Mount Everest besteigen! Damit beginnt ein langer Weg, an dessen Ende Tom Whittaker tatsächlich auf dem Gipfel des höchsten Berges der Welt steht.